Kai Schlüter
Günter Grass im Visier

Kai Schlüter

Günter Grass im Visier
Die Stasi-Akte

Eine Dokumentation mit Kommentaren
von Günter Grass und Zeitzeugen

Ch. Links Verlag, Berlin

Die vorliegende Arbeit entstand mit freundlicher Unterstützung
des Literaturforums im Brecht-Haus, Berlin.

Die Deutsche Nationalbibliothek verzeichnet diese
Publikation in der Deutschen Nationalbibliografie;
detaillierte bibliografische Daten sind im Internet
über http://dnb.d-nb.de abrufbar.

1. Auflage, März 2010

Schönhauser Allee 36, 10435 Berlin, Tel.: (030) 44 02 32-0
www.christoph-links-verlag.de; mail@christoph-links-verlag.de
Umschlaggestaltung: KahaneDesign, Berlin,
unter Verwendung einer Zeichnung von Günter Grass:
»Im Farn I«, 2009
Satz: Nadja Caspar, Ch. Links Verlag, Berlin
Druck und Bindung: Druckerei F. Pustet, Regensburg

ISBN 978-3-86153-567-6

Inhalt

Anhang

Günter Grass
im Visier der Stasi

Einleitung

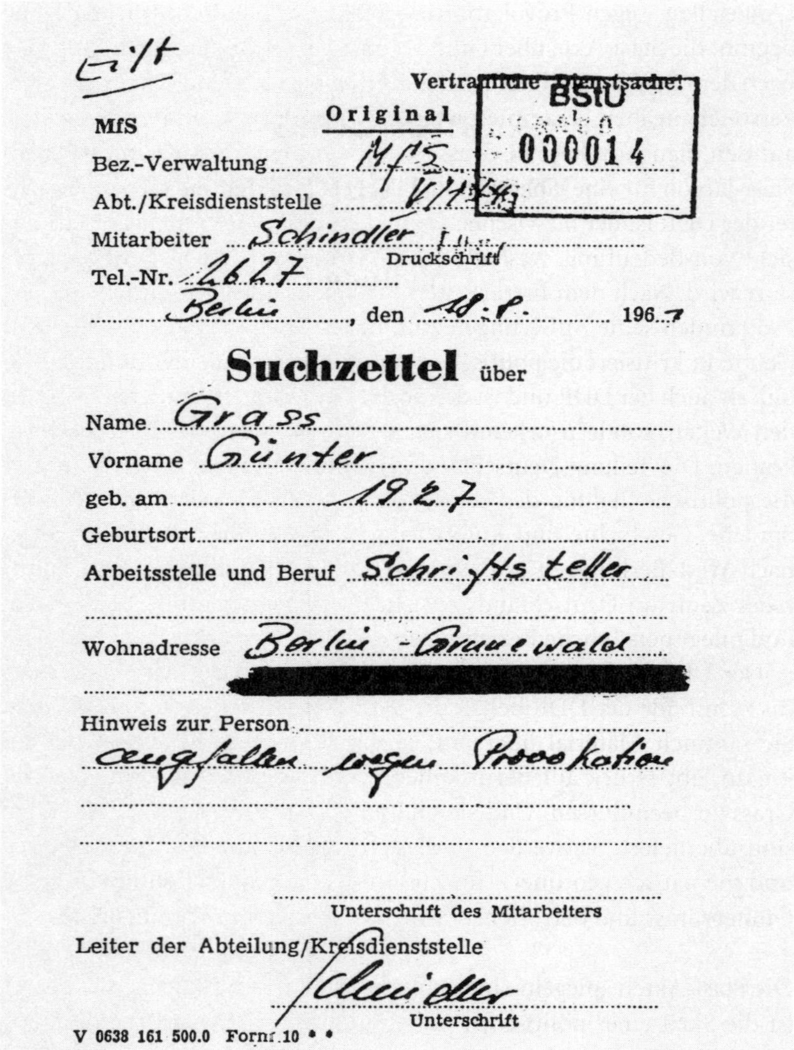

Eilt

Vertrauliche Dienstsache!

BStU 000014

MfS

Original

Bez.-Verwaltung MfS

Abt./Kreisdienststelle V/1

Mitarbeiter Schindler

Druckschrift

Tel.-Nr. 2627

Berlin, den 18. 8. 1961

Suchzettel über

Name Grass

Vorname Günter

geb. am 1927

Geburtsort

Arbeitsstelle und Beruf Schriftsteller

Wohnadresse Berlin-Grunewald

[redacted]

Hinweis zur Person

aufgefallen wegen Provokation

Unterschrift des Mitarbeiters

Leiter der Abteilung/Kreisdienststelle

Schindler

Unterschrift

V 0638 161 500.0 Form.10

Der Beginn der Stasi-Überwachung von Günter Grass: Suchzettel vom 18. August 1961 (BStU, MfS, HA XX 4819, Bl. 14)

»Angefallen wegen Provokation« – mit dieser handschriftlichen Notiz beginnt die Stasi-Akte über Günter Grass am 18. August 1961, fünf Tage nach dem Bau der Berliner Mauer. Es ist ein »Suchzettel«, auf dem erste Personenangaben gesammelt werden.[1] Die »Provokation«, die die Stasi auf den Plan ruft, liegt in Grass' Kritik am Mauerbau. Damit ist er im Stasi-Jargon für eine Überwachung »angefallen«. Für die Ideologiewächter der DDR ist der inzwischen weltbekannte Autor in mehrfacher Hinsicht von Bedeutung, weshalb der Sicherheitsapparat in Bewegung gesetzt wird. Nach dem literarischen Erfolg der »Blechtrommel« im Jahr 1959 finden seine Äußerungen zum Zeitgeschehen länderübergreifend Gehör. Er kritisiert die politischen Verhältnisse sowohl der Bundesrepublik als auch der DDR und ist dennoch kein geistiger Wanderer zwischen den Welten, sondern bekennt sich zum System der westlichen Demokratien. Die Teilung Deutschlands akzeptiert er nicht. Zwar nimmt er die politische Teilung des Landes als gegeben hin, sieht die deutsche Sprache, Geschichte und Kultur jedoch als unteilbar an. 1960 zieht er nach West-Berlin, weil er die geteilte Stadt als politisches und kulturelles Zentrum Deutschlands ansieht. Er besucht regelmäßig die DDR und pflegt persönliche Beziehungen dorthin.

Der Überwachungsauftrag sollte sich über fast 30 Jahre erstrecken. Bis zum Ende der DDR behält die Stasi den kritischen Autor im Visier. Sie sammelt Material über ihn, setzt bei DDR-Besuchen Spitzel auf ihn an, übt Druck auf Berufskollegen und Freunde aus und versucht, Grass zu beeinflussen. Und sie gibt all das zu den Akten. Diese Akten sind überliefert. Sie werden in diesem Band erstmals – chronologisch und thematisch geordnet – im Zusammenhang dokumentiert und von Günter Grass und betroffenen Schriftstellerkollegen kommentiert.

Die Stasi-Akten spiegeln eine gefilterte Sicht der Wirklichkeit wider. Es ist die Sicht einer politischen Geheimpolizei, die im Auftrag der herrschenden SED handelt und ihr eigenes Feindbild pflegt. Während die Kulturpolitiker je nach Großwetterlage mal auf scharfe Distanz gehen und mal eher eine Kooperation suchen, ist Grass für das Ministerium für Staatssicherheit beinahe durchgängig ein »Feind« und »Reaktionär«.

Die Akten sind nicht zur Veröffentlichung bestimmt. Sie dienen der Verständigung in einem Apparat, der einen ideologischen Krieg führt. Auch wenn sie im Nachhinein Amtlichkeit atmen und Wahrheit suggerieren, ist bei ihrer Lektüre stets kritische Distanz geboten. Viele Angaben sind korrekt, doch die Berichte enthalten auch Missverständnisse, sachliche Fehler, Verfälschungen und mitunter Lügen. Die Übergänge sind fließend. Die, die sie anlegten, verfolgten damit Ziele, oft gemeinsam gegen Grass, manchmal auch gegeneinander, da es Abteilungskonkurrenz gibt und bei der enormen internen Abschottung mitunter der eine nicht weiß, was der andere vorhat. Ereignisse werden verharmlost oder überspitzt dargestellt – je nach dem, welche Interessen der Verfasser eines Akteneintrags gerade verfolgt. So spielt die Stasi in ihren Berichten an das Zentralkomitee der SED beispielsweise die Zahl der Zuhörer und die Wirkung von Grass während der Lesereise 1988 nach Magdeburg, Halle, Erfurt und Jena gezielt herunter,[2] denn bei der Staats- und Parteiführung sollte der Eindruck erweckt werden, dass der Geheimapparat alles unter Kontrolle habe. Oder ein IM macht sich wichtig und gibt vor, zu einem Schriftstellertreffen mit Grass eingeladen worden zu sein, obwohl dies gar nicht der Fall war.[3] An Stellen, wo die Stasi keinen Zugang zu privaten Treffen findet, werden Vermutungen in den Rang von Tatsachen erhoben.

Während Ereignisfakten nachprüfbar sind, ist es fast unmöglich, Aussagen zu überprüfen, die Inoffizielle Mitarbeiter überwachten Personen in den Mund legen. Neben seltenen Eigenberichten von IM und Tonbandabschriften von diktierten Informationen überwiegen Treffberichte der Führungsoffiziere nach Mitschriften oder aus der Erinnerung. Der IM hört etwas und berichtet darüber seinem Führungsoffizier – in der Regel mündlich – beim nächsten Treff. Der Führungsoffizier verfasst über das Gehörte einen Bericht, der in die Akte kommt. Ob der IM das Gehörte richtig verstanden und korrekt weitergegeben hat, ist nicht nachprüfbar. Und ob der Führungsoffizier seinen Spitzel richtig verstanden und das Gehörte korrekt notiert hat, ist ebenfalls nicht nachprüfbar. Mit den Worten Hans Joachim Schädlichs: »Das Muster dieser Berichte kann ungefähr folgendermaßen beschrieben werden: Der Führungsoffizier sagt: IM ›Schäfer‹ habe gesagt: Grass habe gesagt. Mit anderen Worten: Es kann nicht überprüft werden, was Grass zu IM ›Schäfer‹ gesagt hat.«[4]

Aus diesem Grund misstraut Grass dem scheinbar dokumentarischen Charakter der Akten und hat sich lange geweigert, seine eigene Akte zur Kenntnis zu nehmen: »Im Zusammenhang mit der deutschen Einheit und den Folgen hat der Staatssicherheitsdienst während der Zeit seines

Bestehens sich nicht als sehr erfolgreich erwiesen. Aber danach wurde er erfolgreich. Diese Stasi-Akten haben wie ein Gift gewirkt, weil sie wie gültige Dokumente gewertet werden. Was da steht, muss wahr sein. Und das hat über die Maße Leute in Verdacht gebracht – oft zu Recht –, aber oft leider eben auch zu Unrecht –, weil man dem Wortlaut dieser Aussagen zu sehr vertraut und nicht in Betracht gezogen hat, dass vieles zugespitzt wird, auch zum Teil frei erfunden wird, um dem Führungsoffizier zu gefallen, um Leistung zu beweisen. Und das halte ich für einen verhängnisvollen Umgang mit den Stasi-Akten.«[5]

Die Stasi belässt es nicht bei der Bespitzelung von Grass. Sie versuchte auch, Einfluss auf ihn zu nehmen, indirekt Druck auszuüben. Dabei sind ihre Möglichkeiten allerdings begrenzt. Grass ist geschützt durch seine weltweite Popularität. Eine Festnahme, Abschiebung oder Inhaftierung würde einen Skandal auslösen, den die DDR-Führung nicht will. Zudem ist Grass Bundesbürger mit engen Beziehungen zur SPD-Spitze, mit ihm kann sie nicht verfahren wie mit missliebigen DDR-Bürgern. Und schließlich ist Grass finanziell unabhängig. Die Drohung, seine Bücher nicht in der DDR zu verlegen, kann ihn nicht wirtschaftlich treffen. Tatsächlich erscheint das erste Grass-Werk, die Erzählung »Das Treffen in Telgte«, erst 1984 in der DDR. Auch persönlich ist Grass nicht erpressbar. Die Stasi hat kein belastendes Material gegen ihn. Angesichts dieses Kräfteverhältnisses geht die Stasi auch nicht offensiv mit einem »Maßnahmeplan« oder einem »Operativplan« gegen Grass vor.[6] Zu den deutsch-deutschen Schriftstellertreffen in der zweiten Hälfte der siebziger Jahre können Grass und andere Teilnehmer Manuskripte aus West-Berlin nach Ost-Berlin mitnehmen und in den Westen zurückbringen. Die Stasi lässt Grass gewähren, solange sein Einfluss auf die Kulturszene ihrer Meinung nach nicht zu groß wird und die Öffentlichkeit von seinen privaten DDR-Besuchen nichts erfährt. Erst als ein Brückenschlag zur politischen Opposition droht, wird 1980 ein Einreiseverbot gegen Grass verhängt. Doch wenn er in den Folgejahren als Präsident der West-Berliner Akademie der Künste eine Einreise beantragt, wird das Verbot jeweils für die Dauer des Besuchs aufgehoben. In den achtziger Jahren benötigt die DDR aus Gründen des wirtschaftlichen Überlebens und der außenpolititschen Reputation ein möglichst unbelastetes Verhältnis zur Bundesrepublik.

Im Westen wird Grass von der Stasi nicht verfolgt; es gibt nur einzelne IM-Berichte von eher zufälligen Begegnungen in West-Berlin oder bei einer Lesung im Deutschen Literaturarchiv Marbach am Neckar.[7] Ansonsten begnügt sich die Stasi damit, über Grass' Aktivitäten in der Bundesrepublik westdeutsche Zeitungsartikel zu sammeln und seinen Werdegang zu verfolgen.

Bei Besuchen in der DDR umstellt die Stasi Grass jedoch mit Spitzeln. Viele seiner offiziellen Gesprächspartner entpuppen sich im Nachhinein als Zuträger der Stasi: Erwin Strittmatter lädt Grass 1961 zum DDR-Schriftstellerkongress ein. Strittmatter ist dessen Generalsekretär und agiert zugleich als Geheimer Informator »Dollgow«.[8] Hermann Kant, langjähriger Präsident des DDR-Schriftstellerverbandes, wird als Inoffizieller Mitarbeiter »Martin«[9] geführt. Paul Wiens, unter anderem Präsidiumsmitglied des PEN-Zentrums der DDR, ist IM »Dichter«[10] und Manfred Wekwerth, Präsident der Akademie der Künste der DDR, findet sich in den Akten als Gesellschaftlicher Mitarbeiter Sicherheit »Manfred«.[11] Jürgen Gruner verlegt als Leiter des Verlags Volk und Welt Grass' »Blechtrommel« und ist Vorsteher des DDR-Börsenvereins zu Leipzig, des Interessenverbandes der Buchhändler und Verleger. Sein Deckname lautet IM »Ernst«.[12] Und Hans Marquardt, der als Leiter des Reclam Verlags Leipzig »Das Treffen in Telgte« herausbringt, ist IMB »Hans«.[13]

Mit diesen und zahlreichen weiteren Inoffiziellen Mitarbeitern, die keine Funktionsträger sind, versucht die Stasi, Grass zu instrumentalisieren, was ihr jedoch so gut wie nicht gelingt. In der Rüstungsdebatte Anfang der achtziger Jahre beispielsweise wird Grass nicht zum erhofften Sprachrohr gegen die Nato-Nachrüstung, da er auch die Rüstung des Warschauer Pakts deutlich kritisiert.[14] Einmal jedoch lädt man Grass zu einer privaten Lesung vor Ärzten nach Ost-Berlin. Es ist ein Treffen, von dem die Stasi weiß und bei dem Grass der Lockvogel sein soll, um regimekritische Ärzte auszuhorchen und deren Ausreisepläne zu ergründen.[15] Das alles wird sehr geschickt eingefädelt. Grass vermutet zwar, dass er überwacht wird, bekommt aber selbst nichts davon mit.[16] Er verfolgt seine Ziele geradlinig, spricht bei Begegnungen im Osten klare Worte und nimmt wenig Rücksicht auf seine Partner in der DDR. Spätestens mit ihm geraten sie allerdings ins Visier der Stasi, soweit sie nicht schon vorher unter Beobachtung stehen.

Nachdem sich der deutsch-deutsche Autorenkreis Ende der siebziger Jahre infolge des Protests gegen die Biermann-Ausbürgerung und der nachfolgenden Ausreisen von Intellektuellen auflöst, versucht Grass, den innerdeutschen Dialog öffentlich fortzusetzen und mit jüngeren Kollegen in Kontakt zu kommen, etwa durch einen Briefwechsel mit dem DDR-Schriftsteller Frank-Wolf Matthies in der Zeitschrift »L' 80«. Zur Vorbereitung besucht er Matthies 1980 in Ost-Berlin, der kurz darauf verhaftet wird.[17] Zwar ist Matthies 1973 schon einmal aus politischen Gründen inhaftiert gewesen, doch die Stasi-Akten lassen erkennen, dass die neuerliche Verhaftung und die sich daran anschließende Ausreise in den Westen in unmittelbarem Zusammenhang mit den politischen Diskussionen beim Grass-Treffen stehen.[18] Der West-Autor sieht das so: »Die, die mich eingeladen hatten, wussten, dass das natürlich auch mit einem Risiko behaftet war. Und sicher wusste auch Matthies, dass ein Treffen mit mir unter Umständen nicht unbeobachtet bleiben könnte.«[19] Nach der erzwungenen Übersiedlung von Matthies nimmt Grass ihn und seine Familie dann vorübergehend in seinem Haus in West-Berlin auf.

Unter großen Druck gerät auch der Neuruppiner Arzt Wolf-Dieter Wuttke. Er hat an Grass' Lesung in der Privatwohnung eines Ost-Berliner Arztes teilgenommen.[20] Die Stasi konfrontiert ihn später mit heimlich aufgenommenen Fotos dieser »illegalen« Grass-Lesung vom Juni 1978 und erpresst so Informationen von ihm über die Situation am Bezirkskrankenhaus Neuruppin.

Der Stasi gelingt es jedoch nicht, Grass dauerhaft an seinen DDR-Aktivitäten zu hindern. Das Einreiseverbot steht aus übergeordneten politischen Gründen letztlich nur auf dem Papier. Allerdings werden Grass' Werke 25 Jahre lang in der DDR nicht verlegt, seine Theaterstücke nie auf DDR-Bühnen gespielt. Erstmals öffentlich lesen darf er 1987.[21] Trotzdem ist Grass über westliches Radio und Fernsehen und eingeschmuggelte Bücher in der DDR durchaus bekannt. Da ihr nichts anderes bleibt, versuchte die Stasi wenigstens, Grass' »Wirksamkeit« einzugrenzen. Insbesondere werden seine Kontaktpersonen überwacht und unter Druck gesetzt. Bernd Jentzsch, der Mitbegründer der Autorentreffen, meint im Nachhinein: »Wenn wir gewusst hätten, mit welchen Mitteln sie Material gesammelt haben, ich glaube, dann wären wir nicht so blauäugig in diese Begegnungen gegangen.«[22]

Für die Stasi ist jede Überwachung ein »Vorgang«. Diese Vorgänge werden Personen zugeordnet. Entsprechend werden die Akten personenbezogen archiviert. Besucht Grass die DDR, fällt ein Vorgang an, der anschließend – in der Regel – unter seinem Namen abgelegt wird. So umfasst die Akte Grass des Ministeriums für Staatssicherheit in Berlin rund 700 Seiten. Doch die Stasi führt nicht alles Aktenmaterial, das sich auf Grass bezieht, an dieser Stelle zusammen. Besucht Grass eine Person in Dresden, so kann es sein, dass dieser Vorgang in der Bezirksverwaltung Dresden der Stasi archiviert wird. In der Akte Grass in Berlin findet sich dann nicht unbedingt eine Kopie der Berichte aus Dresden, manchmal ja, manchmal nicht, manchmal eine Zusammenfassung oder nur ein Querverweis auf einer Karteikarte. Es kann auch sein, dass der Dresdner Vorgang unter dem Namen der besuchten Person abgelegt wird, weil die Stasi gerade jemand anderen im Visier hat. In einem solchen Fall hinterlässt der Besuch in Dresden in der Akte Grass keine Spuren. So findet sich unter dem Namen Grass kaum etwas über die Gruppe 47 in den Stasi-Akten, obwohl Grass eines ihrer prominentesten Mitglieder ist. Aber unter den Namen Paul Wiens oder Uwe Johnson gibt es ausführliche Analysen der Gruppe, in denen dann auch Grass erwähnt wird. Und der Bericht über die Verhaftung des Schriftstellers Frank-Wolf Matthies, den Grass in Ost-Berlin besucht, findet sich im Archiv der Bezirksverwaltung Leipzig. Womöglich kam der berichtende IM von dort. Das Aktenmaterial der Stasi, das sich auf Grass bezieht, liegt also verstreut und nicht immer chronologisch geordnet in den Archiven des Ministeriums in Berlin sowie in den Bezirksverwaltungen der Stasi. Diese Archive unterstehen heute der Bundesbeauftragten für die Unterlagen des Staatssicherheitsdienstes der ehemaligen Deutschen Demokratischen Republik (BStU). Insgesamt sind es mindestens 2200 Seiten, auf denen der Name Grass vorkommt oder die entsprechende Fahndungsnummer oder der Deckname »Bolzen«, den die Stasi für Grass verwendet. Es ist durchaus möglich, dass es in den 170 Aktenkilometern der BStU noch weitere Bestände zu Grass gibt, die noch nicht entdeckt wurden.

Die vorliegende Dokumentation ist keine wissenschaftliche Edition historischen Archivmaterials, sondern ein Lesebuch. Beabsichtigt ist nicht die quellenkritische Beurteilung jeder Aktenseite; Ziel ist vielmehr, das versteckte, verstreute und schwer zugängliche Material einer größeren

Öffentlichkeit möglichst leicht lesbar zur Verfügung zu stellen. Die aufgeführten Dokumente und Kommentare von Zeitzeugen relativieren die scheinbare Objektivität der Akten. Dabei ist klar, dass die Kommentare, die zum Teil mit 20 bis 30 Jahren Abstand aus der Erinnerung abgegeben wurden, von unterschiedlicher Qualität sind. Auch kann keine Vollständigkeit erreicht werden, weil viele Menschen, mit denen Grass in der DDR Umgang hatte, bereits verstorben sind. Zudem möchten sich einige Stasi-Opfer nicht mehr äußern. Hans Joachim Schädlich zum Beispiel verspürt bei dem Thema Ekel,[23] Frank-Wolf Matthies bittet um Nachsicht für sein Schweigen,[24] er hat mit den damaligen Vorgängen inzwischen abgeschlossen. Auf der anderen Seite reagierten der als IM »Martin« registrierte Hermann Kant und GMS »Manfred« alias Manfred Wekwerth nicht auf Interviewwünsche. IM »Schäfer«, Hans Joachim Schädlichs Bruder Karlheinz, hat sich 2007 das Leben genommen.

Um die Lesbarkeit der Akten zu erleichtern, wurden gelegentlich Erläuterungen eingefügt. Sie sind durch eckige Klammern [ ] gekennzeichnet. Kürzungen in den oft sehr redundanten Akten sind mit runden Klammern (…) kenntlich gemacht. Die BStU schwärzt aus Gründen des Persönlichkeitsschutzes vor dem Aushändigen der Aktenkopien die Namen, Anschriften und weitere private oder intime Angaben Dritter. Diese nachträglichen Schwärzungen sind durch Rauten ### markiert. Auf Fotos macht die BStU die Gesichter Dritter durch schwarze Balken unkenntlich. Handschriftliche Akteneinträge sind *kursiv* gesetzt. Ebenfalls kursiv sind Überschriften, die im Schreibmaschinenoriginal unterstrichen waren. Offensichtliche Rechtschreibfehler wurden stillschweigend korrigiert, Eigenheiten der Rechtschreibung (auch bei Namen), der Zeichensetzung und des Satzbaus wurden jedoch beibehalten. Ein ausführliches Abkürzungsverzeichnis mit Begriffserklärungen und ein annotiertes Personenregister am Ende des Bandes erleichtern das Verständnis. Die Abkürzungen wurden bewusst nicht im Text aufgelöst, um den Charakter des Originaldokuments zu erhalten. Die Quellenangaben finden sich jeweils am Ende der Dokumente. Eine Signatur besteht aus dem Archiv, in dem sich die Akte befindet (BStU), dem Bestand innerhalb des Archivs (MfS), der Signatur innerhalb des Bestandes (Abteilung + Sigelnummer) sowie der Blattzählung der Akte, die die BStU nachträglich aufgestempelt hat. Der erste Eintrag der Grass-Akte zum

Beispiel trägt die Signatur BStU, MfS, HA XX 4819, Blatt 14. Bei den Interviews mit Zeitzeugen wurden allzu umgangssprachliche Formulierungen und Satzkonstruktionen behutsam der Schriftsprache angeglichen.

Dieses Buch gliedert sich in fünf Kapitel. Sie folgen chronologisch fünf Arbeitsphasen von Grass in Bezug auf die DDR.

Phase 1 beginnt 1961 mit Grass' lautstarkem Protest gegen Zensur und Mauerbau und endet 1966 mit der Uraufführung der »Plebejer«.

In der zweiten Phase ab 1974 pflegt Grass nicht-öffentliche Kontakte zu DDR-Schriftstellern bei regelmäßigen Privatlesungen in Ost-Berlin. Viele der ostdeutschen Teilnehmer werden nach ihrem Protest gegen die Biermann-Ausbürgerung und dem Entzug ihrer Arbeitsmöglichkeiten nach und nach zur Übersiedlung in die Bundesrepublik gedrängt. Die Phase endet 1980, als Grass versucht, den deutsch-deutschen Kontakt mit jüngeren Autoren öffentlich fortzusetzen, wogegen die Stasi massiv vorgeht.

Phase 3 beginnt 1981. Grass erhält eine Einladung zu einem deutsch-deutschen Friedenstreffen von Schriftstellern in Ost-Berlin, der sogenannten Ersten Berliner Begegnung. Jetzt geht es nicht mehr nur um innerdeutsche Literaturkontakte, sondern um den Austausch politischer Argumente angesichts verstärkter Aufrüstung in Ost und West. Ab 1983 sucht Grass als neu gewählter Präsident der West-Berliner Akademie der Künste von Amts wegen Kontakt zur Akademie der Künste der DDR. Die Bemühungen bleiben jedoch fruchtlos. Sie enden 1986, als Grass sich nicht zur Wiederwahl stellt und nach Kalkutta geht.

Phase 4 beginnt im selben Jahr mit der Veröffentlichung der »Blechtrommel« in der DDR. Aus diesem Anlass erhält Grass erstmals die Genehmigung, öffentlich in der DDR zu lesen. Davon macht er 1987 und 1988 auf zwei sehr erfolgreichen Autorenreisen Gebrauch.

Phase 5 – 1989 – bringt eine Wendung ins Halb-Private. Grass kann sich einen lang gehegten Wunsch erfüllen und besucht die DDR-Ostseeinseln Rügen und Hiddensee, die Heimat seiner Frau. Er erhält die Erlaubnis, seinen Besuch mit öffentlichen Lesungen zu verbinden, wobei die Stasi mit großem Aufwand im politisch-operativen Zusammenwirken mit zahlreichen staatlichen Einrichtungen versucht, die Aufmerksamkeit, die Grass hervorruft, in Grenzen zu halten.

Nach der Maueröffnung am 9. November 1989 und der Besetzung der ersten Bezirksverwaltungen durch Bürgerrechtler schließt die Stasi nach und nach ihre Akten und trennt sich von ihren Zuträgern – wegen Perspektivlosigkeit bei der »Umstrukturierung«, wie im Stasi-Jargon der Untergang der alten Herrschaft genannt wird. Der ganz überwiegende Teil der Grass-Akten bleibt erhalten. Einzelne Berichte werden von Hand zerrissen, konnten aber zum größten Teil wieder zusammengefügt werden. Für die Öffentlichkeit und die Forschung ein Glücksfall: Wohl erstmals in der Geschichte liegt die Hinterlassenschaft eines Geheimdienstes ohne Sperrfrist per Gesetz offen. Diese ermöglicht auch neue Einblicke in die deutsch-deutsche Kulturgeschichte.

Anmerkungen

1 Siehe Faksimile zu Beginn dieser Einleitung
2 Siehe Kapitel 4, Dokument 13
3 Siehe Kapitel 2, Dokument 2
4 Brief Hans Joachim Schädlichs an den Verfasser vom 7.6.2009
5 Interview vom 16.4.2009
6 In solchen Plänen wurden Geheimdienstaktionen gegen Personen zusammengefasst, um sie zu »zersetzen«, zu »destabilisieren«, zu »neutralisieren« oder »auszuschalten«. Vgl. Walther: Sicherungsbereich Literatur, S. 22.
7 Siehe Kapitel 2, Dokument 15
8 Walther: Sicherungsbereich Literatur, S. 205
9 Ebd., S. 212
10 Ebd., S. 596
11 Ebd., S. 622 f.
12 Ebd., S. 792
13 Ebd., S. 289
14 Siehe Kapitel 3, Grass-Rede als Ergänzungstext zu Dokument 1
15 Siehe Kapitel 2, Dokumente 35–38
16 Interview vom 16.4.2009
17 Siehe Kapitel 2, Anmerkungen von Lutz Rathenow zu Dokument 40
18 Siehe Kapitel 2, Dokument 40
19 Interview vom 16.4.2009
20 Siehe Kapitel 2, Anmerkungen von Wolf-Dieter Wuttke zu den Dokumenten 37 und 38
21 Siehe Kapitel 4
22 Interview vom 20.3.2009
23 Brief vom 3.8.2009
24 Brief vom 8.1.2010

»Grass ist ein Provokateur«

Protest gegen Zensur, Mauerbau und Geschichtsfälschung (1961–1966)

Günter Grass und Martin Walser (l.) auf dem V. Deutschen Schriftstellerkongress im Ost-Berliner Haus der Ministerien am 25. Mai 1961.

Grass äußert sich 1961 nach eigenen Angaben[1] erstmals öffentlich zu deutsch-deutschen Problemen, was sofort die Stasi auf den Plan ruft, die den jungen Erfolgsautor der »Blechtrommel« bisher nicht auf ihren Überwachungslisten hat. Auf dem V. Schriftstellerkongress des DDR-Schriftstellerverbandes fordert Grass als Gastredner am 25. Mai 1961 in Ost-Berlin: »Geben Sie den Schriftstellern die Freiheit des Wortes! Geben Sie einem Enzensberger in Ihrem Land die Freiheit, die er noch in Westdeutschland hat, obgleich diese Freiheit des Wortes gefährdet ist. Hier ist sie aber gar nicht vorhanden.«[2] Das löst einen Eklat aus, von der Stasi wird Grass als antisozialistischer Reaktionär eingestuft.

In Deutschland herrscht zu dieser Zeit der Kalte Krieg. Der restaurativen Adenauer-Republik mit zunehmender Westbindung steht im Osten die sowjetisch dominierte DDR gegenüber, die um ihr ökonomisches Überleben kämpft. Immer mehr DDR-Bürger gehen in den Westen. Die Anziehungskraft des Wirtschaftswunders und die harte D-Mark drohen die DDR auszusaugen. Es scheint nur noch eine Frage der Zeit, bis die DDR die Westgrenze schließt, um die Abwanderung ihrer Bevölkerung zu stoppen. Doch Staats- und Parteichef Walter Ulbricht beteuert noch am 15. Juni 1961: »Niemand hat die Absicht, eine Mauer zu errichten.«[3]

Grass lebt bewusst in West-Berlin, an der Nahtstelle zwischen Ost und West. Hier hat er am 17. Juni 1953 den Ost-Berliner Arbeiteraufstand als Augenzeuge am Potsdamer Platz beobachtet, hier wird er Augenzeuge des Mauerbaus am 13. August 1961 werden. 1958 hat er für den noch unveröffentlichten Roman »Die Blechtrommel« den Preis der Gruppe 47 erhalten. 1959 erscheint das Buch und ist sofort ein sensationeller, wenn auch umstrittener Erfolg. Grass ist auf der Stelle finanziell unabhängig. 1960 erscheint der Graphik-Gedicht-Band »Gleisdreieck«, und Grass macht deutlich, dass für ihn Kunst und Politik keine getrennten Welten sind. Im November unterzeichnet er eine Erklärung zum »Manifest der 121«, mit dem französische Intellektuelle gegen die koloniale Algerienpolitik ihres Landes protestiert haben. Grass zu seiner Unterschrift: »Wir halten es für unsere Pflicht, mit derselben Rückhaltlosigkeit wie unsere französischen Kollegen politisch Stellung zu nehmen, wann immer es uns nötig scheint.«[4]

Grass hat in den fünfziger Jahren immer wieder Ost-Berlin besucht. Er sah die DDR als ein *offenes Land* an.[5] Trotzdem ist er überrascht, dass ihn Erwin Strittmatter, der 1. Sekretär des Deutschen Schriftstellerverbandes, zum Kongress nach Ost-Berlin einlädt.[6] Strittmatter ist zu dieser Zeit als Geheimer Informator für die Stasi tätig,[7] was Grass aber natürlich nicht weiß. Der Schriftstellerverband ist keine berufsständische Interessenvertretung von Schriftstellern, die von unten nach oben gewählt wird, sondern eine politische Organisation zur Umsetzung der Kulturpolitik der SED. Die Vorstandsmitglieder müssen zunächst vom Zentralkomitee der SED bestätigt werden, bevor sie auf den Schriftstellerkongressen gewählt werden dürfen. Die Sekretäre sind politische Mitarbeiter und gegenüber der SED bestätigungs- und berichtspflichtig. Der Verband gibt die Zeitschrift »Neue Deutsche Literatur« heraus. Dort ist Hermann Kant Redakteur. Bereits seit 1958 wird dieser als KP, Kontaktperson der Stasi, geführt, später als Geheimer Informator (GI) und schließlich als IMS »Martin«, Inoffizieller Mitarbeiter zur Sicherung und Durchdringung eines Verantwortungsbereichs.[8] Ab 1978 wirkt Kant als Verbandspräsident.

Auf dem Kongress 1961 gerät Grass mit Kant in eine Kontroverse über seinen Freund Uwe Johnson, der in den Westen übergesiedelt ist, weil er in der DDR nicht publizieren darf. Grass nennt die Zensur eine »Schweinerei« und erntet in den hinteren Reihen des Saales Beifall.[9]

Der sonst umstrittene Grass – seine »Blechtrommel« galt einigen Kritikern als »Pornografie« oder »Schaumschlägerei« – wird in der westlichen Presse für seine Zivilcourage gelobt. Die Reaktionen in der Bundesrepublik dokumentieren aber auch »einen Überlegenheits- und Alleinvertretungsanspruch, der sich zu seiner Selbstbeteuerung noch des Namens Grass bedienen will«[10], wie sein Biograph Harro Zimmermann meint.

In der DDR ist von dem 34-Jährigen bis dahin nichts erschienen. Das passte, nach Grass' Worten, »nicht in deren ideologischen Kram hinein, das stand gar nicht zur Debatte«[11]. Mit der öffentlichen Kritik an der Zensur verbaut er sich die Publikationsmöglichkeiten auf viele Jahre. Erst 1984 erscheint die Erzählung »Das Treffen in Telgte« bei Reclam in Leipzig.

Im Juni 1961 bekennt sich Grass erstmals öffentlich zur SPD. Die Partei hat sich 1959 mit dem Godesberger Programm von marxistischer Theorie und planwirtschaftlichen Vorstellungen verabschiedet. Marktwirtschaft und parlamentarische Demokratie gehören zur Bundestagswahl im September 1961 zu ihren programmatischen Grundaussagen.

Für die DDR wird sie damit ideologisch ein eher noch gefährlicherer Gegner, weil sie im Konzept des Dritten Weges – eines durch Sozialstaat, Bürgerrechte und Mitbestimmung gebändigten Kapitalismus – bei den DDR-Bürgern durchaus Zustimmung findet. Die SPD legt zwar bei den Wahlen zu, und die Union verliert die absolute Mehrheit, doch in einer Koalition mit der FDP kann Konrad Adenauer weiter regieren. Grass ist aber nicht nur politisch aktiv. Zur Frankfurter Buchmesse im September 1961 erscheint seine neue Erzählung »Katz und Maus«.

Einen Monat zuvor, am 13. August 1961, hat die DDR alle Grenzübergänge nach West-Berlin geschlossen. In den Krisentagen des Mauerbaus fürchten viele Krieg. Grass schreibt zwei Offene Briefe, einen an Anna Seghers, die Präsidentin des Schriftstellerverbandes der DDR, in dem er Ulbricht wütend mit dem Kommandanten eines Konzentrationslagers vergleicht, und gemeinsam mit seinem Schriftstellerkollegen Wolfdietrich Schnurre einen weiteren Brief an die Mitglieder des Verbandes, den er persönlich in Ost-Berlin abgibt und in dem er öffentlichen Protest der Kollegen einfordert.[12] Erwin Strittmatter soll später bedauert haben, dass er bei dieser Gelegenheit nicht die Verhaftung von Grass und Schnurre veranlasst habe.[13] Anna Seghers antwortet nicht, aber der Verbandsvorstand und mehrere DDR-Schriftsteller, darunter Stephan Hermlin und Paul Wiens, weisen seine Kritik am Mauerbau zurück.

Grass und einige Autoren der Gruppe 47 legen jedoch nach. Sie schreiben einen weiteren Offenen Brief an den Generalsekretär der Vereinten Nationen.[14] Grass' Protestbriefe finden in der Bundesrepublik allerdings nicht einhellige Zustimmung; sie werden als naiv abgetan.[15]

Die Stasi beobachtet in der Folgezeit verstärkt die Gruppe 47. Diese lose Gruppierung linksliberaler Schriftsteller war 1947 ohne feste organisatorische Struktur enstanden und verstand sich als antifaschistisch, antistalinistisch und antiautoritär. Sie richtete jährliche Lesungen mit anschließender Kritik und Diskussion aus und vergab einen Literaturpreis. Regelmäßig wurden auch Autoren aus der DDR eingeladen. Das MfS hält die Gruppe für eine antikommunistische und bürgerliche Tarnorganisation der SPD. Sie erscheint der Stasi besonders gefährlich, da die Ost-West-Aktivitäten dazu genutzt wurden, die gesellschaftliche Ordnung in der DDR in Frage zu stellen und einen Dritten Weg zu propagieren.[16] Zu den bekanntesten und gefährlichsten Mitgliedern rechnet die Stasi Grass, weshalb er fortan überwacht wird. Über ihn will man mehr über das Innenleben der Gruppe erfahren. Die Stasi vermutet unter anderem, dass Gruppenmitglieder ihr Wissen, das sie im Umgang mit DDR-Kollegen erworben haben, an westliche Geheimdienste weitergeben. Zu den Befürchtungen der Stasi gehört auch, dass die Gruppe 47 direkt von der SPD gesteuert wird.[17] Mit geheimdienstlichen Mitteln soll die vermutete konspirative Struktur der Gruppe aufgedeckt werden.

Hans Werner Richter, der informelle Vorsitzende der Gruppe 47, lädt immer wieder DDR-Schriftsteller ein. Er will Ost-West-Tagungen der Gruppe 47 organisieren. Doch die Eingeladenen erhalten mitunter keine Reisegenehmigungen oder erst nach Ablauf des geplanten Termins, erinnert sich Grass.[18] Nach dem Rücktritt Adenauers setzt die DDR-Außenpolitik vorübergehend wieder stärker auf deutsch-deutsche Kontakte. Im März 1964 kommt es zu einem Autorentreffen in West-Berlin.[19] Im Gegenzug werden im November Mitglieder der Gruppe 47 zum Schriftstellertreffen »Weimarer Akademie« eingeladen. Dort gibt es heftige ideologische Auseinandersetzungen, die sich erneut um die Zensurpraxis der DDR drehen, in deren Verlauf Paul Wiens Grass sogar Ohrfeigen angedroht haben soll.[20] Der deutsch-deutsche Schriftstellerdialog mit Hilfe der Gruppe 47 ist schnell wieder beendet.

Im September des Jahres tagt die Gruppe in Sigtuna in Schweden. Grass hat nach der »Blechtrommel« und »Katz und Maus« im Vorjahr den Roman »Hundejahre«, veröffentlicht. Damit ist die »Danziger Trilogie« vollständig. Der Roman ist ein Riesenerfolg, aber – wie bei Grass üblich – in der Kritik umstritten. In Sigtuna liest er aus seinem unveröffentlichten Drama »Die Plebejer proben den Aufstand« über den 17. Juni 1953. Den Inhalt hat Grass bereits im Frühjahr in einer Rede in der Akademie der Künste in West-Berlin ausführlich skizziert.[21] Die Stasi erhält über den GI »Dichter« alias Paul Wiens, den GI »Martin« alias Hermann Kant und GI »Manfred« alias Manfred Wekwerth erste Hinweise über den brisanten Stoff.[22] Es geht um die Rolle der Intellektuellen und speziell von Brecht während des Arbeiteraufstandes.

Wekwerth ist in den sechziger Jahren Chefregisseur am Ost-Berliner Brecht-Theater, dem »Berliner Ensemble«. Später wird er Intendant des Hauses, Präsident der Akademie der Künste der DDR und Mitglied im Zentralkomitee der SED. Die Stasi hat ihn bereits 1956 für eine Zusammenarbeit gewonnen. Der Kontakt bleibt erhalten bis zum Untergang der DDR.[23]

Die Stasi versucht, sich des Manuskripts der »Plebejer« vor der Uraufführung am West-Berliner Schiller-Theater Anfang 1966 zu bemächtigen, um dagegen womöglich rechtlich vorgehen zu können, denn zwei Brecht-Erben leben ja in der DDR. Das gelingt ihr jedoch nicht, obwohl in der westlichen Theaterszene 300 Vorabexemplare kursieren.[24] Ihr bleibt nichts anderes übrig, als das Stück im Nachhinein »kritisch einzuschätzen«[25]. Grass wird dadurch zu einer Art Staatsfeind, hat er sich doch direkt in die inneren Angelegenheiten der DDR eingemischt.

Anmerkungen

1 Interview vom 16.4.2009.
2 Wer könnte uns das Wasser reichen? Rede auf dem V. Schriftstellerkongreß in Ostberlin. In: Grass: Werkausgabe 1997, Bd. 14, S. 35.
3 Judt: DDR-Geschichte in Dokumenten, S. 550.
4 Zimmermann: Günter Grass unter den Deutschen, S. 90.
5 Interview vom 16.4.2009.
6 Ebd.
7 Walther: Sicherungsbereich Literatur, S. 631f.
8 1968 werden die Geheimen Informatoren umbenannt in Inoffizielle Mitarbeiter (IM). Vgl. Müller-Enbergs (Hg.): Inoffizielle Mitarbeiter des Ministeriums für Staatssicherheit. Teil 1, S. 45f.
9 Siehe Dokument 3 mit Ergänzungsmaterialien.
10 Zimmermann: Günter Grass unter den Deutschen, S. 93.
11 Interview vom 16.4.2009.
12 Siehe Anmerkungen 2 und 3 zu Dokument 1.
13 Walther: Sicherungsbereich Literatur, S. 634.
14 Siehe Anmerkung 4 zu Dokument 1.
15 Zimmermann: Günter Grass unter den Deutschen, S. 99ff
16 Siehe Dokument 4.
17 BStU, MfS, HA XX 14174/92, Bl. 10–32. Zitiert nach: Braun, Matthias: »Es sind alles Geschichten aus meinem Leben«, Göttingen 2010 (in Vorbereitung).
18 Gespräch am 15.11.2009.
19 Siehe Dokument 6.
20 Siehe Dokument 12.
21 Siehe Grass-Rede als Ergänzungstext zu Dokument 9.
22 Siehe Dokument 13 mit seinen Ergänzungsmaterialen.
23 Personalakte IM »Manfred« 2927/69 und GMS-Akte »Manfred«; BStU, MfS, AGMS XV/5918/80.
24 Der Spiegel 31/1965, S. 127.
25 Siehe Dokument 14.

Dokument 1

MfS – HA XX [Karteikarte von 1961/Ergänzung 1963]
Grass, Günter
WB-Schriftsteller
geb. 1927
wh.: Berlin-Grunewald, ###

Bis zum 13. 8. 61 unterhielt der DSV Verbindung zu G. und er wurde mehrfach zu gesamtdeutschen Schriftstellertreffen eingeladen. Auf dem V. Deutschen Schriftstellerkongreß im Mai 1961 trat er provokatorisch auf[1] und forderte »Freiheit für die Schriftsteller in der DDR«. Nach dem 13. 8. 61 richtete er einen verleumderischen und hetzerischen Brief an den Gen. Ulbricht[2] und führende Schriftsteller der DDR und trat in der nachfolgenden Zeit mit massiven Angriffen gegen die DDR im Rundfunk und Presse auf, gemeinsam mit dem westberliner Schriftsteller SCHNURRE.[3]
Unterzeichnete einen Brief an die UNO, welcher gegen die »Mauer« gerichtet war.[4] (Die Welt. v. 26. 9. 61)
Reportage von G. im »Spiegel« 36/63

(BStU, MfS, HA XX 4819, Bl. 01)

---

1 *Kommentar Günter Grass:* Ich bekam zu meiner Überraschung, das war noch vor dem Mauerbau im Frühjahr 1961, eine Einladung, an diesem Kongress teilzunehmen, geschrieben von Erwin Strittmatter, dem 1. Sekretär des DDR-Schriftstellerverbandes. Ich schrieb Strittmatter zurück, ich würde gern zu dem Kongress kommen, aber nur dann, wenn ich auch reden dürfte. Das hat er mir in einem Brief bestätigt. So saß ich schließlich in einer Gruppe von Leuten aus Westdeutschland. Wenn ich mich recht erinnere, war sogar Martin Walser dabei.

Der damalige Kulturminister Hans Bentzien hat dort eine Rede gehalten, die den Tenor hatte, was man doch alles geleistet habe in der DDR und in dem Satz gipfelte: »Wer im Westen kann uns das Wasser reichen?« Ich hab sofort meine Hand gehoben. Das wurde aber am Vorstandstisch »übersehen«. Und dann bin ich nach vorn gegangen an den Präsidiumstisch – da saß auch Strittmatter – und habe gesagt: »Strittmatter, jetzt kommt hier eine Grußdelegation nach der anderen, und das zerreißt den Zusammenhang zwischen der Rede Ihres Kulturministers und den inhaltliche Reaktionen darauf. Ich will aber darauf antworten, und Sie haben mir schriftlich zugesagt, dass ich hier reden darf – und darauf bestehe ich jetzt.« Daraufhin hat man mir tatsächlich das Mikrofon überlassen, und ich habe auf diesen rhetorischen Satz mit dem »Wasserreichen« reagiert und aufgezählt, was es alles an interessanter westlicher Literatur gibt, die nur in der DDR nicht erscheinen dürfe, von Kafka bis Freud. Außerdem habe ich auf Autoren aus der DDR verwiesen, die nicht verlegt werden.

(Interview vom 16.4.2009)

Aus der Rede von Günter Grass auf dem V. Schriftstellerkongress in Ost-Berlin: Zuerst etwas Erfreuliches und Verbindendes. Beim Zuhören hat sich bei mir mehr und mehr der Eindruck verstärkt: Dieses Deutschland mag politisch zweigeteilt sein, aber die Sprache als Gemeinsames ist ihm geblieben. (...) Dann möchte ich Herrn Bentzien, dem Minister für Kultur, seine Frage beantworten. Herr Bentzien fragt, nachdem er die Errungenschaften dieses Staates auf dem Gebiet der Kultur gerühmt hat: »Wer könnte uns das Wasser reichen?« Diese Frage kann ich konkret mit einigen Namen beantworten. Zeigen Sie Ihren Lesern in diesem Staat Musil, Kafka, die westdeutschen Schriftsteller, französische Schriftsteller, gleich welcher Schule, gleich welcher formalen Entwicklung, gleich, ob Sie sie formalistisch nennen – und Sie werden merken: Es gibt in Westdeutschland, in Frankreich und in England Schriftsteller, die in der Lage sind, Ihnen das Wasser zu reichen.

(Aus: Wer könnte uns das Wasser reichen? In: Grass: Werkausgabe 1997, Bd. 14, S. 33–35)

2 *Einen Tag nach dem Mauerbau schrieb Grass einen Offenen Brief an Anna Seghers, die Vorsitzende des Deutschen Schriftstellerverbandes in der DDR, und nicht – wie die Stasi fälschlich notierte – an Walter Ulbricht, den Partei- und Staatschef der DDR:*

Berlin, am 14. August 1961
An die Vorsitzende des Deutschen Schriftstellerverbandes in der DDR
Verehrte Frau Anna Seghers,
als mich gestern eine der uns Deutschen so vertrauten und geläufigen

plötzlichen Aktionen mit Panzernebengeräuschen, Rundfunkkommentaren und obligater Beethoven-Symphonie wach werden ließ, als ich nicht glauben wollte, was ein Radiogerät mir zum Frühstück servierte, fuhr ich zum Bahnhof Friedrichstraße, ging zum Brandenburger Tor und sah mich den unverkennbaren Attributen der nackten und dennoch nach Schweinsleder stinkenden Gewalt gegenüber. Ich habe, sobald ich mich in Gefahr befinde – oftmals überängstlich, wie alle gebrannten Kinder –, die Neigung, um Hilfe zu schreien. Ich kramte im Kopf und im Herzen nach Namen, nach hilfeverheißenden Namen; und Ihr Name, verehrte Frau Anna Seghers, wurde mir zum Strohhalm, den zu fassen ich nicht ablassen will.

Sie waren es, die meine Generation oder jeden, der ein Ohr hatte, nach jenem nicht zu vergessenden Krieg unterrichtete, Recht und Unrecht zu unterscheiden; Ihr Buch »Das siebte Kreuz« hat mich geformt, hat meinen Blick geschärft und läßt mich heute die Globke und Schröder in jeder Verkleidung erkennen, sie mögen Humanisten, Christen oder Aktivisten heißen. Die Angst Ihres Georg Heisler hat sich mir unverkäuflich mitgeteilt; nur heißt der Kommandant des Konzentrationslagers heute nicht mehr Fahrenberg, er heißt Walter Ulbricht und steht Ihrem Staat vor. Ich bin nicht Klaus Mann, und Ihr Geist ist dem Geist des Faschisten Gottfried Benn gegengesetzt, trotzdem berufe ich mich mit der Anmaßung meiner Generation auf jenen Brief, den Klaus Mann am 9. Mai 1933 an Gottfried Benn richtete. Für Sie und für mich mache ich aus dem 9. Mai der beiden toten Männer einen lebendigen 14. August 1961. Es darf nicht sein, daß Sie, die Sie bis heute vielen Menschen der Begriff aller Auflehnung gegen die Gewalt sind, dem Irrationalismus eines Gottfried Benn verfallen und die Gewalttätigkeit einer Diktatur verkennen, die sich mit Ihrem Traum vom Sozialismus und Kommunismus, den ich nicht träume, aber wie jeden Traum respektiere, notdürftig und dennoch geschickt verkleidet hat.

Vertrösten Sie mich nicht auf die Zukunft, die, wie Sie als Schriftstellerin wissen, in der Vergangenheit stündlich Auferstehung feiert; bleiben wir beim Heute, beim 14. August 1961. Heute stehen Alpträume als Panzer an der Leipziger Straße, bedrücken jeden Schlaf und bedrohen Bürger, indem sie Bürger schützen wollen. Heute ist es gefährlich, in Ihrem Staat zu leben, ist es unmöglich, Ihren Staat zu verlassen. Heute – und Sie deuten mit Recht auf ihn – bastelt ein Innenminister Schröder an seinem Lieblingsspielzeug: am Notstandsgesetz. Heute – »Der Spiegel« unterrichtete uns – trifft man in Deggendorf, Niederbayern, Vorbereitungen zu katholisch-antisemitischen Feiertagen. Dieses Heute will ich zu unserem Tag machen: Sie mögen als schwache und starke Frau Ihre Stimme beladen und gegen die Panzer, gegen den gleichen, immer wieder in Deutschland hergestellten Stacheldraht anreden, der einst den Konzentrationslagern Stacheldrahtsicherheit gab; ich aber will nicht müde werden, in Richtung Westen zu sprechen: Nach Deggendorf in Niederbayern will ich ziehen und in eine Kirche spucken, die den gemalten Antisemitismus zum Altar erhoben hat.

Dieser Brief, verehrte Frau Anna Seghers, muß ein »offener Brief« sein. Das Brieforiginal schicke ich Ihnen über den Schriftstellerverband in Ostberlin. Mit der Bitte um Veröffentlichung schicke ich einen Durchschlag an die Tageszeitung »Neues Deutschland«, einen zweiten Durchschlag an die Wochenzeitung »Die Zeit«.

Hilfesuchend grüßt Sie

Günter Grass

(Und was können die Schriftsteller tun? In: Grass: Werkausgabe 1997, Bd. 14, S. 39 f.)

3 *Am 16. August 1961 schrieb Grass zusammen mit seinem Schriftstellerkollegen Wolfdietrich Schnurre einen weiteren Offenen Brief zum Mauerbau, dieses Mal an die Mitglieder des Schriftstellerverbandes in der DDR:*

Berlin, den 16. August 1961

Ohne Auftrag und Aussicht auf Erfolg dieses offenen Briefes bitten die Unterzeichnenden hiermit alle Schriftsteller in der DDR, die Tragweite der plötzlichen militärischen Aktion vom 13. August zu bedenken. Es komme später keiner und sage, er sei immer gegen die gewaltsame Schließung der Grenzen gewesen, aber man habe ihn nicht zu Wort kommen lassen. Wer den Beruf des Schriftstellers wählt, muß zu Wort kommen, und sei es nur durch ein lautes Verkünden, er werde am Sprechen gehindert.

Viele Bürger Ihres Staates halten die DDR nicht mehr für bewohnbar, haben Ihren Staat verlassen und wollen Ihren Staat verlassen. Diese Massenflucht, die von Ihrer Regierung ohne jeden Beweis »Menschenhandel« genannt wird, kann und darf die Aktion vom 13. August weder erklären noch entschuldigen. Stacheldraht, Maschinenpistole und Panzer sind nicht die Mittel, den Bürgern Ihres Staates die Zustände in der DDR erträglich zu machen. Nur ein Staat, der der Zustimmung seiner Bürger nicht mehr sicher ist, versucht sich auf diese Weise zu retten.

Wenn westdeutsche Schriftsteller sich die Aufgabe stellen, gegen das Verbleiben eines Hans Globke in Amt und Würden zu schreiben; wenn westdeutsche Schriftsteller das geplante Notstandsgesetz des Innenministers Gerhard Schröder ein undemokratisches Gesetz nennen; wenn westdeutsche Schriftsteller vor einem autoritären Klerikalismus in der Bundesrepublik warnen, dann haben Sie genauso die Pflicht, das Unrecht vom 13. August beim Namen zu nennen.

Wir fordern Sie auf, unseren offenen Brief zu beantworten, indem Sie entweder die Maßnahmen Ihrer Regierung gutheißen oder den Rechtsbruch verurteilen. Es gibt keine »innere Emigration«, auch zwischen 1933 und 1945 hat es keine gegeben. Wer schweigt, wird schuldig.

Dieser offene Brief wird dem Deutschen Schriftstellerverband und der Deutschen Akademie der Künste überreicht werden. Je ein Durchschlag wird den folgenden Zeitungen mit der Bitte um ungekürzte Veröffentlichung geschickt werden: »Neues Deutschland«, »Sonntag«; »Tagesspiegel«, »Welt«, »Süddeutsche Zeitung«, »konkret«.

Als Ehrenmitglieder und Mitglieder des Vorstandes im Deutschen Schriftstellerverband nennen wir: Anna Seghers, Arnold Zweig, Erwin Strittmatter, Ludwig Renn, Ehm Welk, Bruno Apitz, Willi Bredel, Franz Fühmann, Peter Hacks, Stephan Hermlin, Wolfgang Kohlhaase, Peter Huchel, Paul Wiens.

Wir erwarten Ihre Antwort.

Wolfdietrich Schnurre

Günter Grass

(Wer schweigt, wird schuldig. In: Grass: Werkausgabe 1997, Bd. 14, S. 41f.)

Kommentar Günter Grass zu den sogenannten Mauerbriefen: 1961 beim Mauerbau habe ich zum ersten Mal öffentlich Position bezogen, zum ersten mit einem Offenen Brief an Anna Seghers als Protest gegen den Mauerbau. Und dann habe ich noch gemeinsam mit meinem Schriftstellerkollegen Wolfdietrich Schnurre einen Brief an den Schriftstellerverband der DDR geschrieben. Den haben wir in Ost-Berlin direkt im Verbandsbüro übergeben, damit der dort auch ja ankommt.

Anna Seghers hat überhaupt nicht geantwortet, aber es gab auf den Brief an den Schriftstellerverband, den ich mit Schnurre aufgesetzt hatte, Reaktionen, die unseren Protest ablehnten. Hermlin hat sich eher vorsichtig und abwägend geäußert. Aber es gab andere heftige Gegenreaktionen. Übrigens nicht nur aus der DDR, auch aus Westdeutschland, wo es durchaus Leute gab, die Verständnis zeigten für den Mauerbau.
(Interview vom 16.4.2009)

Aus der offiziellen Erklärung des DDR-Schriftstellerverbandes zum Offenen Brief: Kraftvoll, selbstbewußt, präzise und in Übereinstimmung mit den brüderlichen Nachbarstaaten hat die Regierung der Deutschen Demokratischen Republik die notwendigen Entscheidungen getroffen, die den Frieden in Deutschland gerettet haben. (...)

Unseren westdeutschen Schriftstellerkollegen können wir ihre Verantwortung vor dem Volk nicht abnehmen. Mit allem Ernst sagen wir ihnen hier noch einmal: Adenauer, Strauß und Brandt, das ist die gleiche schmutzige Hand! Wehrt euch gegen die Kriegshysterie und den Antikommunismus! Wehrt euch gegen den Kalten Krieg und die Lüge! Gestattet niemandem, den revolutionären deutschen Staat der Arbeiter und Bauern zu verleumden!

Noch in diesem Jahr wird der deutsche Friedensvertrag abgeschlossen werden. Er ist gut für unser Volk, für euch und uns. Er erleichtert unseren gemeinsamen Kampf gegen Militarismus und Konterrevolution.

Die Wahrheit ist: Der Frieden wird nur von den Kräften des sozialistischen Weltsystems und den Anstrengungen der Völker garantiert. Der schwerwiegende Beschluß der Sowjetunion, die Kernwaffenversuche wieder aufzunehmen, dient diesem Ziel. Dem Sozialismus gehört die Zukunft. Die ersten Weltraumflüge lassen bereits erkennen, wozu der Mensch befähigt ist, wenn er die Last des Imperialismus und seiner Kriege abschüttelt. Ihr müßt euch entscheiden!
(Aus: Vaterland, Muttersprache, S. 188)

Stephan Hermlin: Antwort an Günter Grass und Wolfdietrich Schnurre
Sie haben gestern, am 16. August 1961, einen offenen Brief an eine Reihe von Schriftstellern in der Deutschen Demokratischen Republik gerichtet. Da ich zu den von Ihnen genannten Empfängern gehöre, erlaube ich mir, das Folgende zu bemerken:

Sie wünschen, ich möge »die Tragweite der plötzlichen militärischen Aktion vom 13. August bedenken«. Ich könnte mit den Worten eines offiziellen Sprechers in Washington darauf erwidern, daß die Rechte der westlichen Besatzungsmächte in West-Berlin durch die Maßnahme der Deutschen Demokratischen Republik nicht angetastet wurden. Dies ist die Antwort, die bereits aus dem Westen gekommen ist, soweit die Frage der Tragweite aufgeworfen wird. Ich will es mir aber nicht ganz einfach machen, zumal ich kein Sprecher der amerikanischen Regierung bin.

Sie schrieben: »Wenn westdeutsche Schriftsteller sich die Aufgabe stellen, gegen das Verbleiben eines Hans Globke zu schreiben; wenn westdeutsche Schriftsteller vor einem autoritären Klerikalismus in der Bundesrepublik warnen, dann haben Sie genauso die Pflicht, das Unrecht vom 13. August beim Namen zu nennen.«

Ihr Argument, das bei früherer Gelegenheit bereits in ähnlicher Form auftauchte, resultiert aus einem Trugschluß. Wenn Sie, Schnurre und Grass, gegen Globke und Schröder auftreten, die Sie regieren, so bin ich keineswegs verpflichtet, gegen meine Regierung aufzutreten, die Globke und Schröder etwas nachdrücklicher bekämpft als Sie beide es tun – das sei bei allem Respekt vor Ihrer Zivilcourage gesagt. Vielmehr ist meine Regierung bei dieser ihrer Tätigkeit meiner Zustimmung sicher. Tatsächlich ist das, was Sie das Unrecht vom 13. August nennen, eine staatliche Aktion gegen die Globke-Schröder-Politik.

Das Unrecht vom 13. August? Von welchem Unrecht sprechen Sie? Wenn ich Ihre Zeitungen lese und Ihre Sender höre, könnte man glauben, es sei vor vier Tagen eine große Stadt durch eine Gewalttat in zwei Teile auseinandergefallen. Da ich aber ein ziemlich gutes Gedächtnis habe und seit vierzehn Jahren wieder in dieser Stadt lebe, erinnere ich mich, seit Mitte 1948 in einer gespaltenen Stadt gelebt zu haben, einer Stadt mit zwei Währungen, zwei Bürgermeistern, zwei Stadtverwaltungen, zweierlei Art von Polizei, zwei Gesellschaftssystemen, in einer Stadt, die beherrscht ist von zwei einander diametral entgegengesetzten Konzeptionen des Lebens. Die Spaltung Berlins begann Mitte 1948 mit der bekannten Währungsreform. Was am 13. August erfolgte, war ein logischer Schritt in einer Entwicklung, die nicht von dieser Seite der Stadt eingeleitet wurde.

Ich habe meiner Regierung am 13. August kein Danktelegramm geschickt und ich würde meine innere Verfassung auch nicht als eine solche »freudige Zustimmung«, wie manche sich auszudrücken belieben, definieren. Wer mich kennt, weiß, daß ich ein Anhänger des Miteinanderlebens bin, des freien Reisens, des ungehinderten Austausches auf allen Gebieten des menschlichen Lebens, besonders auf dem Gebiet der Kultur.

Aber ich gebe den Maßnahmen der Regierung der Deutschen Demokratischen Republik meine uneingeschränkte ernste Zustimmung. Sie hat mit diesen Maßnahmen, wie sich bereits zeigt, den Antiglobkestaat gefestigt, sie hat einen großen Schritt vorwärts getan zur Erreichung eines Friedensvertrages, der das dringendste Anliegen ist, weil er allein angetan ist, den gefährlichsten Staat der Welt, die Bundesrepublik, auf ihrem aggressiven Weg zu bremsen.

Ich erinnere mich noch sehr genau an das ekelerregende Schauspiel einer sogenannten nationalen Erhebung, das ich am 30. Januar 1933 als ganz junger Mensch am Brandenburger Tor erlebte. Zehntausende von Hysterikern teilten einander damals tränenüberströmt mit, Deutschland sei endlich von der Knechtschaft erlöst. Hätten damals am Brandenburger Tor rote Panzer gestanden, wäre der Marsch nach dem Osten nie angetreten worden, brauchten keine Eichmann-Prozesse stattzufinden und säßen wir heute zu dritt in einer unzerstörten, ungeteilten Stadt am Alex oder am Kurfürstendamm im Café.

In Ihrem Brief wird sehr deutlich an die Adressaten appelliert, sie mögen sich nicht vor einer Antwort drücken, es gäbe angesichts der heutigen Situation kein Schweigen, so wenig – wie Sie schreiben – wie gerade zwischen 1933 und 1945. Offenbar haben Sie doch nicht sehr genau überlegt, an wen Sie das geschrieben haben, denn Ihre Adressaten, zumindest die Mehrzahl von ihnen, schwiegen gerade zwischen 1933 und 1945 nicht, im Gegensatz zu so vielen patentierten Verteidigern der westlichen Freiheit des Jahres 1961.

Ich bin überzeugt, daß es meiner Antwort an Deutlichkeit nicht gebricht, und hoffe, daß wir uns bald in freundlicheren Stunden wiedersehen werden.

(Aus: Vaterland, Muttersprache, S. 188 f.)

4 *Offener Brief an den Generalsekretär der UNO (September 1961)*

Unser Volk hat in der Hohen Versammlung der Vereinten Nationen weder Sitz noch Stimme. Die seit dem 13. August sich ständig verschärfende Lage veranlaßt uns zu dem ungewöhnlichen Schritt, uns zu Sprechern unserer Landsleute zu machen. Wir handeln ohne Auftrag, aber im sicheren Bewußtsein, für viele zu sprechen, wenn wir, ausschließlich bestimmt von der Sorge um die Erhaltung des Friedens und den Bestand unseres Landes, diesen Appell an Sie richten. (...)

Wir wissen, daß verschiedene Faktoren den gegenwärtigen Zustand in Deutschland herbeigeführt oder ermöglicht haben. Es liegt uns fern, einseitige Anklagen zu erheben. Auch glauben wir, daß es jetzt wenig sinnvoll ist, die Entwicklung der letzten anderthalb Jahrzehnte nochmals aufzurollen.

Es ist aber eine Tatsache, daß durch die radikal vollzogene Trennung Berlins in zwei Hälften am 13. August dieses Jahres eine tragische Lage für Hunderttausende von Menschen geschaffen worden ist. Gleichzeitig hat sich die Spannung zu einem bürgerkriegsähnlichen Zustand verschärft, der eine ernsthafte Bedrohung des Weltfriedens darstellt. Wir beschränken uns darauf, auf diese Fakten hinzuweisen, und zweifeln nicht, daß Eure Exzellenz sie gebührend einschätzen werden.

Die deutsche Frage muß gelöst werden, weil sie den Frieden der Welt bedroht, und zwar unter allen Umständen auf friedliche Weise. Gleichzeitig meinen wir, daß dem ganzen deutschen Volk jene elementaren Rechte zuerkannt werden sollten, die alle freien oder sich in diesen Jahren befreienden Nationen der Welt in Anspruch nehmen, weil nur gerechte Lösungen dauerhaft sind und dem Frieden dienen. Da die unmittelbar beteiligten oder betroffenen Regierungen den bestehenden Konflikt offensichtlich allein nicht mehr lösen können, bitten wir Eure Exzellenz um Ihre Vermittlung, damit zwischen den Siegermächten des Zweiten Weltkrieges eine Vereinbarung über den künftigen Status Deutschlands getroffen wird, die der internationalen Entspannung dient und eine Normalisierung der Verhältnisse in unserem Lande einleitet. Wir sind überzeugt, daß eine Lösung gefunden werden kann, die das Sicherheitsbedürfnis aller Beteiligten gebührend berücksichtigt und der jeder zustimmen kann, ohne eine Beeinträchtigung der eigenen Position befürchten zu müssen.

Erstunterzeichner: Arnold Bauer, Heinrich Böll, Axel Eggebrecht, Hans Magnus Enzensberger, Christian Ferber, Christian Geissler, Helmut Gollwitzer, Günter Grass, Walter Jens, Eckart Kroneberg, Siegfried Lenz, Horst Mönnich, Hans Josef Mundt, Hans Werner Richter, Peter Rühmkorf, Paul Schallück, Wolfdietrich Schnurre, August Scholtis, Franz Schonauer, Gerhard Szczesny, Martin Walser, Wilhelm Weischedel, Wolfgang Weyrauch.

(Aus: Vaterland, Muttersprache, S. 185 f.)

Dokument 2

Paul Wiens, Berlin-Grünau, Tagore Straße 13 18. 8. 1961

An:
Herrn Wolfdietrich Schnurre
Berlin-Zehlendorf West, ###

Herrn Günter Grass
Berlin-Grunewald, ###

Der Schriftstellerverband übermittelte mir am 17. August einen von Ihnen beiden, Wolfdietrich Schnurre und Günter Grass, am Vortage überbrachten und unterzeichneten Offenen Brief.
»Ohne Auftrag und ohne Aussicht auf Erfolg«, wie Sie beginnen, bitten Sie die Schriftsteller unserer Republik, die Tragweite der Maßnahmen unserer Volksmacht am 13. August zu bedenken und offen Stellung zu nehmen. Da Sie unter anderen meinen Namen nennen und offensichtlich das Neue Deutschland nur selten lesen, halte ich es für nützlich, Ihnen hier noch einmal direkt zu antworten. Auch darum übrigens, weil ich Ihre Arbeiten schätze und weil ich voraussetze, daß Sie wirklich aus ehrlicher eigener Überzeugung handeln und schreiben, wie wenig bedacht und wie wenig eigen Ihr Brief mir auch erscheint.
Ich versuche möglichst nüchtern zu sein:
In Anbetracht der Lage in Deutschland und in der Welt, in Anbetracht der Lehren der Geschichte und meiner eigenen Erfahrung, in Ihrem, in meinem und wahrscheinlich in aller Menschen elementarstem Interesse halte ich es für vernünftig, für notwendig und daher für gut und menschlich, mit

all der demokratischen Macht, die uns zur Verfügung steht, einer Politik (und ihren Exponenten) Halt zu bieten, die unausweichlich zu einem dritten Weltkrieg führt. Das haben wir am 13. August in Berlin getan.
Recht gebe ich Ihnen, wenn Sie schreiben, daß »wer den Beruf des Schriftstellers wählt, zu Wort kommen muß.« Ich hoffe also, auch Sie werden mir zugeben, und ich meine es unpolemisch: wer den Beruf des Schriftstellers wählt, muß denken. Ich lese nun und glaube Ihnen, daß Sie überzeugte Gegner der atomaren Aufrüstung sind. Sie warnen vor Globke, Schröder, Strauß. Aber Sie verwenden im Gespräch mit uns – in Ihrem Brief absatzweise wortwörtlich! – die primitiven demagogischen Schlagworte, die auf Dummenfang und Verhetzung berechnete, durch und durch verlogene »Sprachregelung« Brandts und eben dieser Leute. Haben Sie sich wirklich von der zwerchfellerschütternden »Argumentation« der Antikommunisten einfangen lassen, die etwa behaupten: Hitler trug einen Schnurrbart, Günter Grass trägt auch einen Schnurrbart, also ist »Die Blechtrommel« »Mein Kampf« von heute?!
Schließlich: Wenn Sie in der Bundesrepublik oder in Westberlin politisch zu Wort kommen, nutzen Sie zwar immer das ganze Spielfeld der intellektuellen Narrenfreiheit, das Ihnen Ihre und unsere an der Macht befindlichen Feinde zuweisen. Aber dann und dort, wo das Wort wirklich zu wirksamem Protest, zur befreienden Tat, wo der Geist zur Macht und den Sie Regierenden gefährlich werden könnte – wie etwa in der gegenwärtigen Situation – haben Sie beide immer noch sorgfältig die Ihnen von Ihren Machthabern auferlegten Tabus und Spielregeln beachtet, sogar die Stoßrichtung: gegen uns ... Sind Sie sich dessen bewußt? Sind Sie am Ende doch Konformisten? Wessen?
Ihrer Bitte um Parteinahme bin ich nachgekommen. Nun fordere ich Sie auf, auch meine Fragen ernsthaft zu bedenken und offen zu beantworten.

Je ein Durchschlag dieses Briefes geht folgenden Zeitungen mit der Bitte um ungekürzte Veröffentlichung zu: Tagesspiegel, Telegraf, Spiegel, Welt, Die Zeit, Süddeutsche Zeitung, konkret, Neues Deutschland, Sonntag.

gez. Paul Wiens

(BStU, MfS, AIM 771/68, Bd. 1, Bl. 82 f.)

Dokument 3

Hauptabteilung V/1/4 Berlin, den 19. 7. 1961
Treffbericht
Treff mit der KP »Kant«
am 18. 7. 1961 von 10.00 Uhr bis 11.30 Uhr
in der Wohnung der KP

Die KP befand sich allein in der Wohnung, sodaß der Treff ohne Störungen durchgeführt werden konnte. Auf Befragen berichtete die KP folgendes:
Zur Reaktion der Schriftsteller auf den Kongreß kann er nicht viel sagen, da er nach dem Kongreß mit wenig Leuten zusammen gekommen ist. Noch während des Kongreßverlaufes konnte er jedoch feststellen, daß er auf die verschiedenen Schriftsteller positiv gewirkt hat und sie von dem Erfolg des Kongresses überrascht waren. Stimmungen gegen den Kongreß und die dort gesagten Dinge hat er nicht festgestellt. Er selbst schätzt den Kongreß als unbedingt positiv ein.
In diesem Zusammenhang wurde auch über GRASS gesprochen. Die KP kennt GRASS schon seit längerer Zeit. Obwohl sich auf dem Kongreß zwischen ihnen die Hauptauseinandersetzungen[1] entspannen, besteht nach wie vor ein guter Kontakt zwischen beiden.
Er schätzt GRASS wie folgt ein.
GRASS ist ein Mensch ohne jede feste politischen Einstellung und Haltung. Er schießt praktisch nach beiden Seiten und kommt sich dabei sehr imposant vor. Er möchte immer als ein Freiheitsapostel erscheinen. Er tritt gelegentlich auch in der selben Form wie bei uns gegen Adenauer auf, während er Tage später wieder vollkommen auf dessen Linie einschwenkt. (...)

Ltn. Schindler

(BStU, MfS, ZA 2173/70, Bd. 1, Bl. 210)

---

1 *Hermann Kant: Aus dem Diskussionsbeitrag auf dem V. Deutschen Schriftstellerkongress am 26. Mai 1961*
(...) Wer sich literarisch mit der DDR befaßt, und sei es auch, weil er ihr eins auswischen will, kommt nicht umhin, die Allgegenwart, die Herrschaft der Arbeiter und Bauern zu konstatieren. Das ist in Johnsons »Mutmaßungen über Jakob« nicht anders als in Hans Scholz' »Unteilbares-Deutschland«-Epos »Am grünen Strand der Spree«. (...)

Antwort von Günter Grass auf Hermann Kant auf dem V. Schriftstellerkongress: Jetzt möchte ich direkt Herrn Kant antworten und mit seinem Satz beginnen: »Uwe Johnson will der DDR eins auswischen.« Ich kenne Uwe Johnson. Er wohnt in Westberlin. Ich sehe ihn oft, bin über sein Buch und seinen Weg nach Westberlin gut unterrichtet. Er mußte die Republik verlassen, weil ihm seine Arbeitsmöglichkeiten genommen wurden. Er hat ein Buch eingereicht, das nicht das Gefallen des Aufbau Verlages fand, und danach wurden ihm alle wirtschaftlichen Möglichkeiten, in der DDR zu existieren, entzogen. Er konnte keine Bücher mehr besprechen, keine Übersetzungen mehr machen. Er mußte den Staat verlassen. Er ist durch kein Flüchtlingslager gegangen, sondern hat, wie er sagt, »seinen Wohnsitz nach Westberlin verlegt«. Was hat er getan, daß man ihn zwingt, diesen Staat zu verlassen? Er hat als Marxist, der er heute noch ist, in einer literarisch gültigen Form, über die man streiten kann – natürlich sind einige Passagen schlechter, andere sind besser –, ein Buch geschrieben, das sich mit den Arbeitern, mit den Menschen in der DDR auseinandersetzt und zeigt, wie diese Menschen dem Staat gegenüberstehen: mehr oder weniger ablehnend, mehr oder weniger positiv. Er hat all diese Dinge aufgegriffen, die eigentlich die Voraussetzung für Prosa bilden. Dieses Buch hat er in einer interessanten, leicht Faulkner entlehnten Manier geschrieben. Warum soll er nicht beeinflußt sein; wir alle haben unsere Väter. Die weitere Entwicklung zeigt, daß Uwe Johnson, als er noch in der DDR war, ein Buch von Melville, »Israel Potter«, übersetzt hat. Es ist jetzt ohne Nennung des Übersetzers in der Sammlung Dieterich herausgekommen. Ich will hierüber nicht viele Worte machen. Das ist eine Schweinerei.

(Aus: V. Deutscher Schriftstellerkongreß am 25.–27. Mai 1961, S. 168)

Kommentar Günter Grass: Als ich mich über die Streichung des Namens von Uwe Johnson als Übersetzer von »Israel Potter« empörte, gab es in den hinteren Reihen sogar Beifall. Es war eine ungeheure Aufregung. Übrigens: Bei einer weiteren Auflage ist der Name Uwe Johnson dann wieder hineingekommen.

(Interview vom 16.4.2009)

Günter Grass auf der Straße des 17. Juni in West-Berlin, im Hintergrund das sowjetische Ehrenmal und das Reichstagsgebäude, Herbst 1961.

Hans Werner Richter, Eva und Wolfdietrich Schnurre beim Treffen der Gruppe 47 im Jagdschloss Göhrde bei Lüneburg, Oktober 1961.

Dokument 4

Hauptabteilung V/1/III Berlin, den 29.11.1963

Einschätzung der Gruppe 47

Die Gruppe 47 wurde in der Zeit vom 25.7.–29.7.1947 gegründet. Zum damaligen Zeitpunkt fanden sich auf Initiative von Hans-Werner RICHTER, Alfred ANDERSCH, Wolfdietrich SCHNURRE u.a. vorwiegend Publizisten zusammen, deren Neigungen auf literarischem Gebiet lagen.
Die Gruppe 47 hat keine festen Organisationsformen. Es gibt keine Mitgliedschaft, keine Satzung, kein festumrissenes Programm.
Zum Zeitpunkt der Gründung trug die Gruppe eindeutig progressiven Charakter. Die von ihnen vertretenen Auffassungen zur gesellschaftlichen Entwicklung waren jedoch völlig undialektisch, z.B. verneinten sie die Existenz des Klassenkampfes.
Ihre Grundkonzeption bestand darin, sich selbst zur Demokratie zu erziehen, um diese Erziehung mit literarischen Mitteln unter der Bevölkerung fortzusetzen. An der Wirksamkeit demokratischer Massenorganisationen und Parteien zweifelten sie und vertraten die Auffassung einer demokratischen Elite-Bildung.
Bereits in ihren vielen Erklärungen stellten sie sich in Opposition zu den damaligen Verhältnissen in Westdeutschland, sprachen sich jedoch noch schärfer gegen die Entwicklung in der damaligen sowjetischen Besatzungszone aus.
Vor der Gründung der Gruppe 47 versuchte der gleichen Personenkreis durch die Herausgabe der Zeitschrift »Der Ruf«, die gleichen Ziele zu verfolgen, die jedoch durch das Verbot vonseiten der amerikanischen Besatzungsbehörden zerschlagen wurden.
Die an der Gründung der Gruppe 47 beteiligten Personen haben sich in der Zwischenzeit zu bekannten Schriftstellern entwickelt.
Von der Gründung bis zum heutigen Zeitpunkt ist Hans-Werner RICHTER der intellektuelle und organisatorische Kopf der Gruppe. Von ihm wird gemeinsam mit einem kleinen Kern von Schriftstellern auch die politisch-ideologische und literarische Konzeption bestimmt und durchgesetzt.
Die Arbeitsweise der Gruppe 47 ist folgende:
Einmal jährlich treffen sich vorwiegend junge, unbekannte Schriftsteller, die vom Kern der Gruppe eingeladen werden, zu literarischen Lesungen. Dem geht eine intensive individuelle Arbeit voraus. Schon bei der Auswahl wird die politisch-ideologische und künstlerische Konzeption durchgesetzt.

Der bei der Lesung erfolgreichste Schriftsteller erhält den Preis der Gruppe 47 (7000,– WM), wobei ziemlich einseitig die Meinung des Initiators der Gruppe 47, Hans-Werner RICHTER, ausschlaggebend ist. Die Preisverteilung verfolgt vorrangig das Ziel, unbekannte Schriftsteller demonstrativ in die Öffentlichkeit zu stellen. Wesentlich dabei ist noch, daß bei den Literatur-Diskussionen sich der Lesende nicht verteidigen darf.
Mit dieser Methode werden alle Schriftsteller, die sich als politisch unbequem zeigen, ausgeschaltet und später nicht mehr eingeladen.
Der Kern der Gruppe 47 besteht aus etwa 15–20 Schriftstellern bzw. Lektoren, während die Teilnehmerzahl schwankt. Die bisher größte Tagung der Gruppe 47 war 1960 in Westberlin mit 100 Schriftstellern.
Es ist zu verzeichnen, daß sich die politisch-ideologische und literarische Konzeption im wesentlichen übereinstimmend mit den Verhältnissen in Westdeutschland entwickelt und der SPD-Politik sehr nahe kommt. Zeitweise gab es vereinzelte Stellungnahme gegen die Atombewaffnung Westdeutschlands sowie vereinzelt Kritik an der Adenauer-Politik.
In den letzten Jahren hat sich jedoch der Antikommunismus in der Gruppe 47 im breiteren Maße durchgesetzt.
Die Mehrheit der Gruppe 47 tritt offen gegen die sozialistischen Verhältnisse in der DDR sowie gegen den antifaschistischen Schutzwall auf, z. B. richteten nach dem 13. 8. 1961 23 Schriftsteller, die zum Kern bzw. zu den engsten Anhängern der Gruppe 47 gehörten, einen Appell an die UNO gegen den antifaschistischen Schutzwall (»Die Welt« vom 26. 9. 61). Außerdem überreichten die in der Gruppe 47 führenden Schriftsteller GRASS und SCHNURRE dem Deutschen Schriftstellerverband und namhaften DDR-Schriftstellern »Protest-Schreiben«. Diese enthielten äußerst scharfe Angriffe und Hetze gegen den antifaschistischen Schutzwall und forderten die führenden Schriftsteller der DDR zum aktiven Widerstand auf.
Der Leiter der Gruppe 47, Hans-Werner RICHTER, hielt sich während des 13. 8. 1961 zu Besuch bei seinem Bruder im Bezirk Rostock auf. Nach seiner Rückkehr nach Westdeutschland veröffentlichte er im Rowohlt-Verlag eine Hetzbroschüre mit dem Titel »Die Mauer oder der 13. August«. Darin schilderte er in verleumderischer Weise seine Erlebnisse während des Aufenthaltes in der DDR und ließ darin weitere westdeutsche Literaturschaffende, vorwiegend Angehörige der Gruppe 47, in Beiträgen usw. berichten. Diese Beiträge richteten sich gegen die DDR.
Es ist zu verzeichnen, daß sich ein Teil der Mitglieder der Gruppe 47 an der Hetze – politisch-ideologischer Diversion – gegen die DDR, besonders auf dem Gebiet der Kultur, in Presse, Rundfunk, Fernsehen u. a. Einrichtungen aktiv beteiligte, so z. B. die Schriftsteller RICHTER, SCHNURRE, GRASS,

KANTOROWICZ, MEIER [MAYER], REICH-RANICKI, RÜHMKOP [RÜHMKORF], WEYRAUCH, WAGENBACH u. a.

In den letzten Jahren macht sich immer stärker eine organisatorische Verbindung mit dem Verlagswesen bemerkbar, wodurch die Gruppe auch unmittelbaren Einfluß darauf nimmt, welche Autoren verlegt werden. Andererseits können die Verlage ihre Interessen mit Hilfe der Gruppe 47 durchsetzen. Diese Tatsache gewinnt besondere Bedeutung in der Arbeit mit Schriftstellern der DDR.

Uns ist bekannt, daß folgende Verlage ziemlich fest und einflußreich in der Gruppe 47 vertreten sind:

Rowohlt-Verlag	durch Fritz RADDATZ
S. Fischer-Verlag	durch Dr. Klaus WAGENBACH
Luchterhand-Verlag	durch Dr. Franz SCHONAUER.

Es ist bekannt, daß sowohl der Rowohlt-Verlag als auch die Firma Osran [Osram?] die Gruppe 47 materiell unterstützen. Es muß angenommen werden, daß vonseiten anderer Verlage und Industrieunternehmen dies auch der Fall ist. Das ist jedoch nur andeutungsweise bekannt. Es liegen dafür keine Beweise vor.

Bezeichnenderweise nannte der geschäftsführende Vorsitzende der Bonner-CDU DUFHUES »die Gruppe 47 eine geheime Reichsschrifttumskammer«.

Bei der Einschätzung der Gruppe 47 ist zu beachten, daß sie sich zusammensetzt aus:

a) bekannten literarisch befähigten westdeutschen Schriftstellern.
   Die bekanntesten und operativ interessantesten sind:

Hans-Werner RICHTER	–	Schriftsteller
Wolfdietrich SCHNURRE	–	Schriftsteller
Günter GRAß [SS]	–	Schriftsteller
Hans-Magnus ENZENSBERG[ER]	–	Schriftsteller
Walter HÖLLERER	–	Schriftsteller
Heinrich BÖLL	–	Schriftsteller
Alfred ANDERSCH	–	Schriftsteller
Ilse AICHINGEN[R]	–	Schriftsteller
Günter EICH	–	Schriftsteller
Martin WALSER	–	Schriftsteller
Ingeborg BACHMANN	–	Schriftsteller
Wolfgang WEYRAUCH	–	Schriftsteller
Walter JENS	–	Schriftsteller

b) einflußreichen Mitarbeitern von Verlagen, Publikationsorganen und Einrichtungen sowie Literaturwissenschaftlern:

Marcel REICH-RANICKI	–	Literaturkritiker und Wissenschaftler
Dr. Franz SCHONAUER	–	Schriftsteller und Lektor
Dr. Klaus WAGENBACH	–	Lektor

c) republikflüchtigen Personen, die auf literarisch-publizistischem Gebiet tätig sind:

Uwe JOHNSON	–	Schriftsteller
Fritz J. RADDATZ	–	Lektor
Prof. Dr. BLOCH	–	Literaturwissenschaftler
Prof. Alfred KANTOROWICZ	–	Literaturwissenschaftler
Prof. Hans MAYER	–	Literaturwissenschaftler

d) einer kleinen Anzahl DDR-Bürgern, die als Schriftsteller und Verlagsmitarbeiter tätig sind.
Es handelt sich dabei ausnahmslos um Personen, die zumindest eine schwankende Haltung zur DDR einnehmen, in der Mehrzahl jedoch negativ und feindlich angefallen sind:

Johannes BOBROWSKI	–	Schriftsteller und Cheflektor im Unions-Verlag
Henryk BERESKA	–	Übersetzer und Verlagsmitarbeiter
Gerhard SCHNEIDER	–	Übersetzer und Verlagsmitarbeiter
Peter HUCHEL	–	Schriftsteller, ehem. Chefredakteur von »Sinn und Form«
Lothar KUSCHE	–	Schriftsteller, redaktioneller Mitarbeiter der »Weltbühne«
Manfred BIELER	–	Schriftsteller
Erich ARENDT	–	Schriftsteller
Günter KUNERT	–	Schriftsteller
Christa REINIG	–	Schriftstellerin (*wurde Jan. 64 rep.-flüchtig)*

Außer Bobrowski, der der CDU angehört, sind die anderen unter Punkt d) genannten Schriftsteller parteilos.
Progressive Schriftsteller der DDR wurden bisher nicht eingeladen, mit Ausnahme von Max Walter SCHULZ (1963).
Auf Grund der geschilderten Verfahrensweise wurde dessen politisch und literarisch wertvoller Roman »Wir sind nicht Staub im Wind« in einer scharfen Diskussion abgelehnt, ohne daß sich Max Walter SCHULZ verteidigen konnte.

Auf Grund des vorliegenden operativen Materials kann eingeschätzt werden, daß die Gruppe 47 gegenwärtig ein aktives und wirkungsvolles Zentrum der politisch-ideologischen Diversion gegen die Kulturschaffenden der DDR darstellt.
Die Arbeit der Gruppe 47 unterscheidet sich von anderen Zentren der politisch-ideologischen Diversion auf kulturellem Gebiet dadurch, daß einzelne Angehörige der Gruppe 47 direkt und individuell auch auf dem Territorium der DDR arbeiten.
Dafür folgende Beispiele:
Während der Tagung der EVA zu literarischen Problemen im Januar 1963 (nach dem VI. Parteitag) waren folgende Vertreter der Gruppe 47 anwesend:

Aus Westdeutschland:	Dr. Klaus WAGENBACH
	Hans-Werner RICHTER
	Dr. Franz SCHONAUER
Aus der DDR:	Manfred BIELER
	Johannes BOBROWSKI
	Erich ARENDT
	Hans MEYER [MAYER]
	Gerhard SCHNEIDER
	Christa REINIG.

Grundsätzliche, die gesamte Tagung bestimmende Vorträge hielten
Dr. Klaus WAGENBACH (2 Vorträge)
Hans MEYER [MAYER].
Von diesen beiden Personen wurde auch der wesentliche Teil der Diskussion bestritten. Sie vertraten konsequent bürgerliche Kunstauffassungen, die im Zusammenhang mit dem vorausgegangenen VI. Parteitag der SED auf eine klare Gegenaktion hinausliefen.
Am weitesten ging WAGENBACH, der in der Diskussion behauptete, »daß es in der DDR keine geistige Freiheit gibt«. Außerdem trat auf der Tagung der EVA die Christa REINIG mit einer negativen und dekadenten Erzählung auf.
Nach der Kritik der Partei an HUCHEL und dessen Ablösung als Chefredakteur setzte sofort eine verstärkte Arbeit der Gruppe 47 mit HUCHEL ein. Von Mitgliedern der Gruppe 47 wurde in westdeutschen und Westberliner Publikationsorganen Partei für HUCHEL ergriffen und der Fall hochgespielt. Besonders Dr. Klaus WAGENBACH betreute durch persönliche Besuche sowie postalische Verbindungen intensiv HUCHEL. WAGENBACH ließ sich durch bisher unbekannte Mittelsmänner ständig davon unterrichten, wie es HUCHEL geht und ob Maßnahmen durch Partei- oder Staatsorgane gegen HUCHEL veranlaßt wurden.

Bei diesen Kontakten, die sich bis auf die persönlichsten Probleme erstreckten, bestärkte er HUCHEL intensiv in seinen Gegensätzen und feindlichen Auffassungen zur Partei und Regierung. Er hielt HUCHEL wiederholt dazu an, um die Erlangung einer Ausreise zu kämpfen. Desweiteren veranlaßte er im S. Fischer-Verlag die Herausgabe eines Gedichtbandes von HUCHEL. Nach vorliegenden Informationen werden in einigen veröffentlichten Gedichten versteckte Angriffe gegen die DDR enthalten sein.
HUCHEL wurde gleichzeitig von Dr. SCHONAUER aufgesucht.
Auf Initiative von Mitgliedern der Gruppe 47 wurden des weiteren in Westdeutschland Bücher von

Johannes BROBOWSKI
Christa REINIG
Günter KUNERT
Manfred BIELER

verlegt.
Das Buch der Christa REINIG enthält Gedichte, die sich eindeutig gegen die DDR richten.
Die Bände von BIELER und KUNERT wurden mit Zustimmung des Aufbau Verlages verlegt, wobei gleichzeitig vereinbarte Herausgaben von Büchern mit sozialistischem Inhalt, wie STRITTMATTER und NOLL, in Westdeutschland nicht durchgesetzt wurden.
Organisierend in diesem Zusammenhang traten auch Dr. WAGENBACH, Dr. SCHONAUER und ENZENSBERGER in Erscheinung.
Insbesondere durch Hans-Werner RICHTER, WAGENBACH und SCHONAUER werden die uns bekannten DDR-Schriftsteller BOBROWSKI, BIELER, ARENDT, HUCHEL, REINIG, BERESKA, SCHNEIDER (durch RADDATZ, Fritz) KUNERT individuell betreut.
In diesem Zusammenhang werden Informationen über die Lage unter den Kulturschaffenden der DDR gesammelt, die offensichtlich in der Arbeit der Gruppe 47 ihren Niederschlag finden. Bisher konnten noch keine Beweise erarbeitet werden, daß diese Informationen organisiert an westdeutsche bzw. Westberliner Dienststellen und Organisationen weitergeleitet wurden. Es muß jedoch angenommen werden, daß auf Grund der Verbindungen der einzelnen Mitglieder der Gruppe 47 diese Informationen so weitergeleitet werden, daß sie als Anhaltspunkte zur weiteren politisch-ideologischen Diversion gegen die DDR benutzt werden.
Z. B. besitzen die Mitglieder der Gruppe 47 GRASS und JOHNSON zum Teil enge Verbindung zu BRANDT (SPD).
Nach vorliegenden Informationen wurde zwischen Mitgliedern der Gruppe 47 aus Westdeutschland und der DDR beraten, welche Schriftsteller

der DDR auf Grund ihrer politisch-ideologischen Haltung von westdeutscher Seite erfolgreich angesprochen werden können. Hier muß beachtet werden, daß in der letzten in Westberlin stattgefundenen Sitzung des Ausschusses des Bundestages gefordert wurde, in Zukunft Wissenschaftlern und Intellektuellen aus der DDR die Einreise nach Westdeutschland zu ermöglichen und sie durch persönliche Kontakte aufzuweichen.
Neben den bereits angeführten Fakten tritt die Gruppe 47 verstärkt mit politischen Forderungen gegen die DDR auf. Z. B. mißbrauchte GRASS die Einladung zum V. Schriftstellerkongreß des Deutschen Schriftstellerverbandes 1961 dazu, um vor dem gesamten Gremium von Partei und Regierung Freiheit für die DDR-Schriftsteller zu fordern.
Das Mitglied der Gruppe 47, der republikflüchtig gewordene Hans MEYER [MAYER] (Lit.-Prof.) mißbrauchte seine Stellung an der Karl-Marx-Universität in Leipzig dazu, um ohne Wissen von Partei und Staatsapparat GRASS an der Universität eine Vorlesung halten zu lassen.
Während der Vorlesung richtete GRASS an die Studenten Grüße des aus dem Institut republikflüchtig gewordenen JOHNSON aus.[1]
Auf einen Appell des DSV 1963 an die Gruppe 47 in Westdeutschland, mitzuwirken, daß solchen Schriftstellern wie Bruno APITZ nicht durch ehemalige faschistische Justizbeamte das Auftreten verboten wird, forderte die Gruppe 47 in einem Brief an den DSV, LOEST u. a. in der DDR inhaftierte Literaturschaffende freizulassen.
Vom DSV wurden in der Vergangenheit mehrfach Einladungen an die verschiedensten Mitglieder der Gruppe 47 und besonders an deren Leiter, Hans-Werner RICHTER, ausgesprochen, denen unter Angabe der verschiedensten Gründe nicht Folge geleistet wurde. Auch alle sachlichen Vorschläge für eine Zusammenarbeit des DSV mit der Gruppe 47 wurden ignoriert.
Ausgehend von den vorstehend gemachten Ausführungen kann somit eingeschätzt werden, daß die Gruppe 47 nicht an einer ehrlichen Zusammenarbeit interessiert ist, sondern ihre vom Antikommunismus durchdrungene Konzeption unter Literaturschaffenden in der DDR verbreiten will mit dem Ziel, die Arbeit des DSV und damit die Kulturpolitik der Partei und Regierung zu unterminieren und die politisch-moralische Einheit zu stören. An dieser Tatsache ändert auch nicht, daß einige Mitglieder der Gruppe 47 zeitweise in Opposition zur [unleserlich] stehen bzw. der Anti-Atombewegung angehören und sich in ihren Werken teilweise vom Humanismus leiten lassen. Es kann eingeschätzt werden, daß die Bemühungen des DSV mit der Gruppe 47 oder einzelnen Mitgliedern keine wesentlichen Erfolge brachten und die wirkungsvollere Arbeit von der Gruppe 47 gegen uns geleistet wird.

In der operativen Arbeit konnte bisher noch nicht herausgearbeitet werden, ob und wie die Gruppe von den Zentren der politisch-ideologischen Diversion zielstrebig geleitet und eingesetzt wird.

Obltn. Treike

(BStU, MfS, HA IX 16920, Bl. 151–159)

---

1 *Im März 1961 lud Hans Mayer, damals noch Germanistikprofessor an der Universität Leipzig, Grass zu einer Lesung in sein Institut ein. Grass setzte sich dort für seinen Freund Uwe Johnson ein, der bei Mayer studiert hatte und 1959 nach West-Berlin gegangen war, weil er in der DDR Publikationsverbot hatte. 1963 ging auch Mayer in den Westen.*

Günter Grass: Es war in diesem berühmten Hörsaal, in dem Johnson auch studiert hatte. In der ersten Reihe saß der Philosoph Ernst Bloch, der damals schon gar nicht mehr unterrichten durfte, also gar nicht mehr Lehrerlaubnis hatte. Es war eine aufregende Veranstaltung, weil ich, bevor ich aus der »Blechtrommel« las, Grüße von Uwe Johnson überbrachte, worauf es großen Beifall im Saal gab. Nach der Lesung wurde mir sofort das Mikrofon entzogen, und ein Assistent von Mayer ging ans Mikrofon und sagte: Wir haben Grüße gehört von Uwe Johnson. Uwe Johnson hat unsere Republik verlassen und verraten. Und er fügte ironisch hinzu: Für solche Grüße bedanken wir uns. Da wurde er ausgezischt. Es gab noch stundenlang nach der Lesung heftige Diskussionen in der Universität.

(Interview vom 16.4.2009)

Dokument 5

Hauptabteilung V/1/III Berlin, den 19. 2. 1964

Treffbericht

Quelle: KP »Paul«

Zeit: 18. 2. 1964; 20.00–22.00 Uhr

Ort: Quartier der KP in der »Möwe«

Die KP berichtete, am 14. 2. 1964 suchte der Schriftsteller Paul WIENS zusammen mit Günter CWOJDRACK den westdeutschen Schriftsteller Uwe JOHNSON in Westberlin auf. Dieser Begegnung ging eine Einladung an J. voraus, der er aber nicht Folge leistete, weil er auf Grund seines illegalen Verlassens der DDR eine Bestrafung befürchtet. Er hatte seinerseits nun diese Einladung ausgesprochen.

Die Zusammenkunft bei J. beschränkte sich nicht auf ein persönliches Gespräch, sondern wurde zu einem Treffen mit Vertretern der »Gruppe 47«. Von westdeutscher Seite waren anwesend: Hans-Werner RICHTER[1], Günter GRASS und [Klaus] RÖHLER.

Während des gesamten Gespräches wurden keine literarischen Diskussionen, sondern ausgesprochen politische Auseinandersetzungen geführt. Während RÖHLER kaum eine Rolle spielte, traten die anderen Personen im wesentlichen wie folgt auf:

Wortführer und bestimmend für den gesamten Inhalt der Diskussion von der westlichen Seite aus war Hans-Werner RICHTER. Er ließ an seiner Autorität und seinem Einfluß auf westdeutsche Schriftsteller keinen Zweifel aufkommen und vertrat u. a. auch die Auffassung, daß er in der Lage sei, seine Meinungen bei diesen Personen durchzusetzen. Er sei in der Lage, sie zu bestimmten politischen Aktionen zu führen. (...)

Günter GRASS war neben RICHTER der Hauptgesprächsführer, wobei sich beide gegenseitig ergänzten. GRASS trat wiederum in seiner bekannten poltrigen und provokatorischen Form auf. Er forderte die Bildung einer Schriftstellergruppe; offensichtlich unter Federführung der »Gruppe 47«, aus Schriftstellern der DDR, Westdeutschlands und Westberlins. Diese Gruppe müsse Zivilcourage beweisen, wenn notwendig gegen beide Regierungen auftreten, nur um das Ziel der Annäherung zu erreichen. Er vertritt ebenfalls die Auffassung, daß eine Anerkennung der DDR nicht zu umgehen sei. Als erste Schritte bei der Wiedervereinigung sieht er die Auflösung der Armeen, Paktaustritt der beiden Staaten. Dafür müßte diese Gruppe eintreten. Desweiteren sei es erforderlich, in der DDR einiges zu verändern, insbesondere auch in der Führungsspitze, wobei Wal-

ter Ulbricht nicht durch Honecker oder Hager abgelöst werden dürfe. Es müßten andere akzeptablere Personen gefunden werden. Wen er dabei in Betracht zieht, äußerte er nicht. Es sei auch notwendig, die ganzen diktatorischen Maßnahmen in der DDR zu beseitigen und größere Freiheit auf allen Gebieten zuzulassen. Von westdeutscher Seite sei die Position zur Führung von Verhandlungen wesentlich günstiger. Das Verhältnis der Führungsschicht zur Masse sei wesentlich harmonischer. Revanchisten, Nazis usw. würden in Westdeutschland nicht durchkommen und keine reale Gefahr bilden.
GRASS stellte vor allen Dingen eine Reihe Forderungen, vor Belegschaften von Großbetrieben, wie z. B. Schwedt, Lesungen durchführen zu wollen. Er konnte jedoch keine Garantien abgeben, daß unsere Schriftsteller in Westdeutschland das gleiche tun können.
Nach Einschätzung der KP vertritt GRASS voll und ganz die Linie von Brandt. Es zeigt sich hier offensichtlich auch dessen Einfluß. GRASS arbeitet, wie der KP durch mehrere Gespräche bekannt wurde, zu einem wesentlichen Teil die Reden von Brandt aus.
In diesem Zusammenhang weist die KP darauf hin, daß gegenwärtig alle wesentlichen Mitglieder der »Gruppe 47«, auch die westdeutschen Bürger, sich in Westberlin aufhalten.
Er vermutet, daß sie konzentriert von der SPD in den bald beginnenden Wahlkampf einbezogen werden sollen. Außerdem haben sie durch ihre Westausweise die Möglichkeit, jederzeit das demokratische Berlin aufzusuchen.
Zu GRASS ist noch zu bemerken, daß er einer Konföderation der beiden deutschen Staaten zustimmt, jedoch der Meinung ist, daß es notwendig wäre, freie Wahlen für eine Nationalversammlung durchzuführen. Auch dafür müßte sich die gemeinsame Schriftstellergruppe einsetzen. (...)

Oberltn. Schindler

[Handschriftliche Randbemerkung]
1) Alle WD-Personen überprüfen
2) Über HPF Kontrolle einleiten
3) Material Johnson zusammenstellen
4) IM instruieren, daß [unleserlich]
5) Bobrowski überprüfen

(BStU, MfS, AIM XV 959/62, Bl. 48–51)

1 *Günter Grass:* Hans Werner Richter hat immer wieder versucht, Leute aus der DDR zu Tagungen der Gruppe 47 einzuladen. Aber entweder bekamen sie überhaupt keine Genehmigung oder erst, wenn die Tagung schon vorbei war. Nur manchmal klappte es, dass der eine oder andere zu einer Tagung kommen konnte. Ärger gab es, weil die DDR im Falle der Einladung für eine Person, drei oder vier andere mitschicken wollte, das war so ihre Machart. Aber das hat Richter abgelehnt, er bestand darauf, dass er die Einladungen ausspricht, er hat sich nichts vorschreiben lassen.

An der starren Haltung des Ostens ist dann auch Bobrowskis Projekt gescheitert, eine Anthologie von Ost- und Westdeutschen herauszugeben. Bobrowski hatte ja 1962 den Preis der Gruppe 47 erhalten und wurde in Ost wie West verlegt, verstand sich als gesamtdeutscher Autor, doch es half nichts.

(Interview vom 15.11.2009)

Dokument 6

HA/XX/1/III Berlin, den 19.03.1964

Treffbericht

Zeit: 19.03.1964 v. 13.00–14.30 Uhr
Ort: In der Wohnung des GI
Quelle: GI »MARTIN«

Der GI berichtete, daß am 17.03.1964 in der Zeit von 19.00–23.20 Uhr, in Westberlin (Berlin-Süd-Ende, ###) in der ehemaligen Wohnung des WD-Schriftstellers Hans Werner RICHTER eine Aussprache zwischen DDR- und westdeutschen/westberliner Schriftstellern stattfand. Es nahmen teil:

Von der DDR die Schriftsteller	Von Westberlin bzw. Westdeutschland die Schriftsteller
APITZ, Bruno	RICHTER, Hans Werner / ###
CWOYDEAK [CWOJDRAK], Günther	GRASS, Günter
KANT, Hermann	JOHNSON, Uwe
SCHULZ, Max Walter	###
WIENS, Paul	WEISS, Peter
	v. CRAMER, Heinz / ###
	ROEHLER, Klaus
Bemerk: ### sollte am Gespräch teilnehmen, lehnte jedoch aus »gesundheitlichen Gründen« die Teilnahme ab.	sowie ein Techniker des SFB, der die Bandaufnahme eines Gesprächs machte namens: ### Obengenannter war vom Anfang bis zum Ende des Gesprächs anwesend.

Das Gespräch fand unter dem Thema: »Was haben wir als Schriftsteller noch Gemeinsames, haben wir überhaupt noch Gemeinsamkeiten«? statt. Vor dem Gesprächsbeginn einigten sich die Anwesenden, daß keine grundsätzlichen strittigen bzw. provokatorischen Fragen gestellt werden.
RICHTER brachte vor dem Gespräch zum Ausdruck, daß BRANDT ihm gesagt habe, daß es notwendig ist, nachdem sich durch Bonn die Verhandlungen auf dem Gebiet der Passierscheinfragen festgefahren haben, daß die Schriftsteller durch Ost-West-Gespräche beweisen, daß solche Gespräche nützlich sind.
RICHTER und die Anwesenden vertraten die Auffassung, daß das Passierscheinabkommen auf der Grundlage des Weihnachtsabkommens wieder weitergeführt werden könnte.

Nachdem man sich im allgemeinen über das Gespräch, welches auf Band aufgenommen werden sollte, geeinigt hatte, nahmen an der Bandaufnahme folgende Gesprächspartner teil:

RICHTER, Hans Werner (Leiter des Gesprächs)

KANT, Hermann	GRASS, Günter
SCHULZ, Max Walter	JOHNSON, Uwe
WIENS, Paul	v. CRAMER, Heinz

Das Bandgespräch dauerte 1 Std. und 20 Minuten und wird am 31.03.1964 auf UKW, 96,3 Mgh. im III Programm des NDR u. SFB gesendet.
Die Teilnehmer der DDR erhalten die Tonbandaufnahme am 19.03.64 um 15.00 zur Kenntnisnahme. (Das Band wird vor den DDR-Teilnehmern am 19.3.64 um 20.00 zur Bestätigung abgespielt)
Der GI berichtete, daß das Gespräch zum Beginn einen sachlichen Charakter trug, es hatte den Anschein, als ob sich alle Gesprächspartner an die festgelegte Abmachung hielten. Nach etwa einer Stunde fing jedoch der westberliner Schriftsteller GRASS an, provokatorische Fragen zu stellen, z.B. HAVEMANN[1], über das Leben der polnischen Schriftsteller (die angeblich mehr Freiheit als die DDR-Schriftsteller haben). Die DDR-Gesprächsteilnehmer haben darauf sachlich geantwortet und beweiskräftige Gegenargumente dargelegt. RICHTER überging die provokatorischen Fragen von GRASS, CRAMER und JOHNSON reagierten auch nicht darauf.
Nach der Beendigung des Gesprächs erklärte GRASS und brüllte dabei »er mache so etwas nicht mehr mit, die DDR-Schriftsteller sollten doch endlich sagen, was sie bedrückt, es wäre doch unmöglich, daß sie sich mit den Verhältnissen in der DDR einverstanden erklären könnten usw.«
Daraufhin wurde der DDR-Schriftsteller WIENS in seinen zurückweisenden Antworten gegenüber GRASS laut.
RICHTER stellte sich abseits und beteiligte sich nicht an der Auseinandersetzung. JOHNSON und CRAMER nahmen in der Diskussion gegen GRASS Stellung.
Zu einer konkreten Vereinbarung, wann die Gespräche fortgesetzt werden sollten, kam es an diesem Abend nicht. Der weitere Abend verlief in Einzelgesprächen. (...)

(BStU, MfS, AIM 2173/70, Bd. 1, Bl. 80–82)

1 *Grass' Wortmeldungen in der Radiosendung bezogen sich vor allem auf den Professor für Physikalische Chemie Robert Havemann (1910–1982). Havemann war bis 1963 linientreues Mitglied der SED und IM der Stasi. Nach kritischen Vorlesungen, einem im Westen veröffentlichten Buch (»Dialektik ohne Dogma?«) und einem Interview mit dem »Hamburger Echo« verlor Havemann seine Professur, seine Akademie-Mitgliedschaft und wurde aus der SED ausgeschlossen. Grass fürchtete, dass es ihm ähnlich wie dem marxistischen Philosophen und Journalisten Wolfgang Harich (1923–1995) ergehen würde, der nach dem Ungarn-Aufstand in einem Schauprozess 1957 wegen »Bildung einer konspirativen staatsfeindlichen Gruppe« zu zehn Jahren Zuchthaus verurteilt wurde:*

Es passieren natürlich um uns herum tausend Dinge, die mit Schriftstellerei überhaupt nichts zu tun haben. Es ist einfach nun mal so, dass Herr Professor Havemann diese Schwierigkeiten in Ihrem Staate hat und dass er – ich beneide ihn nicht um seine Situation – nun wirklich bei euch verteufelt arm und allein sitzt – auf jeden Fall in der Öffentlichkeit. (…) Mag sein, dass Herr Havemann etwas hinter sich hat, ich wünsche ihm, dass er etwas hinter sich hat. Ich möchte ihm nicht das Schicksal von [Wolfgang] Harich wünschen, dass er im Gefängnis landet. Aber die Sache ist nun mal so, dass man damit rechnen muss. Mit diesem Staat und mit dieser Form ist nicht zu spaßen.

Ich wünsche nur von euch als Schriftsteller, als Kollegen, wenn wir hier jetzt so am Tisch sitzen, dass ihr einen Mann wie den Havemann stützt. Dass ihr in eurem Staat die Möglichkeit wahrnehmt, soweit es euch geboten ist, einen Mann wie den Havemann, ganz gleich was nun passiert ist mit diesem lächerlichen Interview, ob er nun dazu steht oder nicht dazu steht, dass es nicht einfach zu Sanktionen kommt, dass er nicht den Weg nach Bautzen geht oder irgendwohin, sondern dass ihr für euch als Schriftsteller und in eurer privaten Funktion – ihr habt es ja gesagt, dass ihr auch als Einzelpersonen dasitzt –, dass ihr das wahrnehmt und sagt: Menschenskind, der Havemann, der ist ordentlich. Wir kennen den seit '53. Er war neben [Fritz] Selbmann der einzige, der wirklich Zivilcourage besessen hat am 16. Juni. Und jetzt stehen wir mal zu dem Mann, ganz gleich was er gesagt hat.

Wir sprachen vorhin von Leningrad. Wir wissen doch alle, was hinter Sanktionen stehen kann – nämlich Gefängnis ganz simpel. Vielleicht ist Havemann in einer besseren Stellung als Harich. Wir wollen es ihm wünschen. Aber die Sanktionen, die Möglichkeit, die Drohung ist dahinter. Und wenn wir von Gemeinsamkeiten sprechen und dieses Gespräch fortgesetzt werden soll, dürfen wir es einfach nicht ausklammern. Es muss möglich sein, dass in einem Gespräch zwischen Schriftstellern aus der DDR und Westdeutschland und West-Berlin, dass es möglich ist, hier, einfach wo Gewalt auftritt, wo die Belange eines Schriftstellers oder eines Intellektuellen, ob er nun Chemie macht oder ob er Romane schreibt, dass man dort etwas Gemeinsames findet und sagt: Hier hört es auf.

(Aus: Berlin X-Allee. Jour fixe des Dritten Programms im literarisch-politischen Salon Hans Werner Richters. Thema: Diskussion mit Schriftstellern aus der DDR über deutsche Literatur hüben und drüben. 3. Programm NDR/SFB. Aufnahme 17.03.1964. Länge: 1:25:00, hier: 1:14:45–1:16:00. Archivnummer 0900693 Rundfunk Berlin Brandenburg; Wortlaut des Rundfunkgespräches siehe auch: Gansel, Carsten (Hg.): Wenigstens in Kenntnis leben. Notate zum Werk Uwe Johnsons. Neubrandenburg 1991, S. 123–146)

Dokument 7

Referat B — Berlin, den 16.4.1964
Betr.: »Gruppe 47«

(...)
Günter G r a s s
geb. 16.10.1927 in Danzig
wh.: Westberlin
Schriftsteller

Grass war Mitglied der HJ und gegen Kriegsende Soldat. Nach der Kriegsgefangenschaft arbeitete er zunächst in einem Salzbergwerk und ging dann in die Steinmetz- und Bildhauerlehre. Studierte an der Kunstakademie Düsseldorf Plastik und schrieb nebenbei Gedichte. 1958 erhielt er den Preis der »Gruppe 47« für seinen Erfolgsroman »Die Blechtrommel«. Dieser Roman zeigt die literarische Opposition gegen die gesellschaftlichen Verhältnisse in Westdeutschland auf.

(BStU, MfS, HA IX 16920, Bl. 174)

Dokument 8

Hauptabteilung XX/1/III Berlin, den 28.8.1964
Treffbericht
Zeit: 19.8.1964 – 13.30–16.00 Uhr
Ort: KW »Greifswald«
Quelle: GI »Martin«

(...) Der GI berichtete, daß er und einige andere Schriftsteller enttäuscht sind, daß das ZK nicht die Zustimmung gegeben hat, daß der Westberliner Schriftsteller Günter GRASS im Berliner Glühlampen-Werk aus seinem Roman lesen darf.
Als Begründung hat das ZK angegeben, Grass wäre ein Provokateur.
(In einem Rundtischgespräch[1] zwischen DDR-Schriftstellern und Schriftstellern der Gruppe 47, welches über den NDR am 31.3.1964 übertragen wurde, hatte GRASS gebeten, »ob die Möglichkeit besteht, daß er in einem Berliner-Betrieb vor den Werktätigen aus seinem Roman lesen dürfe?« Die DDR Gesprächsteilnehmer hatten ihm zugesagt, obwohl [ohne sich] mit einer staatlichen Einrichtung zu konsultieren.)
Der GI vertritt die Auffassung, daß wir mehr Selbstvertrauen haben müßten. Wenn GRASS in der DDR liest, so findet dieses positiv seinen Niederschlag in Westdeutschland, da GRASS mit der populärste Westdeutsche Schriftsteller »Besteller« [Bestseller] ist. (...)

Oberleutnant Treike

(BStU, MfS, AIM 2173/70, Bd. I, Bl. 94 f.)

---

1 *Günter Grass:* Hans Werner Richter hatte zeitweilig im ehemaligen S.-Fischer-Haus eine Art Residenz, wohin er zu Gesprächen eingeladen hat und wo auch Rundfunksendungen für den Sender Freies Berlin aufgezeichnet wurden. Da ist es noch mal zu einem Treffen mit einigen Leuten aus der DDR gekommen, bei dem sogar Johnson anwesend war. Es ging um die Möglichkeit eines Nachfolgetreffens zur Weimarer Akademie, eine Art gesamtdeutsches Forum, das im Westen stattfinden sollte. Doch dazu kam es dann nicht, die Vorstellungen, was dort besprochen werden sollte und auch wie, waren zu verschieden.
(Interview vom 15.11.2009)

Dokument 9

Hauptabteilung XX/1/III Berlin, den 30. 9. 1964

Treffbericht

Zeit: 30. 9. 1964 – 11.30–14.00 Uhr

Ort: In der Wohnung des GI

Quelle: GI »Martin«

Treffverlauf:

Der GI berichtete, daß seine Reise nach Westdeutschland ohne Vorkommnisse verlaufen ist.

(...) Über die Frankfurter Buchmesse berichtete der GI folgendes: (...) Auf der Buchmesse ist der GI u.a. mit dem westdeutschen Schriftsteller Günter GRASS ins Gespräch gekommen. Dieser habe sogleich losgepoltert, daß es nicht gut ist, daß die DDR-Schriftsteller KUNERT und BIELER keine Ausreise zur Tagung der »Gruppe 47« nach Schweden von den DDR-Organen erhalten haben. Dieses sei eine Beleidigung des schwedischen Königs von seiten der DDR-Behörden, da der schwedische König neben der »Gruppe 47« ebenfalls der Einladende gewesen ist.

Die gleiche Auffassung in dieser Frage vertrat der finnische Verleger Erkki REENPÄÄ. Dieser ergänzte die Ausführungen von GRASS und brachte zum Ausdruck, »daß die DDR dadurch einen hohen politischen Verlust erlitten habe«. Auch die schwedische Presse habe dieses zum Ausdruck gebracht.

GRASS erzählte dem GI, daß er gegenwärtig an einem Roman arbeitet, der sich mit den Problemen Brecht und der 17. Juni 1953 befasse.[1] (...)

Oberleutnant Treike

(BStU, MfS, AIM 2173/70, Bd. I, Bl. 100–102)

---

1 *Grass arbeitete nicht an einem Roman über Brecht und den 17. Juni 1953, sondern an einem Theaterstück. Dies hatte er in einer Rede in der West-Berliner Akademie der Künste schon am 22. April 1964 ausführlich dargelegt:*

Bertolt Brecht hat diese bis heute virulente Tragödie in den Jahren 1951 bis 1953 bearbeitet. In die Zeit der Bearbeitung fällt das fatale Datum: der siebzehnte Juni. Während sich Brecht, von Livius gestützt, den Kopf zerbrach, wie er Shakespeares nur mit Knüppeln bestückte Plebejer zu Beginn des Aufstandes schlagkräftiger bewaffnen könnte, erhoben sich, ungeprobt und unbewaffnet, die Bauarbeiter der Stalinallee, um gegen die erhöhten Normen zu protestieren wie dazumal die Plebejer gegen den unerschwinglichen Kornpreis. Hier findet sich der Anlaß zu einem Theaterstück, das heißen könnte: »Die Plebejer proben den Aufstand«. Ort der Handlung: eine Probebühne in Ostberlin. Jemand, der von seinen Assistenten und den Schauspielern als »Chef« bezeichnet wird, probt »Coriolanus«, die erste Szene, den Plebejeraufstand, und möchte verhindern, daß diesem Aufstand etwas traurig Lächerliches und Vergebliches anhaftet.

Wir wissen, daß Bertolt Brecht, während der Aufstand in Ostberlin und jenen Provinzen lief, die die Staatsbezeichnung DDR zusammenfaßt, seine Probenarbeit nicht unterbrochen hat. Doch probte er nicht »Coriolanus«, sondern Strittmatters »Katzgraben«.

Der Fall Brecht und der Fall Sir Walter Raleigh erlauben und erlaubten Fälschungen der Theatergeschichte und der englisch-römischen Geschichte zugunsten der jeweiligen Historienstücke.

Also: In die Probenarbeit der »Coriolan«-Inszenierung hinein mischen sich Nachrichten vom Aufstand auf der Stalinallee, vorgetragen zuerst von Bühnenarbeitern, dann von Bauarbeiterdelegationen, die den Chef und die Probe stören.

Wir wissen, daß Bertolt Brecht dem Aufstand vom siebzehnten Juni abwartend gegenüberstand. Sein Revolutionserlebnis war der Spartakusaufstand gewesen. Der junge Brecht schrieb »Trommeln in der Nacht«. Aufständische deutsche Arbeiter hießen bei ihm allezeit Kragler.

In meinem Stück wollen die Bauarbeiter, die des Chefs Proben unterbrechen, von eben diesem Chef Unterstützung erbitten. Sie glauben, der berühmte Theatermann sei einerseits, belegt durch seine Stücke und seinen Habitus, dem Volk verbunden, andererseits könne man in ihm jemanden sehen, den die Regierung stütze und dulde, als Plakat für Kulturgut oder als etwas Narrenfreies.

Wir wissen, daß Bertolt Brechts schriftliche Äußerungen zum Aufstand der Arbeiter bis heute nicht in authentischer Fassung veröffentlicht worden sind. Seine Erben und sein Verlag hüten diese Texte.

In meinem Stück erbitten die Bauarbeiter von dem Chef des Theaters ein Schriftstück mit seiner gewichtigen Unterschrift. Ihren unbeholfenen Aufruf zum Generalstreik, den der amerikanische Sender RIAS weder bearbeiten noch senden wollte, soll er in Worte fassen, die sie, die Bauarbeiter, nicht finden konnten.

Uns ist bekannt, daß Bertolt Brecht aus dem Aufstand der Arbeiter hervorging, ohne ersichtlichen Schaden zu nehmen. Er zog sich nach Buckow zurück und schrieb Gedichte wie »Der Radwechsel«, »Eisen« und »Böser Morgen«. Weiterhin spielte sein Ensemble, weiterhin war er Kulturgut und Plakat eines Staates, dem er, vom Paß her, nicht angehörte.

In meinem Stück weigert sich der Chef des Theaters nicht rundheraus, jenen Text zu schreiben, den die Arbeiter sich von ihm erhoffen. Er will ihn aufsetzen, sobald ihm die Maurer und Zimmerleute demonstriert haben, wie man sich zu Beginn des Aufstandes auf der Stalinallee verhalten hat; ihm kommt es darauf an, aus der Aktualität Nutzen zu ziehen für seine »Coriolan«-Inszenierung, für seinen Plebejeraufstand. Die Bauarbeiter sprechen von Ulbricht und Grotewohl; er spricht von den Volkstribunen Sicinius und Brutus. Die Arbeiter erläutern die Normenerhöhung; er betont, welche Rolle sizilianische Getreidelieferungen für Rom gespielt haben. Die Arbeiter zitieren ihn; er zitiert Shakespeare. Die Arbeiter berufen sich auf Marx; er beruft sich auf Livius. Die Arbeiter wollen ihn für den Aufstand gewinnen; er benutzt die Arbeiter für die Inszenierung des Plebejeraufstandes. Die Arbeiter sind unschlüssig und wissen nicht, wie sie sich weiterhin verhalten sollen; er, der Chef des Theaters, ist sich seiner Tendenz gewiß. Bei ihm siegen die Plebejer, während auf der Bühne des Theaterchefs, die den Aufstand der Bauarbeiter spiegelt, der Arbeiteraufstand zusammenbricht. In der Historie – denn der siebzehnte Juni ist historisch geworden – und auf meinem Theater lassen sowjetische Panzer den Aufstand zusammenbrechen. Während die Arbeiter des Theaterstückes den Einsatz der Panzer als Fatum werten, dem sie nicht oder allenfalls mit Steinen begegnen können, hält der Chef des Theaters einen Stegreifvortrag über das Thema, ob und wie sich Panzer auf der Bühne verwenden lassen. Was immer passiert, alles wird ihm zur Szene; Parolen, Sprechchöre, ob in Zehner- oder Zwölferkolonnen marschiert wird, alles wird ihm zur ästhetischen Frage: eine ungetrübte Theaternatur. Der Spaß an der Tragödie. Coriolanus und Coriolan. Zwei Volkstribunen und zwei Assistenten des Berliner Ensembles. Das Schicksal blindlings und die Tendenz gesteuert. Getreidepreise und Normenerhöhung. Bauarbeiter- und Plebejeraufstände. Ein öffentlicher Platz zu Rom und der Sitz der Regierung Ecke Leipziger Straße. Livius, Plutarch und die Sendeprotokolle des Senders RIAS. Die Geschichte und ihre Bearbeitung. Das geistige Eigentum und seine Besitzer. Der nationale Feiertag und das Shakespearejahr: Dieses Stück will geschrieben werden.

(Aus: Vor- und Nachgeschichte der Tragödie des Coriolanus von Livius und Plutarch über Shakespeare bis zu Brecht und mir. In: Grass: Werkausgabe, Bd. 14, S. 82–84)

Den Ost-Berliner Arbeiteraufstand am 17. Juni 1953 hatte Grass als Augenzeuge miterlebt. 1999 verarbeitete er das Erlebnis in »Mein Jahrhundert«:

Erst am Potsdamer Platz sahen wir von der Westseite der Sektorengrenze aus, was geschehen war und im Augenblick oder seitdem der Regen nachgelassen hatte, geschah. Das Columbushaus und das Haus Vaterland qualmten. Ein Kiosk stand in Flammen. Verkohlte Propaganda, die der Wind mit dem Qualm aufgetrieben hatte, schneite in Flocken schwarz vom Himmel. Und Menschenaufläufe sahen wir, hin und her ohne Ziel. Keine Vopos. Aber, eingeklemmt in der Menge, sowjetische Panzer, T 34, den Typ kannte ich. (…) Beide sahen wir die Kindergesichter russischer Infanteristen, die sich entlang der Grenze eingruben. Und weiter weg sahen wir Steinewerfer. Überall lagen Steine genug. Mit Steinen gegen Panzer. (…) Erst zehn Jahre später, als Anna und ich einander von Kindern bedrängt als Eltern erlebten und wir den Potsdamer Platz als Niemandsland und nur noch vermauert sahen, schrieb ich ein Theaterstück, das als deutsches Trauerspiel »Die Plebejer proben den Aufstand« hieß und den Tempelwächtern beider Staaten ärgerlich war. Es ging in vier Akten um die Macht und die Ohnmacht, um geplante und spontane Revolution, um die Frage, ob Shakespeare sich ändern lasse, um Normerhöhungen und einen zerfetzten roten Lappen, um Worte und Gegenworte, um Hochmütige und Kleinmütige, um Panzer und Steinewerfer, um einen verregneten Arbeiteraufstand, der, kaum war er niedergeschlagen, auf den 17. Juni datiert, zur Volkserhebung verfälscht und zum Feiertag verklärt wurde, wobei es im Westen bei jeder Abfeier mehr und mehr Verkehrstote gab.

(Aus: Grass: Mein Jahrhundert, S. 216f.)

Dokument 10

Hauptabteilung XX/1/III Berlin, den 6. 10. 1964

Treffbericht

Zeit: 28. 9. 64 v. 17.00–19.45 Uhr
v. 21.00–23.00 Uhr

Ort: Im Zimmer des GI »Filmclub Möwe«

Quelle: GI »Dichter«

(...) Der GI berichtete, daß er auf der Buchmesse auch mit dem westdeutschen/Westberliner Schriftsteller Günter GRASS gesprochen hat. G. erzählte dem GI, daß er ein Manuskript mit dem Titel »Korrelan 53« [sic] geschrieben habe. In diesem Manuskript befaßt sich G. mit dem Problem »Brecht und der 17. Juni 1953«. Brecht soll nach Aussagen des G. in dieser Zeit in ideologische Konflikte zwischen den Interessen des Volkes und der der Regierung gekommen sein. Weil Brecht diese nicht ideologisch lösen konnte, soll Brecht sich nach Buckow zurückgezogen haben.
Der GI kennt das Manuskript nicht, er weiß auch nicht, in welchem Verlag bzw. wann es als Buch erscheinen wird.
G. erzählte dem GI, daß er an den Minister für Kultur geschrieben habe und diesen um einen Passierschein, zwecks Besuch einer Theatervorstellung im demokratischen Berlin gebeten habe. Weiterhin berichtete G., daß er für die im November 1964 stattfindende Weimarer Akademie-Tagung eine Einladung erhalten habe und bereits seine Zustimmung für eine Teilnahme gegeben hat. (...)
Dem GI ist bekannt geworden, daß in Westdeutschland reges Interesse für die Tagung der Weimarer Akademie besteht. U. a. sollen bereits 27 westdeutsche, bzw. Westberliner Schriftsteller ihre Teilnahme zugesichert haben. So u. a. die Schriftsteller Golo MANN, Günter GRASS u. a.
Der GI wird ebenfalls, wie in jedem Jahr, an der Tagung teilnehmen. Die Tagung soll unter dem Thema »Geist und Macht 1964« stehen. (...)

Oberleutnant Treike

(BStU, MfS, AIM XV 959/62, Bl. 60, 62)

Dokument 11

Hauptabteilung XX/1/III — Berlin, den 13.11.1964

Treffbericht

Quelle: GI »Dichter«

Zeit: 6.11.64 – 17.10 – 19.00 Uhr

Ort: In der Wohung des GI

(...) Der GI berichtete, daß er zur Tagung der Weimarer Akademie eine Einladung erhalten hat.

Die Zusammensetzung der westdeutschen Tagungsteilnehmer ist diesmal zahlenmäßig höher gehalten. Die westdeutschen Teilnehmer sind auch wesentlich jünger. Von westdeutscher Seite nehmen u.a. teil: GRASS, Günter, Schriftsteller (sehr begabter, meistgelesener westdeutsche Autor – Stil: »Bürgerschreck«).

G. hat einen Roman über den 17. Juni 1953 geschrieben. Dieser soll zum 17. Juni 1965 ganz groß in Westberlin herauskommen. Auszüge aus dem Roman wurden bereits über das 3. Programm gesendet. (...)

Aufträge: Information über die Weimarer Akademie [beschaffen], von Gesprächen mit westdeutschen Schriftstellern, besonders mit GRASS. (...)

Nächster Treff: Nach der Weimarer Akademie

Oberleutnant Treike

(BStU, MfS, AIM XV 959/62, Bl. 67, 69)

Dokument 12

Hauptabteilung XX/1/III Berlin, den 2.12.1964

Treffbericht

Quelle: GI »Martin«

Zeit: 24.11.1964 – 14.00–16.00 Uhr

Ort: KW Casino

Der GI berichtete mündlich über die stattgefundene Tagung der Weimarer Akademie 1964 (vom 19.11.1964–22.11.1964).
Aus Zeitgründen konnte der GI nur 1 1/2 Tage an der Tagung der Akademie teilnehmen. Der GI schätzt die Tagung wie folgt ein:
Das Ziel der Tagung wurde nicht erreicht. Dafür gibt es folgende Gründe:

1. Ungenügende Vorbereitung von seiten des Kulturbundes und des Schriftstellerverbandes.
2. Ein niveauloses Referat.
3. Ungenügende Beteiligung von seiten der DDR-Schriftsteller.
4. Passives Verhalten der DDR-Tagungsteilnehmer
   Gen. SCHERNER, Mitarb. des ZK,
   Koll. BOBROWSKI, Schriftsteller.
5. Falsches und unsachliches Verhalten und Auftreten des Schriftstellers WIENS, Paul.

Die Zusammensetzung der Teilnehmer der Tagung von westdeutscher Seite ließ bereits vorher die Schlußfolgerung zu, daß die »Gruppe 47« mit ihrer ersten Garnitur an der Tagung teilnimmt, z. B.:

Günter GRASS
Klaus RÖHLER (rechte Hand von Richter)
Dieter WELLERSHOF[F]
Hans M. ENZENSBERGER

Außerdem nahmen teil die westdeutschen Schriftsteller:

Max von der GRÜN
Arnfrid ASTEL
Kuno REBER [Raeber]

Von seiten der DDR nahmen nachfolgende Schriftsteller teil:

Prof. Hans KAUFMANN (Literaturwissenschaftler)
Hermann KANT
Paul WIENS
Armin MÜLLER
Günter CWOJERAK [Cwojdrak]

Das Referat schätzt der GI unter aller Kritik ein. Es wurde nach der Auffassung des GI vorher nicht abgesprochen. Eine persönliche Rücksprache des GI mit dem Referenten – Prof. Hans KAUFMANN – bestätigte diese Annahme.
Der Referent hat das Referat erst in der Nacht vor der Tagung aus Zeitgründen ausgearbeitet. Dies hatte zur Folge, daß der westdeutsche Schriftsteller Günter GRASS sofort nach Beendigung des Referats aufspringen konnte und sinngemäß zum Ausdruck brachte: »Daß es eine Unverschämtheit wäre, auf so einer Tagung ein Referat mit einem Volksschulniveau den hier anwesenden Schriftstellern anzubieten.«
In der weiteren Diskussion versuchte GRASS zu provozieren, in dem er forderte, daß man den westdeutschen Schriftsteller JOHNSON hätte ebenfalls zur Konferenz einladen sollen. GRASS versuchte bewußt JOHNSON hochzuspielen. So stellte er u.a. die Frage, »ob denn überhaupt in der DDR die Möglichkeit bestehe, ein Buch von dem Schriftsteller JOHNSON, der ja nicht irgend wer ist, zu kaufen.«
Im Verlaufe seines Diskussionsbeitrages stellte GRASS die Behauptung auf, »in der DDR gebe es keine eigentliche Literatur. Die einzig wahrhaft deutschen Schriftsteller leben in Westdeutschland. Die, die vorher als anerkannte Schriftsteller auf dem Gebiet der DDR gelebt haben, sind nach Westdeutschland geflüchtet, weil der Schriftsteller nur in Westdeutschland die Möglichkeit hat, Literatur zu produzieren.« (sinngemäß)
Zur Diskussion sprach auch der DDR-Schriftsteller Paul WIENS, in einer anarchistischen Form ohne jegliche marxistische Grundlage. WIENS stellte die falsche Behauptung auf, sozialistischer Realismus in der Literatur ist alles das, was nicht langweilig ist. So brachte WIENS noch ähnliche halb ausgegohrene Ideen, Halbheiten in seinem Diskussionsbeitrag zum Ausdruck. Dies hatte zur Folge, daß die westdeutschen Teilnehmer sofort in eine hitzigen Diskussion mit WIENS einstiegen. Diese Diskussion nahm eine ziemliche Schärfe an und wurde von seiten des Schriftstellers WIENS zuletzt unsachlich geführt. WIENS ließ sich soweit gehen, daß er dem westdeutschen Schriftsteller Günter GRASS indirekt Ohrfeigen anbot. (...)
Von der DDR-Delegation sprach u. a. Genosse GYSI, Leiter des Aufbau Verlages. Dieser hielt einen sehr guten Diskussionsbeitrag, der auch bei den westdeutschen Gästen auf Grund seines guten Niveaus gut ankam.
Danach sprach Prof. HEISE von der Humboldt-Universität. Dieser hielt ebenfalls einen guten Diskussionsbeitrag, sprach jedoch leider teilweise über die Köpfe der Zuhörer hinweg.
Auf Initiative des westdeutschen Schriftstellers ENZENSBERGER fand eine Schriftstellerlesung statt.

Von den westdeutschen Teilnehmern las Günter GRASS aus einem Buch von JOHNSON.[1]
Hermann KANT las als DDR-Schriftsteller aus seinem unveröffentlichten Roman »Die Aula«.
Nach Einschätzung des Publikums und der anwesenden Schriftsteller wurde die Lesung Hermann KANTS als die bessere eingeschätzt.
Wesentliche individuelle Gespräche, welche von operativem Interesse hätten sein können, hat der GI aus Zeitgründen mit den westdeutschen Teilnehmern nicht führen können.
Befremdent an der Konferenz war für den GI weiterhin die Tatsache, daß sehr viel andere Teilnehmer (die nicht Schriftsteller waren), an der Konferenz teilnahmen, die gar nicht bekannt waren und auch in der Diskussion nichts zu sagen hatten.
In einer Pause während der Tagung hatte der GI ein Gespräch mit dem Genossen Prof. HAHN vom Kulturbund. Dieser teilte dem GI mit, daß der Chef der »Gruppe 47«, der westdeutsche Schriftsteller Hans-Werner RICHTER, Prof. HAHN zu einem Rundtischgespräch, welches Fragen der Weimarer Akademie behandeln soll, zum 28.12.1964 nach Westberlin eingeladen hat. Dieses Gespräch soll aufgenommen werden und über den Nordwestdeutschen Rundfunk – 3. Programm – gesendet werden.
Der GI vertritt die Auffassung, daß RICHTER damit der Weimarer Akademie einen Dolchstoß versetzen will, um die Weimarer Akademie als ein gesamtdeutsches politisches Forum unmöglich zu machen.
Ergänzend bemerkte der GI, daß ihm bekannt sei, daß die westdeutschen Schriftsteller Günter GRASS und Hans-Werner RICHTER am SPD-Parteitag teilnehmen.
Weiter konnte der GI nichts über die Tagung berichten, da er aus Zeitgründen vorzeitig abreisen mußte.

Oberleutnant *Treike*

(BStU, MfS, AIM 2173/70, Bd. 1, Bl. 112–115)

1 *Günter Grass:* Nach meiner Erinnerung war an den Vorbereitungen zur Weimarer Akademie auch Johannes Bobrowski beteiligt, der Autoren aus West-Berlin und Westdeutschland eingeladen hatte. Es gab dort eine heftige Auseinandersetzung ideologischer Art, aber es wurde auch intern wechselseitig gelesen. Und dann fand eine öffentliche Lesung statt, und da habe ich auch aus dem »Dritten Buch über Achim« von Uwe Johnson gelesen. Das passte natürlich nicht ins Programm hinein und gab Ärger.

Enzensberger war bei dem Treffen auch dabei und hat sinngemäß gesagt: »Na, beruhigt Euch doch, Genossen, das ist nun mal bei dem Grass so. Balzac war ein großer Schriftsteller und trotzdem ein Reaktionär.« Und dann hab ich mich bei Enzensberger bedankt für solche Parallelsetzung. Es ging also hin und her, und es war eher komisch. Also, ich habe diese Anwürfe von Wiens und anderen nicht immer ernst genommen. (Interview vom 16.4.2009)

Dokument 13

Abteilung XX/1 Berlin, den 14.5.1965
Treffbericht
Quelle: GI »Manfred«
Zeit: 29.3.1965 –15.00–17.00 Uhr
Ort: Dienstzimmer des GI

Der Treff wurde zum Zwecke der Aufklärung der Gruppe der 47 aus Westdeutschland durchgeführt. Als Mitglieder der Gruppe nannte der GI die Schriftsteller WALZER [WALSER], WEIßENBORN [WEISENBORN], GRASS, BOLEROWSKI. [BOBROWSKI].
(...)
Für die DDR negativ wirkte sich die Stellung des Schriftstellers GRASS aus. Dieser hat jetzt in Westberlin ein Stück gegen Brecht geschrieben und inszenieren lassen. Das Stück heißt die »PLEBEJER PROBIEREN [sic] DEN AUFSTAND«.[1] In diesem Stück wendet er sich gegen den »Coriolan«. Er beschuldigt darin Brecht, zur Zeit des 17. Juni 1953, als er den »Coriolan« inszenierte, diesen wieder abgesetzt zu haben, als die »richtigen« Plebejer nun wirklich einen »Aufstand« machten. Er beschuldigte Brecht, daß er nicht zu seinem Werk gestanden hat. Der Name Brechts wird aber in diesem Stück nicht genannt, man soll aber merken, auf wen dieses Stück gemünzt ist.
In diesem Zusammenhang begreift der GI nicht, daß der GRASS so ohne weiteres auch weiterhin noch in der DDR verkehren und seine Verbindungen knüpfen kann. Grass war zum Beispiel auf einem Studentenforum in Weimar und diskutierte dort sehr negativ. Es soll dort eine Auseinandersetzung zwischen WIENS und GRASS stattgefunden haben, in deren Verlauf der WIENS dem GRASS wegen seines provokatorischen Verhaltens Prügel angedroht hat. (...)

Unterleutnant *Neumann*

(BStU, MfS, HA XX Sonderabl. Ltr. 2927/69, Bl. 34f., 37)

1 *GI »Manfred« alias Manfred Wekwerth war seit 1960 Chefregisseur des »Berliner Ensembles«. Oberspielleiter des Brecht-Theaters in Ost-Berlin war Erich Engel, der im Herbst 1965 versuchte, sich ein Manuskript des noch unveröffentlichten Dramas zu verschaffen. Engel rief bei Maria Som-*

mer in West-Berlin an. Sie leitete schon damals den Theaterverlag Kiepenheuer, der die Bühnenrechte von Grass vertritt, und fertigte folgende Aktennotiz:

Berlin, den 14. Oktober 1965
Über ein Telefongespräch mit Professor Erich Engel:
Professor Engel rief im Sekretariat an, um ein Exemplar von »Die Plebejer proben den Aufstand« zu bestellen. Frau Nehls erklärte, daß zur Zeit Herr Grass an dem Stück noch arbeite, daß Bücher noch nicht vorliegen, lediglich einige Schreibmaschinen-Exemplare, die im Augenblick als Arbeitsgrundlage für die Vorbereitungen zu den Proben im Schiller-Theater dienten, und daß bei uns selbst kein Exemplar mehr vorhanden wäre, das wir abgeben könnten. Professor Engel erklärte darauf, er werde sich dann ein Exemplar unter der Hand besorgen, er wüßte ja, daß Frau Hanne Hiob ein Exemplar besäße.

Darauf habe ich etwas später Professor Engel angerufen und ihm die Auskunft von Frau Nehls bestätigt. Auf seine Frage, wieso denn Frau Hiob ein Exemplar hätte, antwortete ich, ich könne mir nur denken, daß Professor [Leopold] Lindtberg ihr ein Schreibmaschinen-Exemplar gegeben habe. Professor Engel fragte, ob Lindtberg das Stück wohl am Schauspielhaus Zürich herausbringe, ich sagte, ich wüßte davon noch nichts, er hätte nur seine Zustimmung und Begeisterung mir gegenüber geäußert. Darauf Professor Engel: »Ich verstehe Grass nicht, daß er in einem Augenblick, in dem seine Bücher verbannt werden, gegen Brecht schießt.« Ich erwiderte, daß es sich nicht um ein Stück für oder gegen Brecht handele, sondern um eine Parabel über einen engagierten Intellektuellen, der mit einer neuen Realität konfrontiert wird und mit ihr fertig werden müsse.

Professor Engel: »Wie kommt Grass dazu, hierüber zu schreiben, er hat sich ja nicht einmal die Mühe gemacht, in unseren Archiven zu arbeiten. Ich weiß, was Grass über Brecht weiß, nämlich nichts, und was Grass über den Marxismus weiß, nämlich nichts. Ich kann mir genau vorstellen, was dabei herauskommt: nämlich eine SPD-Schmiere.«

Ich habe Professor Engel gebeten, sein Urteil zurückzuhalten, bis er das Stück kennt.

gez. Sommer

(Archiv Gustav Kiepenheuer Bühnenvertriebs GmbH Berlin)

Maria Müller-Sommer: Ich erinnere, dass er mich fürchterlich beschimpft hat und gesagt hat: Sie müssen verhindern, dass das aufgeführt wird. Und ich sagte: Das kann ich nicht verhindern und will's auch nicht verhindern.

(Interview vom 27.8.2009)

Günter Grass: Mein Theaterstück musste ich nicht auf Material aus dem Brecht-Archiv gründen. Ich hatte die Gesprächsprotokolle von Brecht und seinem Assistenten aus der Zeit des 17. Juni vom Suhrkamp Verlag bekommen. Manche Passagen in meinem Stück gehen sogar bis zum Zitat. Wekwerth als damaliger Assistent von Brecht wusste natürlich genau, worum es ging und wer gemeint war.

(Interview vom 15.11.2009)

WILLY BRANDT Berlin, den 19. Jan. 1966

Verehrter, lieber Herr Grass,
Sie wissen, wie leid es mir getan hat, dass ich nicht zur Uraufführung der »Plebejer« kommen konnte. Umso mehr liegt mir daran, Sie wissen zu lassen, ein wie starkes Erlebnis das Stück für uns am Sonntagabend gewesen ist. Meine Frau und ich sassen nicht zusammen – umso besser konnten wir vergleichen, wie sehr wir aufgewühlt waren, uns engagiert fühlten, aber eben mehr als einmal auch nahe am Heulen waren.

Dies ist ein grosses Stück deutscher Nach-Kriegsdichtung. Das kam durch klugscheisserische Kritiken nicht kleiner gemacht werden. Vom Theater-Betrieb verstehe ich nicht genug. Trotzdem wage ich die Vermutung, dass da einiges noch klarer und überzeugender herauskommen könnte.

Mit aufrichtigem Glückwunsch, herzlichem Dank
und freundschaftlichen Grüssen, auch für Ihre liebe Frau
Ihr Willy Brandt

(Archiv des Kiepenheuer-Bühnenvertriebs)

Szene aus »Die Plebejer proben den Aufstand« bei der Erstaufführung am West-Berliner Schiller-Theater, Januar 1966.

Günter Grass während der Probearbeiten im Schiller-Theater, 1965.

Dokument 14

MfS ZAIG Berlin, 3. Januar 1966
Theaterstück »Die Plebejer proben den Aufstand« von Günter Grass

Am 15. Januar 1966 findet im Westberliner Schiller-Theater die Uraufführung des o.g. Stückes statt. Seit Oktober 1965 wird es unter der Regie von Hansjörg Utzerath geprobt. In Kürze wird der Kiepenheuer-Verlag das Theaterstück gedruckt herausbringen.
Die Vorbereitungen für »Die Plebejer« gingen unter größtem Stillschweigen vor sich, denn – wie sich der Intendant des Schiller-Theaters äußerte – »die Aufführung soll wie eine Denkmalsenthüllung sein«.
Das Stück spielt im Theatermilieu und hat die Vorkommnisse des 17. Juni 1953 zum Inhalt.
Trotz der sehr unvollständig vorliegenden Angaben über den Inhalt des Stückes kann geschlossen werden, daß es politische Angriffe gegen die DDR enthält. So werden Ereignisse des 17. Juni aus westlicher Sicht rekonstruiert, z. B. Demonstrationen usw.
Offensichtlich werden noch weitere Anspielungen auf die Niederschlagung des konterrevolutionären Putsches vom 17. Juni dadurch gemacht, daß die »Coriolan«-Bearbeitung in die Handlung einbezogen wurde. Coriolan ist bekanntlich ein sagenhafter römischer Patrizier, der von den römischen Plebejern verbannt wird, sich mit einem anderen, den Römern feindlichen Stamm verbündet und als ihr Anführer Rom erobern will.
Hinzu kommt, daß der Autor auch Bert Brecht als handelnde Figur auftreten läßt. Während der »Chef« – gemeint ist Brecht – am 17. Juni seine Bearbeitung des Shakespeare-Stückes »Coriolan« probt, gehen die Arbeiter und offensichtlich auch die Schauspieler auf die Straße. Sie bitten den Theatermeister um geistige Unterstützung. Er lehnt ab, weil die Revolte für einen Erfolg nicht gründlich genug vorbereitet sei. Nur die Eindrücke vom gescheiterten Aufstand verwertet er später für seine Inszenierung.
Die gehässigen Angriffe von Grass werden noch dadurch unterstrichen, daß der bei ihm auftretende »Chef« in Maske und Kostüm Brecht genau kopiert.
Helene Weigel soll bereits beim Schiller-Theater gegen die Aufführung des Stückes protestiert haben.

(BStU, MfS, ZAIG 10189, Bl. 182)

»Grass inspiriert feindlich-negative Kräfte in der DDR«

Deutsch-deutsche Autorenlesungen im privaten Kreis (1974–1980)

Observationsfoto der Staatssicherheit von Ute Grunert und Günter Grass beim Besuch Ost-Berlins, Bahnhof Friedrichstraße, 3. Februar 1978. (BStU, MfS, HA II 6-393, Bl. 6)

In den »Plebejern« sieht die Stasi 1966 gehässige und feindliche Angriffe gegen die DDR.[1] Als Grass zwei Jahre später linksradikale Tendenzen in der Studentenbewegung ebenso kritisiert wie die Niederschlagung der Reformbewegung in der Tschechoslowakei durch Truppen des Warschauer Pakts, wandelt er sich aus der Sicht der offiziellen DDR vom Kritiker bundesdeutscher Verhältnisse zum westlichen Systemapologeten.[2] Mögliche Bündnispartner im Literaturbereich sieht die DDR jetzt eher links von Grass, bei Hans Magnus Enzensberger, Martin Walser, Franz Xaver Kroetz oder Rolf Hochhuth.

Im August des Wahljahres 1969 erscheint der Roman »örtlich betäubt«. Grass' Reflexion der Protestkultur von 1967/68 wird zur Buchsensation des Herbstes, oft rezensiert und viel kritisiert. Konservative wie linke Kritiker sind irritiert bis enttäuscht. Grass spricht sich für Mäßigung aus. Ist er doch ein Konservativer? Er überrascht und bedient die Vorurteile nicht.[3] Gleichzeitig engagiert sich Grass wieder für die SPD im Bundestagswahlkampf. Er kämpft gegen die Fortsetzung der Großen Koalition und für eine linksliberale Alternative. Der Wunsch geht in Erfüllung. Die SPD unter Willy Brandt bildet eine Koalition mit der FDP Walter Scheels. Sofort macht sich die neue Regierung daran, das erstarrte Verhältnis zum Ostblock neu zu ordnen. Die Verträge mit Moskau und Warschau im Jahr 1970 mit der Anerkennung der Oder-Neiße-Grenze sind die Grundlage auch für eine Verbesserung des Verhältnisses zur DDR. Die neue Ostpolitik sucht »Wandel durch Annäherung«. Bundeskanzler Brandt besucht im März des Jahres Erfurt und trifft dort Ministerpräsident Willi Stoph. Ende 1972 regeln die Bundesrepublik und die DDR mit einem Grundlagenvertrag ihre Beziehungen. Für die Bundesrepublik sind beide Staaten jedoch weiterhin Teil einer deutschen Nation, da das Grundgesetz die Wiedervereinigung des geteilten Deutschlands verlangt und eine Anerkennung der DDR als Ausland verbietet. Dieselbe Position vertritt Grass auf kulturellem Gebiet. Länder könnten politisch geteilt werden, ihre Geschichte, Sprache und Literatur seien jedoch unteilbar. Hingegen strebt die DDR in Abgrenzung zur Bundesrepublik eine sozialistische deutsche Nation an und verlangt die Anerkennung der Staatsbürgerschaft der DDR. Demonstrativ wird der Deutsche Schriftstellerverband (DSV) im November 1973 in Schriftstellerverband der DDR (SV) umbenannt, wie auch im Rundfunk aus dem Deutschlandsender die »Stimme der DDR« wird.

Die CDU/CSU bekämpft die neue Ostpolitik heftig. Ihr Misstrauensvotum gegen Bundeskanzler Willy Brandt scheitert aber 1972 im Bundestag. Brandt setzt vorgezogene Neuwahlen an und siegt triumphal. Grass geht wieder für die SPD auf Wahlkampftour. Im August vor der Wahl erscheint sein »Tagebuch einer Schnecke«. Es ist sein literarisches und zugleich sehr persönliches Bekenntnis zum politischen Revisionismus. Grass bekennt sich als Anhänger Eduard Bernsteins (1850–1932). Der sozialdemokratische Theoretiker hat die marxistische Revolutionstheorie kritisiert; an die Stelle gewaltsamer Revolution setzt er Evolution, die schrittweise Verbesserung gesellschaftlicher Verhältnisse durch Reformen.

Grass' Position als »Revisionist« und Bernsteinianer ist in der DDR schon vor dem Selbstbekenntnis im »Tagebuch einer Schnecke« gesehen worden. In einer der wenigen germanistischen Arbeiten der DDR zu Grass' Werk greift Gerhard Dahne in seiner Dissertation von 1970 Grass frontal an.[4] Diese Doktorarbeit liegt mit 402 Seiten Umfang komplett in der Akte, die das MfS zu Grass angelegt hat.[5] Besonders empört die Genossen, dass Grass im »Tagebuch einer Schnecke« Kommunismus und Nationalsozialismus vergleicht. Das hat er schon in seinem Offenen Brief an Anna Seghers nach dem Mauerbau 1961 getan. Was die Stasi damals als »Provokation« bezeichnete und mit zum Anlass nahm, eine Akte Grass anzulegen, bleibt auch jetzt für die offizielle DDR eine Provokation. Grass lehnt jedoch nicht nur den Kommunismus ab, sondern auch den militanten Antikommunismus. Er sucht den dritten Weg eines demokratischen Sozialismus. Mit Heinrich Böll und der Publizistin Carola Stern gründet er die Literaturzeitschrift »L'76«, die den Untertitel »Demokratie und Sozialismus« trägt. Damit bleibt Grass für die DDR ein ernstzunehmender ideologischer Gegner, denn die Doktrinäre des real existierenden Sozialismus fürchten mehr die Aufweichung ihrer Dogmen als platten Antikommunismus.

Im Mai 1971 löst Erich Honecker Walter Ulbricht als Staats- und Parteichef der DDR ab. Auf dem VIII. Parteitag der SED im Juni verspricht er mehr Wohlstand und Lebensqualität. Und er macht Hoffnung auf eine Liberalisierung des Kulturbetriebs. Auf dem Gebiet von Kunst und Literatur könne es keine Tabus geben, erklärt Honecker noch im selben Jahr, schränkt aber ein, »wenn man von der festen Position des Sozialismus ausgeht«[6]. Die Hoffnungen der kritischen Intellektuellen erfüllen sich nicht. Sowohl Wolf Biermann als auch Rudolf Bahro bekommen die ganze Härte des Regimes zu spüren. Dem Liedermacher Wolf Biermann wird nach einem Konzert im November 1976 in Köln, in dem er die Zustände in der DDR kritisiert, sich aber auch zu ihr bekennt, die Staatsbürgerschaft entzogen. Er darf nicht in die DDR zurückkehren. Bahro, Philosoph, überzeugter Kommunist und SED-Mitglied, kritisiert in seinem Buch »Die Alternative« die Deformationen des Sozialismus in der DDR. Das Buch kann in der DDR nicht erscheinen. Bahro bringt es 1977 im Westen heraus und wird deshalb verhaftet und 1978 wegen Geheimnisverrats zu acht Jahren Gefängnis verurteilt. Nach einer internationalen Solidaritätsaktion, an der sich auch Grass beteiligt, kann er 1979 in Folge einer Amnestie in die Bundesrepublik ausreisen.

Nach der Uraufführung der »Plebejer« im Januar 1966 und dem Abbruch der Kontakte lässt das Interesse der Stasi an Grass vorübergehend nach. Man verfolgt aber seine Aktivitäten in der Bundesrepublik, die gesammelten Presseausschnitte über ihn füllen über 180 Aktenseiten. Das ändert sich 1974. Seit 1960 lebt Grass in West-Berlin, ganz bewusst. Er will in der geteilten Stadt die Probleme des Ost-West-Konflikts miterleben: »Zwar gibt sich die Mauer, dieser nackte und in seiner Brutalität erschreckend ehrliche Trennungsstrich, als sei sie auf Dauer gezogen, dennoch läßt sich nicht übersehen, daß beide Stadthälften aufeinander zuleben, am deutlichsten dort, wo sie angestrengt bemüht sind, sich wechselseitig zu ignorieren«[7], schreibt er wenig später. 1973 besucht ihn Bernd Jentzsch, der Herausgeber der DDR-Lyrikreihe »Poesiealbum«, und bringt die Idee mit, regelmäßig deutsch-deutsche Schriftstellertreffen in Ost-Berlin zu organisieren. Autoren aus West-Berlin und der DDR sollen sich nach dem Modell der Gruppe 47 unveröffentlichte Texte vorlesen. Anschließend sollen sie diskutiert werden. Auf die Anwesenheit von Kritikern und Lektoren will man jedoch aus Sicherheitsgründen verzichten. Jentzsch und Grass setzen die Idee um. Ab Mai 1974 trifft sich ein relativ fester Kreis von Autoren in Ost-Berlin in Privatwohnungen. Zu ihnen gehören u. a. Erich Arendt, Thomas Brasch, Elke Erb, Günter Kunert, Hans Joachim Schädlich, Klaus Schlesinger sowie Nicolas Born, Hans Christoph Buch, Rolf Haufs und Peter Schneider. Aus Angst vor der Stasi werden die Einladungen nur mündlich ausgesprochen. Von Mal zu Mal wird die Wohnung gewechselt, so dass es der Stasi nicht gelingt, den Tagungsort zu verwanzen.

Im Januar 1976, nach sechs Treffen, erfährt die Stasi Näheres über den literarischen Zirkel – durch Karlheinz Schädlich, den Bruder von Hans Joachim Schädlich, der von Anfang an dabei war und mehrfach Gastgeber ist.

Das Ministerium für Staatssicherheit beschäftigt 1989 rund 91 000 hauptamtliche und 174 000 inoffizielle Mitarbeiter (IM).[8] Nach einer Richtlinie aus dem Jahr 1979 sind die IM »Bürger der DDR und anderer Staaten, die auf der Grundlage ihrer objektiven und subjektiven Voraussetzungen Aufträge des MfS konspirativ erfüllen«[9]. Die meisten IM arbeiten ehrenamtlich. Andere erhalten Honorar, Geschenke oder Vergünstigungen wie zum Beispiel Reisegenehmigungen. Zum Teil müssen sie auch »Wiedergutmachung« leisten für ideologische Verfehlungen oder Vergehen wie Trunkenheit am Steuer. Manche sind durch Fehltritte im Privatleben erpressbar geworden. Die Motive der IM sind sehr unterschiedlich. Überzeugung, Schulden, Karrierestreben, Eitelkeit oder die Hoffnung, durch Zusammenarbeit mit der Stasi an anderer Stelle Freiräume zu schaffen oder gar etwas verändern zu können, gehören dazu.[10] Für die Stasi sind die IM von großer Bedeutung. Sie sollen die Volksmeinung auskundschaften, aber auch unbemerkt Einfluss auf Menschen nehmen. Nach der Biermann-Ausbürgerung baut die Stasi die Überwachung des Literaturbetriebs erheblich aus. Es soll vorbeugend agiert und rechtzeitig eingegriffen werden, um möglichst aufsehenerregende Skandale zu vermeiden.

Die IM werden auf Einzelpersonen angesetzt oder auf Personengruppen wie Freundeskreise, Berufsgruppen oder Arbeitskollektive. Da Grass nur besuchsweise in der DDR weilt, immer wieder neue Orte aufsucht und verschiedene Personen trifft, kann die Stasi keine speziellen IM als kontinuierliche Grass-Beschatter herausbilden. Grass' DDR-Besuche sind jeweils einzelne »Vorgänge«, die von Fall zu Fall mit anderen Spitzeln begleitet werden. Vielfach sind die Beschatter hauptamtliche Stasi-Mitarbeiter. Wo möglich, setzt die Stasi zusätzlich IM zur Überwachung des Besuchers ein.

Während der deutsch-deutschen Schriftstellertreffen bildet sich jedoch eine feste Struktur heraus. Der Teilnehmerkreis ist begrenzt, und die Treffen finden immer in Ost-Berlin statt. Die Stasi versucht deshalb, IM »Schäfer« alias Karlheinz Schädlich in diesen Kreis einzuschleusen. Karlheinz Schädlich bietet der Stasi bedingungslose Zusammenarbeit an. Er ist Anglistikwissenschaftler, SED-Mitglied und Reisekader, das heißt, er darf auch in den Westen fahren. Nach der Übersiedlung seines Bruders Hans Joachim Schädlichs und dessen Familie in die Bundesrepublik verfolgt IM »Schäfer« seinen Bruder auch im Westen weiter. Er versucht sogar, seine Nichte Susanne Schädlich in die DDR zurück zu locken. Ende 2007 nimmt sich Karlheinz Schädlich das Leben. Von Fachleuten wird dies als »Bilanz-Suizid« gewertet.[11] Hans Joachim Schädlich und seine Tochter Susanne Schädlich haben sich intensiv mit dem Verrat des Bruders bzw. Onkels beschäftigt.[12]

IM »Schäfer« berichtet der Stasi regelmäßig, was er über die Treffen aufgeschnappt hat. Er selbst bekommt jedoch keine Einladung zur Teilnahme – auch wenn die Stasi anderes vermutet – und informiert daher nur aus zweiter Hand. Einmal wäre es dem Geheimdienst fast gelungen, einen Spitzel zu platzieren, denn angeblich soll Fritz Rudolf Fries eine Einladung erhalten haben.[13] Der Schriftsteller arbeitet als IM »Pedro Hagen« für die Stasi.[14] Doch Fries nimmt nie teil.

Grass liest auf den Treffen überwiegend aus dem »Butt«, der im August 1977 erscheint. Hans Joachim Schädlich trägt aus »Versuchte Nähe« vor. Er hat noch nichts veröffentlicht und findet für die DDR-kritischen Erzählungen keinen Verlag. Grass vermittelt ihn an den Rowohlt-Verlag im Westen, zeichnet den Buchumschlag und liest aus dem Schädlich-Band auf einer Lesereise durch die Bundesrepublik. Aus Marbach am Neckar berichtet darüber ein bis heute nicht enttarnter IM »Peter«.[15] Da er für sich keine Publikationsmöglichkeiten in der DDR mehr sieht, stellt Schädlich einen Ausreiseantrag, der zunächst abgelehnt wird. Grass ermutigt Schädlich, nicht aufzugeben. Für die Stasi ist das Beweis, dass Grass DDR-Autoren in den Westen locke. Als Schädlich schließlich im Dezember 1977 ausreisen darf, nimmt Grass ihn mit seiner Familie vorübergehend in seinem Haus in Wewelsfleth auf.[16]

Nach der Unterzeichnung der Schlussakte von Helsinki der Konferenz über Sicherheit und Zusammenarbeit in Europa mit der sich die DDR 1975 unter anderem zur Achtung der Menschenrechte und zur Gewährung von Grundfreiheiten verpflichtete, hält es die SED-Führung offenbar nicht für opportun, gegen die internen Schriftstellerrunden vorzugehen, bemüht sich aber darum, das Geschehen unter Kontrolle zu halten. Eine für Mai 1978 geplante Zusammenkunft bei Friedrich Dieckmann wird über IM vorab bekannt und bis hinauf zum Minister für Staatssicherheit Erich Mielke gemeldet. Der ordnet handschriftlich an, dass Grass dazu einreisen darf, aber verdeckt zu überwachen ist.[17] Allerdings kommt das Treffen nicht zustande, so dass die Stasi-Spitzel vergeblich am S-Bahnhof Friedrichstraße und vor Dieckmanns Wohnung warten.

Eineinhalb Jahre zuvor haben fast alle DDR-Teilnehmer der deutsch-deutschen Schriftstellertreffen gegen die Ausbürgerung Wolf Biermanns protestiert. Sie werden unter Druck gesetzt, verlieren ihre Publikationsmöglichkeiten und gehen nach und nach fast alle in den Westen. Auch Bernd Jentzsch ist von einer Reise in die Schweiz nicht zurückgekehrt. Die Treffen zwischen den West-Autoren und den Neu-Emigranten in West-Berlin fortzusetzen, macht keinen Sinn. Es wäre kein Brückenschlag zwischen Ost und West mehr. Mit einer letzten Sitzung bei Klaus Schlesinger in Ost-Berlin gehen die deutsch-deutschen Schriftstellertreffen kurz vor Weihnachten 1978 zu Ende.

Doch zuvor verschafft IM »Schäfer« der Stasi noch die Gelegenheit, die Ost-Berliner Ärzteschaft auszuhorchen. Seine jüngere Schwester Hannelore Dege ist Anästhesistin. Sie bittet ihn, ob er Grass nicht zu einer Lesung im privaten Rahmen einladen könne.[18] IM »Schäfer« informiert die Stasi. Seit Mitte der siebziger Jahre bildet sich unter Ärzten eine Dissidentenszene. Immer mehr verlassen die DDR. Die Stasi vermutet Schleuser in der Ärzteschaft, die Menschen zur Flucht in den Westen verhelfen. Mit Hilfe der Grass-Lesung will die Stasi in diese Szene eindringen und bestärkt ihren IM, dabei mitzuwirken. Nichtsahnend empfiehlt Hans Joachim Schädlich seinem Spitzel-Bruder Peter Pragal, den Ost-Berliner Korrespondenten der »Süddeutschen Zeitung«, als Boten, der die Einladung ebenso nichtsahnend Grass nach West-Berlin überbringt.[19] Grass sagt den ihm unbekannten Ärzten zu. Bei der Lesung in der Privatwohnung eines Ost-Berliner Arztes sitzt IM »Schäfer« als Vermittler dabei. Er berichtet der Stasi ausführlich. Trotzdem kann sie dieser Ärztegruppe keine Fluchthilfe nachweisen. 1982 schließt sie die Schleuserakte. Grass' Lesung bei den Ärzten bleibt Episode.

Aber Grass gibt die deutsch-deutschen Literaturkontakte nicht auf. In der unter dem Namen »L'80« fortgesetzten politisch-literarischen Zeitschrift »L'76«, die in der Nachfolge zur tschechischen Literaturzeitschrift »Literari listi« enstand,[20] plant er 1980 einen Ost-West-Briefwechsel mit dem jungen Ost-Berliner Lyriker Frank-Wolf Matthies, der – so Grass – »das Gegen- und Nebeneinander der beiden deutschen Staaten und den vagen Begriff der deutschen Nation zum Thema machen sollte«[21]. Ende Oktober 1980 besuchen Grass und Johano Strasser, der Redakteur der Zeitschrift, Matthies in dessen Ost-Berliner Wohnung, wo regelmäßig kritische Lesungen und Diskussionsrunden organisiert werden. Unter den Gästen befindet sich ein Spitzel. Bis heute ist aber unbekannt, wer es ist. Die Akte verrät seinen Namen nicht. Nach dem Besuch schlägt die Stasi zu. Matthies und der mit ihm befreundete Schriftsteller Lutz Rathenow werden verhaftet. Nach einsetzenden öffentlichen Protesten von Intellektuellen der Bundesrepublik kann Matthies im Januar 1981 nach West-Berlin ausreisen. Grass nimmt ihn und seine Familie vorübergehend auf. Schon einmal (1968) hatte Grass einen Ost-West-Briefwechsel geführt – damals mit dem tschechischen Schriftsteller Pavel Kohout – und in Buchform veröffentlicht.[22] Eine Wiederholung mit DDR-Bezug will die SED offensichtlich verhindern. Die Verhaftung und Abschiebung von Matthies birgt für sie wenig Gefahr, da Matthies kaum bekannt ist.

Mit der Auflösung des Autorenkreises ist Grass' Versuch eines privaten deutsch-deutschen Brückenschlages beendet. Den Versuch einer öffentlichen Fortsetzung hat die Stasi durch die Verhaftung Matthies' brutal unterdrückt. Sie hat Grass jetzt so scharf im Visier wie nie zuvor. In ausführlichen Analysen sieht sie Grass' deutsch-deutsche Bemühungen als Teil eines weit verzweigten Angriffs zur Destabilisierung der DDR. Es wird ein Einreiseverbot gegen Grass verhängt.[23]

Anmerkungen

1 Siehe Kap. 1, Dokument 14.
2 Ulmer: Grass und die DDR, S. 50–63.
3 Zimmermann: Günter Grass unter den Deutschen, S. 284–291.
4 Dahne: Zur Problematik des Geschichtsbewußtseins, S. 36–87.
5 BStU, MfS, HA XX 10452, Bl. 1–191 und BStU, MfS, HA XX 10453, Bl. 1–219.
6 Schlußwort Erich Honeckers auf der 4. Tagung des ZK der SED. In: Neues Deutschland vom 18.12.1971.
7 Berlin – eine sich fortschreibende Fiktion (1983). In: Grass: Werke, Bd. 12, S. 61 f.
8 BStU: Broschüre Informations- und Dokumentationszentren, S. 2.
9 Zitiert nach: Walther: Sicherungsbereich Literatur, S. 470.
10 Ebd., S. 468.
11 Vgl. Berliner Zeitung vom 18.12.2007.
12 Hans Joachim Schädlich: Die Sache mit B.; Ders.: Der andere Blick; Susanne Schädlich: Immer wieder Dezember.
13 Siehe Dokument 23.
14 Walther: Sicherungsbereich Literatur, S. 344.
15 Siehe Dokument 15.
16 Susanne Schädlich: Immer wieder Dezember, S. 76.
17 Siehe Dokument 31.
18 Siehe Dokumente 35–37.
19 Auskunft Pragals gegenüber dem Verfasser am 26.10.2009.
20 Siehe die ergänzende Darstellung von Günter Grass zu Dokument 16.
21 L'80, Heft 17 (2/1981), S. 165.
22 Grass / Kohout: Briefe über die Grenze.
23 Siehe Dokument 41.

Dokument 1

Hauptabteilung XX/2 Berlin, den 9. Januar 1976
T r e f f b e r i c h t
IMV »Schäfer«
8.1.76, 8.30 Uhr – 12.00 Uhr
Bungalow

Der IM erschien nach vorheriger telefonischer Vereinbarung pünktlich zum Treff.
Er berichtete während des Treffs über folgende Probleme: (...)
5. Verbindungen seines Bruders Dr. Sch., ### (...)

zu 5. Beziehungen des Bruders des IM
Der IM informierte über folgenden Sachverhalt:
Sein Bruder Dr. Sch., Hans-Joachim, wissenschaftlicher MA an der Akademie der Wiss., hat zum 1.4.76 seine Arbeit gekündigt. Er beabsichtigt, als freischaffender Schriftsteller, Übersetzer und Nachdichter zu arbeiten. Wie der IM einschätzt, würden die Fähigkeiten und Kenntnisse seines Bruders ausreichen. Er habe bereits jetzt langfristige Verträge mit entsprechenden Verlagen.
Eigene Prosaerzählungen, die sein Bruder DDR-Verlagen (u.a. Hinstorff-Verlag Rostock) angeboten hätte, wären abgelehnt worden. Außerdem hätte das »Magazin« eine angebotene Erzählung empört zurückgewiesen. Daraufhin hat Dr. Sch. seine Erzählungen in dem vom Rowoldt-Verlag [Rowohlt] herausgegebenen »Literaturmagazin« veröffentlicht. Eine Erzählung wäre auch im SFB gesendet worden.
Wie der IM betonte, hätte sein Bruder bei diesen Veröffentlichungen den dafür vorgesehenen offiziellen Weg genutzt.
In diesem Zusammenhang berichtete der IM weiter, daß er von seinem Bruder erfahren habe, daß in dessen Wohnung und bei anderen DDR-Schriftstellern regelmäßig Zusammenkünfte stattfinden.[1]
An diesen Zusammenkünften, die sein Bruder als »Arbeitsberatungen« bezeichnete, nehmen u.a. teil:
die DDR-Schriftsteller Sarah Kirsch, Nickel [Karl Mickel], der Herausgeber des »Lyrik-Poesiealbums« Jänsch [Bernd Jentzsch][2] und Dr. Sch. (ist Mitglied des Schriftstellerverbandes) sowie aus der BRD bzw. WB Günter Grass[3], Uwe Johnson, der Herausgeber des Literaturmagazins Born (WB) u.a. namentlich nicht bekannte Literaten.
Mit welcher Regelmäßigkeit die Zusammenkünfte stattfinden, ist dem IM

nicht bekannt. Welchen konkreten Inhalt diese »Arbeitsberatungen« haben, ist dem IM ebenfalls nicht bekannt – er wurde jedoch von seinem Bruder darüber informiert, daß bei den Zusammenkünften aus unveröffentlichten Werken vorgelesen und anschließend darüber diskutiert wird.
Aus einem Gespräch mit seinem Bruder konnte der IM entnehmen, daß bei einer derartigen Zusammenkunft auch ein »der DKP nahestehender« Lyriker anwesend war – hätte bereits in einem Lyrik-Band bei Reclam veröffentlicht. Von Grass wäre er wegen seiner »Polit-Lyrik, die dazu noch literarisch schlecht war«, in Grund und Boden diskutiert worden.
Bei welchen anderen DDR-Teilnehmern der »Arbeitsberatungen« derartige Zusammenkünfte noch stattgefunden haben, ist dem IM z. Z. nicht bekannt.
Dem IM gegenüber erzählte Dr. Sch., daß die Teilnehmer aus der BRD und WB jedesmal Angst hätten, daß ihnen etwas passieren könnte.
Der IM teilte mit, diese Informationen gegeben zu haben, weil
- er Angst um seinen Bruder habe, dieser könne in eine für ihn unangenehme Geschichte geraten,
- die Teilnahme des BRD-Schriftstellers Grass diesen Zusammenkünften einen politischen Stellenwert und eine bestimmte Richtung gäbe
- er annimmt, daß das MfS über diese Verbindungen in einem gewissen Maße bereits informiert ist.

(BStU, MfS, ANS AIM 15311/89, Bl. 95, 99 f.)

---

1 *Hans Joachim Schädlich: »Die Sache mit B.«*
Eines Tages und eines zweiten Tages und eines dritten Tages und eines undsoweiter Tages trafen angelegentliche Auswärtige und angelegentliche Einheimische zusammen zum Beispiel bei mir. Die Auswärtigen und die Einheimischen waren fremd zueinander und neugierig aufeinander und Schreiber. »Jetzt lesen wir einander unsere Schreib-Arbeiten vor«, sagte ein Auswärtiger. »Dann werfen wir einander unsere Fehler vor«, sagte ein Auswärtiger, und »loben einander.« Jetzt lasen die Einheimischen und die Auswärtigen ihre Schreib-Arbeiten vor. Dann lobten die Einheimischen die Auswärtigen, und die Auswärtigen lobten die Einheimischen. Dann warfen die Auswärtigen den Einheimischen ihre Fehler vor, und die Einheimischen warfen den Auswärtigen ihre Fehler vor. Wir soffen verschiedene Weine und rauchten verschiedene

Zigaretten. Dann aßen wir Suppe. Dann lobten und beschimpften Auswärtige Auswärtige. Dann beschimpften und lobten Einheimische Einheimische. Dann aßen wir Brot. Dann palaverten Auswärtige mit Auswärtigen und Einheimische mit Einheimischen und Auswärtige mit Einheimischen und Einheimische mit Auswärtigen über Suppe, Brot, Zigaretten, Wein, über die Grenze von dort aus gesehen, über die Grenze von hier aus gesehen, über die staatliche Partei, über abwesende Auswärtige, über abwesende Einheimische, über die Frauen oder Männer abwesender Einheimischer und abwesender Auswärtiger und – tja, jetzt wieder ohne Umschweif – über die geheime staatliche Polizei. »Hast du gesehen, daß ein Auto hinter uns herfuhr von hinter der Grenze bis vor das Haus?« »Siehst du – da, sieh mal! –, daß in dem Haus da drüben seit acht Stunden jemand hinter der Gardine steht?« »Da, sieh mal! – siehst du das Auto, das hinter uns herfuhr? Es steht zwei Häuser weiter unter der Laterne vor dem kleinen Tor. In dem Auto sitzen zwei, sitzen schon acht Stunden.«

Jetzt soffen wir einheimische Schnäpse und rauchten auswärtige Zigarren. Dann steckten Auswärtige Einheimischen Schreib-Arbeiten zu. Dann steckten Einheimische Auswärtigen Schreib-Arbeiten zu. Dann steckten Auswärtige einheimische Schreib-Arbeiten in den Strumpf, unters Hemd, in die Tasche.

Jetzt soffen wir auswärtige Schnäpse und rauchten einheimische Zigarren. Dann sagte eine oder einer auswärtige oder einheimische Witze auf. Dann lachten manche.

(Aus: Schädlich, Hans Joachim: Die Sache mit B. In: Kursbuch Heft 109 (9/1992), S. 85 f.)

2 *Bernd Jentzsch:* Als Herausgeber der Lyrikreihe »Poesiealbum« durfte ich für ein Heft über Hans Magnus Enzensberger nach West-Berlin reisen. Bei der Gelegenheit bin ich zu Günter Grass gefahren, den ich schon kannte von seiner Lesung bei Hans Mayer Anfang der sechziger Jahre in Leipzig und von der Wannsee-Tagung der Gruppe 47, und habe gesagt: »Günter, hör zu, lass uns so etwas machen wie die Gruppe 47 in Ost-Berlin, denn wir können niemals zu Euch kommen, aber Ihr könnt zu uns kommen.« Von der Idee war er sofort angetan, und einige Monate später hatten wir dann das erste Treffen, im Frühjahr 1974, exakt am 1. Mai. Das hat bei uns stattgefunden.

Das waren – ich benutze das Wort gar nicht so sehr gern, weil es abgegriffen ist – richtige Werkstattgespräche. Es waren Kontakte, menschliche und Kollegenkontakte zwischen Ost und West. Und die Hauptzeit bei den Treffen haben wir auch wirklich damit verbracht, uns Texte vorzulesen und darüber zu diskutieren. Es wurde ganz einfach nur handwerklich-literarisch diskutiert. Grass hat »Das Treffen in Telgte« stückweise vorgelesen. Der fleißigste und beständigste Leser Ost war Hans Joachim Schädlich, der sehr gute Geschichten vorgelesen hat, und daraus ist ja dann der Band »Versuchte Nähe« entstanden.

Man kam so am späteren Vormittag, denn spätestens um 24 Uhr mussten die West-Kollegen ja schon wieder an der Grenzübergangsstelle Berlin-Friedrichstraße sein, und dorthin fuhr man von uns schon mal eine Stunde mit der S-Bahn. Zu Beginn wurde einfach ein bisschen erzählt, und dann wurde etwas gegessen. Anschließend ging irgendein Gefäß herum, in dem der Gastgeber kleine Lose vorbereitet hatte. A, B, C lasen demnach in der und der Reihenfolge. Jeweils 15 Minuten Lesung, dann 15 Minuten Diskussion. Zwischendurch haben wir eine Pause gemacht, geraucht, getrunken. Und von einer bestimmten Zeit an, wenn die Aufnahmefähigkeit für literarische Texte nachzulassen begann, haben wir dann Schluss gemacht und uns dem Rotwein hingegeben.
(Interview vom 20.3.2009)

3 *Günter Grass:* Die Treffen entstanden aus einem Bedürfnis heraus, das ja nicht nur ich, sondern eine ganze Reihe in West-Berlin lebender Autoren hatten, etwa Peter Schneider oder Hans Christoph Buch, Nicolas Born, Rolf Haufs und noch viele andere. Wir waren ja genauso abgeschnitten wie die andere Seite. Wir kannten einander, aber wir wollten voneinander mehr erfahren: woran gearbeitet wird, also einen regelrechten Austausch über Arbeit, die im Werden ist. Nach der ersten Begegnung bei Jentzsch gab es ein nächstes Treffen in Ost-Berlin bei Hans Joachim Schädlich zu Hause, und dann bekam das Ganze festere Konturen. Über drei Jahre haben wir uns in unregelmäßigen Abständen, aber doch so vier-, fünfmal im Jahr, in wechselnden Privatwohnungen getroffen.
(Interview vom 16.4.2009)

Dokument 2

Hauptabteilung XX/2 Berlin, den 16. Februar 1976

Treffbericht

IMV »Schäfer«

Zeit: 10. 2. 76, 15.00–18.00 Uhr

Ort: Bungalow

Der IM berichtete während des Treffs über folgende Probleme: (...)

2. Verbindungen des Bruders des IM zu BRD-Schriftstellern. (...)

Zu 2. Verbindungen des Bruders des IM

Im Zusammenhang mit einem Gespräch über familiäre Probleme, bei denen der IM seinem Bruder Hilfe anbot, stellte der IM die Frage, ob für ihn nicht einmal die Möglichkeit besteht, an einer Diskussion mit den BRD-Schriftstellern und vor allem mit G. Grass teilzunehmen. Der Bruder des IM antwortete erst mit der Bemerkung: »Ich kann doch dorthin nicht irgendjemand mitnehmen, stell Dir das nicht so einfach vor.« Erst nach der Bemerkung seiner Ehefrau: »Der (IM) ist doch nicht irgend jemand und außerdem ist man in diesem Kreis doch über Dr. Sch. (den IM) informiert, da Du ja schon über ihn gesprochen hast«, erklärte sich der Bruder des IM bereit, diesen zu der am 27. 2. 76 in der Wohnung der DDR-Schriftstellerin Sarah Kirsch stattfindenden Zusammenkunft mitzunehmen.[1] Die Möglichkeit der Teilnahme des IM begründete Sch. dann selbst damit, daß zum Teil Günter Grass in der Vergangenheit ein viel größeres Interesse an politischen Gesprächen gezeigt hat und die literarischen Probleme zweitrangig wären. Der IM könnte sich sehr gut mit Grass über politisch-historische Fragen unterhalten.

An der Zusammenkunft am 27. 2. 76 sollen nach Angaben von Sch. folgende Personen teilnehmen:

Günter Grass	BRD
Nikolaus [Nicolas] Born	BRD/WB
Christian Buch [Hans Christoph Buch]	(?)
Gert-Friedrich Jonke	Österreich
Peter Schneider	(?)
Christoph Meckel	WB (?)
Sarah Kirsch	DDR
Günter Kunert[2]	DDR
Rainer Kirsch	DDR

In dem Gespräch zu diesem Problem teilte Sch. dem IM auch mit, daß G. Grass ihn auch außer zu den festgelegten Terminen völlig unangemeldet besucht. Er bot dem IM an, ihn bei einer solchen »außerplanmäßigen« Zusammenkunft zu benachrichtigen, damit er G. Grass persönlich kennenlernen kann. Der IM nahm das zuletzt genannte Angebot und die Einladung zum 27. 2. 76 an. (...)

(BStU, MfS, ANS AIM 15311/89, Bl. 125, 128 f.)

---

1 *Susanne Schädlich:* Das war eine Lüge. In Wahrheit hat sich der Vater nie angeboten, ihn mitzunehmen, und er hat ihn auch nie mitgenommen. (...) Um Informationen über die Treffen zu bekommen, wurde vom MfS sogar erwogen, den Vater zur Mitarbeit zu gewinnen. »Auf die Frage an den IM, wie die Reaktion seines Bruders wäre, wenn dieser durch das MfS wegen der genannten Zusammenkünfte angesprochen und zu einer Mitarbeit aufgefordert würde, antwortetet er, dass sein Bruder ›auf keinen Fall einer Zusammenarbeit mit dem MfS seine Zustimmung‹ geben würde. Er füge hinzu, ›so unterschiedlich können Brüder auf ein und dasselbe Problem reagieren‹.«
(Aus: Susanne Schädlich: Immer wieder Dezember, S. 60 f.)

2 *Günter Kunert:* Das erste Mal, dass ich dabei war, war – glaube ich – bei Hans Joachim Schädlich [August 1974]. Das sprach sich herum. Das heißt, man kannte ja die Kollegen, die Schriftsteller, die schon vorher dabei waren, und bekam dann durch die eine Einladung, auch teilzunehmen. Und natürlich fühlte ich mich nicht nur verpflichtet, sondern auch gedrängt, dann Grass bzw. die Kollegen aus dem Westen zu mir einzuladen. Und das klappte ja dann auch [Sommer 1975].
(Interview vom 15.9.2009)

Bernd Jentzsch: Der erste Treff war bei uns [Mai 1974]. Eigentlich sollten die Treffen ständig bei uns stattfinden. Aber meine damalige Frau war Lehrerin und ängstlich und wollte das nicht. Und so wanderten die Treffpunkte durch die Gruppe der Ost-Berliner Autoren, die daran teilgenommen haben. Das zweite Treffen fand bei Hans Joachim Schädlich statt, der nur ein paar hundert Meter von uns entfernt wohnte, dann mal bei Kunert, bei Kurt Bartsch, bei Sarah Kirsch und bei anderen. Die Truppe ist gekommen, immer angeführt von Günter Grass. Die West-Berliner Kollegen wurden in West-Berlin informiert und gebeten oder gefragt mitzukommen. Ich habe das für den Ost-Berliner Bereich gemacht, manchmal sind auch Leute aus anderen Städten gekommen; Heinz Czechowski und Rainer Kirsch aus Halle zum Beispiel. Und dann wurde immer am Ende der jeweiligen Zusammenkunft ausgemacht, wann etwa wir uns wiedersehen würden und wo. Wir haben die Telefonnummern, die Adressen ausgetauscht, und derjenige, der der Gastgeber der gerade stattgefundenen Begegnung war, der hat die Gruppe der neuen Autoren für die nächste Veranstaltung zusammengestellt und mündlich eingeladen. Und in West-Berlin haben das Hans Christoph Buch, Rolf Haufs, Günter Grass, Nicolas Born und – wenn ich mich recht entsinne – F. C. Delius getan.
(Interview vom 20.3.2009)

F. C. Delius: Grass, Born, Schneider und Buch, die regelmäßig bei den Autorenlesungen in Ost-Berlin waren, haben auch mich mehrfach eingeladen, doch ich bin aus guten Gründen nicht mitgefahren. Damals, von 1973 bis 1978, war ich im Rotbuch-Verlag der Lektor für Literatur und habe in der anderen Hälfte Berlins ständig mit Autoren wie Thomas Brasch, Karl Mickel, Heiner Müller, Stefan Schütz, Erich Köhler und anderen gearbeitet, diskutiert und, in Maßen, getrunken. Und ich habe einigermaßen regelmäßig, in größeren Abständen, Kurt Bartsch, Wolf Biermann, Sarah Kirsch, Günter Kunert besucht, Volker Braun, Bernd Jentzsch, Rainer Kirsch getroffen. Ich hatte also ziemlich viele persönliche Kontakte zu einzelnen Autoren (nicht zu Gruppen) – und diese Kontakte wollte ich auf keinen Fall gefährden. Als ich nun zu den Ost-West-Treffen eingeladen wurde, war meine Befürchtung: wo mehr als vier, fünf Autoren zusammen sind, wird die Stasi nicht weit sein. Ich war ja nicht naiv in dieser Beziehung, seit 1966 hatte ich erst als Wagenbach-

Mitarbeiter, dann als Lektor viel mit Wolf Biermann zu tun, da lernte man misstrauisch zu sein. Wie auch immer, ich wollte meine stille, aber recht erfolgreiche Arbeit für »meine« Rotbuch-Autoren, die im Westen unzensiert publizieren wollten, nicht gefährden. Da wollte ich kein Risiko eingehen, die Arbeit als Ost-West-Vermittler und Agent in Sachen Meinungsfreiheit war ohnehin nicht so einfach, wie man sich das heute vorstellt. Meine Befürchtung jedoch, dass bei den Treffen vielleicht die Stasi mithören könnte, wollte ich nicht laut aussprechen, das wäre ja denunziatorisch gewesen. Also habe ich meinen westlichen (und dann auch den östlichen) Freunden gesagt: Gerne käme ich mit, habe leider keine Zeit, wichtige Verlagstermine usw. Umso erfreulicher, dass sich im Nachhinein herausgestellt hat, dass es der Stasi nicht gelungen ist, in den Kreis einzudringen. (Während ich später feststellen musste, dass Erich Köhler sich als Informant betätigt hat.) Übrigens haben mir verschiedene Teilnehmer, mal westliche, mal östliche literarische Freunde, von den Treffen erzählt – manchmal mit recht unterschiedlichen Wertungen, was mich wiederum amüsiert hat.

(Gespräch vom 25.12.2009)

Günter Grass: Die westdeutschen Autoren gingen mit sich selbst insgesamt kritischer um, als das bei den ostdeutschen der Fall war. Ich habe zum Beispiel einige Texte von Hans Christoph Buch relativ scharf kritisiert, aber das war Buch gewohnt, das kannte er schon, denn er hat ja bei der Gruppe 47 als ganz junger Kerl angefangen. Diese Kritik hat aber nicht zu Konflikten geführt, wir waren das gewohnt. Für die Ost-Kollegen war das eher neu.

(Interview vom 15.11.2009)

Dokument 3

Hauptabteilung XX/2 Berlin, den 26. Februar 1976
Treffbericht
IMV »Schäfer«
Zeit: 25.2.76, 11.00 Uhr – 13.00 Uhr
Ort: Bungalow

Aufgrund eines Anrufes des IM wurde mit diesem kurzfristig ein Treff durchgeführt.
Der IM berichtete über die geplante Zusammenkunft der Schriftsteller am 27.2.76. (...)

Geplante Zusammenkunft am 27.2.76
Der IM hatte am 23.2.76 ein längeres Gespräch mit seinem Bruder über die geplante Zusammenkunft.
Der Bruder, Dr. Sch., Joachim, bat den IM, nicht zu der am 27.2.76 geplanten Zusammenkunft von Schriftstellern aus der DDR und der BRD zu erscheinen. Dr. Sch. begründete die Rücknahme der Einladung damit, daß alle an diesen Zusammenkünften teilnehmenden DDR-Schriftsteller eine furchtbare Angst hätten, daß ihre Gespräche mit Grass u.a. bekannt würden. Er müßte erst der Sarah Kirsch als Gastgeberin eine Begründung geben und sie wiederum müßte den anderen Gästen erklären, warum der IM an dieser Zusammenkunft teilnehmen möchte. Dr. Sch. bat den IM um Verständnis und versicherte, daß er ihn bei der nächsten Gelegenheit, bei der er Gastgeber ist, selbstverständlich einladen wird
In dem Gespräch teilte Dr. Sch. dem IM weitere Einzelheiten über den Inhalt der bisherigen Zusammenkünfte mit (die letzte soll am 5.12.76 [1975] bei Dr. Sch. stattgefunden haben). Man würde sich bei diesen Zusammenkünften hauptsächlich mit politischen Problemen beschäftigen. G. Grass versuche vor allem die DDR-Schriftsteller für »die Propagierung des demokratischen Sozialismus bzw. des Sozialdemokratismus zu gewinnen«.[1]
Grass fordert die DDR-Schriftsteller auf, doch etwas zu wagen, etwas zu tun, man dürfe doch nichts unversucht lassen, um verändernd zu wirken. Wer sich einmal in dieser Richtung exponiert habe, sei sicher und ihm könne nichts passieren.
Im gleichen Zusammenhang versuchte G. Grass mehrmals die an den Zusammenkünften teilnehmenden DDR-Schriftsteller dafür zu gewinnen, in der von ihm, Böll und dem tschechischen Konterrevolutionär Pelikan herausgegebenen Zeitschrift Literari Listi – 66 (LL 66) Artikel u.ä. zu veröffent-

lichen. Bei dieser Zeitschrift soll es sich um die Weiterführung des konterrevolutionären Organs des CSSR-Schriftstellerverbandes von 1966/68 handeln.
Nach Angaben des Dr. Sch. gegenüber dem IM hätten bisher fast alle an den Zusammenkünften teilnehmenden DDR-Schriftstellern abgelehnt, für die Zeitschrift zu schreiben. Es handelt sich dabei um Kurt Bartsch, ###, Karl Mickel, Günter Kunert, ###. Der einzige, der »vielleicht schreibt«, wie Dr. Sch. sich ausdrückte, ist der Lyriker Reiner Kunze. Dr. Sch. gegenüber äußerte G. Grass: »Du mußt bei uns veröffentlichen, hier versauerst Du. Du kannst doch etwas. Hier wird Dich kein Verlag bringen.«[2]
Alle anderen hätten Angst, in dieser Zeitschrift zu veröffentlichen und teilweise würden sie in ihren politischen Auffassungen nicht mit Günter Grass übereinstimmen. Karl Mickel z.B. hat Angst, daß er bei Veröffentlichungen in genannter Zeitschrift seine gesicherte Position in der DDR verlieren würde.
Wie weit die Angst bei den DDR-Schriftstellern geht, zeigte Dr. Sch. am Beispiel des Verhaltens von ###. ### hatte abgelehnt, an weiteren Zusammenkünften mit G. Grass teilzunehmen, erklärte sich aber bereit, zu der Zusammenkunft am 5.12.75 in die Wohnung des Dr. Sch. zu kommen, nachdem ihm durch Sarah Kirsch telefonisch mitgeteilt worden war, G. Grass sei nicht anwesend. Als ### bei seinem Erscheinen dann feststellte, daß G. Grass doch anwesend war, »packte ihn helles Entsetzen« und er hat während der gesamten Zusammenkunft kein Wort gesagt.[3]
Von Sarah Kirsch wurde auch abgelehnt, daß Thomas Brasch an den Zusammenkünften mit G. Grass teilnimmt. Er hätte sich mit den Staatsorganen zu sehr angelegt und man würde womöglich auf die Zusammenkünfte im o.g. Kreis aufmerksam.
Mit dem IM wurde festgelegt, daß er auf keinen Fall auf eine Teilnahme am 27.2.76 drängen soll.
Er trifft sich am 28.2.76 mit Dr. Sch. und wird sich bemühen, Einzelheiten über Teilnehmer, Gesprächsthemen, nächsten Termin, und anderes in Erfahrung zu bringen. (...)

Aufträge:
1. Abschöpfung seines Bruders zum Treffen am 27.2.76 (...)
Maßnahmen:
1. Information über das Treffen mit Grass an Leiter der Abteilung. (...)

Major Salatzki

(BStU, MfS, ANS AIM 15311/89, Bl. 133–136)

1 *Günter Grass:* Meine wahlpolitischen Standpunkte waren bekannt. Zu einem späteren Zeitpunkt, als die Treffen schon gar nicht mehr stattfanden, haben dann Autoren aus diesem Kreis – die meisten sind ja sowieso in den Westen gegangen, wie Günter Kunert oder Sarah Kirsch – in einer Zeitschrift, die Heinrich Böll, Carola Stern und ich herausgegeben haben (»L' 76«, später »L' 80«), Texte veröffentlicht. Sie haben das gewagt und bekamen auch Schwierigkeiten damit. Aber das haben sie gemacht. Und diese Zeitschrift hat sich ja in ihrer Unterzeile für einen demokratischen Sozialismus ausgesprochen. Und sicher, das war meine Position damals, und sicher, auch der Begriff demokratischer Sozialismus hat ja durch den Reformversuch der Tschechoslowakei innerhalb des Ostblocks, auch wenn das niedergewalzt wurde durch die sowjetischen Panzer, eine Aufwertung erhalten. Das spielte eher am Rande eine Rolle, wenn wir uns über politische Dinge unterhalten haben. Aber meistens ging das Gespräch um die Texte und deren literarische Qualität.
(Interview vom 16.4.2009)

Bernd Jentzsch: In der Hauptsache haben wir über Literarisches gesprochen, das Politische nur gestreift. Dass da sozialdemokratische oder andere Tendenzen vielleicht aus den Mündern von Grass oder andern zu hören gewesen sind, das mag sein. Gelegentlich haben wir aber auch ähnlich gedacht, oder es gab auch Meinungsverschiedenheiten zwischen uns aus Ost-Berlin und auch zwischen denen aus West-Berlin. Das haben wir als ganz normale Situation genommen.

Nach meiner Erinnerung gab es neben dem Talk allgemeiner Art auch Reden übers Essen. Von einer bestimmten Zeit an war ja auch der Rotwein zugelassen. Dann haben wir über kulinarische Dinge gesprochen.
(Interview vom 20.3.2009)

2 *Hans Joachim Schädlich:* Grass hat mich nicht in die Opposition getrieben, und er ist nicht dafür verantwortlich, dass ich in die Bundesrepublik übersiedeln musste. Ich befand mich lange vor meiner Bekanntschaft mit Grass (im Jahre 1974) in Opposition zum DDR-System. Das ist aus den Texten in meinem Buch »Versuchte Nähe« zu erkennen, die datiert sind.
(Brief vom 7.7.2009)

Günter Grass: Dass ich die Kollegen in die Opposition getrieben hätte, das sind reine Erfindungen. Die Spitzel sind nie dabei gewesen bei den Treffen. Und ich hätte gar nicht die Legitimation gehabt, von Leuten irgendwelchen Mut oder Wagemut zu verlangen, die dann damit in Schwierigkeiten gekommen wären.

Hans Joachim Schädlich hatte natürlich ein Interesse, seine Erzählungen, die er geschrieben hatte und die er im Verlauf unserer Treffen eine nach der anderen vorgelesen hat, zu veröffentlichen. Aber allen war klar, dass er dieses Buch »Versuchte Nähe« nicht in der DDR hätte veröffentlichen können. Da würde er nie eine Genehmigung bekommen. Und ich habe mich dann später dafür verwandt, als er schon beschlossen hatte, auch die Ausreise zu beantragen, dass das Buch einen Verleger fand, also bei Rowohlt. Und ich habe auch den Buchumschlag dafür gezeichnet. Das war für mich selbstverständlich. Aber ich hätte ihn nie dazu aufgefordert, das Land zu verlassen oder etwas in diese Richtung zu tun. Nur eines war klar: Diese Erzählungen hätten dort nicht erscheinen können.
(Interview vom 16.4.2009)

Bernd Jentzsch: Wenn es ein In-die-Oppositon-Treiben ist, dass die literarisch sehr guten und politisch hochbrisanten Geschichten von Hans Joachim Schädlich so etwas inhaltlich waren, dann hat Grass ihn darin bestärkt. Und das ist richtig gewesen. Aber darüber hinaus hat es ein bewusstes In-die-Oppositon-Treiben – das heißt ja auch irgendwie, dem Messer ausliefern – nicht gegeben, also ich kann mich daran nicht erinnern.
(Interview vom 20.3.2009)

3 *Bernd Jentzsch:* Solange ich noch in der DDR war [bis Dezember 1976] und aktiv an den Runden teilgenommen habe, kann ich die Angst-Vermutung überhaupt nicht bestätigen. Vielleicht hat der eine oder der andere – die Gemüter sind ja auch unterschiedlich – mal gesagt: Mein Gott, wird mir das schaden? Aber keiner, ich erinnere mich an keinen Kollegen, ist aus Angst davor weggeblieben.
(Interview vom 20.3.2009)

Elke Erb: Ich bin zu diesen Runden immer gern gegangen. Wir brauchten keinen Mut, um uns dort zu treffen, wir hatten einen gestiegenen Zorn in uns, die Mutfrage spielte eigentlich keine Rolle mehr. Die Stasi haben wir nicht mehr ernst genommen, nicht mehr beachtet. Das Regime hatte längst seinen Kredit eingebüßt, seine Hoheit verspielt. Wir fragten uns, warum kümmern die sich nicht um die wirklich wichtigen Dinge im Land, um Korruption, um alles, was in der Produktion nicht klappte, wieso beschäftigen die sich so mit uns. Die Regierung und die Partei waren ja viel wichtiger, die Stasi ist ja erst im Nachhinein so hochgespielt worden.
(Interview vom 3.12.2009)

Günter Grass: Angst gab es absolut nicht, nein. Dass wir darauf geachtet haben, insbesondere die Autoren aus Ost-Berlin und aus der DDR, dass da niemand hineinkommt, dem sie nicht vertrauen können, das war klar. Das war natürlich auch in unserem Sinn. Und wir haben uns auch strikt an die Absprachen gehalten, also keine Journalisten mitgeschleppt oder sonst wie Neugierige – allein auch aus Rücksichtnahme. Aber Angst in dem Sinne hat es nicht gegeben.
(Interview vom 16.4.2009)

Dokument 4

Information über Zusammenkünfte von Schriftstellern der DDR und der BRD
[Durchschlag ohne Unterschrift und Datumsangabe, vermutlich März 1976]

Einer zuverlässigen inoffiziellen Quelle wurde bekannt, daß seit 1975 Zusammenkünfte von Schriftstellern der DDR und der BRD in der Hauptstadt der DDR, Berlin, stattfinden.
Diese Zusammenkünfte sollen in Abständen von 6–8 Wochen in den Wohnungen von DDR-Schriftstellern durchgeführt werden und den Charakter von »Arbeitsberatungen« tragen.
Von einem Teilnehmer an diesen Zusammenkünften wurde der inoffiziellen Quelle bekannt, daß bisher u. a. folgende Schriftsteller aus der BRD

Günter Grass
Nikolaus [Nicolas] Born
Christian Buch[1]
Gert-Friedrich Jonke
Peter Schneider
Christoph Meckel
Uwe Johnson

und aus der DDR die Schriftsteller

Sarah Kirsch
Rainer Kirsch
Bernd Jentzsch
Karl Michel [Mickel]
Günter Kunert

an den »Arbeitsberatungen« teilgenommen haben sollen. (...)
Die letzte Zusammenkunft fand am 27. 2. 76 mit dem genannten Personenkreis in der Wohnung von Sarah Kirsch statt. Der inoffiziellen Quelle wurde durch einen Teilnehmer an dieser Zusammenkunft bekannt, daß G. Grass anwesend war, daß aber die Zahl der DDR-Schriftsteller, die teilgenommen haben, zurückgegangen sei. Über inhaltliche Fragen der Zusammenkunft am 27. 2. 76 konnte die inoffizielle Quelle keine Information erarbeiten.
Da sich der IM für längere Zeit im Ausland befindet, können bis zu diesem Zeitpunkt zum o. g. Problem keine weiteren Informationen erarbeitet werden.

Die Information darf wegen Quellengefährdung offiziell nicht ausgewertet werden.

(BStU, MfS, ANS AIM 15311/89, Bl. 142–145)

---

1 *Hans Christoph Buch:* Die Sache war spannend, weil man Einblicke in den Alltag bekam. Wir waren ein Freundeskreis, keine politische Partei oder Verschwörung von Gesinnungsgenossen. Die sich da zusammenfanden, waren Schriftsteller aus beiden Deutschlands, die sich für Literatur interessierten und diese möglichst frei halten wollten von Ideologie. Dennoch war es gleichzeitig doch das, was die Stasi dahinter vermutete, ein Abtasten, eine Kontaktaufnahme im Sinne von: Gibt es noch Gemeinsamkeiten? Das interessierte Günter Grass.
(Aus: Susanne Schädlich: Immer wieder Dezember, S. 56)

Dokument 5

Hauptabteilung XX/2 Berlin, den 14.9.1976
Treffbericht
IMV »Schäfer«
Zeit: 31.8.1976, 9.00–12.00 Uhr
Ort: Bungalow

Während des Treffs berichtete der IM über folgende operativ interessante Probleme: (...)

3. Information über die Zusammenkünfte von DDR-Schriftstellern mit Grass und anderen BRD-Schriftstellern (...)

Zu 3. Verbindung von DDR-Schriftstellern zu BRD-Schriftstellern
Der IM hat gesprächsweise von ### erfahren, daß die genannten Zusammenkünfte nach wie vor stattfinden. Ohne nähere Einzelheiten zu berichten, erzählte ### dem IM, daß es bei einer Zusammenkunft bei dem DDR-Schriftsteller ENDLER zu einer erhitzten Debatte zwischen der DDR-Schriftstellerin ### und dem BRD-Schriftsteller G. GRASS gekommen ist.
In diesem Zusammenhang berichtete der IM über die ihm bekannte Verbindung der als Buchillustratorin tätigen ###, wh.: Berlin, ### zu G. GRASS. Der IM war mit der ### persönlich befreundet und hat von ihr erfahren, daß sie sich von 1964–1968 regelmäßig mit GRASS in Prag getroffen hat. Über den Charakter dieser Verbindung ist dem IM nichts bekannt. Der IM schätzt die ### als ### ein. Durch die ### wurde der IM 1967/68 mit ### bekanntgemacht. (...)

Aufträge:
(...)

4. Über ### weitere Einzelheiten zu den Zusammenkünften zwischen den DDR- und BRD-Schriftstellern in Erfahrung zu bringen. (...)

Major Salatzki

(BStU, MfS, HA XX/AKG 6654, Bl. 206, 208–210)

Dokument 6

Hauptabteilung XX/2/I | Berlin, den 14.9.1976

Treffbericht
IMV »Schäfer«
Zeit: 7.9.76, 9.00–12.00 Uhr
Ort: Bungalow

Der IM berichtete auftragsgemäß über folgende Probleme:
1. Treffen zwischen DDR- und BRD-Schriftstellern (...)

Zu 1. Schriftsteller
In einem längeren Gespräch mit ### am 5.9.76 brachte der IM zu diesem Problem folgendes in Erfahrung:
Der Kontakt zwischen GRASS und dem Kreis von DDR-Schriftstellern ist durch den DDR-Schriftsteller (Lyriker) JENTZSCH vermittelt worden. J. habe bei einer Reise in die BRD GRASS aufgesucht. Bei dieser Zusammenkunft brachte GRASS den Wunsch zum Ausdruck, sich öfter zu treffen, und schlug als Treffort die Hauptstadt der DDR vor. Bei einer späteren Gelegenheit äußerte G., daß in der BRD und in Westberlin derartige Zusammenkünfte unmöglich wären, da die dortigen Schriftsteller in der Regel zu borniert seien und einen zu engen Gesichtskreis hätten.[1]
GRASS würde bei den Zusammenkünften keine vordergründige politische Diskussion führen. Er sei aber ein völlig »politischer Typ«, bei dem sich politische und literarische Interessen miteinander verbinden und übereinstimmen. In den bisherigen Zusammenkünften habe sich GRASS »politisch immer deutlicher konturiert«. Es wäre ganz klar sichtbar, daß G. mit seinen Mitteln versucht, die Ostpolitik der SPD zu verwirklichen.
G. bemüht sich nach wie vor sehr intensiv, für die Zeitschrift »L' 76« Autoren unter den ihm bekannten DDR-Schriftstellern zu gewinnen. Bisher hätte er damit aber wenig Erfolg, da allgemein die Rolle, die diese Zeitschrift für Literatur und Politik spielen soll, bekannt ist. Lediglich BIERMANN habe ein Gedicht zur Veröffentlichung in dieser Zeitschrift an GRASS übergeben.[2] Die erste Nummer der Zeitschrift »L' 76« soll Ende August erschienen sein. Angeblich tritt ### (CSSR-Emigrant) nicht mehr als Herausgeber in Erscheinung.
Mitarbeiterin dieser Zeitschrift soll Carola STERN sein. Wie durch GRASS bekannt wurde, sollen die Herausgeber – zu denen nach wie vor BÖLL und GRASS gehören – Wert darauf gelegt haben, daß diese Zeitschrift nicht in einem kapitalistischen Verlagsunternehmen erscheint. Sie haben aus

diesem Grunde die »Europäische Verlagsanstalt« (EVA) Frankfurt a. M. als Herausgeber gewonnen. Bei diesem Verlag soll es sich um einen Gewerkschafts- bzw. der Gewerkschaft nahestehenden Verlag handeln.
Weitere Einzelheiten zu diesem Problem konnten durch den IM noch nicht erarbeitet werden. (...)

Aufträge:
(...)
2. Kontakt zu ### festigen, um Einladung zu einer Diskussionsrunde zu erhalten. (...)

Major Salatzki

(BStU, MfS, ANS AIM 15311/89, Bl. 5 f.)

---

1 *Günter Grass:* Die Behauptung von Karlheinz Schädlich, dass ich mit den ostdeutschen Schriftstellern vor allem zusammenkäme, weil meine West-Berliner Kollegen zu borniert seien und einen zu engen Gesichtskreis hätten, ist absoluter Quatsch. Zum einen waren wir ja immer mehrere West-Berliner Autoren, die in den Osten fuhren und dort gemeinsam lasen, und zum anderen gab es vergleichbare Gespräche ja auch im Westen. Als ich mit Johano Strasser in der Niedstraße in Friedenau die Zeitschrift »L'76« gemacht habe, hat es dort ab und zu vergleichbare Leserunden von Autoren gegeben. Nur waren das eben alles West-Berliner Kollegen, und wir wollten ja den Austausch mit der anderen Seite. (Interview vom 15. 11. 2009)

Wolf Biermann und Günter Grass bei einer öffentlichen Diskussionsveranstaltung des Bayerischen Rundfunks, Anfang der siebziger Jahre.

2 *Der Liedermacher Wolf Biermann hat niemals an den Schriftstellertreffen teilgenommen. 1973 hatte er jedoch eine Reiseerlaubnis für einen familiären Krankenbesuch im Westen. Auf der Durchreise besuchte er Grass am 21. 10. 1973 in West-Berlin. Darüber entstand Grass' Gedicht:*

Auf der Durchreise Biermann

Sitz nochmal sicher, sag nochmal ich:
nicht zu stopfender Schreihals.

War bei seiner Oma in Hamburg gewesen.
Hatte befristet ausreisen dürfen.

Kam, bevor die Frist ablief, in die westliche Niedstraße
auf ein Stündchen, ohne Guitarre mit Koffer.

Er sprach von sich, vom Sozialismus und sich. Sang auch belehrend
paar Strophen und fluchte leise zwischen den Zeilenbrüchen.

Wie verletzbar zierlich er ist, wenn ihn das Fernsehen nicht vergröbert
oder der Haß seiner namhaften Gegner ins Abseits treibt.

Ging dann – die Schuhe standen schon auswärts –
und ließ uns sitzen, damit wir über ihn nachdenken mußten:
satt vom Verständnis für seine Unarten,
überlegen freundlich besorgt, er könne ausgewiesen zurückkommen
und unnütz sein hier.

(Ich schenkte ihm den grafischen Hai,
der meine Kippen aufs flache Land kotzt.)

(Aus: Günter Grass: Werkausgabe 1997, Bd. 1, S. 467)

Die Passage am Ende des 1975 veröffentlichten Gedichts bestärkte die Stasi in dem Verdacht, dass Grass Dissidenten in der DDR gegen die DDR instrumentalisierte: Wenn Biermann im Westen unnütz war, so war er im Osten als Unruhestifter nützlich.
Günter Grass: Biermann war eine der vernehmbaren, kritischen Stimmen in der DDR. Und mein Gedicht war – wenn man so will – eine leicht prophetische Voraussicht. Biermann ist im Westen nicht mehr das gewesen, was er im Osten sein konnte und auch sein musste, aus seinem Empfinden heraus. Biermann hat sich aus den Verhältnissen im Westen, die durchaus auch nach Kritik verlangen, weitgehend herausgehalten. Mir ist jedenfalls nicht bekannt, dass er sich dazu in seinen Liedern derart vehement geäußert hat, wie er es im Osten getan hat. Das meine ich mit dem Unnützsein.
(Interview vom 16.4.2009)

Dokument 7

MINISTERRAT DER DEUTSCHEN DEMOKRATISCHEN REPUBLIK
Ministerium für Staatssicherheit Reg.-Nr. 2457/76
An: HA VIII/Abt. VIII
Fahndungs-Nr. der Person: 217 327
Von: Hauptabteilung XX/7
Sachbearbeiter: Grunert
Telefon: -26 42, Sekretariat -28 12, Spätdienst -26 10

Berlin, den 24. 12. 1976

Auftragsersuchen – Beobachtung

Deckname: 217 327 *»Bolzen«*
Name: *Grass, Günter;* Geschlecht: *männlich*
Geburtsdatum: *16. 10. 1927;* Geburtsort: *Danzig*
Staatsangehörigkeit: *Bürger WB*
Familienstand: *verh.*; Kinder (Anzahl): *4*
Wohnanschrift: *1 Berlin 41 (Friedenau), Niedstr. 13*
Bezeichnung und Anschrift der Arbeitsstelle: *freischaffend*
Erlernter Beruf und konkrete Bezeichnung der jetzigen Tätigkeit:
Journalist / freischaffender Schriftsteller
Mitglied der SPD

Zu welchem Geheimdienst / feindliche Organisation besteht Verbindung bzw. der Verdacht, als was tätig (Spion, Kurier, Werber, Funker u. a.), Verletzung welcher Strafrechtsnormen (§§ – auch bei Verdacht):
nicht bekannt

Wurde die Person bereits beobachtet (wann, wie lange, durch wen)? Inwieweit ist die Person mit der Beobachtung vertraut, durch welche Umstände? Welche Methoden der Absicherung und Kontrolle sind bekannt / ist zu rechnen?
Einreisefahndung

Welche anderen Diensteinheiten arbeiten koordiniert an diesem Vorgang mit?
HA VI – Fahndungs-Nr. 217 327

Bei welcher operativen Maßnahme traten wann Dekonspirationen auf/ Ausmaß? (auch bei Verdacht)
keine

Wann wurde die Person in der Abteilung XII überprüft? (Ergebnis/registriert für wen?)
erf. f. HA XX/7

Die Person soll wie folgt an die Beobachter übergeben werden:
Durch HA VI
(...)

Ziel und Aufgabe der Beobachtung

Täglich vom *28. 12. 76* bis *4. 2. 77.*

Wo soll die Beobachtung stattfinden?
Hauptstadt der DDR, Berlin – Einreise über GÜST Bhf. Friedrichstraße

Konkrete Begründung der Notwendigkeit und der Zielstellung der durchzuführenden Beobachtung. Was soll konkret durch die Beobachtung erarbeitet werden?
Feststellung der Anlaufstellen, bei denen es sich vermutlich um Schriftsteller der DDR handelt.

Wer soll nach Zusammenkünften/Verbindungsaufnahmen weiter beobachtet werden? (Konkrete Angaben zur Person)
Beobachtungsobjekt

Was soll bei der Beobachtung fotografiert/gefilmt werden?
Anlaufstellen und Treffpartner

Die Beobachtung kann unabhängig vom festgelegten Termin beendet werden, wenn festgestellt wurde, daß:
bei Ausreise

Welche Maßnahmen sind bei Verdacht oder nach eingetretenen Dekonspirationen einzuleiten?
Abbruch der Beobachtung

Das vorliegende Auftragsersuchen ist mit der Diensteinheit der Linie VIII abzusprechen!

Erläuterungen / Ergänzungen zum Auftragsersuchen:
Bei Günter Grass handelt es sich um einen bekannten Westberliner Schriftsteller, der Verbindungen zu DDR-Schriftstellern unterhält, welche Mitunterzeichner der Protestresolution zur Ausbürgerung Biermanns sind.[1]
(...)

(BStU, MfS, HA VIII 5173, Bl. 155–157)

---

1 *Günter Grass:* An eine besondere Beobachtung bei DDR-Besuchen kann ich mich nicht erinnern. Das nächste Treffen, an das ich mich gut erinnere, war bei Kunert. Es war ein erweiterter Kreis von beiden Seiten, sogar Max Frisch war dabei. Die Lesungen fanden zwar auch statt, aber es wurde sehr viel diskutiert. Es ging um die Unterschriften zur Protestresolution und die Konsequenzen daraus. Das war das eigentliche Thema des Abends. Ich hab zwar auch noch gekocht, aber das ging eher unter. Zur Resolution habe ich mich zunächst sehr, sehr zurückhaltend geäußert, das war eine Sache der Kollegen aus dem Osten. Sie hatten schon genug Ärger, da wollte man nicht noch zusätzliche Probleme schaffen. Bei gegebener Gelegenheit habe ich dann später meine Meinung dazu gesagt.

Mein Kontakt zu Biermann ist im Westen immer geringer geworden. Mich wunderte, dass er, kaum im Westen angekommen, gleich in die Kommunistische Partei Spaniens eintrat. Aber das war nur von kurzer Dauer. Als er dann fest nach Hamburg zog, habe ich ihn noch einmal besucht. Mehr Kontakt war dann aber nicht.

(Interview vom 15.11.2009)

Dokument 8

Hauptabteilung XX/2 Berlin, den 22. März 1977
Treffbericht
IMV »Schäfer«
Zeit: 18.3.1977, 08.30 Uhr – 10.30 Uhr
Ort: Bungalow

Der IM berichtete entsprechend der beim letzten Treff erhaltenen Aufträge über
1. seinen Aufenthalt in Westberlin (Besuch bei ###)
(...)
3. über einen Besuch bei dem Westberliner Schriftsteller Günter Grass.

Zu 1. Aufenthalt in Westberlin
(...) Am Montag, dem 7.3.77, hat nach Angaben der genannten Schriftsteller eine weitere Zusammenkunft von Schriftstellern der DDR und Grass, Günter stattgefunden.
Gastgeber dieses Treffens war der DDR-Schriftsteller Schlesinger.
Es ist nicht bekannt, welche weiteren Schriftsteller, außer [Rainer] Kirsch, H.-J. Schädlich, Schlesinger und dessen Ehefrau Bettina Wegner, noch an diesem Treffen teilgenommen haben.
Grass soll bei dieser Zusammenkunft aus seinem neuesten Buch (Titel ist nicht bekannt) vorgelesen haben.
In dem Gespräch zwischen ### und dem IM wurde Grass als links von der SPD stehend eingeschätzt. Grass stimmt z.B. einem Bündnis zwischen Sozialdemokraten und »Eurokommunisten« zu. Trotzdem sei er bei tatsächlich links stehenden Schriftstellern der BRD – wie Walser – verhaßt.
Wann weitere Zusammenkünfte zwischen BRD- und DDR-Schriftstellern stattfinden, ist nicht bekannt. (...)

Zu 3. Besuch bei G. Grass
Während des Schriftstellertreffens am 7.3.77 wurde der IM über ### von G. Grass eingeladen, ihn bei seinen dienstlichen Aufenthalten in Westberlin zu besuchen.
Nach vorheriger telefonischer Anmeldung stattete der IM Grass am 15.3.77 einen Besuch in dessen Westberliner Wohnung in der Niedstraße ab. Grass wohnt in diesem Haus mit ### zusammen. Außerdem wohnt im gleichen Haus noch Johano Strasser. Grass unterhält in seinem Haus ein Privatsekretariat, das 3 Mal wöchentlich von 10.00–16.00 Uhr besetzt ist.

Der IM wurde von Grass sehr freundlich begrüßt. Das Gespräch drehte sich vor allem um Probleme des literarischen Schaffens von Grass. Dabei äußerte Grass, daß er schon immer von offiziellen Stellen der DDR nicht gern gesehen wurde und daß er annimmt, daß er seit der Herausgabe von der Zeitschrift »L' 76« zur völlig unerwünschten Person geworden ist.
Im Gespräch hielt G. auch mit seiner politischen Meinung nicht zurück. Er brachte ganz deutlich zum Ausdruck, daß er Gegner der gesellschaftlichen Verhältnisse in den sozialistischen Ländern ist – wörtliche Äußerung von ihm: »Das was der Ostblock macht, ist Imperialismus.«
Nachdem sich der IM ca. 30 Minuten bei Grass aufgehalten hatte, erhielt dieser Besuch von einem Prof. Eberhard Jäckel, Historiker an der Universität in Stuttgart. Grass und Jäckel begrüßten sich wie gute Freunde und aus Gesprächen konnte der IM entnehmen, daß beide aktiv am Wahlkampf für die SPD teilgenommen hatten (1969).
Dabei bezeichnete sich Prof. Jäckel als der »eigentliche Vater« der großen Koalition von 1969, da er nach dem Bekanntwerden des Wahlergebnisses eine Verbindung zwischen Brandt und Scheel hergestellt hat. Der größte Teil des Gesprächs bezog sich auf den Austausch von Erinnerungen über gemeinsam Erlebtes zwischen Grass und Jäckel. Desweiteren kam es auch zu Diskussionen über rein fachliche Probleme zwischen Jäckel und dem IM (beide sind Historiker).
Prof. Jäckel arbeitet gegenwärtig an einem Buch über den 2. Weltkrieg. Er zeigte sich interessiert, den IM zu Kongressen und anderen wissenschaftlichen Veranstaltungen einzuladen. Es wäre ihm eine Freude, dem IM bei solchen Gelegenheiten mit den Spitzen der Gesellschaft bekanntzumachen.
Zum Abschluß des Besuches bedauerte Grass, daß es während des Aufenthaltes des IM in Westberlin (bis 31. 3. 77) zu keinen weiteren Zusammenkünften kommen kann, da sich Grass seit dem 18. 3. 77 für längere Zeit außerhalb Westberlins aufhält. Er bat den IM, alle Wünsche im Hinblick auf Bücher in seinem Sekretariat vorzutragen. Er wird Anweisung geben, daß dem IM alles, was möglich ist, überlassen wird.[1]
Zu konkreten Vereinbarungen kam es zwischen dem IM, Prof. Jäckel und Grass nicht. (...)

Aufträge:
1. Weiterer Ausbau des Kontaktes zu ### und ### mit dem Ziel, auf der Grundlage seines Besuches bei Grass eine Einladung zur nächsten Zusammenkunft mit diesem zu erhalten. (...)

Maßnahmen:
(...)
2. Information über Besuch bei Grass fertigen. (...)
4. Vorbereitung von Überprüfungsmaßnahmen zum IM. (...)

Nächster Treff:
1.4.77, 08.30 Uhr

Major Salatzki

(BStU, MfS, ANS AIM 15311/89, Bl. 58, 60–62)

---

1 *Günter Grass:* Der Bruder von Hans Joachim Schädlich hat mich nur ein einziges Mal in West-Berlin besucht, wobei er mich nach Büchern gefragt hat, die ich ihm auch gegeben habe. Sonst ist er nicht noch mal bei mir aufgetaucht, alles andere ist Angeberei.
(Interview vom 15.11.2009)

Eberhard Jäckel: An die Begegnung erinnere ich mich nicht. Doch kann ich durchaus so gesprochen haben. Es war nämlich ein Witz, den ich gern erzählte. Der Hintergrund war, dass Grass und ich in der Wahlnacht bei Willy Brandt waren, dass dieser Walter Scheel anrufen wollte, aber dessen Telefonnummer nicht hatte und ich sie ihm durch einen Anruf bei Günter Gaus in Hamburg besorgte. Nur hatte der eifrige Jung-IM weder Ironie noch Sachkenntnis (es ging nicht um die große, sondern um die sozialliberale Koalition), und es belegt seine Wichtigtuerei, dass ich ihn angeblich »mit den Spitzen der Gesellschaft« bekanntmachen wollte.
(Schriftliche Mitteilung vom 18.1.2010)

Dokument 9

Hauptabteilung XX/2 Berlin, den 5. April 1977
Treffbericht
IMV »Schäfer«
Zeit: 5.4.77, 08.30 Uhr – 10.30 Uhr
Ort: Bungalow

1. Der IM berichtete während des Treffs über seinen Aufenthalt in Westberlin und den weiteren Ausbau seines Kontaktes zu Günter Grass.
Während seines dienstlichen Aufenthaltes in Westberlin suchte der IM noch zweimal das Privatsekretariat von G. Grass auf. Entsprechend der von Grass ausgesprochenen Einladung hatte der IM die Möglichkeit, sich Bücher auszuwählen und kostenlos mitzunehmen. Neben belletristischer Literatur (vornehmlich von Grass) erhielt der IM auch die Nr. 1 und 2 der Zeitschrift »L' 76« (Demokratie und Sozialismus – Politische und literarische Beiträge)
Herausgeber: Heinrich Böll, Günter Grass und Carola Stern – Europäische Verlagsanstalten.
Bei seinem letzten Besuch im Privatsekretariat von Grass hatte der IM Gelegenheit, telefonisch mit ihm zu sprechen. Grass hält sich gegenwärtig auf seinem Landsitz in der Nahe von Kiel auf. Bei diesem Telefongespräch sprach Grass die Hoffnung aus, den IM bald wieder zu treffen, da er nach einem kurzen Aufenthalt in den USA in der 1. Hälfte des Monats Mai wieder in die DDR-Hauptstadt kommt (offensichtlich findet bei diesem Besuch wieder eine Zusammenkunft mit verschiedenen DDR-Schriftstellern statt).
Grass informierte den IM davon, daß gegenwärtig eine Solidaritätsaktion für »die in Jena inhaftierten Personen« vorbereitet wird. An dieser Aktion seien die IG-Metall/Jugend, der internationale PEN-Club und Amnesty International beteiligt. Der Vertreter der IG Metall/Jugend ### habe den Auftrag, Kontakte mit entsprechenden »DDR-Stellen« und Kulturschaffenden aufzunehmen, um die Aktion zu koordinieren.
Von G. Grass wurde der IM gebeten, an die DDR-Schriftsteller H.-Joachim Schädlich und Sarah Kirsch Grüße auszurichten.
Außerdem sollte er an die Kirsch von Grass einige Bücher überbringen. (...)

2. Der IM hatte Gelegenheit, ein weiteres Gespräch mit dem DDR-Schriftsteller Hans-Joachim Schädlich über die Verbindungen von DDR-Schriftstellern zu G. Grass u.a. BRD-Schriftstellern zu führen. Dabei wurde von H.-J. Schädlich folgende Auffassung vertreten:

Die an den Gesprächen mit G. Grass teilnehmenden DDR-Schriftsteller seien sich völlig im klaren darüber, daß Grass und auch verschiedene BRD-Verlage den Kontakt zu DDR-Schriftstellern aus rein politischen Erwägungen suchen und auch aus diesen Gründen an Veröffentlichungen dieser DDR-Schriftsteller in Westberlin und der BRD interessiert sind.[1]
Ganz im Gegensatz dazu, so betonte H.-J. Schädlich gegenüber dem IM, würden bei den Gesprächen zwischen Grass und den DDR-Schriftstellern politische Probleme völlig ausgeklammert. Es ginge bei diesen Zusammenkünften ausschließlich um Probleme des schriftstellerischen Schaffens.
In der Diskussion zu diesen Problemen mit dem IM wurde vom Unterzeichner angezweifelt, daß es bei den Zusammenkünften nur um literarische Fragen gehe. Dem IM wurde erläutert, daß es unbedingt erforderlich ist, daß er selbst an einer derartigen Zusammenkunft teilnimmt, um über deren Inhalt eigene Angaben machen zu können.
Er wurde beauftragt, in einer der nächsten Zusammenkünfte mit S. Kirsch und H.-J. Schädlich auf der Grundlage seines Kontaktes zu G. Grass eine Einladung zur nächsten Zusammenkunft zu erwirken. (...)

Maßnahmen:
1. Auswertung der Information zu Grass mit Leitung
2. Information für OG fertigen
3. Erarbeitung einer konkreten Konzeption für den weiteren Einsatz des IM

Nächster Treff:
14.4.77, 08.30 Uhr

Major Salatzki

Anlage »L' 76« Nr. 2

(BStU, MfS, ANS AIM 15311/89, Bl. 64–66)

---

1 *Günter Grass:* Es waren keine politischen Erwägungen, es war vor allem das wechselseitige Bedürfnis, den Kontakt nicht abreißen zu lassen, voneinander einfach zu erfahren, was geschieht. Das ist nun mal so unser Verständnis, wenn ich das mal als Plural setzen kann, dass Literatur von Natur aus grenzüberschreitend zu sein hat. Und das hat sich ja auch bewiesen, dass man alles Mögliche trennen konnte durch den Kalten Krieg: Blöcke, militärische Blöcke, wirtschaftliche Blöcke, Tei-

lung in allen möglichen Bereichen. Aber trotzdem – in Maßen – war die Literatur, wie sie in der DDR entstand, grenzüberschreitend. Eine Vielzahl von Büchern wurde im Westen herausgegeben, fand im Westen ihre Leser. Und auch die westliche Literatur fand ja nach drüben, sei es durch Rentnerinnen, die hin- und herkamen, oder durch das, was ohnehin drüben verlegt wurde. Meine Bücher waren verboten, aber trotzdem waren sie dort vorhanden und wurden gelesen.
(Interview vom 16.4.2009)

Günter Kunert: Es ging uns tatsächlich um literarische und ästhetische Fragen. Man blieb eng am Text beim Gespräch. Und wenn es in den politischen Bereich ging, spielten die Texte natürlich eine geringere Rolle. Dann sprach man eben Klartext. Aber die Reaktionen, die kritischen, waren recht freundlich. Und darum war das auch kein Gruppe 47-Remake. Man tat einander nichts, man ging im Grunde fürsorglich miteinander um. Politische Gespräche verliefen am Rande und auch außerhalb der Lesungen. Denn man saß ja noch zusammen und unterhielt sich nach der Lesung. Und dann tauschte man sich über Dinge aus, auch politische. Aber man wusste ja eigentlich, wie es dem andern geht, wie es um ihn steht.
(Interview vom 15.9.2009)

Elke Erb: Das waren keine politischen Treffen, keine Colloquien. Wir haben uns gegenseitig die Texte vorgelesen, jeder war mal dran, und dann haben wir darüber gesprochen, Wessis wie Ossis. So wie jeder wollte und konnte. Es wurde am Text diskutiert, nicht politisiert.

Wir konnten uns bei diesen Runden ein wenig spiegeln in den Antworten der West-Kollegen, wie auch wir unsere Meinungen vorgetragen haben. Grass hat bei uns in Abständen seinen »Butt« ausprobiert, wollte unsere Ansicht dazu hören. Es gab auch durchaus kritische Einwendungen und reichlich Nachfragen. Grass war sehr kameradschaftlich, hat keineswegs Hof gehalten oder so etwas.
(Interview vom 3.12.2009)

HA XX/AKG 16.5.1977

Organisierte Zusammenkünfte und Treffen von Unterzeichnern der sogenannten Protestresolution im Zusammenhang mit Biermann[1] in der Hauptstadt der DDR

Inoffiziell wurde bekannt, daß durch Unterzeichner der sogenannten Protestresolution im Zusammenhang mit Biermann Aktivitäten entwickelt werden, um in verstärktem Umfange Zusammenkünfte und Treffen in der Hauptstadt der DDR durchzuführen.

Dazu werden überwiegend Wohnungen dieser Personen genutzt.

Das Ziel dieser Zusammenkünfte besteht vor allem darin,

- sich über ihr weiteres Vorgehen im Zusammenhang mit durchgeführten oder zu erwartenden Maßnahmen der Partei- und Staatsführung zu beraten
- Informationen über stattgefundene Aussprachen, Versammlungen und Beratungen, die für sie bedeutungsvoll sind, auszutauschen
- das Zusammengehörigkeitsgefühl dieser Personen zu stärken und »eine Isolierung« zu verhindern.

Als äußerer Rahmen wurden dazu auch Geburtstagsfeiern u.a. Anlässe genutzt.

Als Organisatoren derartiger Treffen traten bisher in Erscheinung:

6.5.1977

Von Sarah KIRSCH (Erstunterzeichner) und Hans-Joachim SCHÄDLICH (Mitunterzeichner) organisiert fand in der Wohnung der Edda Bauer (Aufbau Verlag, Verbindung der ### zu Westberliner Schriftsteller Günter GRASS) eine Zusammenkunft statt. An ihr nahmen teil:

Die DDR-Bürger:

BECKER, Jurek	Erstunterzeichner
ERB, Elke	Mitunterzeichner
HENTSCHKE, Sybille	Lektorin, Verlag Neues Leben
KIRSCH, Sarah	Erstunterzeichner
KRUG, Manfred	Mitunterzeichner
POCHE, Klaus	Mitunterzeichner
SCHÄDLICH, Hans-Joachim	Mitunterzeichner
SCHÄDLICH, Krista-Maria	Ehefrau des H.-J. Schädlich
SCHLESINGER, Klaus	Mitunterzeichner

Die NSW-Bürger

Dr. BUCH, Hans-Christoph	BRD-Schriftsteller
GRASS, Günter	BRD-Schriftsteller
GRUNERT, Ute	Organistin/Lebensgefährtin des Grass
HAUFS, Rolf	Redakteur/BRD
MECKEL, Christoph	Schriftsteller/Westberlin, Freund der Kirsch
SCHENK, Johannes	Schriftsteller/BRD
UNGEHEUER, Ursula	Malerin/BRD
FRISCH, Marianne	Lektorin/Schweiz Ehefrau des Schriftstellers Max Frisch
MANNONI, Nicole	Journalistin/Frankreich

Ein Teil der anwesenden Personen las während der Zusammenkunft aus neuen literarischen Werken, wie z. B.

Jurek BECKER
Klaus SCHLESINGER
Hans-Joachim SCHÄDLICH
Elke ERB
Johannes SCHENK
Christoph MECKEL

Aus einem Gespräch von ### mit dem Westberliner ### ging hervor, daß beide den Wert solcher Zusammenkünfte anzweifeln. ### bezeichnete die Atmosphäre als nicht gut und ### betonte, daß man so etwas nicht machen kann. ### unterbreitete den Vorschlag, eine ähnliche Zusammenkunft mit anderen Personen durchzuführen, da diese eine »###«, ein »###« und eine Enttäuschung sei. Beide waren der Meinung, daß besonders Grass immer wortwörtlich dasselbe sagt und daß er »professionelle Urteile« von vornherein über die Qualität der vorgetragenen Texte bereit hat.
bezeichnete die meisten Anwesenden als zu feige, um etwas gegen GRASS zu sagen.
bezeichnete ### und das von diesem Vorgetragene als ###. ### schloß sich dieser Meinung an. (...) ### brachte in einem Gespräch mit der ### zum Ausdruck, daß man bei dieser Zusammenkunft nicht miteinander reden konnte, da nur Vorführungen literarischer Werke, Applaus oder Buh-Rufe stattfanden.[2]
Insgesamt waren die o. g. Personen über diese Zusammenkunft unzufrieden und enttäuscht.

(BStU, MfS, HA XX/AKG 5970, Bl. 17, 27 f.)

1 *Nach dem Konzert entzog die DDR Biermann die Staatsbürgerschaft »wegen grober Verletzung der staatsbürgerlichen Pflichten«. Er durfte nicht in die DDR zurückkehren. Am 17. November 1976 protestierten zahlreiche DDR-Künstler in einer Resolution gegen Biermanns Ausbürgerung:*
Wolf Biermann war und ist ein unbequemer Dichter – das hat er mit vielen Dichtern der Vergangenheit gemein. Unser sozialistischer Staat, eingedenk des Wortes aus Marxens ›18. Brumaire‹, demzufolge die proletarische Revolution sich unablässig selbst kritisiert, müßte im Gegensatz zu anachronistischen Gesellschaftsformen eine solche Unbequemlichkeit gelassen nachdenkend ertragen können.

Wir identifizieren uns nicht mit jedem Wort und jeder Handlung Wolf Biermanns und distanzieren uns von den Versuchen, die Vorgänge um Biermann gegen die DDR zu mißbrauchen. Biermann selbst hat nie, auch nicht in Köln, Zweifel darüber gelassen, für welchen der beiden deutschen Staaten er bei aller Kritik eintritt.

Wir protestieren gegen seine Ausbürgerung und bitten darum, die beschlossenen Maßnahmen zu überdenken.
Zu den Erstunterzeichnern gehörten neben Volker Braun, Franz Fühmann, Stephan Hermlin, Stefan Heym, Heiner Müller, Rolf Schneider sowie Christa und Gerhard Wolf aus dem Kreis der deutsch-deutschen Schriftstellertreffen Erich Arendt, Jurek Becker, Günter Kunert und Sarah Kirsch.

Unmittelbar danach schlossen sich an: Kurt Bartsch, Thomas Brasch, Günther de Bruyn, Elke Erb, Karl-Heinz Jakobs, Manfred Krug, Klaus Poche, Hans Joachim Schädlich, Klaus Schlesinger, B. K. Tragelehn und Bettina Wegner.
(Aus: Roland Berbig u.a. (Hg.): In Sachen Biermann, S. 70)

2 *Elke Erb:* Niemand ist in diesen Runden niedergemacht oder ausgebuht worden. Lediglich in einem Fall ist mal ein österreichischer Kollege mehrheitlich negativ beurteilt worden. Die Eigenheiten des anderen sind zunächst einmal begrüßt worden. Wir kannten ja auch nicht den gesamten Text, hörten nur Ausschnitte, da ist man schon mal vorsichtiger.
(Interview vom 3.12.2009)

Dokument 11

Hauptabteilung VIII
Abteilung 3

Berlin, den 17. Mai 1977
Rie/Br

Information
Über operative Beobachtungen an
Grass, Günter

wohnhaft:	1 Berlin 41, Niedstr. 13
Tätigkeit:	freischaffender Schriftsteller
Fahndungsnummer:	224 135

Die Beobachtung des Grass erfolgt auf der Grundlage eines Auftragsersuchens – Beobachtung – der HA XX/7 durch die Hauptabteilung VIII/ Abteilung 3.
Die Zielstellung der operativen Beobachtung besteht in der Fotodokumentation. Als Schwerpunkt ist der sich schriftstellerisch betätigende Personenkreis zu betrachten.
Grass wurde im Zeitraum von Dezember 1976 bis Mai 1977 vier Mal beobachtet. Dabei wurden u.a. folgende Verbindungen und Anlaufstellen festgestellt:

1. Am 28.12.1976:
   Kirsch, Ingrid (Sarah)
   102 Berlin, ###

Der Grass suchte mit o.g. Person die Anlaufstelle
   Berlin-Köpenick, ###
   bei Dr. Schädlich
auf, wo sie mit dem Wohnungsinhaber
   Dr. phil. Schädlich, Hans-Joachim
   geb. am 08.10.1935
   Dr. phil. Akademie der Wissenschaften, ###
sowie einer Person aus der BRD und zwei Bürgern Westberlins zusammentrafen.

2. Am 04.02.1977 suchte Grass die Anlaufstelle
   Berlin-Mitte, ###
auf. In diesem Haus ist der
   Schlesinger, Klaus
   geb. am 09.01.1937
   Schriftsteller
   wohnhaft ###

Vorher traf er mit einer in Berlin-Mitte, Karl-Liebknecht-Straße ## wohnhaften männlichen Person zusammen, welche der beobachtungsersuchenden Diensteinheit bereits bekannt ist. Die Verbindung tätigte nach dem Treff mehrfach Kontrollhandlungen. Bei der Beobachtung traf weiterhin die

Endler, geb. Erb, Elke
geb. am 18.02.1938
wohnhaft: Berlin, ###
Beruf: Lektor, Lehrer, freiberufliche Schriftstellerin

mit Grass zusammen.

Bei einer operativen Beobachtung am 06.05.1977 von 13.22 Uhr bis 00.00 Uhr wurde der Grass nach Einreise in die Hauptstadt von den bereits bei der Beobachtung am 28.12.1976 aufgetretenen Verbindungen

Kirsch, Ingrid (Sarah) ###

und

Schädlich, Hans-Joachim ###

an der GÜSt empfangen. Folgende weitere Personen waren bei der Begrüßung des Grass am Bahnhof Friedrichstraße anwesend:

Schädlich, geb. Hübner, Krista-Maria
geb. am ###
Diplomgermanistin (Ehefrau des Schädlich, H.-Joachim)

Mechel [Meckel], Christoph
geb. am 12.06.1935
1 Berlin ##, ###

Grunert, Ute
wohnhaft: BRD
RP-Nr.: ###

Haufs, Rolf
geb. am 31.12.1935
wohnhaft: 1 Berlin ##, ###
Redakteur

Frisch, Marianne
geb. am 15.03.1939
wohnhaft: Zürich, ###

Mannoni, geb. Mancip, Nicole
geb. am 23.06.1934
wohnhaft: Frankreich
Journalistin

Grass und der genannte Personenkreis begaben sich in eine der auftragsersuchenden Diensteinheit bekannte Anlaufstelle in
Berlin-Köpenick
Stillerzeile Nr. ##
Kurze Zeit danach wurde die Anlaufstelle von weiteren Personen aufgesucht, unter denen sich auch der Schriftsteller
Becker, Jurek
geb. am 30.09.1937
wohnhaft: 115 Berlin, ###
und der Schauspieler
Krug, Manfred
geb. am 08.02.1937
wohnhaft: 111 Berlin, ###
befanden.
Der ### fuhr zwei mal mit seinem PKW vor die Anlaufstelle, bei der ersten Anfahrt hielt er nur kurz an und fuhr dann wieder weiter. Nach 18 Minuten kehrte er zurück und betrat erst dann das o.g. Gebäude. Durch die Beobachtergruppe wurde dieses Verhalten als eventuelle Kontrollmethode gewertet.
Bis 23.15 Uhr verließen 16 Personen die Anlaufstelle. Durch die Beobachtergruppe wurden davon bei der Ausreise 6 Personen in Fahndung gelegt, von zwei Personen wurden die Anlaufstellen festgestellt, und eine Verbindung kann anhand des festgestellten Kfz-Kennzeichens identifiziert werden.
Der weitere Personenkreis wurde bereits in den vorangegangenen Beobachtungen bekannt gemacht, so daß alle bei der Beobachtung am 06.05.1977 aufgetretenen Personen festgestellt wurden.

Anlagen: 6 Fotos

Oberstleutnant Bestier

(BStU, MfS, HA VIII 5906, Bl. 290–293)

Dokument 12

Hauptabteilung XX/2 Berlin, den 8. Juni 1977
Treffbericht
IMV »Schäfer«
Zeit: 2.6.77, 9.00–11.30 Uhr
7.6.77, 8.00–10.00 Uhr
Ort: Bungalow

Nachdem sich der IM am 1.6.77 telefonisch von seinem Urlaub zurückgemeldet hatte, wurde der Treff für den 2.6.77 vereinbart.
Während des Treffs berichtete der IM über folgende Probleme:
(…)
2. Zusammenkunft von Schriftstellern der DDR mit BRD-Schriftstellern am 6.5.77 (…)

Zu 2. – Zusammenkunft von Schriftstellern DDR/BRD
Am 6.5.77 fand eine weitere Zusammenkunft von Schriftstellern u.a. Kulturschaffenden der DDR und der BRD statt. Von Hans-Joachim Schädlich erfuhr der IM, daß daran u.a. H.-Joachim Schädlich, S. Kirsch und erstmalig Manfred Krug sowie aus der BRD/WB Grass, Born und Schenk teilgenommen haben. Die Zusammenkunft, die von S. Kirsch als »Ost-West-Lesung« bezeichnet wurde, fand bei einer gewissen Edda – Nachname nicht bekannt [Bauer] – tätig als Germanistin, wohnh. Berlin-Friedrichshagen, Stillerzeile, statt.
Höhepunkt der Zusammenkunft war die Vorstellung M. Krugs als Schriftsteller. Er las aus seinen noch unveröffentlichten Tagebuchaufzeichnungen (»selbstkritische Darstellung seiner Karriere«). Die Anwesenden waren von M. Krug begeistert.[1]
Während der Zusammenkunft soll es zu Auseinandersetzungen zwischen Grass und ### gekommen sein. ### soll angeblich Mitglied der DKP sein und künstlerisch nicht das Niveau von Grass haben.
Erstmals nahm an einer derartigen Zusammenkunft eine französische Journalistin von »Figaro« bzw. »Le Monde« teil.
Der IM wurde durch ### zur nächsten »Ost-West-Lesung« eingeladen. Der Termin steht noch nicht fest. (…)

Aufträge:
(...)
5. Feststellung des Termins der nächsten Ost-West-Lesung und Gewährleistung seiner eigenen Teilnahme.

Maßnahmen:
(...)
2. Auswertung der Information zur »Ost-West-Lesung« für HA XX/7
(...)
5. Einleitung von Überprüfungsmaßnahmen (A) beim IM. [Abhören des Telefons]

Dem IM wurden gegen Quittung 200,– M übergeben.

Nächster Treff:
10.6.77, 08.30 Uhr

Major Salatzki

Anlagen
1. Vervielfältigte Aufzeichnungen des IM (...)

(BStU, MfS, ANS AIM 15311/89, Bl. 67, 69–71)

---

1 *Tagebuch Manfred Krug:*
5. Mai 1977, Donnerstag: Mittags kommt Jurek [Becker]. Er wisse, sagt er, wo morgen eine Dichterlesung stattfinden werde, im Süden Berlins, Hauptstadt der DDR. Günter Grass soll da sein, ob ich nicht mitkommen wolle. Ich freue mich. (...)

6. Mai 1977, Freitag: (...) Der Schriftsteller Klaus Poche ist da, wir fahren zu dritt in eine Privatwohnung im Süden Berlins. Die Gastgeberin hat ihre Wohnstube mit zum Teil aus der Nachbarschaft geliehenen Stühlen vollgestellt, die alle besetzt sind. Von den DDR-Schriftstellern erkenne ich Sarah Kirsch, Klaus Schlesinger, Hans Joachim Schädlich und Elke Erb. Günter Grass sitzt leibhaftig da. (...) Die Namen noch zweier Westdichter lasse ich mir zuflüstern, Hans Christoph Buch und Christoph Meckel, der gerade die seltsame Geschichte »Stiefbein« liest. In einem Hut liegen kleine Zettel, beschrieben mit den Namen der

Anwesenden. Nacheinander werden sie blind gezogen, und der Träger des aufgerufenen Namens darf aus seinen Manuskripten lesen. (...) Schädlich liest eine Wahnsinnsgeschichte, in der nichts passiert, aber auf atemberaubende Weise. Seine Sprache ist so raffiniert, daß die Zeitlupe seines Vortrags noch hastig scheint. (...) Nach jeder Lesung folgt eine Gedenkminute, dann die Kritik. Man geht schonend miteinander um, Kritisches wird fachmännisch und höflich vorgebracht. (...) Schlesinger liest Erheiterndes, Jurek ein unbekanntes Kapitel aus seinem Roman, Hans Christoph Buch eine Indianergeschichte. Alle werden ein bißchen gelobt und ein bißchen getadelt. (...) Ich bin dran. (...) Grass liest mit Selbstgenuß ein Kapitel aus seinem 700-Seiten-Roman »Der Butt«, und als er fertig ist, wird nicht gemäkelt. Er ist schon der Meister in diesem Zimmer, und er weiß es. Mir fällt auf, daß alle ihn mit »Sie« anreden. (...) Um halb zwölf wird aufgebrochen, einige fahren in den Westen, alle anderen bleiben da.

(Aus: Manfred Krug: Abgehauen, S. 208–213)

Dokument 13

Hauptabteilung XX/2 Berlin, den 11. August 1977

Bericht

über den Treff mit dem IM »Schäfer«
am 09.08.1977 in der IMK »Bungalow«

Der Treff erfolgte durch telefonische Vereinbarung mit dem IM.
Der IM berichtete über folgende Probleme:

1. Zur Veröffentlichung eines Buches von Hans Joachim Schädlich im Rowolth-Verlag [sic];
2. über eine erneute Zusammenkunft von Schriftstellern der DDR und BRD in der DDR. (…)

Zu 2. – Zusammenkunft von Schriftstellern aus der DDR und BRD sowie WB
Am 05.08.77 habe eine weitere Zusammenkunft von Schriftstellern der DDR und der BRD sowie WB in der Hauptstadt der DDR, wahrscheinlich bei KUNERT, stattgefunden.[1]
Durch den IM war es nicht möglich, eindeutig den Trefflort zu erfahren.
An dieser Zusammenkunft sollen u.a. folgende Personen teilgenommen haben:
aus der DDR: Sarah KIRSCH, Günter KUNTERT [sic], Adolf ENDLER, Elke ERB
aus der BRD bzw. WB: Günter GRASS, Christoph MECKEL, Hans-Christoph BUCH, Dr. Rolf HAUFS, Nicolas BORN.
Diese Zusammenkunft habe einen eindeutigen Lesungscharakter getragen und GRASS hätte dort aus seinem neuesten Buch »Der Butt«, welches beim Luchterhand-Verlag verlegt wird, gelesen.
Im August werde das Buch bereits erscheinen. In diesem Kreis sei geäußert worden, daß dieses Buch das Beste sei, was von GRASS bisher geschrieben wurde, und es wäre zu erwarten, daß es auf dem Büchermarkt zu einem Bestseller wird.
GRASS gehe in Kürze auf eine größere Lesungstournee in der BRD, wo er über 50% aus seinem Buch und 50% aus dem Buch von SCHÄDLICH lesen werde.
###

Der IM erhielt den Auftrag:

1. Weitere Informationen über den Inhalt der am 05.08.77 stattgefundenen Zusammenkunft der Ost-West-Lesung zu erarbeiten.

2. Die Information zur Buchveröffentlichung hinsichtlich der Aktivitäten in der BRD sowie der Reaktion unter dem Verbindungskreis des ### zu präzisieren.

Oberstleutnant Buhl

(BStU, MfS, ANS AIM 15311/89, Bl. 97, 99, 101)

---

1 *Das Treffen fand in Wirklichkeit bei Hans Joachim Schädlich statt. Bei Kunert gab es später noch ein Treffen (jedoch nicht das letzte), von dem Grass berichtet:*

Nach Biermanns Ausbürgerung trafen wir uns zum letzten Mal im Osten der Stadt. In Kunerts Haus mit den vielen Katzen lasen wir anfangs (wie eingeübt) einander vor, dann aber kamen weitere Personen hinzu, die öffentlich gegen die Ausbürgerung Biermanns protestiert hatten und nun mit den Folgen des Protestes umzugehen versuchten. Eine der Folgen war, dass sich viele (nicht alle) genötigt sahen, die Ausreise aus ihrem Staat zu beantragen. Kunerts gingen mit ihren Katzen. Mit Kindern, Büchern und Hausrat gingen Sarah Kirsch und Jochen Schädlich.
(Aus: Günter Grass: Mein Jahrhundert, S. 314 f.)

Susanne Schädlich zu weiteren Ausreisen: Bernd Jentzsch hatte sich im Oktober 1976 mit einem Arbeitsstipendium in der Schweiz befunden. Nachdem er nach der Ausbürgerung Biermanns am 21. November 1976 einen in der FAZ veröffentlichten Protestbrief an Erich Honecker geschrieben hatte, wurde ihm von Seiten der DDR ein Strafverfahren angekündigt. Er stand auf der Fahndungsliste, woraufhin er sich im Januar 1977 entschloss, in der Schweiz zu bleiben. Auf seine Frau wurde Druck ausgeübt, sich von ihm zu distanzieren und sich scheiden zu lassen, aber schließlich durfte sie zusammen mit dem gemeinsamen Sohn im März 1977 die DDR verlassen. Im Dezember 1976 waren auch Thomas Brasch und seine Lebensgefährtin Katharina Thalbach nach West-Berlin übergesiedelt. Im Juni 1977 wurde dem Ausreisebegehren von Manfred Krug stattgegeben, und am 28. August hatte Sarah Kirsch die DDR verlassen. Jürgen Fuchs, Gerulf Pannach und Christian Kunert waren nur zwei Tage vorher abgeschoben worden. Im Dezember 1977 verließen wir die DDR. Mit mehrjährigen Visa, die ihnen einen Aufenthalt in der Bundesrepublik erlaubten, änderten Jurek Becker im Dezember 1977, Günter Kunert im Oktober 1979, Klaus Poche Ende 1979, Klaus Schlesinger im Februar 1980, Kurt Bartsch im November 1980 ihren Wohnsitz – allesamt Schriftsteller, die regelmäßig oder von Zeit zu Zeit Teilnehmer der Gespräche gewesen waren.

(Aus: Susanne Schädlich: Immer wieder Dezember, S. 72 f.)

Günter Kunert: Nach der Ausbürgerung Biermanns wurde der Parteiführung klar, was sie da für einen Irrsinn angerichtet hatte. Und sie sagten sich: Das können wir nicht noch mal machen. Die kritischen Geister, die uns hier stören, denen geben wir die Chance, in den Westen zu fahren – ich war mit einem Langzeitvisum im Westen, Jurek Becker hatte eine Ausreise für zehn Jahre! – und dann wird sich das schon von selber regeln. Und damit hatten sie ja recht, natürlich. Denn die reisen konnten, kamen auch nicht mehr zurück.

(Interview vom 15.9.2009)

Dokument 14

Hauptabteilung XX [ohne Datum, vermutlich August 1977]

Günter GRASS: »Der Butt«
erschienen Ende 1977
Luchterhand Verlag Darmstadt
700 Seiten
34 DM

Der Roman »Der Butt«, an dem GRASS etwa 4 Jahre gearbeitet hat, ist seit über fünf Jahren wieder seine erste literarische Veröffentlichung. Das Buch wurde durch den Verlag und GRASS selbst mit ungewöhnlich hohem Aufwand vorangekündigt und popularisiert, wofür bei dem genannten Kaufpreis handfeste ökonomische Gründe dominiert haben dürften.
GRASS läßt in seinem Buch einen Ich-Erzähler mit fast fünftausendjähriger Vergangenheit – der durch immer neue Wiedergeburten jedoch unsterblich wie die Menschheit ist – seiner Frau die in diesen fünf Jahrtausenden erlebten Abenteuer schildern. Parabelhaft greift er dabei auf das Grimm'sche Märchen vom »Fischer und seiner Frau« zurück.
Anhand immer wiederkehrender Konstellationen Mann-Frau-Butt (Fisch, der als Ratgeber der männlichen Menschheit fungiert) will GRASS eine Kulturgeschichte von der Bronzezeit bis zur Gegenwart erzählen. Dabei läßt er mehrfach Anlehnungen an Argumentationen feministischer westlicher Organisationen, erkennen – die Männer machten durch »ihr anderes Ich« (durch GRASS selbst nicht genau definiert) den historischen Fortschritt fragwürdig.
Beim Ort der Handlung beschränkt sich GRASS fast ausschließlich auf seine Geburtsstadt Szczecin [sic] und deren Umgebung. Er bedient sich einer ordinären, teilweise pornografische Züge tragenden Sprache.
Die bisher in der BRD erschienenen Rezensionen des Buches reichen von uneingeschränktem Lob unter Hervorhebung der »Großen Sprache« bis zu zurückhaltend kritischen Tönen bei Hervorhebung eines gewissen Provinzialismus des Buches. (...) GRASS bediene sich zum Ausgleich seines leeren Inhaltes abgedroschener Kalauer im Dialekt, vermarktet Mundart als witzig.
Auch der »Spiegel« stellte bereits am 8. 8. 1977 fest, daß GRASS, sobald er Gegenwart aufgreifen will, zu einem flachen Kabarettisten werde, der sich

hinter einem »Überangebot rhetorischer und metaphorischer Requisiten« verstecke. Daraus erwüchse für ihn der Zwang, in Form des »Wälzers, der dicken Schwarte« zu schreiben. GRASS, der »Ideologien scheinbar ungerührt in seinem großen Kochtopf zu einem blasenwerfenden Brei verkoche«, verbreite den »wohligen Stallgeruch und Küchendampf von der guten alten Zeit, wobei ein dicker Arsch, ein lauter Furz, ein satter Rülpser mehr sagen als alle Argumente«.
Die »Frankfurter Rundschau« vom 13. 8. 1977 charakterisiert den Roman als »gedanklich schmal, erzählerisch virtuos«, als plastisch jedoch wenig eindrückliches Erlebnis.
Auch die »Süddeutsche Zeitung« vom 14. 8. 1977 läßt durchblicken, daß GRASS mit seinem Buch offensichtlich ein literarisches Comeback versucht, um nachzuholen, was er »durch Politik versäumte«. Vielfach durchsetzt mit politischer Betroffenheit habe er aus »provinziellem Selbstverständnis« sich an einem derartigen Thema versucht.

(BStU, MfS, ZAIG 3786, Bl. 27 f.)

Dokument 15

HA XX/5 2.9.77

Information 709/77

Hetzerische Ausführungen von Günter GRASS zu angeblichen Willkürmaßnahmen der DDR gegen Kulturschaffende und andere Intellektuelle

Informiert wurde über eine am 24.8.1977 stattgefundene Veranstaltung im »Deutschen Literaturarchiv« Morbach/a. Neckar [Marbach], auf der Günter GRASS nach erfolgter Lesung aus seinem Roman »Der Butt« sich in hetzerischen Ausfällen über angebliche Willkür- und Terrormaßnahmen der DDR gegen Kulturschaffende und andere Intellektuelle erging.
Diese Veranstaltung wurde von einem ZDF-Team gefilmt; der letzte Teil der Veranstaltung – die Hetze gegen die DDR – soll nach Äußerungen eines Kameramannes am 6.9.1977 in der ZDF-Sendung »Kennzeichen D« ausgestrahlt werden.
GRASS bewertete die Inhaftierung des Rudolf BAHRO als »Zwangsmaßnahme und Terror gegenüber Andersdenkenden« in der DDR.
Ein weiteres Beispiel für Repressionsmaßnahmen gegen Intellektuelle sei Hans-Joachim SCHÄDLICH, dessen Buch »Versuchte Nähe« demnächst im Rowohlt-Verlag herausgegeben werde. Die Lage von SCHÄDLICH in der DDR wäre deshalb so »miserabel«, da er in der BRD keine Öffentlichkeit habe. Deshalb wolle er – Günter GRASS – einen Beitrag leisten, Schädlich bekannt zu machen, und fordere dazu auf, dessen Buch zu kaufen und zu lesen.
Er finde es »schrecklich«, daß BRD-Verlage nur ein finanzielles Interesse an Schriftstellern und ihren Werken aus der DDR haben. Für die Autoren selbst, die in der DDR staatlichen Zwangsmaßnahmen ausgesetzt wären, würden die Verlage nichts unternehmen. Bei Rainer [Reiner] Kunze sei dies anders gewesen; er hatte in der BRD eine »breite Lobby«. Nur deshalb hätten die DDR-Behörden es nicht gewagt, gegen KUNZE physischen Zwang auszuüben. Am Beispiel KUNZE sei deutlich geworden, daß er nur deshalb »freigekommen sei«, weil sich eine breite Öffentlichkeit in der BRD für ihn »stark gemacht« habe.
Für ihn selbst bedeute übrigens SCHÄDLICH als Schriftsteller mehr als KUNZE.
GRASS las aus dem Buch »Versuchte Nähe« vor, in dem vornehmlich Vernehmungs- und Abhörmethoden des MfS behandelt werden.
Seinen eigenen politischen Standpunkt erklärend, bezeichnete GRASS sich als »demokratischer Sozialist«. Entsprechend diesem ideologischen

Standpunkt stünde er konträr zur Bundesregierung unter Schmidt. Bei Brandt hingegen habe er einige Ansätze in Richtung »demokratischer Sozialismus Politik« gesehen.
Die genannte Veranstaltung war von ca. 500 Personen besucht worden; geleitet wurde sie von Prof. Dr. Bernhard ZELLER, Leiter des Literaturarchivs.

[In einem Begleitformular wird von Hauptmann Jaeckel als Quelle IM »Peter« genannt. Das Material ist für den Stellvertretenden Minister für Staatssicherheit, den Leiter der Hauptabteilung XX und die Zentrale Auswertungs- und Informationsgruppe bestimmt.]

(BStU, MfS, HA XX AKG 5975, Bl. 128–130 f.)

Dokument 16

Hauptabteilung XX | Berlin, 7.9.1977

Auskunft
Dr. h.c. GRASS, Günter
geb. am 16.10.1927 in Danzig
wh.: 1 Berlin-West 41, Niedstr. 13
Beruf: Steinbildhauer/Schriftsteller
Tätigkeit: freischaffender Schriftsteller
Staatsangeh.: Westberlin
Parteizugeh.: SPD
Familienstand: ###

Der Genannte wurde in kleinbürgerlichen Verhältnissen erzogen. Er besuchte die damalige Volks- und Mittelschule. 1944 wurde er zur damaligen faschistischen Wehrmacht eingezogen und kam 1945 in amerikanische Kriegsgefangenschaft, aus der er 1946 entlassen wurde. Danach erlernte er den Beruf des Steinbildhauers.
Von 1956 bis 1960 lebte Grass, nach Abschluß eines Studiums der bildenden Kunst an der Kunsthochschule Düsseldorf, in Paris. Gleichzeitig begann er, sich in dieser Zeit mit Literatur zu beschäftigen, und veröffentlichte 1955/56 seinen ersten Lyrik-Band im BRD-Luchterhand-Verlag. In der Folgezeit veröffentlichte er zahlreiche Romane, Erzählungen und Bühnenstücke, die ihn international bekannt machten.
Bisher erhielt Grass mehrere Literaturpreise und Auszeichnungen, wie zum Beispiel den Literaturpreis des Verbandes der deutschen Kritiker, 1960 BRD,
den französischen Literaturpreis 1962,
den Georg-Büchner-Preis 1965 BRD,
den Fontane-Preis 1968 BRD und
den Theodor-Heuss-Preis 1968 BRD.
Von der Kenyon-Universität in Ohio/USA wurde Günter Grass 1968 der Doktortitel h. c. verliehen.
Grass ist in Westberlin Mitglied des Rundfunkrates des Senders »Freies Berlin« und in der BRD Mitglied des Verlagsbeirates des Luchterhand-Verlages in Darmstadt/Neuwied.
In der Vergangenheit trat Grass wiederholt öffentlich gegen die gesellschaftlichen Verhältnisse in der DDR und den anderen sozialistischen Ländern auf. Gleichzeitig ist er bestrebt, innere feindliche Kräfte zu manipulieren und gegen den realen Sozialismus aufzuwiegeln.

Im August 1961 richtete Grass in äußerst provokatorischer Weise Schreiben an den Schriftstellerverband der DDR und namhafte DDR-Schriftsteller, in denen er gegen die Sicherung der Staatsgrenze vom 13.8.1961 protestiert und zum aktiven Widerstand aufforderte. Weiterhin beteiligte sich Grass durch entsprechende Beiträge in den Westmedien an Hetzkampagnen gegen die DDR.
Im Jahre 1965 [1966] wurde in Westberlin das Theaterstück »Die Plebejer proben den Aufstand« von Günter Grass erstaufgeführt, welches 1970 vom BRD-Fernsehen ausgestrahlt wurde. Dieses Theaterstück beinhaltet die Vorgänge um den 17. Juni 1953, wonach »Arbeiter der DDR gegen ihren Staat auftreten«, um die Machtverhältnisse zu verändern.
Als Mitglied der literarischen Vereinigung »Gruppe 47«-BRD tritt Grass als einer ihrer antisozialistischen Wortführer gegen die Kulturpolitik der Partei auf. Besonders wurde dies durch seine Aktivitäten vor und während der konterrevolutionären Ereignisse 1968 in der CSSR deutlich, wo Grass in starkem Maße für ein Modell des sogenannten demokratischen Sozialismus eintrat. Die Hilfsaktion der sozialistischen Staaten für die CSSR diskriminierte Grass in Interviews und anderen Veröffentlichungen als gewaltsame Annexion und Einmischung in die inneren Angelegenheiten der CSSR.[1]
Günter Grass ist Mitherausgeber der in der BRD erscheinenden Zeitschrift »L'76«, die in Anlehnung an die konterrevolutionäre Zeitschrift »Literari Listi« zur Zeit der CSSR-Ereignisse 1968 als Plattform feindlicher Kräfte in den sozialistischen Ländern und in die BRD emigrierter Konterrevolutionäre wirkt.
Während seiner seit 1975 verstärkt festgestellten Kontakte zu DDR-Schriftstellern versucht Grass, diese für literarische antisozialistische Mitarbeit in der »L'76« und in anderen BRD-Medien zu gewinnen.
Diesbezüglich nutzte er Zusammenkünfte in den Wohnungen feindlich wirkender DDR-Schriftsteller wie

Sarah KIRSCH
Günter KUNERT und
Hans-Joachim SCHÄDLICH.

Bei diesen Zusammenkünften, an denen unter anderen teilweise auch die negativ-feindlichen Schriftsteller

Klaus SCHLESINGER
Jurek BECKER
Klaus POCHE
Adolf ENDLER
Reiner KIRSCH u. a.

sowie in Begleitung von Grass

Christoph MECKEL, WB

Max FRISCH, Schweiz

teilnahmen, versuchte Grass, die DDR-Schriftsteller im Sinne des sogenannten demokratischen Sozialismus zu beeinflussen. Er forderte sie auf, nichts unversucht zu lassen, um mit literarischen Werken eine Veränderung der gesellschaftlichen Verhältnisse in der DDR zu bewirken. Er bot sich mehrfach an, dafür zu sorgen, daß ihre literarischen Arbeiten, falls sie in der DDR nicht veröffentlicht werden, in BRD-Verlagen verlegen zu lassen.

Im Zusammenhang mit der Ausbürgerung Biermanns im November 1976 aus der DDR trat Grass besonders scharf gegen die sozialistischen Machtverhältnisse in der BRD auf, die er als dogmatisch und diktatorisch bezeichnet.

Seit dieser Zeit ist Grass Mitglied des im Zusammenhang mit Biermann gegründeten antisozialistischen »Komitees zur Verteidigung und Verwirklichung der demokratischen Rechte und Freiheiten in Ost und West«, Sitz Bochum/BRD, Grünstraße 10.

In diesem Komitee beteiligte sich Grass als hartnäckiger Vertreter des sogenannten demokratischen Sozialismus an der antisozialistischen Hetz- und Verleumdungskampagne gegen die DDR.

Gemeinsam mit den Renegaten Ernst Bloch/BRD, Gerhard Zwerenz/BRD und Heinz Brandt/BRD unterzeichnete Grass ein Protestschreiben des Westberliner Publizisten Andreas W. Mütze [Mytze] (Herausgeber der antisozialistischen Zeitschrift »Europäische Ideen«), in denen die Freilassung des von Havemann und Biermann beeinflußten straffälligen DDR-Bürgers Jürgen Fuchs gefordert wurde.

Dieses Protestschreiben war an die Sicherheitsorgane der DDR gerichtet. Kopien dieses Schreibens versandten die Genannten an den Generalsekretär des ZK der SED, Genossen Erich Honecker, an Willi [Willy] Brandt sowie an die Parteiführungen der IKP und der FKP.

Außerdem ist Grass Mitunterzeichner eines Briefes an den Generalstaatsanwalt der CSSR vom Februar 1977, in dem die Freilassung inhaftierter konterrevolutionärer Kräfte der CSSR gefordert wurde, die die sogenannte Charta 77 verfaßt hatten.

Als korrespondierendes Mitglied des antisozialistischen Westberliner Schutzkomitees »Freiheit und Sozialismus« unterhält er zweckdienliche Kontakte zu dessen Sekretär, Dr. Hannes Schwenger. Diesen Kontakt nutzt Günter Grass, um seine Handlungen und Aktivitäten gegen die DDR mit diesem Komitee abzustimmen und um sich gegenseitig über die politische Lage zu informieren.

Enge Verbindungen unterhält Grass zu der Lyrikerin Sarah Kirsch, die er fortgesetzt im antisozialistischen Sinn beeinflußte. Über sie erhielt er engen persönlichen Kontakt zu den Schriftstellern

Hans-Joachim SCHÄDLICH und Klaus SCHLESINGER.

Über Sarah Kirsch vermittelte Grass im August 1977 die Verbindungsaufnahme Hannes Schwengers zu Klaus Schlesinger.[2]

Außer zu Sarah Kirsch unterhielt Grass auch Verbindung zu Manfred Krug bis zu deren Übersiedlung bzw. Ausreise nach Westberlin. Gemeinsam mit Schädlich besuchte Grass auch die genannten jeweils vor ihrer Ausreise aus der DDR.

Durch unmittelbare persönliche Unterstützung des DDR-Schriftstellers Hans-Joachim Schädlich war Günter Grass an der Vorbereitung, Herausgabe und Verbreitung des von Schädlich verfaßten Buches »Versuchte Nähe« maßgeblich beteiligt.

Dieses Buch enthält eine Vielzahl feindlicher Angriffe gegen die gesellschaftlichen Verhältnisse in der DDR und ihre führenden Repräsentanten. Grass setzte sich aktiv für die Publizierung dieses Ende August 1977 im BRD-Rowohlt-Verlag erschienenen Buches ein, las bei öffentlichen Lesungen daraus und veranlaßte BRD-Medien, dieses Buch mit antisozialistischer Aussage zu propagieren.

Weiterhin vermittelte er den ZDF-Korrespondenten Dirk Sager, um ein diesbezügliches Interview mit Schädlich am 19. 8. 1977 durchzuführen.

In Vorbereitung und Durchführung dieser gegen die DDR gerichteten literarischen Veröffentlichungen faßte der Autor nach Übereinstimmung und Abstimmung mit Günter Grass den Entschluß, nach Veröffentlichung dieses Buches die ständige Ausreise aus der DDR zu beantragen. Auch zur Realisierung dieses Entschlusses Schädlichs hat Grass ihm Unterstützung für den Aufbau einer neuen Existenz in Westberlin und der BRD zugesichert.

8 Einreisen von Grass 1977 in die DDR zu Treffen mit negativen Schriftstellern:

4.2.	*b. Schlesinger*
10.3.	*b. Schädlich*
6.5.	*b. Bauer*
17.5.	*b. Krug*
5.8.	*b. Schädlich*
19.8.	*b. Schädlich*
10.11.	*b. Schädlich*
18.11.	*b. Arendt*

(BStU, MfS, ZAIG 24110, Bl. 49–55)

1 *Günter Grass:* Ich hab in den ganzen sechziger Jahren und natürlich während des Prager Frühlings einen sehr starken Kontakt zur Tschechoslowakei gehabt. Der kam über meinen Übersetzer Vladimir Kafka zustande, denn zum ersten Mal wurde im Ostblock ein Buch von mir verlegt – »Die Blechtrommel« kam dort in der kurzen Phase der Liberalisierung heraus. Aus diesem Kontakt heraus ist dann auch der öffentliche Briefwechsel mit Pavel Kohout entstanden, der in der »Zeit« erschien und dann 1968 als Sonderdruck im Wegner-Verlag als »Briefe über die Grenze« herauskam.

Zum Zeitpunkt des Einmarsches der Warschauer-Pakt-Truppen war ich in der Schweiz, gemeinsam mit Vladimir Kafka. Ich nahm sofort Kontakt mit Kohout auf, und wir haben dann mehrere öffentliche Protestveranstaltungen zusammen gemacht. Dürrenmatt organisierte eine Veranstaltung am Baseler Theater, wo Autoren gegen die Okkupation gesprochen haben. Mit Max Frisch gab es später noch ein Treffen mit emigrierten tschechischen Autoren in einer Bildungsstätte des Duttweiler-Instituts in der Nähe von Zürich. Dort ist dann die Idee entstanden, die verbotene Zeitschrift »Literari Listi« im Westen fortzuführen, woraus später die »L'76« wurde. Ota Sik, der mittlerweile in die Schweiz emigriert war, sollte eigentlich der Herausgeber werden, aber ich hatte nach einem Treffen mit ihm den Eindruck, dass er ein gebrochener Mann war. Er hat das Projekt begrüßt und uns jede denkbare Unterstützung zugesagt, doch die praktische Arbeit der Herausgeberschaft wollte er nicht übernehmen. Schließlich bin ich dann mit Heinrich Böll und Carola Stern übereingekommen, dass wir das gemeinsam machen. Ich bin in der Tschechoslowakei-Sache sehr engagiert gewesen, was der DDR natürlich nicht verborgen geblieben ist.

(Interview vom 15.11.2009)

Hannes Schwenger: Die Darstellung des MfS ist im Großen und Ganzen zutreffend. Ich weiß allerdings nicht, woher die Behauptung kommt, Günter Grass habe mich über Sarah Kirsch mit Klaus Schlesinger in Verbindung gebracht. Zu Sarah, die mich in der Tat auch zu Schlesinger geschickt hat, bin ich nicht durch Grass, sondern durch Freunde in Ost-Berlin gelangt. Andere Akten des MfS über Sarah Kirsch, Günter Kunert und mich enthalten gravierendere Fehlinformationen.

(Stellungnahme vom 30.11.2009)

Dokument 17

Hauptabteilung XX/7 Berlin, den 13.10.1977
Information

Inoffiziell wurde bekannt, daß Hans-Joachim SCHÄDLICH den Westberliner Schriftsteller Günter GRASS über die Ablehnung seines Antrages auf Ausreise aus der DDR informierte.
GRASS gab SCHÄDLICH den Rat, diese Ablehnung nicht als endgültig hinzunehmen und in seiner Sache beharrlich zu bleiben. Nach Feststellung von GRASS sei diese Angelegenheit noch nicht entschieden.
GRASS informierte den SCHÄDLICH des weiteren über eine regelrechte Jagd auf Intellektuelle in der BRD im Zusammenhang mit dortigen Maßnahmen gegen den Terrorismus. Hauptvertreter dieser Linie seien Strauß und die CSU. GRASS verstieg sich hierbei zu der Behauptung, die Einstellung zur Literatur von Strauß sei mit der in der DDR praktizierten Kulturpolitik, wie sie auf dem Kongreß des Kulturbundes der DDR kürzlich verkündet wurde, zu vergleichen. Auch hier sei von der Literatur, wie von Strauß und der CSU, das Positive und Bejahende gefordert worden.
Nach SCHÄDLICHS Auffassung greifen die Herrschaftsmechanismen der DDR und der BRD ineinander und die Forderungen von Strauß seien mit den Forderungen unseres Staates an die Schriftsteller vollkommen identisch.
GRASS verkündete die Absicht, in nächster Zeit über diese »ungute Annäherung« öffentlich zu sprechen.

Aus weiteren Äußerungen von GRASS geht hervor, daß dieser Ende Oktober 1977 in die Hauptstadt der DDR einzureisen beabsichtigt.
GRASS und SCHÄDLICH betrachten diese vorgesehene Einreise als Test für das Verhalten der Staatsorgane der DDR gegenüber GRASS.

(BStU, MfS 15087/84, Bl. 255 f.)

Dokument 18

Hauptabteilung XX Berlin, 21. Okt. 1977
Information

Inoffiziell wurde über den Verfasser des in der BRD erschienenen Buches »Versuchte Nähe« Hans Joachim Schädlich bekannt, daß er einen fast ständigen Kontakt zu dem Westberliner Schriftsteller Günter Grass unterhält und diesen über politische Vorgänge unter den Kulturschaffenden in der DDR informiert.
In mehreren Gesprächen informiert Schädlich den Grass ausführlich über das Referat des Mitgliedes des Politbüros und Sekretär des ZK der SED, Gen. Prof. Kurt Hager, auf dem IX. Bundeskongreß des Kulturbundes der DDR und tauscht seine Meinung darüber mit Grass aus.
Dabei teilt er dem Grass den Wortlaut des Abschnittes der Rede des Gen. Prof. Hager mit, in dem er zum Vertrauensverhältnis der Kulturschaffenden zur Partei und zum sozialistischen Staat Stellung nimmt. Insbesondere kommentiert Schädlich diese Passagen, in denen Grass als Vertreter des Sozialdemokratismus der DDR eine Veränderung ihrer gesellschaftlichen Ordnung im Sinne eines sogen. demokratischen Sozialismus empfiehlt.
Günter Grass bemerkt dazu, daß er diesen Teil der Rede des Gen. Prof. Hager, der seine Person angeht, so verstehen will, daß dies ein Angebot des Gen. Prof. Hager sei, mitzuhelfen, die Macht der Monopole zu brechen und den Sozialismus in der BRD durchzusetzen. Ergänzend findet es Günter Grass interessant, daß er »zum ersten Mal in solchen politischen Zusammenhängen genauer gesehen und nicht einfach als ein Knecht des Imperialismus diffamiert wird«.
Schädlich, der in diesem Gespräch mit Grass von einer grundsätzlich negativen Position ausging, versuchte Grass auseinanderzusetzen, daß eine Diffamierung seiner Person angeblich in der Verknüpfung liegen würde, daß Grass und Schädlich die entspannungsfeindlichen Kräfte mit ihren Verhaltensweisen unterstützen würden.
Die Situation unter den Schriftstellern und Kulturschaffenden charakterisiert Schädlich gegenüber Grass unmittelbar nach dem IX. Bundeskongreß des Kulturbundes der DDR und nach der letzten Mitgliederversammlung des Berliner Schriftstellerverbandes, in dem er einschätzt, daß in der DDR »eine ziemliche Hetzkampagne« gegenüber Schädlich, Grass und anderen negativen Kräfte im Gange sei.

(BStU, MfS, 15087/84, Bl. 261 f.)

In der gedruckten Fassung der Rede von Kurt Hager auf dem IX. Bundeskongress des Kulturbundes der DDR wird Grass nicht wörtlich genannt. Dort heißt es allgemein:

In jüngster Zeit hat es auch nicht an Versuchen gefehlt, uns einen anderen »Sozialismus mit etwas verändertem Charakter« zu empfehlen. Es wird dabei viel mit den Begriffen »Demokratie«, »Freiheit«, »Menschlichkeit« jongliert, obwohl bekannt sein dürfte, daß es in der Geschichte niemals eine »Demokratie an sich« gab. Jede Demokratie war und ist Ausdruck der Interessen und Bestrebungen der jeweils herrschenden Klasse. So ist unsere Demokratie eine Demokratie der Werktätigen, des am Aufbau der neuen sozialistischen Gesellschaft wirkenden, seine Macht ausübenden Volkes, während die bürgerliche Demokratie mit der einige den Sozialismus offenbar verkoppeln möchten, die Klassenherrschaft der Bourgeoisie ist.

(Zitiert nach: Sonntag 40/1977 vom 2.10.1977, S. 7)

Dokument 19

Hauptabteilung XX/7 Berlin, den 7.11.1977

Zwischenbericht

über den gegenwärtigen Stand der politisch-operativen Bearbeitung des OV »Schädling« gegen den Schriftsteller Hans-Joachim SCHÄDLICH

Ende August 1977 erschien im BRD-Verlag Rowohlt/Hamburg SCHÄDLICHS Buch »Versuchte Nähe«, das sofort von den BRD-Massenmedien und der BRD-Presse wegen seiner feindlichen Tendenzen gefeiert wurde. In literarisch geschickt verbrämter Form beinhaltet das Buch in 25 Kurzerzählungen fast durchgehend Angriffe gegen den realen Sozialismus in der DDR und in einigen Erzählungen auch gegen die Freundschaft und Zusammenarbeit mit der Sowjetunion. (...)

Im Zusammenhang mit der Vorbereitung der Herausgabe dieses Buches gab es eine enge Zusammenarbeit zwischen SCHÄDLICH und dem Westberliner Schriftsteller Günter GRASS, der auch den Klappentext und den Schutzumschlag entwarf. In den Monaten September/Oktober 1977 unternahm Günter GRASS eine Lesereise durch die BRD, in deren Verlauf er 50 Lesungen abhielt, in denen er aus seinem Buch »Der Butt« und SCHÄDLICHS »Versuchte Nähe« las. Die Kampagne der BRD-Massenmedien und die Lesereise des GRASS bewirkten, daß SCHÄDLICHS Buch in ca. 6 Wochen mit fast 10000 Stück verkauft wurde.

Am 4.9.1977 verfaßte SCHÄDLICH ein rechtswidriges Ersuchen auf Übersiedlung in die BRD, das er an den Generalsekretär des ZK der SED und Vorsitzenden des Staatsrates der DDR, Gen. Erich Honecker, sandte.

Dieses rechtswidrige Ersuchen war bereits vorher zwischen SCHÄDLICH und GRASS abgesprochen und vorzeitig durch SCHÄDLICH realisiert worden. Er nahm dazu eine bewußte Falschinformation der Lektoratsmitarbeiterin im Aufbau Verlag, Edda BAUER, zum Anlaß, wie ihm durch GRASS geraten worden war. Dieses Ersuchen wurde am 28.9.1977 im Verlauf eines Gespräches im Rat des Stadtbezirkes Berlin-Köpenick abgelehnt. Dazu wurde ihm erklärt, daß er diese Entscheidung zu akzeptieren hat und als Bürger der DDR verpflichtet ist, die Gesetze der DDR in jeder Hinsicht einzuhalten.

Inoffiziell wurde bekannt, daß SCHÄDLICH den GRASS sofort von dieser Entscheidung in Kenntnis setzte. Er erhielt den Rat, diese Entscheidung nicht als endgültig zu nehmen und in seiner Sache beharrlich zu bleiben. Nach Feststellung des GRASS sei diese Angelegenheit noch nicht entschieden. (...)

(BStU, MfS 15087/84, Bd. 1, Bl. 166–170)

Dokument 20

HA XX/AIG Berlin, den 21.11.1977
Auskunft
Grass, Günter
geb. am 16.10.1927 in Danzig
wh.: 1 Berlin 41, Niedstr. 13
erl. Beruf: Steinbildhauer
tätig als freiberuflicher Schriftsteller
Parteizugehörigkeit: SPD

(...)
Nachdem Grass durch Schädlich erfahren hatte, daß dessen Antrag auf Übersiedlung in die BRD abgelehnt wurde, informierte er den Leiter der Ständigen Vertretung der BRD in der DDR, Gaus über eine vollkommen den überprüften Tatsachen widersprechende angebliche Mißhandlung ### durch Angehörige der Volkspolizei der DDR.
Damit sollten der BRD-Vertretung Argumente in die Hand gegeben werden, um eine Verletzung der Menschenrechte in der DDR nachweisen zu können.
Zwischen der Ablehnung der Ausreise von Hans-Joachim Schädlich und der angeblichen Mißhandlung ### sollte ein nicht existierender Zusammenhang konstruiert werden.
Grass erreichte zunächst, daß sich die ständige Vertretung der BRD in der DDR mit dem Ausreiseantrag von Hans-Joachim Schädlich beschäftigte.
Am 7.11.1977 weilte Hans-Joachim Schädlich in der BRD-Vertretung, um Möglichkeiten zur Erzwingung der Ausreise aus der DDR abzusprechen, wozu ihm seitens der BRD-Vertretung Unterstützung zugesagt wurde.

(BStU, MfS, ZAIG 24110, Bl. 63 f.)

Dokument 21

MINISTERIUM FÜR STAATSSICHERHEIT Berlin, den 22. Nov. 1977
Sperrmaterial
Streng geheim!
Um Rückgabe wird gebeten!

An: 6. Blatt
Ho[necker] 5. Exemplar
Ha[ger]
Mi[ttig]
Kie[nberg]

Information 729/77
über wiederholte Einreisen des Westberliner Schriftstellers Günter Grass u. a. Personen aus Westberlin und der BRD in die Hauptstadt der DDR, Berlin, und ihr Zusammentreffen mit solchen Schriftstellern der DDR, die eine feindlich-negative Haltung einnehmen (...)

Am 10. 11. 1977, gegen 15.00 Uhr reiste Günter Grass in Begleitung von ### über die Grenzübergangsstelle Bahnhof Friedrichstraße in die Hauptstadt der DDR, Berlin, ein, wo er von Schädlich empfangen wurde. Sie begaben sich gemeinsam in die Wohnung der Schädlichs in 117 Berlin, ###. Ab ca. 20.15 Uhr waren auch Jurek Becker und die Lektoratsmitarbeiterin ### (Nichtunterzeichner der »Biermann-Petition«, aber völlig auf der politischen Linie von Schädlich stehend) an der Zusammenkunft in der Wohnung der Schädlichs beteiligt, die bis ca. 23.15 Uhr andauerte. Die Zusammenkunft am 10. 11. 1977 diente in erster Linie dem Ziel, ein weiteres Treffen eines größeren Kreises gleichgesinnter Schriftsteller und Autoren vorzubereiten, wobei als Termin der 18. 11. 1977 und als Treffpunkt die Wohnung des Erich Arendt, Schriftsteller, vereinbart wurden. Außerdem wurde während der »Beratung« am 10. 11. 1977 Grass von Schädlich über sein Übersiedlungsersuchen und damit zusammenhängende Fragen informiert. Grass machte die Anwesenden weiterhin mit seinem neuen Buch »Der Butt« bekannt.

Grass reiste am 18. 11. 1977 gegen 14.00 Uhr erneut über die Grenzübergangsstelle Bahnhof Friedrichstraße in die Hauptstadt der DDR, Berlin, ein, wo er wiederum von dem Ehepaar Schädlich empfangen wurde. Sie begaben sich unmittelbar darauf gemeinsam zur Wohnung des Schriftstellers

Arendt, Erich (74)
geb. 15.04.1903
wohnhaft: 1058 Berlin, Raumerstr. 28
vor 1933 Mitglied der KPD, Spanienkämpfer,
Hans-Beimler-Medaille, VVO
Mitglied der Akademie der Künste
Erstunterzeichner der »Protestresolution« im Zusammenhang mit den staatlichen Maßnahmen gegen Biermann.

Die kurz nach Grass ebenfalls über die Grenzübergangsstelle Bahnhof Friedrichstraße eingereisten

Schneider, Peter
Freiburg/BRD
Schriftsteller
Mitglied des »Schutzkomitees Freiheit und Sozialismus«

und

###
Düsseldorf
(Tätigkeit bisher nicht bekannt)

und die USA-Bürger

Lettau, Reinhard
derzeitig wohnhaft in Paris ###
Verfasser des bei Reclam erschienenen Titels
»Der tägliche Faschismus«

sowie

###
(Tätigkeit bisher nicht bekannt)

begaben sich ebenfalls sofort zur Wohnung des Arendt.
Bis gegen 15.00 Uhr erschienen weiter in der Wohnung des Arendt die DDR-Bürger:

Becker, Jurek (Erstunterzeichner der »Protestresolution«),
Schlesinger, Klaus (Erstunterzeichner der »Protestresolution«),
Endler, Adolf (Unterzeichner der »Protestresolution«),
Erb, Elke (Unterzeichner der »Protestresolution«),
Czechowski, Heinz (Sympathisant der Unterzeichner),
Tragelehn, Klaus (Unterzeichner der »Protestresolution«, nahm seine Unterschrift nach Aussprachen zurück, weiterhin Sympathisant der Unterzeichner),
(Lebensgefährtin von ###, Sympathisantin der Unterzeichner),
(Lebensgefährtin von ###).

Von den ursprünglich zur genannten Zusammenkunft in der Wohnung des Arendt eingeladenen Schriftstellern der DDR sagten aus unterschiedlichen Gründen ihr Erscheinen ab:
und ###, Heiner Müller und ###, wobei aus den von ihnen vorgebrachten Gründen zu entnehmen war, daß sie offensichtlich an einem derartigen Treffen nicht teilnehmen wollten.
Die Zusammenkunft in der Wohnung von Arendt[1], die bis ca. ## Uhr andauerte, wurde – soweit bisher bekannt – dazu benutzt, um aus literarischen Werken der Teilnehmer, insbesondere aus »Versuchte Nähe« von Schädlich und »Der Butt« von Grass zu lesen und über den Inhalt dieser Bücher zu diskutieren.

Vom MfS wurden Maßnahmen zur weiteren Aufklärung der Zielstellung dieser Zusammenkünfte eingeleitet.
Die Information ist wegen Quellengefährdung nur zur persönlichen Kenntnisnahme bestimmt.

(BStU, MfS, ZAIG 24110, Bl. 72–77)

---

1 *Hannelore Teutsch, die Lebensgefährtin von Erich Arendt, hat mindestens dreimal an den Treffen teilgenommen. Am 18. 11. 1977 war sie Gastgeberin der Runde:*
Die Treffen zwischen West und Ost erinnere ich als gute Begegnungen, als Arbeitstreffen, bei denen Neugierige aufeinandertrafen. Über die Texte wurde kritisch und ermunternd gesprochen. Doch wie verhält sich ein Vortragender, wenn ein berühmter Kollege wie Günter Grass zu seiner Arbeit etwas Kritisches bzw. etwas Positives sagt? Beides kam vor.

Auf die Frage nach der Stasi antworte ich heute: In der Vorstellung zwar präsent, war sie in der Realität eher von geringer Bedeutung, weil im Umkreis niemand war, dem ich misstraute, und es auch nachträgliche Befragungen nicht gab.

Eine Anekdote: Vor dem Treffen in der Raumerstraße wurden die Modalitäten besprochen. Günter Grass schlug mir vor, für die ca. 40 Personen eine Suppe zu kochen. Damit war ich damals hoffnungslos überfordert und konnte nur eine unaromatische wässrige Suppe zubereiten. Das blieb von Grass natürlich nicht unkommentiert.
(Schriftlicher Bericht vom 17. 12. 2009)

Günter Grass: In einigen, wenigen Fällen hat es auch mal hitzige Debatten gegeben. Ich erinnere mich an eine Kontroverse mit Endler und eine mit B. K. Tragelehn. Da ging es aber um Dinge, die weit weg von den Texten lagen, die dort gelesen wurden, es war mehr so ein Unbehagen mit der Gesamtsituation.
(Interview vom 15.11.2009)

B. K. Tragelehn: Zu fortgeschrittener Stunde hatte ich mal einen ziemlichen Tobsuchtsanfall, als Grass in der Diskussion wie ein Politiker redete, statt wie ein Künstler zu sprechen. Das kann ich grundsätzlich nicht leiden, das hat mich zum Widerspruch gereizt. Da wir alle schon gut getrunken hatten, wurde es dann wohl lauter als gewollt. Anwesende Kollegen haben mich später noch mal darauf angesprochen, aber in meinem Verhältnis zu Grass hat das keine Rolle gespielt. Vielleicht sind wir danach etwas vorsichtiger miteinander umgegangen, ansonsten ist der Kontakt gut.
(Interview vom 15.12.2009)

Dokument 22
Hauptabteilung XX/7 Berlin, den 07.12.1977
Information

Am 3.12.1977 setzte sich der in Westberlin lebende Schriftsteller Günter Grass mit der Krista-Maria Schädlich in Verbindung. Grass wollte wissen, wie sich Schädlichs in ihrer »neuen Situation fühlen«.[1] Sie erklärte, daß sie sich jetzt besser fühlen.
Grass teilte der Schädlich mit, daß er den »betreffenden Besuch« bekommen hat, der am Tage zuvor bei Schädlichs war. Dieser habe ihn von ihrer neuen Situation in Kenntnis gesetzt. Aufgrund der entstandenen Lage, die ihnen verbleibende Zeit sei gering, machte die Schädlich dem Grass den Vorschlag, das für den 9.12.1977 geplante Treffen bei Schädlichs zu verschieben. Grass stimmte dem zu.
Am 4.12.1977 informierte Hans-Joachim Schädlich in einem Gespräch mit Günter Grass von der Genehmigung seines widerrechtlichen Antrages auf Übersiedlung in die BRD. Das ergebe viele Schwierigkeiten, da sie jedes Buch auf eine Liste für den Zoll setzen müßten.

Günter Grass erklärte, daß sein Haus ein bißchen voll sein wird, wenn Schädlichs kommen. Er habe jedoch bereits der Krista-Maria Schädlich gesagt, daß Schädlichs sich darüber keine Gedanken zu machen brauchen, es ließe sich alles bewältigen.
In diesem Zusammenhang erklärte Schädlich, daß er von ###, ### des Rowohlt-Verlages, Angebote zur Unterbringung bekam, die er jedoch nicht angenommen habe.
Grass erklärte darauf, daß es besser sei, wenn sie am Anfang engeren Kontakt miteinander haben, damit sich die Schädlichs besser einleben.
Abschließend vereinbarten sie, daß Schädlich Grass am 5.12.1977 über alles informieren wird.

[Handschriftlicher Bericht von Hauptmann Schiller (?),
Unterschrift schwer leserlich]

(BStU, MfS, 15087/84 Bd. 4, Bl. 18 f.)

---

1 *Günter Grass:* Ich habe Schädlich und auch anderen gegenüber immer gesagt, überlegt Euch das zehnmal, bevor Ihr rüber geht, hier habt Ihr eine Funktion, die wird es so im Westen nicht geben. Als Schädlich dann nichts mehr in der DDR veröffentlichen konnte, bin ich behilflich gewesen, dass das Buch bei Rowohlt erscheinen konnte. Und dann hab ich ihn mit der Familie in der Übergangsphase in unserem Haus in Wewelsfleth untergebracht, da wir inzwischen nach Hamburg gezogen waren. Seine Tochter Susanne hat davon in ihrem Buch berichtet. Ohne mein Dazutun hat die Familie dann eine Wohnung in Hamburg bekommen. Ich war da wirklich nicht beteiligt, das muss die Stasi sich so ausgedacht haben.
(Interview vom 15.11.2009)

Hauptabteilung XX Berlin, 18. 1. 1978
Information

Inoffiziell wurde bekannt, daß der Westberliner Schriftsteller
GRASS, Günter
geb. am 16. 10. 1927
wh.: 1 Berlin 41, Niedstr. 13
am 20. 1. 1978 in die Hauptstadt der DDR, Berlin, einreist, um an einem vorbereiteten Treffen von DDR-Schriftstellern teilzunehmen. Dieses Zusammentreffen ist am 20. 1. 1978, 12.00 Uhr, in der Wohnung des Schriftstellers
SCHLESINGER, Klaus
108 Berlin, Leipziger Str. 55
geplant.
Es ist vorgesehen, daß die anwesenden Schriftsteller aus eigenen literarischen Arbeiten lesen und darüber diskutieren. Bei diesem Zusammentreffen wird mit der Teilnahme von ca. 15 bis 20 Personen gerechnet.
Bisher wurde bekannt, daß von SCHLESINGER folgende Schriftsteller eingeladen wurden:
ARENDT, Erich
JAKOBS, Karl-Heinz
FRIES, Fritz-Rudolf (wh.: Fredersdorf, Krs. Strausberg)
KIRSCH, Rainer (wh.: Halle)[1]
Maßnahmen zur op. Kontrolle der Zusammenkunft und Beobachtung des Westberliner Schriftstellers Günter GRASS werden eingeleitet.
Sollte GRASS bei seiner Einreise in die Hauptstadt der DDR nichtlizenzierte Schriften bei sich führen, werden diese durch die Zollorgane der DDR eingezogen.

(BStU, MfS, ZAIG 3786, Bl. 52 f.)

---

1 *Zu den Teilnehmern gehörte auch Friedrich Dieckmann:*
Zu dem Treffen hatte mich Rainer Kirsch mitgenommen, mit dem ich, wie auch mit Klaus Schlesinger, befreundet war. Seit 1975 war ich, wie ich in den neunziger Jahren erfuhr, im Visier des MfS durch einen tiefschürfenden Essay von Adolf Dresen »Zur Kritik der Marxschen Öko-

nomie«, dessen Abschrift mir der Autor übertragen hatte; einen der vier Durchschläge hatten wir an einen vertrauenswürdig scheinenden Theatermann gegeben, der sich dann in den Akten als der IM »St. Just« enthüllte. Man hatte einen Operativen Vorgang namens »Schnittpunkt« angelegt, innerhalb dessen wegen »Verbrechens gegen die DDR« gegen mich ermittelt wurde; nicht das Abfassen des Textes, aber die Vervielfältigung und Weitergabe wurden als sträflich angesehen. Geplant waren Hausdurchsuchung und Verhaftung, wozu es aber nicht kam; vermutlich schützte mich die Tatsache, dass »St. Just« im Falle eines Prozesses enttarnt worden wäre, vielleicht auch meine PEN-Mitgliedschaft. (Ich bin im Begriff, Dresens bislang ungedruckte Abhandlung im Basisdruck Verlag herauszugeben.)

An dem Abend bei Schlesinger schlossen sich intensive ästhetische Diskussionen an die einzelnen Lesungen an. Die Texte wurden auf freundschaftlich-respektvolle Weise kritisch unter die Lupe genommen; es war eine literarisch-professionelle, keine politische Runde. Ich selbst habe nicht vorgetragen. Besonders lebhaft erinnere ich mich an die Lesung von Johannes Schenk, die sehr wohlwollend aufgenommen wurde. (Schriftlicher Bericht vom 4.12.2009)

Dokument 24

HA VI/Güst *Leitstelle*
teilte am *20.01.78* um *22.10* Uhr mit, daß die für
Genossen *Major Grunert* Abteilung *XX/7*
unter der Nr. *224135* Stufe *II* in Fahndung
stehende Person um *22.05* Uhr über *Bh. Friedrichstraße*
ausgereist ist.
Maßnahmen: Genosse *Hptm. Tischendorf*
wurde am *20. 01. 78* um *22.15* Uhr verständigt.

Meldung entgegengenommen *Stegemann, Major*
(Name/Dienstgrad)

(BStU, MfS, ZAIG 3786, Bl. 55)

Dokument 25

MINISTERIUM FÜR STAATSSICHERHEIT

Berlin, den 24. Jan. 1978

Sperrmaterial

Streng geheim!

Um Rückgabe wird gebeten!

4 Blatt

7. Exemplar

An:

1. Hon[ecker]
2. Hag[er]
3. Mitt[ig]
4. Kienb[erg]
5. Kratsch
6. Schorm
7. Abl[age]

Information 46/78

über wiederholte Einreisen des Westberliner Schriftstellers Günter GRASS u. a. Personen, aus Westberlin kommend, in die Hauptstadt der DDR, Berlin

Dem MfS ist bekannt, daß der

Dr. h. c. GRASS, Günter (50)
geb. am 16. 10. 1927
wohnhaft: 1 Berlin (West) 41, Niedstr. 13
Beruf: Steinbildhauer/Schriftsteller
jetzt tätig als freischaffender Schriftsteller

in den letzten Monaten mehrmals in die Hauptstadt der DDR, Berlin, einreiste mit dem Ziel, mit Schriftstellern der DDR, die eine feindlich-negative Haltung einnehmen, zusammenzutreffen.

(Dazu wurden in der Information des MfS Nr. 729/77 vom 22. November 1977 nähere Angaben mitgeteilt.)

Günter GRASS reiste am 20. 01. 1978, 11.35 Uhr erneut, diesmal allein, über die Grenzübergangsstelle Friedrichstraße in die Hauptstadt der DDR ein. Bereits vor ihm waren folgende Personen über die gleiche Grenzübergangsstelle eingereist:

Karin Kiwus[1]
###
wohnhaft: 33 Westberlin, ###

(Die Kiwus ist Mitarbeiterin der Akademie der Künste Westberlin. Dem MfS ist sie als Verbindung der DDR-Schriftsteller Stephan HERMLIN und Günter KUNERT bekannt.)

###
wohnhaft: Westberlin 51, ###
###
wohnhaft in den USA
LETTAU, Reinhard
###
seit 1967 USA-Bürger (Verfasser des bei Reclam erschienenen Titels »Der tägliche Faschismus«)

LETTAU und die ### waren bereits Teilnehmer der Zusammenkunft von GRASS mit Schriftstellern der DDR am 18.11.1977 in der Wohnung des Schriftstellers Erich ARENDT.

Die genannten Personen nahmen GRASS nach dessen Einreise in Empfang und begaben sich zusammen mit der ebenfalls anwesenden DDR-Bürgerin

Edda BAUER
wohnhaft: 1162 Berlin, ###
Lektoratsmitarbeiterin im Aufbau Verlag

zur Wohnung des Schriftstellers Klaus SCHLESINGER in 108 Berlin, Leipziger Str. 55.

Dem MfS wurde weiter bekannt, daß sich in der Wohnung von SCHLESINGER neben den bereits genannten Personen folgende Schriftsteller der DDR, die eine feindlich-negative Haltung einnehmen, versammelten:

SCHLESINGER, Klaus
WEGNER (SCHLESINGER), Bettina
ARENDT, Erich und dessen Lebensgefährtin Hannelore Teutsch
STADE, Martin
JAKOBS, Karl-Heinz + Marianne Jakobs
KIRSCH, Rainer.

Außerdem wurde die Wohnung SCHLESINGERs zum Zeitpunkt des Zusammentreffens dieser Personen aufgesucht von den BRD-Bürgern

###
wohnhaft: Utrecht/Niederlande
und
Johannes Schenk
wohnhaft: Linienthal/BRD [Lilienthal]

ist bekannt als langjährige Verbindung von Erich ARENDT. ### war bereits mehrmals Teilnehmer vergangener Treffen von GRASS mit feindlich-negativen Schriftstellern der DDR.

Das Zusammentreffen wurde – wie auch schon in der zurückliegenden Zeit – so darzustellen versucht, als ob hier aus jeweils eigenen literarischen Werken gelesen und darüber diskutiert werde.

Weitere Informationen über den Inhalt des Treffens werden erarbeitet, und bei beachtenswerten Gesichtspunkten wird nachberichtet.
Bis auf STADE verließen die anwesenden Schriftsteller der DDR bereits gegen ## Uhr einzeln die Zusammenkunft. GRASS begab sich um ## Uhr von der Wohnung SCHLESINGERs direkt zur Grenzübergangsstelle Bahnhof Friedrichstraße und reiste gegen ## Uhr aus der Hauptstadt der DDR, Berlin, nach Westberlin aus. Die übrigen Teilnehmer verließen bis ## Uhr die Wohnung SCHLESINGERs.

Die Information ist nicht zur öffentlichen Auswertung bestimmt.

(BStU, MfS, ZAIG 24110, Bl. 82–85)

---

1 *Karin Kiwus, damals Sekretär der Sektion Literatur der Akademie der Künste in West-Berlin:*
Ich war bei diesen Schriftstellertreffen nur einmal dabei, bei Klaus Schlesinger. Günter Grass hatte mich eingeladen mitzukommen. Wir sind einzeln mit der S-Bahn nach Ost-Berlin gefahren, mussten die Grenzkontrollen am Bahnhof Friedrichstraße über uns ergehen lassen und haben uns dann an der Unterführung getroffen und sind zusammen – sozusagen im Gänsemarsch – in die Leipziger Straße gegangen in die Wohnung, wo wir uns Texte vorgelesen haben.

Man wurde in diesen Schriftstellerkreisen, man war ja ungefähr gleich alt, auch als Neue sehr herzlich begrüßt, weil es eine besondere Situation war. Ich erinnere mich, dass Bettina Wegner, die damals mit Klaus Schlesinger verheiratet war, eine Suppe gekocht hat, es war eine allgemein gelöste Atmosphäre. Ich konnte erst viele Jahre später anhand eines Stasi-Berichts ersehen, dass wir vom Grenzübertritt an beobachtet worden sind, bis wir an der Wohnung waren. Der Bericht enthält nicht, was dort geschah, was ein schönes Indiz ist, denn es war also kein Spitzel darunter. Im Bericht ist dann erst wieder zu lesen, wer um wie viel Uhr in welchem angeheiterten Gemütszustand das Haus verlassen hat.
(Interview vom 7.9.2009)

Dokument 26

Hauptabteilung XX/2 Berlin, den 1. Februar 1978

Vorhalte, die dem IMV »Schäfer« während der Aussprache am 2. 2. 78 gemacht werden können

1. Der IM berichtete nach stattgefundenen Zusammenkünften zwischen Schriftstellern der DDR und der BRD ständig, daß er keine Möglichkeit hatte, daran teilzunehmen.
Durch eigene Berichte des IM (am 7. 6. 77) wurde bekannt, daß er von seinem Bruder persönlich zu der nächsten Zusammenkunft mit BRD-Schriftstellern eingeladen wurde. Außerdem hat er sich kurz vor dieser Zusammenkunft, die am 5. 8. 77 stattfand, noch einmal mit seinem Bruder konsultiert und seine Absicht teilzunehmen zum Ausdruck gebracht. Am 9. 8. 77 berichtete der IM, daß er keine Möglichkeit der Teilnahme hatte.
Zu einer früheren Zusammenkunft (7. 3. 77) hatte der IM eine Einladung seiner Schwägerin erhalten, die aber kurz vor dem Termin nicht bestätigt worden sei und er deshalb ebenfalls nicht teilnehmen konnte.
2. Über seine Zusammenkunft mit dem BRD-Schriftsteller Grass und Prof. Jäckel am 15. 3. 77 in Westberlin berichtete der IM nur sehr oberflächlich und offensichtlich lückenhaft (keine besonderen Probleme diskutiert usw., obwohl aus der Art und Weise des Zusammentreffens mit Jäckel ersichtlich war, daß dieser offensichtlich zum Zeitpunkt des Besuches des IM von Grass eingeladen war).
Zu einem späteren Zeitpunkt bemerkte der IM ganz nebenbei, daß er Grass über Parteidiskussionen zur Lage unter den Schriftstellern der DDR informiert hatte. Es handelte sich dabei um eine Information, die der IM später der Kirsch übergeben hat (siehe Punkt 3).
Es ist ferner bekannt, daß bei einer Zusammenkunft mit ### auch ernsthafte politische Probleme erörtert wurden (Rolle der Brüder ### in der BRD und ihre Verbindungen in die DDR).
3. Der IM hat protokollarische Aufzeichnungen über eine Parteiversammlung Grass zur Kenntnis gegeben und sie anschließend in Kenntnis der Position der Kirsch an diese übergeben (ohne unsere Kenntnis).
Als diese Protokollaufzeichnungen wörtlich in »Die Zeit« erschienen, machte er uns vom Sachverhalt Mitteilung (erschienen am 25. 5. 77 – Information am 2. 6. 77) und versuchte, sein Verhalten damit zu begründen, daß er sowohl zu Grass als auch zur Kirsch seinen Kontakt im Interesse des MfS festigen wollte.

4. Am 16. 9. 77 berichtete der IM, daß er erst am Vormittag des gleichen Tages (6. 9. 77) von dem geplanten Interview seines Bruders in der Sendung »Kennzeichen D« erfahren hat.
Inoffiziell ist bekannt, daß er bereits Wochen vorher von dieser Sendung wußte und in seinem Bekanntenkreis dafür Reklame machte. (...)

(BStU, MfS, ANS AIM 15311/89 Bd. 1, Bl. 229 f.)

Dokument 27

HA XX/2 7. 3. 78
Treffbericht
IMV »Schäfer«
Zeit: 7. 3. 78 – 8.30 – 9.00 Uhr
Ort: IMK »Bungalow«
Mitarbeiter: OSL Kuschel

Der Treff war auf Bitten des IM kurzfristig vereinbart worden, da der IM ein wichtiges Anliegen zu besprechen hatte.
Der IM teilte mit, daß sein Bruder [nach dessen Ausreise im Dezember 1977 nach West-Berlin] sich durch Mitunterzeichnung einer von Günter Grass organisierten Protestaktion gegen die DDR exponierte (anliegende Information). Der IM schätzte eine derartige Aktivität seines Bruders als ein Zeichen der Einordnung in die seitens des Grass organisierten Aktionen ein.
Der IM wurde von seinem Neffen, ###, gebeten, zu Ostern mit ihm nach Prag bzw. Warschau zu reisen, um sich dort mit Hans-Joachim Schädlich zu treffen. Der IM äußerte Unlust zu einer Fahrt nach Warschau, da er für die Ostertage anderes vorhätte. Er wäre aber bereit, die Verbindung mit seinem Bruder zum Zwecke der Informationsabschöpfung und Einflußnahme in Prag oder Warschau aufzunehmen.

Neuer Auftrag und Verhaltenslinie
1. Die geplante Reise von H.-J. Schädlich endgültig klären und wenn Treffen möglich, die eigene Reise nach Warschau bzw. Prag organisatorisch vorbereiten. Inhaltliche Absprachen beim nächsten Treff.
2. Die Verbindungsaufnahme des IM zu Grass soll unter Ausnutzung des Treffens mit Schädlich durch Avisierung in die Wege geleitet werden. (...)

(BStU, MfS, ANS AIM 15311/89, Bl. 178 f.)

Dokument 28

Hauptabteilung XX Berlin, 17. 3. 1978
Information

Der Dramaturg Dr. Hans [Hans-Joachim] BUNGE informierte das MfS intern über nachstehend aufgeführten Sachverhalt während seines Aufenthaltes in Westberlin:
Am 17. 2. 1978 Uhr hielt Dr. BUNGE einen Vortrag mit dem Titel »Brecht bei der Probe« in der linksliberalen »Wolffs Bücherei« in Westberlin, Bundesallee 133. (...)
Während der Veranstaltung erhielt Dr. BUNGE vom Veranstalter einen Zettel mit der Bitte, nach der Veranstaltung Günter Grass in seiner Wohnung in Westberlin, Niedstr. 13, zu besuchen. Obwohl er aus fachlich-literarischen Gründen nie ein gutes Verhältnis zu GRASS hatte, nahm Dr. BUNGE die Einladung des GRASS an und begab sich gegen 23.00 Uhr zu ihm. Zu seiner Überraschung befanden sich am Abend des 17. 2. 1978 bei GRASS

- Günter GAUS, Leiter der BRD-Vertretung in der DDR, der bereits ### war,
- Hans-Joachim SCHÄDLICH mit Ehefrau,
- Wolf BIERMANN
- Sarah KIRSCH
- Bernd JENTZSCH, der sich besuchsweise in Westberlin aufhielt,

und sechs weitere, ihm nicht bekannte Personen.
Die Gespräche dieses Personenkreises beinhalteten einen Meinungsaustausch über Sinn und Zweck einer Veranstaltung in der Technischen Universität in Westberlin, die am 18. 2. 1978 von maoistischen Studentengruppen durchgeführt werden soll, wobei Probleme der nationalen Frage und Stellungnahmen zur »Unterstützung Bahros« und anderer in der DDR inhaftierter Intellektueller eine Rolle spielen soll.
BIERMANN engagierte sich in dieser Gesprächsrunde in der Weise, daß er sich als wichtigste politische Persönlichkeit vorkam. Er gab bekannt, daß er als »Hauptzugnummer« auf dieser Veranstaltung auftreten wird und einige geeignete Lieder singen will.
Nach Einschätzung des Dr. BUNGE zeigte das Gesamtverhalten des GAUS das Bemühen, es bei dieser Veranstaltung nicht zu allzu scharfen Zuspitzungen der Gegensätze zur DDR kommen zu lassen. In der gegenwärtigen Situation sei ein Anheizen von Konfrontationen mit der DDR nicht gut.
Günter GRASS ließ erkennen, daß es ihm um die Unterstützung solcher Intellektueller in der DDR geht, die zur Opposition gehören, die man spüren lassen muß, daß sie »nicht alleinstehen«.

beteiligte sich fast nicht an diesen Gesprächen. Er schwieg meistens und hinterließ einen nicht sehr optimistischen Eindruck.
pflichtete den Äußerungen von Günter GRASS bei, ohne selbst eigene Gedanken und Vorschläge zu unterbreiten.
Sarah Kirsch versuchte den Eindruck zu erwecken, ###. Sie würde von Freunden, zu denen auch Günter GRASS gehört, weitgehende Unterstützung erhalten, wodurch sie sich in Westberlin gut einleben konnte. Sie freue sich, wenn sie Besuche aus der DDR erhält und ist nicht abgeneigt, künftig in der DDR Lesungen durchzuführen und mit DDR-Verlagen zusammenzuarbeiten.
Dr. BUNGE nahm in diesem Personenkreis die Position eines sich interessierenden Beobachters ein, ohne sich selbst negativ gegen die DDR zu engagieren. Angesichts der entstandenen Situation beschloß er an diesem Abend, nicht mehr in die DDR zurückzureisen und an der Veranstaltung in der Technischen Universität am 18. 2. 1978 in Westberlin teilzunehmen.
Die Veranstaltung am 18. 2. 1978 im Auditorium Maximum der Technischen Universität Westberlin wurde von der maoistischen Studentengruppe »Der lange Marsch« durchgeführt. Es handelte sich hierbei um ein »Forum über die nationale Frage der Deutschen« und muß als eine Hetzkundgebung gegen die DDR betrachtet werden. Es waren ca. 2000 Besucher, vorwiegend Studenten, anwesend.
Die Veranstaltung begann mit einer Sympathie-Erklärung für Rudolf BAHRO. Die Anwesenden wurden aufgefordert, sich der Sympathie-Erklärung, in der »Freiheit für Rudolf BAHRO« gefordert wurde, anzuschließen.
Am Präsidiumstisch hatten sechs Personen, darunter der Präsident der Technischen Universität, Wolf BIERMANN, der Publizist Peter BENDER (WDR) und andere dem Dr. BUNGE nicht bekannte Personen Platz genommen, die vorgaben, keine einheitliche politische Position einzunehmen und aus ihrer Sicht zu Problemen der Nation zu sprechen.
Übereinstimmend wurde von den sechs Rednern die Notwendigkeit der Wiedervereinigung Deutschlands dargelegt, wobei die Parolen »Wiedervereinigung in Freiheit« sich wiederholten.
Gleichzeitig wurde eindeutig klarzustellen versucht, daß unter den gegenwärtigen Existenzbedingungen der beiden deutschen Staaten die Wiedervereinigung nicht zu realisieren ist. Dies sei auch im Hinblick auf die Machtpositionen der beiden Weltmächte und ihre Interessenlage in Europa zur Zeit nicht möglich. Im weiteren wurde versucht, entsprechend des sogenannten Manifestes die DDR zu diskreditieren.
In diesem Zusammenhang wurden die Anwesenden aufgefordert, sich für die Freilassung von Rudolf BAHRO einzusetzen.

Es wurde eine Geldsammlung zur Abdeckung der Ausgaben für die Organisation weiterer Veranstaltungen, in denen Freiheit für BAHRO u. a. Inhaftierte in der DDR gefordert werden soll, durchgeführt.
Vom Sprecher des Präsidiums der Veranstaltung wurde mitgeteilt, daß Heinrich BÖLL, Günter GRASS, Carola STERN, Arthur MILLER, Graham GREENE und Mikis THEODORAKIS einen öffentlichen Aufruf zur Freilassung Rudolf BAHROS verfaßt haben, dem sich bereits zahlreiche DDR-Emigranten angeschlossen haben.[1]
BIERMANN trat mit einem kurzen politisch wirren Beitrag auf und trug zwei Lieder vor. ###. In der Diskussion sprachen vier Studenten, darunter ###, ohne besondere Emotionen bei den Versammelten auszulösen.
Dr. BUNGE übergab dem MfS beiliegende 10 Hetzflugblätter gegen die DDR und die Sowjetunion, die während der Veranstaltung in der Technischen Universität Westberlin ausgelegt wurden und Rückschlüsse auf die politische Manipulierung der Studenten in Westberlin und den antisozialistischen Charakter der Veranstaltung zulassen.

(BStU, MfS, HA XX 209, Bl. 145–149)

---

1 *Der Philosoph Rudolf Bahro hatte in seinem Buch »Die Alternative« die Verhältnisse in der DDR analysiert und kritisiert. Das Buch erschien 1977 im Westen. Daraufhin wurde Bahro in der DDR wegen Geheimnisverrats zu acht Jahren Gefängnis verurteilt. Am 1. Februar 1978 erschien in der Londoner Tageszeitung »Times« ein Appell zur Freilassung Rudolf Bahros. Der Appell war unterzeichnet von Heinrich Böll, Günter Grass, Graham Greene, Arthur Miller, Carola Stern und Mikis Theodorakis:*

Das »Jahr des politischen Gefangenen« ging im Dezember 1977 zu Ende. Die bedrückende Lage der politischen Gefangenen aber bleibt weiterhin auf der Tagesordnung. Da die KSZE-Nachfolgekonferenz in Belgrad sich nunmehr in der Schlußphase befindet, appellieren die Unterzeichnenden an die Weltöffentlichkeit, für die Freilassung von Rudolf Bahro einzutreten.

Seit dem 23. August 1977 ist Rudolf Bahro ein Gefangener des Staatssicherheitsdienstes der DDR. Ein politischer Gefangener. Offensichtlich wie wohl nur selten in der Geschichte ist die Fadenscheinigkeit, ja das Verleumderische des Vorwands, unter dem er in Haft genommen wurde: »Wegen Verdachts nachrichtendienstlicher Tätigkeit«. Der Haftgrund ist Rudolf Bahros Buch »Die Alternative – Zur Kritik des real existierenden Sozialismus«. Es ist in der Europäischen Verlagsanstalt, einem Verlag der Gewerkschaften, in der Bundesrepublik erschienen und wird demnächst auch in englischer, italienischer und dänischer Sprache zu lesen sein. Dieses Buch nun beweist nichts anderes als die sozialistische Überzeugung und den außerordentlichen Rang des Gesellschaftsanalytikers Rudolf Bahro.

Bahro sitzt in einem DDR-Gefängnis, weil er sich aus der Tradition des Denkens von Karl Marx, Friedrich Engels und Rosa Luxemburg herausfordernd mit dem »real existierenden Sozialismus« in seinem Land auseinandergesetzt hat. Rudolf Bahro sitzt im Gefängnis einer sich sozialistisch nennenden Gesellschaft, weil er als Kommunist eintritt für gesellschaftlichen Fortschritt.

Wir halten es für notwendig, die Behörden der DDR immer wieder daran zu erinnern, daß die Freilassung Rudolf Bahros eine Selbstverständlichkeit ist, nicht mehr und auch nicht weniger.

(Frankfurter Rundschau vom 2. 2. 78, archiviert beim MfS unter: ZAIG 3786 BStU 60)

Dokument 29

Hauptabteilung XX/2 Berlin, den 29. März 1978

Bericht

zum Treff mit dem IMV »Schäfer«

am 28. 3. 78 von 9.00–15.00 Uhr im Objekt »Insel«

Am Treff nahmen Gen. Oberstltn. Kuschel und Major Salatzki teil.

Der IM berichtete entsprechend der erhaltenen Aufträge während des Treffs über folgende Probleme:

1. Zusammenkunft mit Hans-Joachim Schädlich in der Zeit vom 24.–27. 3. 78 in Warschau. (...)

Zu 1. – Treffen mit H.-Joachim Schädlich in Warschau

(...) Zur Vorgeschichte dieser Reise nach Warschau informierte der IM über folgendes: H.-Joachim Schädlich und seine Frau haben sich am 18. 2. 78 in Westberlin aufgehalten (Datum des Geburtstages der Frau von Schädlich), um bei Grass in Westberlin gemeinsam mit weiteren ehemaligen DDR-Bürgern den Geburtstag zu feiern. Außerdem wollte H.-Joachim Schädlich den Aufenthalt in Westberlin ausnutzen, um sich mit dem Leiter der BRD-Vertretung in der DDR – Gaus – über die Zweckmäßigkeit der geplanten Warschaureise zu beraten.

Bei Grass waren ca. 30 Personen anwesend, von denen H.- Joachim Schädlich folgende namentlich erwähnte: die ehemaligen DDR-Bürger ###, Sarah Kirsch, Biermann, Brasch sowie ### und die DDR-Bürger Jochen [Hans-Joachim] Bunge und Klaus Schlesinger. Es waren ferner im Exil lebende Ungarn und Rumänen und der Leiter der BRD-Vertretung in der DDR – Gaus – anwesend.

Grass legte bei dieser Zusammenkunft eine von ihm verfaßte »Protesterklärung« zu Bahro vor und forderte alle Anwesenden zur Unterschrift auf. Nach Angaben von H.-Joachim Schädlich konnte er seine Unterschrift nicht verweigern.

Gaus trat gegen diese Protesterklärung auf und äußerte sich auch gegen einen von Biermann geplanten Auftritt an der Freien Universität in Westberlin anläßlich einer Protestveranstaltung zu Bahro. Gaus vertrat die Auffassung, daß man auf diplomatischen und auf anderen Kanälen mehr für Bahro tun könne. (...)

(BStU, MfS, ANS AIM 15311/89, Bl. 191 f.)

Dokument 30

Hauptabteilung XX

Berlin, den 30. 03. 1978

Auskunftsbericht

(...) Es wird vorgeschlagen, zur weiteren Kontrolle von Grass wie zur Aufklärung seiner Verbindungen und Absichten folgende Maßnahmen zu realisieren:

- Grass ist in Fahndung zu stellen. Bei Einreisen in die DDR erfolgen Beobachtungsmaßnahmen.
- Es ist weiterhin an der Feststellung seiner Verbindungen in der DDR und der Aufklärung von deren Charakter im Zusammenwirken mit anderen Diensteinheiten, insbesondere der Abteilung XX der BV Berlin, zu arbeiten. Dabei ist zu prüfen, welche sich von ihnen für eine operative Nutzung eignen.
- Durch den zielgerichteten Einsatz von IM, die Verbindung zu Grass haben, sind seine weiteren Pläne und Absichten aufzuklären.
- Mit der HA XX/5 sowie der Hauptabteilung VII ist zu prüfen, welche Möglichkeiten zur Aufklärung von Grass' Verbindungen in Westberlin und der BRD bestehen.
- Durch die HA XX/5 ist zielgerichtet an der Aufklärung von Grass' Rolle im »Schutzkomitee Freiheit und Sozialismus« zu arbeiten.

(BStU, MfS, HA XX OG 23, Bl. 395 f.)

HA XX/7

Zum Auskunftsbericht Grass, Günter vom 30. 03. 1978

Auf Seite 12 als letzten Satz hinzufügen:

Die HVA wird gebeten, alle Möglichkeiten zu nutzen, um die Rolle des G. und seine Verbindungen zu feindlichen Organisationen aufzuklären.

(BStU, MfS, ZAIG 3786, Bl. 63)

Dokument 31

Berlin, den 6. Mai 1978

Genossen Minister

Der Westberliner Schriftsteller Günter GRASS beantragte im Büro für Reiseangelegenheiten der DDR in Westberlin eine Einreise in die Hauptstadt der DDR für den 24. 5. 1978.

Inoffiziell wurde dazu bekannt, daß GRASS an diesem Tag eine erneute Zusammenkunft mit DDR-Schriftstellern in der Wohnung des Schriftstellers Friedrich DIECKMANN durchführen will. Als Teilnehmer wurde neben DIECKMANN bisher auch Klaus SCHLESINGER bekannt.

Maßnahmen zur operativen Kontrolle und Überwachung dieser Zusammenkunft werden eingeleitet.

Generalmajor *Mittig*

[Handschriftliche Notiz am Rande:]
Einreise gestatten
Unter konspirativer
Kontrolle halten
Mi[elke] 9. 5. 78

(BStU, MfS, ZAIG 3786, Bl. 68)

Dokument 32

ZAIG 9.5.78

Aktivitäten des Westberliner Schriftstellers Günter GRASS

Der Westberliner Schriftsteller Günter GRASS beantragte in einem Büro für Besuchs- und Reiseangelegenheiten in Westberlin eine Einreise in die Hauptstadt der DDR für den 24. Mai 1978.
Intern wurde dazu bekannt, daß GRASS an diesem Tag eine erneute Zusammenkunft mit DDR-Schriftstellern in der Wohnung des Schriftstellers Friedrich DIECKMANN durchführen will. Als Teilnehmer wurde neben DIECKMANN bisher auch Klaus SCHLESINGER bekannt.
GRASS reiste letztmalig am 20. Januar 1978 zur Teilnahme an einer Zusammenkunft feindlich-negativer Kulturschaffender ein, die in der Wohnung des Schriftstellers SCHLESINGER, Klaus, stattfand.
Im Februar 1978 wurde in der BRD-Presse ein »Appell zur Freilassung BAHRO's« veröffentlicht, der von GRASS, MILLER, GREEN, STERN und THEODORAKIS unterzeichnet ist. Im Ergebnis einer gezielten Einflußnahme des GRASS schlossen sich diesem »Appell« dessen Verbindungen KIRSCH, BIERMANN, FUCHS, JENTZSCH und SCHÄDLICH an.
Nach weiter vorliegenden Hinweisen gründete GRASS im Mai 1978 die Stiftung »Alfred-Döblin-Preis«; der Preis soll alle zwei Jahre für ein »unveröffentlichtes Werk epischen Charakters« verliehen werden. In diesem Zusammenhang wurde bekannt, daß der Mitarbeiter des Westberliner Senats, ###, bemüht ist, einen derartigen Literaturpreis als »Dissidentenpreis« zu profilieren (er soll insbesondere an solche Schriftsteller verliehen werden, die eine oppositionelle Haltung zur DDR bekunden).[1]
Maßnahmen zur operativen Kontrolle und Überwachung dieser Zusammenkunft werden eingeleitet.

(BStU, MfS, ZAIG 24110, Bl. 86)

---

1 *Günter Grass:* Die Mutmaßungen der Stasi zum Döblin-Preis stimmen nicht. Auf die Vergabe hat überhaupt kein Mensch Einfluss genommen. Und die Senatsverwaltung hatte schon gar nichts damit zu tun. Der Preis lief über die Akademie der Künste, in Zusammenarbeit mit dem Literarischen Kolloquium Am Sandwerder. Dort finden die Lesungen jener Autoren statt, die in die engere Wahl gekommen sind, und

die Preisverleihung findet dann in der Akademie der Künste statt. Der Berliner Senat hat insofern mit der Vergabe des Döblin-Preises überhaupt nichts zu tun.

Erst später, als ich mein Haus in Wewelsfleth der Stadt Berlin geschenkt habe, um dort für West-Berliner Autoren, die sonst nur selten rauskamen aus der Insel-Stadt, eine Arbeitsmöglichkeit zu schaffen, kam der Senat ins Spiel, denn das Geschenk war mit der Auflage verbunden, dass der Senat diesen Künstlern ein Aufenthaltsstipendium finanziert. Das hat sich dann nach 89 natürlich erweitert. Das sogenannte Alfred-Döblin-Haus steht jetzt Autoren aus allen Regionen offen. Mittlerweile hatten mehr als 250 Autoren einen Arbeitsaufenthalt in Wewelsfleth, teilweise bis zu einem halben Jahr.

Im Nachhinein hat es sich als listig und richtig erwiesen, dass ich in die Urkunde geschrieben habe, dass die Schenkung hinfällig wird, wenn die Stipendien eines Tages gestrichen werden sollten. Sie wären sonst vermutlich schon den »Streichkonzerten« zum Opfer gefallen.

(Interview vom 15.11.2009)

Dietger Pforte: Als damaliger Leiter des Referats Literatur- und Autorenförderung im West-Berliner Senat ist mir nicht erinnerlich, dass es – von wem auch immer – Überlegungen gegeben habe, den Alfred-Döblin-Preis »als Dissidenten-Preis zu profilieren«. Ich erinnere mich allerdings sehr gut, dass seinerzeit Günter Grass mit der Akademie der Künste über die Errichtung der Alfred-Döblin-Stiftung verhandelt hat, ohne dass dabei die Senatskulturverwaltung einbezogen gewesen ist. Die wurde erst angesprochen während der Vorbereitung der ersten Verleihung des Alfred-Döblin-Preises, weil die Erträge des Stammkapitals der Alfred-Döblin-Stiftung zwar für die Dotierung des Preises ausreichten, nicht aber für die Deckung aller anfallenden Nebenkosten. Die Senatskulturverwaltung hat dem Literarischen Colloquium, das in Verbindung mit der Akademie der Künste für die Vergabe des Alfred-Döblin-Preises zuständig ist, eine Zuwendung zur Deckung eines Teils der Nebenkosten gegeben, ohne auch nur ansatzweise Einfluss auf die Preisvergabe-Kriterien genommen zu haben. Das hätte auch nicht zum kulturpolitischen Selbstverständnis des Senats gepasst.

(Mitteilung von Dietger Pforte vom 2.1.2010)

Dokument 33

Hauptabteilung XX Berlin, 14.12.1978

Information
über eine geplante Zusammenkunft des Westberliner Schriftstellers Günter GRASS mit DDR-Schriftstellern am 18.12.1978

Inoffiziell wurde bekannt, daß für den 18.12.1978, #### Uhr, in der Wohnung des Schriftstellers Klaus SCHLESINGER in 108 Berlin, ###, eine Zusammenkunft des Westberliner Schriftstellers Günter GRASS mit weiteren DDR-Schriftstellern geplant ist. Diese Zusammenkunft wurde als »Weihnachtsfeier« deklariert.
Bisher haben folgende DDR-Schriftsteller ihre Teilnahme zugesagt:

Klaus Schlesinger
Karl-Heinz Jakobs
Kurt Bartsch
Rainer Kirsch
Adolf Endler
Bettina Wegner

Bei den Genannten handelt es sich um Schriftsteller, die die Protesterklärung gegen die Ausbürgerung Biermanns unterzeichnet haben und in der Folgezeit unterschiedliche Vorbehalte gegen die Politik der Partei zum Ausdruck brachten.
Gegen Grass besteht keine Einreisesperre. Es sind Maßnahmen der operativen Fahndung und Beobachtung zur Kontrolle seiner Bewegungen eingeleitet worden.
Es sind Maßnahmen eingeleitet worden, um Informationen über den Inhalt der Gespräche während der Zusammenkunft von Grass mit DDR-Schriftstellern zu erarbeiten.

(BStU, MfS, ZAIG 3786, Bl. 113 f.)

Dokument 34

Hauptabteilung XX Berlin, 19.12.1978

Information
über den Aufenthalt des Westberliner Schriftstellers Günter GRASS am 18.12.1978 in der Hauptstadt der DDR und dabei festgestellte Aktivitäten[1]

GRASS reiste am 18.12.1978, 12.40 Uhr, über die Güst Bahnhof Friedrichstraße in die Hauptstadt der DDR ein. Er traf sich anschließend mit dem ebenfalls aus Westberlin über die gleiche Güst einreisenden

SCHNEIDER, Peter
###
Schriftsteller
operativ bekannt als Teilnehmer früherer Zusammenkünfte von Grass mit DDR-Schriftstellern und als Mitglied des Schutzkomitees »Freiheit und Sozialismus«

und begab sich mit diesem in die Wohnung des DDR-Schriftstellers

SCHLESINGER, Klaus
in 108 Berlin, ###.

In der Wohnung Schlesingers trafen neben Grass, Schneider und Schlesinger folgende weitere operativ bekannte Personen zusammen:

KUNERT, Günter
Schriftsteller, ###
JAKOBS, Karl-Heinz
Schriftsteller, ###
ERB, Elke
Schriftstellerin
STADE, Martin
Schriftsteller
SCHLESINGER-WEGNER, Bettina
Sängerin und Liedermacherin
BAUER, Edda
Lektoratsmitarbeiterin Aufbau Verlag Berlin.

Alle genannten Personen nahmen bereits an früheren Zusammenkünften von Grass mit DDR-Schriftstellern teil. Die Zusammenkunft dauerte bis ca. ## Uhr. ### verließ die Wohnung Schlesingers bereits gegen ## Uhr. Grass reiste zusammen mit Schneider um ## Uhr über die Güst Bahnhof Friedrichstraße aus der DDR-Hauptstadt aus.

Nach ersten inoffiziellen Hinweisen lasen die anwesenden Schriftsteller aus bisher unveröffentlichten literarischen Arbeiten. Jakobs las aus seinem neuen Romanmanuskript »Die Stille«, das nach seiner Meinung wegen des politisch brisanten Inhalts gegenwärtig von keinem DDR-Verlag angenommen wird, von dem er aber überzeugt ist, daß es in den 80er Jahren in der DDR erscheint.
An der Feststellung weiterer Informationen über den Inhalt der Zusammenkunft wird gearbeitet.

(BStU, MfS, ZAIG 3786, Bl. 115 f.)

---

1 *Günter Grass:* Die Autorentreffen gingen 1978 zu Ende, da nach dem ganzen Ärger infolge der Biermann-Ausbürgerung immer mehr Autoren in den Westen zogen. Die anfänglichen Initiatoren von Ost-Berliner Seite waren Schädlich und Jentzsch. Als die beide weg waren, hatte sich das Ganze erledigt.
(Interview vom 15.11.2009)

Bettina Wegner: Das Treffen im Dezember 1978 war faktisch das letzte in der Ost-West-Zusammensetzung, aber es war keineswegs so gedacht. Alles lief wie immer, Grass hatte Klaus [Schlesinger] und mir als Gastgeber einen »Butt« mitgebracht und gewidmet, alle lasen und diskutierten die Texte, ich sang zur Gitarre einige Lieder, und am Ende verabschiedeten wir uns »Bis zum nächsten Mal«. Doch zum nächsten Treffen, das im September oder Oktober 1979 stattfand – ich weiß nicht mehr genau ob in der Wohnung von Dieter Schubert oder bei Stefan Heym in Grünau –, kamen nur noch Schriftstellerkollegen aus dem Osten. Alle eingeladenen West-Autoren hatten abgesagt und irgendwelche Termine. Auch bei uns hatte sich das Klima verändert. Ein Teil war bereits ausgereist, wie etwa Jurek Becker und Sarah Kirsch, andere saßen auf gepackten Kisten wie Günter Kunert. Klaus, Stefan Heym und sieben weitere Autoren waren gerade aus dem Schriftstellerverband ausgeschlossen worden, Freunde von mir – Jutta Braband und Thomas Klein –, die dagegen protestiert hatten, waren verhaftet worden. In einer solchen Atmosphäre konnte man schlecht entspannt über literarische Texte diskutieren. Es ging eher darum, wie man Geld für Anwälte der Verhafteten zusammenbekommt. Wir haben uns dann in dem Bewusstsein verabschiedet, dass es das Ende unserer »mulitlateralen Begegnungen« war, wie es Karl-Heinz Jakobs formulierte, und wir uns künftig eher bilateral austauschen würden.

Ich habe die Ost-West-Begegnungen in sehr guter Erinnerung. Die Westler waren wirklich neugierig, insbesondere Grass, keineswegs herablassend und ausgesprochen freundlich. Nach den Lesungen gab es nützliche Kritik, also keine Verrisse, sondern eher Vorschläge für Verbesserungen, Ideen für Umstellungen, ohne Besserwisserei. Wenn mal ein Text unfertig war und nicht überzeugte, wurde das durch Zurückhaltung oder Schweigen der anderen spürbar. Man wollte den Kollegen nicht beschädigen.

Vereinzelt ist es auch zu übergreifenden Diskussionen gekommen. Grass hat mal das Thema angesprochen, ob es inzwischen zwei deutsche Literatursprachen gibt? Darüber wurde lange gestritten. Grass meinte, dass die ostdeutsche Literatur stärker erzählerisch sei, hier noch richtig im klassischen Sinne erzählt werde, während im Westen mehr experimentiert würde. Es war zu spüren, dass Grass das Erzählerische sehr schätzte.

Als ich dann 1980 einen Pass bekam, habe ich ihn noch mal in West-Berlin in der Niedstraße zusammen mit einem Freund besucht und dort auch seine Frau kennengelernt. Er durfte ja zu dieser Zeit nicht in die DDR einreisen. Später hat sich unser Kontakt dann verloren.

(Interview vom 14.1.2010)

Dokument 35

Hauptabteilung XX/2 Berlin, den 25.05.1978

Bericht
zum Treff mit dem IMV »Schäfer«
am 25.05.1978 von 09.00 Uhr bis 14.00 Uhr
Der Treff fand im Objekt »Insel« statt.
Am Treff nahmen Gen. OSL Kuschel und Major Salatzki teil.

Während des Treffs berichtete der IM über folgende Probleme:
1. Kontaktaufnahme mit Günter GRASS am 24.05.78
(...)
Zu 1. Kontaktaufnahme mit Günter GRASS am 24.05.78
Auftragsgemäß setzte sich der IM am 24.05.78 gegen 12.00 Uhr mit Günter GRASS telefonisch in Westberlin in Verbindung. Unter der Legende, Günter GRASS zu einem Gespräch mit interessierten Intelligenzlern (Ärzten) über sein neuestes Buch einzuladen, versuchte der IM in Erfahrung zu bringen, ob GRASS am 24.05.78 in die Hauptstadt der DDR einreist und ob ein Treffen zwischen dem IM und GRASS an diesem Tage möglich ist. GRASS erklärte sich bereit, eine Einladung des IM anzunehmen, äußerte jedoch, erst nach dem 15. Juni in die Hauptstadt der DDR reisen zu können, da er bis zu diesem Zeitpunkt terminlich verhindert sei.
Mit dem IM wurde vereinbart, kurzfristig mit GRASS einen konkreten Termin zu vereinbaren und möglichst vor dem geplanten Treffen mit den Ärzten noch ein individuelles Gespräch mit GRASS zu führen.
Der IM wurde weiter beauftragt, über die Teilnehmer an dieser geplanten Zusammenkunft zu informieren. (...)

Aufträge:
1. Vereinbarung der Zusammenkunft mit G. GRASS. (...)
Dem IM wurden zur Begleichung von Unkosten und Spesen gegen Quittung 200,– M übergeben.

Nächster Treff:
08.06.1978, 09.00 Uhr

Major Salatzki

(BStU, MfS, ANS AIM 15311/89, Bd. 2, Bl. 225 f.)

Dokument 36

Hauptabteilung XX/2 Berlin, den 09.06.1978

Information
zu einer geplanten Zusammenkunft des BRD-Schriftstellers
Günter Grass mit Berliner Ärzten

Der IMV »Schäfer« berichtete, daß unter Ärzten des Klinikums Berlin-Buch Interesse an einem Gespräch mit Günter Grass über dessen neuestes Buch »Der Butt« besteht. Diesen Ärzten ist bekannt, daß der IMV aufgrund seiner Verbindungen zu Hans-Joachim Schädlich Möglichkeiten hat, mit Günter Grass ein derartiges Gespräch zu vereinbaren.[1] Von einem Dr. Hansen, tätig im Haus ### des Klinikums Berlin-Buch, wurde deshalb an den IMV dieses Anliegen herangetragen.[2]
Um den Kontakt mit Günter Grass zu festigen, sagte der IM nach vorheriger Rücksprache mit dem MfS zu, sich bei Günter Grass um ein derartiges Treffen zu bemühen. Der IM nahm telefonisch mit Günter Grass Verbindung auf und vereinbarte, daß dieses Treffen am 16.06.78 um 18.00 Uhr stattfinden wird. Konkrete Einzelheiten über den Ort der Zusammenkunft und darüber, wer Günter Grass am Kontrollpunkt empfangen wird, übermittelte der IM über den Korrespondenten der Süddeutschen Zeitung, an den er durch Hans-Joachim Schädlich vermittelt worden war.
Die Zusammenkunft wird in der Wohnung des im Treffbericht genannten Dr. Hansen stattfinden. Dr. Hansen will das Treffen mit Grass, sollte es zufällig bei DDR-Behörden bekanntwerden, als eine private Galerie, an der Günter Grass als Besucher teilnimmt, abdecken. Nach bisherigen Informationen wollen an dieser Zusammenkunft ca. 20–25 Ärzte teilnehmen. Bisher sind folgende Personen namentlich bekannt:
[Es folgen 11 geschwärzte Namen.] Zur Zeit ist nicht bekannt, ob weitere Personen durch ### für diese Zusammenkunft eingeladen werden.
und ### werden Günter Grass am 16.06.78 um ### Uhr an der GÜSt. Bahnhof Friedrichstraße abholen. ### will sich bemühen, für Grass ein »attraktives Geschenk« zu beschaffen.
In Vorbereitung dieser Zusammenkunft hat sich ### intensiv mit dem obengenannten Buch von Grass beschäftigt. Er hat die Absicht, am 16.06.78 als Gesprächsführer aufzutreten.

Major Salatzki

(BStU, MfS, HA XX 4819, Bl. 83 f.)

1 *Günter Grass:* Es waren Fachärzte aus den verschiedensten Bereichen, die erfahren wollten, was an Literatur im Westen passierte, die Kontakt aufnehmen und darüber diskutieren wollten, die ihren Horizont erweitern wollten und die von sich aus das Risiko auf sich nahmen. Dass das mit einem Risiko behaftet war, das war denen sicher klar. Aber sie wussten ganz gewiss nicht, dass da ein Spitzel zwischen ihnen saß in der Gestalt des Bruders von Hans Joachim Schädlich.

(Interview vom 16.4.2009)

2 *Die Initiative ginge von Hannelore Dege aus, der Schwester von Hans Joachim und Karlheinz Schädlich. Sie war Ärztin in Ost-Berlin. Sie bat ihre Brüder um den Kontakt zu Grass. Am Telefon gab sich Karlheinz Schädlich geheimnisvoll, als müsse er den Plan der Begegnung vor der Stasi verbergen. Susanne Schädlich rekonstruiert das Gespräch:*

Der Onkel: Da wird auch noch etwas anderes sein.

Der Vater: Was denn?

Der Onkel: In Buch sind einige Kinderchirurgen von diesem »Fischkopf-Buch« begeistert und hatten die Idee, sich mit diesem »Fischhändler« zu unterhalten. Sie sind an mich herangetreten.

Der Vater: Mich hatten sie ja auch schon gefragt, ob der »Fischhändler« bereit wäre, an so einer Unterhaltung teilzunehmen.

Der Onkel: Ich habe gesagt, ich könnte bloß als »Briefträger« behilflich sein. Ich hab ihn angerufen und ihn gefragt, ob er es machen will.

Der Vater: Was hat er gesagt?

Der Onkel: Er hat sich gefreut. Der »Fischhändler« kommt am 16. Juni. Die Sache findet in einer großen privaten Gemäldegalerie statt, ein intelligent gewählter Ort.

Der Vater: Beteilige dich lieber nicht an der Sache.

Der Onkel: Nein, keine Sorge, ich werde nicht vorkommen.

Er hätte sagen sollen, ich werde nicht hervorkommen.

(Aus: Susanne Schädlich: Immer wieder Dezember, S. 67 f.)

Dokument 37

Hauptabteilung XX/2 Berlin, den 20.06.1978

Bericht

über ein Treffen des Schriftstellers Günter GRASS mit Bürgern der DDR

Am 16.06.1978 in der Zeit von 19.00–23.30 Uhr fand in der Wohnung von

Dr. Hartwig [Hartmut] HANSEN
wohnh. Berlin, Wilhelm-Pieck-Str. ##
tätig als Anästhesist im ###-Krankenhaus Berlin, ####,

ein Treffen zwischen dem Schriftsteller Günter GRASS und 14 DDR-Bürgern statt. Bei den Teilnehmern des Treffens handelt es sich um folgende Personen:

Dr. ### und Ehefrau, Arzt im Klinikum Buch
Dr. ###, Ärztin im Klinikum Buch
Dr. ###, Arzt im Klinikum Buch
Dr. ### und Ehemann, Ärztin im Klinikum Buch
Dr. ###, Ärztin im Krankenhaus Herzberge
Dr. ### und Ehefrau, Arzt in Neuruppin
(Ehefrau von Dr. ###), Med.-techn. Assistentin, Charité Berlin
ein namentlich nicht bekanntes Ehepaar aus Neuruppin
[Helga und Wolf-Dieter Wuttke]
ein IM der HA XX/2 [Karlheinz Schädlich].

Anlaß der Zusammenkunft war das Interesse der Teilnehmer, mit GRASS über dessen neuestes Buch »Der Butt« zu diskutieren. Zu Beginn des Treffens las GRASS kurze Passagen aus seinem Buch vor, über das im Anschluß daran eine längere Diskussion geführt wurde.[1]

Dabei wurden keinerlei politische Probleme behandelt. GRASS zeigte sich »sehr erfreut« über das Interesse an seinem Buch und signierte die von einigen Teilnehmern mitgebrachten Exemplare. Die Diskussion zu dem Buch von GRASS wurde vor allem von Dr. ### und Dr. ### geführt.

Im zweiten Teil der Zusammenkunft wurden folgende politische Fragen diskutiert:

– GRASS wurde die Frage gestellt, wie er die gegenwärtige Situation in der BRD und in der DDR beurteilt. GRASS äußerte dazu, daß der Widerspruch zwischen dem Staat und den gesellschaftlichen Kräften, insbesondere der Jugend, sowohl in der BRD als auch in der DDR immer größer wird. In der BRD zeige sich das in der Zunahme terroristischer Handlungen, die es jedoch auch in der DDR geben würde, wenn der Jugend ein größe-

rer »Freiraum« zugestanden würde. Das Jugendproblem in der BRD wäre dagegen leicht lösbar, wenn die Konzerne die vorhandenen Möglichkeiten nutzten und den arbeitslosen Jugendlichen Arbeitsplätze zur Verfügung stellen würden. Das für ihn bessere System sei das der BRD. Leider seien bestimmte freiheitliche Ideale durch Arbeitslosigkeit, das Bildungssystem und andere Ding getrübt. Er persönlich sei auch gegen den Radikalenerlaß, über den es zwischen ihm und Willi [Willy] Brandt widersprüchliche Auffassungen gebe. Nach seiner Meinung könne man die politischen Verhältnisse in der BRD durch Reformen im positiven Sinne verändern, ohne von den gegenwärtigen gesellschaftlichen Grundlagen in der BRD abzurücken.
Im Zusammenhang mit der Äußerung von GRASS zur Situation in der DDR wurde von Dr. ### hervorgehoben, daß für ihn »die einzig richtige Einschätzung der gegenwärtigen Situation in der DDR von BAHRO vorgenommen wurde«. Auf diese Bemerkung wurde von keinem Teilnehmer des Treffens reagiert.
– GRASS stimmte der Auffassung von Dr. ### uneingeschränkt zu, daß die Intershop-Läden in der DDR, die Einfuhr der VOLVO's und der GOLF-PKW eine »Kapitulation des Sozialismus vor seinem Todfeind, dem Kapitalismus sei«.
– Insgesamt wurde von GRASS über die politischen Verhältnisse in der DDR und in der BRD mit einer herablassenden Überheblichkeit gesprochen. Beide Seiten »hätten ihre Probleme«, wobei jedoch das westliche das bessere sei. Die DDR habe nach seiner Meinung Schwierigkeiten, mit ihrer eigenen Geschichte fertig zu werden. Diesen Auffassungen und Einschätzungen von GRASS wurde von den Teilnehmern an der Diskussion nicht widersprochen.[2]

Im weiteren Verlauf der Diskussion wurden GRASS Fragen zu seinen Verbindungen zu Berufskollegen in der BRD/Westberlin und in der DDR gestellt. In diesem Zusammenhang äußerte GRASS, daß er in Westberlin und der BRD wenig Kontakte zu Berufskollegen, insbesondere zu Nachwuchsschriftstellern, unterhalte. Es gäbe jedoch in regelmäßigen Abständen (im Rhythmus von ca. 6 Wochen) Treffen zwischen Berufskollegen aus der DDR und der BRD/Westberlins, an denen er teilnimmt. Bei diesen Treffen von Schriftstellern aus »Ost und West« werden neue Texte vorgelesen und darüber diskutiert.
Es gäbe außerdem viele Treffen der »DDR-Emigranten«. Am 16.06.78 wären u.a. BRASCH und Hans-Joachim SCHÄDLICH bei ihm zu Besuch gewesen. Diese ehemaligen DDR-Bürger hätten es nach Auffassung von GRASS

sehr schwer, sich mit den Verhältnissen in der BRD und Westberlins abzufinden. »Sie werden mit diesem Schritt teilweise ihr ganzes Leben nicht fertig, wie es auch seinem Freund Uwe JOHNSON geht.«
Auf eine entsprechende Frage, wie GRASS auf die Einladung reagiert habe und wie sie überhaupt zustande gekommen sei, äußerte er, daß er sehr erfreut war, von einem solchen Personenkreis zu einem Gespräch über sein Buch eingeladen worden zu sein. Die Einladung selbst sei über die gute Verbindung einiger anwesender Teilnehmer zu seinem Freund Hans-Joachim SCHÄDLICH und durch dessen Vermittlung ermöglicht worden. Allein die Tatsache der Verbindung zu Hans-Joachim SCHÄDLICH hätte für GRASS die Gewähr geboten, daß diese Sache in Ordnung wäre. Derartige Treffen beinhalten zwar immer ein gewisses Risiko, man könne jedoch nicht ständig »nur aus Angst bestehen«. In diesem Zusammenhang lobte GRASS Hans-Joachim SCHÄDLICH als Schriftsteller. (Den meisten Anwesenden war das schriftstellerische Schaffen Hans-Joachim Schädlichs nicht bekannt.) SCHÄDLICH unterscheide sich von Christa WOLF dadurch, daß er die Dinge konsequent anspricht und bis zu Ende führt. Christa WOLF höre mit dem Schreiben dort auf, wo Hans-Joachim Sch. beginnt. So sei z. B. die Darlegung des Übergangs von 1945 bis zur Gründung der DDR und ihre weitere Entwicklung in dem Buch Christa Wolfs »Kindheitserinnerungen« [Kindheitsmuster] in vielem inkonsequent und es sei vieles ausgesperrt worden.[3]
Zum Schluß des Treffens wollte GRASS wissen, wer die Gesprächspartner an diesem Abend waren, insbesondere welchen Berufsgruppen sie angehören. Er stellte weiter die Frage, was nach Meinung der Anwesenden geschehen würde, wenn sie eine gemeinsame Forderung erheben würden (»eine Art Bürgerinitiative entwickelten«), daß ein bestimmtes Buch, z. B. »Der Butt«, in der DDR verlegt werden solle. Auf diese Frage von GRASS gab es keine klare Reaktion der Teilnehmer. Es wurde als undurchführbar angesehen, eine derartige Forderung zu erheben. Von Dr. HANSEN wurde zynisch bemerkt, daß man höchstens die Forderung stellen könnte, »daß ›Der Butt‹ im Intershop verkauft werden sollte, da die DDR für Devisen alles macht«.
Es kam zu keiner Vereinbarung über ein erneutes Zusammentreffen in diesem Kreis. Einige Teilnehmer äußerten den Wunsch, ähnliche Treffen zu wiederholen.[4] GRASS erbot sich, bei einer weiteren Zusammenkunft einen Bericht über seine letzte Asien-Reise zu geben, was jedoch frühestens im Herbst 1978 möglich wäre.
GRASS reiste gegen 18.00 Uhr über die GÜSt Friedrichstraße in die Hauptstadt der DDR ein. Er wurde von Dr. ### und Dr. ### empfangen und begab

sich auf direktem Weg zum Ort der Zusammenkunft. Gegen 23.45 Uhr verließ GRASS die Zusammenkunft und reiste gegen 00.15 Uhr über die GÜSt Friedrichstraße aus. Während seines Aufenthaltes in der Hauptstadt der DDR traf GRASS mit keinen weiteren Personen zusammen.
In Begleitung von GRASS reiste Ute GRUNERT ein, die auch an der o.g. Zusammenkunft teilnahm.

Major Salatzki

(BStU, MfS, ANS AIM 15311/89, Bd. 1, Bl. 240–244)

---

1 *Wolf-Dieter Wuttke erinnert sich:*
Der Abend lief so ab, dass der Gastgeber Günter Grass begrüßte. Dann hat Grass aus diesem neuen Buch, dem »Butt«, gelesen, und anschließend wurde diskutiert.

Im Prinzip war das bei allen Treffen in der DDR gang und gäbe, dass man rechts und links sah und bei Leuten, die einem nicht gut bekannt waren, eine gewisse Vorsicht an den Tag legte mit seinen Äußerungen.

Und immer, wenn man sich mit Westdeutschen oder West-Berlinern traf, war auf Seiten der ehemaligen Ostbürger eine gewisse Spannung zu spüren, weil wir genau wussten, das ist am Rande der Legalität. Es war also kein offizieller Saal, es war eine Privatwohnung. Und in allen diesen Dingen musste man sicher sein, dass diese Dinge auch ohne Störung abliefen. Wenn man zu scharf diskutierte oder zu extreme Meinungen vertrat, dann hätte es durchaus passieren können, dass so eine Sache abgebrochen wurde. Um sich nicht zu gefährden, wurde relativ moderat diskutiert.
(Interview vom 23.9.2009)

2 *Wolf-Dieter Wuttke:* Also Rudolf Bahro, erinnere ich, der war in der Diskussion. Was ich noch erinnere, ist eine Bemerkung unseres Gastgebers, der mal so in seiner ironischen Art sagte, man sollte doch die Bücher im Intershop verkaufen, für Westgeld, dann wären sie auch für einige DDR-Bürger erreichbar. Die Reaktion der Runde darauf war heiteres Gelächter, weil es im Intershop ja immer nur die materiell interessierenden Dinge gab und Bücher bisher dort nicht verkauft wurden.

Das war von ihm absolut ironisch gemeint, weil man damit ja geistige Konterbande in das Land geschleppt hätte und nicht eben nur Schokolade und Kaffee und Waschmittel. Grass hat sich mit Sicherheit nicht mit Überheblichkeit geäußert. Der ganze Eindruck von Grass war, dass er an diesem Abend mit dieser ihm völlig unbekannten Runde, versuchte so umzugehen, dass eine absolut moderate und freundliche Stimmung aufkam. Es war eine gewisse Euphorie in der Runde, und Überheblichkeit hätte dem sicher Abbruch getan.
(Interview vom 23.9.2009)

3 *Über die vom IM »Schäfer« angemerkte Kritik an Christa Wolf sagt Grass:*
So habe ich mich bestimmt nicht geäußert. Aber es ist sicher über diese Unterschiede gesprochen worden; während Christa Wolf es meistens – zu der Zeit jedenfalls, im angesprochenen Buch »Kindheitsmuster« – bei Andeutungen beließ, unterschieden sich die Texte von Schädlich ganz klar und deutlich, weil er das ganze Überwachungssystem, den Personenkult etc. richtig beim Namen nannte und in eine literarische Form gebracht hat. Ich kann das nur noch einmal sagen: Ich habe da aus dem »Butt« gelesen, und nach der Lesung gab es ein längeres und angeregtes Gespräch, bis ich wieder ausreisen musste. Und dabei wurde natürlich auch über Literatur in Ost und West gesprochen, und sicher nicht in den Worten, die der Bruder von Schädlich wiedergegeben hat, aber vom Inhalt her ist das wohl ein Gegenstand gewesen, der besprochen wurde.
(Interview vom 16.4.2009)

4 *Wolf-Dieter Wuttke zu weiteren Treffen mit Grass:*
Diskutiert hatten wir weitere Treffen. Aber es ist dann auf irgendeine Weise im Sande verlaufen. Es hieß immer, Grass bekommt die Genehmigung nicht, oder wir arbeiten dran, oder wir versuchen es. Aber warum es dann letztendlich nicht mehr dazu kam, ist mir bis heute rätselhaft.
(Interview vom 23.9.2009)

Dokument 38

Ministerrat der Deutschen Demokratischen Republik
Ministerium für Staatssicherheit
Hauptabteilung / Abteilung / Referat: VIII/3/3 Berlin, 23. 06. 1978

An:
Hauptabteilung / Abteilung: XX/7
Bezirksverwaltung / Verwaltung: Genosse Grunert

Beobachtungsbericht
Betr.: GRASS, Günter – geb. am 16. 10. 1927
Wohnhaft: 1 Berlin 41, Niedstr. 13
Deckname: »224135«
Für die Zeit vom 16. 06. 1978 von 18.05 Uhr – 23.59 Uhr

18.05 Uhr wurde »224135« und ### bekannte ###-Verbindung »Seite« [Ute Grunert], nach Passieren der GÜST Bahnhof Friedrichstraße, Ausgang Georgenstraße, zur Beobachtung aufgenommen. »Seite« hatte eine Handtasche bei sich und trug einen Sommermantel über den Arm gelegt. Beide zu beobachtenden Personen gingen zielstrebig die Georgenstraße in Richtung Friedrichstraße.
18.07 Uhr begrüßten das Objekt und die Verbindung an der Buchhandlung unter der S-Bahn-Brücke zwei männliche Personen mit Handschlag. Eine dieser Personen wurde als die Verbindung »Arzt« [Hartmut Hansen] identifiziert. Die andere männliche Person erhält den Decknamen »Igel«. Bereits seit 17.55 Uhr warteten »Arzt« und »Igel« in Höhe des Einganges zur genannten Buchhandlung und unterhielten sich. Ab 18.00 Uhr schauten beide des öfteren auf die am Bahnhof befindliche Uhr und wurden, im Gegensatz zu der vorher gezeigten Ruhe, offensichtlich nervös. »Igel« ging dabei mehrmals die Friedrichstraße bis in Höhe des Taxihaltepunktes und schaute aufmerksam in Richtung Ausreisepavillon. »Arzt« begab sich während dieser Zeit zur Georgenstraße und schaute ebenfalls aufmerksam in Richtung GÜST. Nachdem beide Personen begrüßt waren, wechselten alle Personen einige Worte, wobei sich »224135« Notizen auf einen Zettel schrieb. Diesen verstaute er daraufhin in seiner Jackettasche. Nach ca. 2 Minuten gingen alle zu beobachtenden Personen, sich wechselseitig unterhaltend, über Friedrichstraße zur Wilhelm-Pieck-Straße. Am Kiosk neben dem Hotel »Sofia« kaufte »Igel« eine Flasche Schnaps. »224135«, »Seite« und »Arzt« gingen während dieser Zeit langsamen Schrittes weiter.

18.16 Uhr betraten »224135«, »Seite«, »Arzt« und »Igel« in Berlin-Mitte, Wilhelm-Pieck-Str. ## In diesem Haus befindet sich eine bekannte Anlaufstelle.
23.50 Uhr verließen »224135«, »Seite«, eine männliche und eine weibliche Person die Anlaufstelle, wobei sie sich wechselseitig unterhielten, und begaben sich zu dem vor der Anlaufstelle abgeparkten Pkw vom Typ: Pkw Fiat 125, Farbe: grau, pol. Kennzeichen: ###. Halter des PKW ist: Dr. med. ### [Wuttke, Wolf-Dieter], geb. am: ###, wohnhaft: Neuruppin ###. »Seite« hatte wiederum ihre Handtasche und den Sommermantel bei sich. »224135« und »Seite« nahmen im Fond des Pkw Platz, die männliche Person setzte sich auf den Fahrersitz und die weibliche Person auf den Beifahrersitz.
23.52 fuhren alle genannten Personen die ### Kleine Hamburger Straße, Linienstraße, Rosenthaler Straße, Oranienburger Straße zur Friedrichstraße und hielten verkehrswidrig im Halteverbot, in Höhe Am Reichstagsufer, an.[1] »224135« und »Seite« stiegen aus, begaben sich zur GÜST Bahnhof Friedrichstraße und passierten 23.59 Uhr die GÜST. Die Beobachtung von »224135« und »Seite« wurde beendet.
Während sich das Objekt und die Verbindung zur GÜST begaben, wurde der Fiat von einem Angehörigen einer Funkwagenbesatzung der VP gestoppt und in die Straße Am Reichstagsufer eingewiesen. Nach ca. 5 Minuten fuhren beide Personen in Richtung Straße Unter den Linden und wurden nicht weiter beobachtet. Der Funkstreifenwagen der VP hatte das Pol. Kennzeichen: VP 00 - 5410.

Personenbeschreibung von Objekt »224135«

Geschlecht:	männlich
Alter:	40–45 Jahre
Größe:	ca. 1,70 m
Gestalt:	untersetzt
Haar:	dunkelblond, dicht, halblang, wellig
Gesicht:	Oberlippenbart, hervortretende Tränensäcke
Bekleidung:	dunkelgrüne Cordsamtjacke, hellgrüne Cordhose, beiger Pulli

(...)

Ltr. d. Abt. Oberstltn. Bestier, Ref.-Ltr. Hauptmann Rudloff

(BStU, MfS, AKG 7230/82, Bl. 43–46)

1 *Wolf-Dieter Wuttke:* Da Grass und Ute ja bis 24 Uhr wieder ausreisen mussten und ich den Wagen fast vor der Haustür hatte, hab ich gesagt: Ich fahr sie schnell. Wir sind die Friedrichstraße runter, und ich habe unmittelbar neben dem »Tränentunnel« gehalten. Da war eine Barriere. Und sofort war die Polizei ran, also Uniformierte, und haben mir 10 Mark abgenommen wegen falschen Haltens. Günter Grass hat sich darum nicht weiter gekümmert. Die Zeit war extrem knapp. Wir haben nur noch schnell tschüss gesagt. Wir sind dann wieder zurückgefahren in die Wilhelm-Pieck-Straße.
(Interview vom 23.9.2009)

Dokument 39

BVfS Leipzig Abt. XX [undatiert]

Am 31.10.80 fand eine Zusammenkunft von 30 feindlich-negativen Personen in der Wohnung des *Matthies, Frank-Wolf, wh. 1054 Bln. Lottumstraße ##,* statt, um feindlich-negative Gedichte und literarische Abhandlungen zur Verlesung zu bringen.[1] Ursprünglich sollte an dieser Zusammenkunft Robert Havemann teilnehmen, um diesem Treffen einen besonderen Höhepunkt zu geben. Im Ergebnis der Inhaftierung einer Person aus dem Verbindungskreis des H. blieb er dieser Zusammenkunft fern.
Ferner hat an dieser Zusammenkunft der operativ-bekannte Westberliner Schriftsteller Günter *Grass* teilgenommen. Der G. ist Mitglied des Schriftstellerverbandes und des PEN-Zentrums der BRD. Er ist aktiver Anhänger, Unterstützer und Sympathisant der Führungsspitze der SPD. G. ist Mitherausgeber der antisozialistischen Zeitschrift »L' 80«. In Begleitung von Grass nahm auch der Mitherausgeber von »L' 80«, Johannes [Johano] Strasser (Westberlin) sowie die linksextremistisch orientierte »stille Mitarbeiterin« von Grass, die Franziska Sperl [Sperr] (BRD), teil.

Unter der Gesprächsführung von Grass wurden vorrangig folgende Gesprächsthemen behandelt:
- existieren wir als Deutsche Nation weiter?
- wie verteidige ich mich gegen die reformierte Ideologie?
- was bedeutet Polen für uns?

Die in diesem Zusammenhang vertretenen Auffassungen waren Ausdruck negativ-feindlicher Grundpositionen und kennzeichnen beim überwiegenden Teil der Anwesenden verfestigte Haltungen gegen unseren Staat. (...)

(BStU, BVfS Leipzig, Abt. XX 01913, Bl. 3)

---

1 *Johano Strasser:* Es war eine Gruppe jüngerer und nicht mehr ganz so junger Leute versammelt, ein paar, die ich dem Namen nach kannte, weil wir ja mit unserer Zeitschrift »L' 80« sehr viele dissidente Autoren veröffentlicht haben, aber es waren ansonsten im Wesentlichen Freunde aus dem Umfeld der Familie Matthies, die wir nicht näher kannten.

Wir haben Texte vorgelesen und dann natürlich auch politisch diskutiert, erst mal literarisch und dann ging's meistens ins Politische hinein. Es war eine sehr lebhafte Diskussion. Und was uns allen klar war: Es war natürlich auch ein Stasi-Spitzel darunter. Bei solchen Ansammlungen von etwa 35 Leuten konnte man, bei der Brisanz solcher kulturellen West-Ost-Kontakte für die Stasi, davon ausgehen, dass da einer dabei ist, mindestens einer. Und vor dem Haus standen zwei Wagen der Stasi mit laufendem Motor. Das war wohl als Warnung gedacht, damit wir nur ja wissen, dass wir da etwas Illegales tun.

Matthies hatte in »L' 80« schon publiziert, Gedichte und auch einige Erzählungen. Er war jemand, der damals in der Ost-Berliner Literatenszene eine wichtige Figur war. Das Projekt eines Ost-West-Briefwechsels war andiskutiert, aber es ist dann nicht dazu gekommen, da die Familie Matthies relativ bald ausgewiesen wurde. Und damit war natürlich ein solcher Briefwechsel nicht mehr sinnvoll.

(Interview vom 6.8.2009)

Dokument 40

MINISTERIUM FÜR STAATSSICHERHEIT

Streng geheim!
Um Rückgabe wird gebeten!
1. Hon[ecker] 9.
2. Hag[er]
3. Herr[mann]
4. Mittig
(...)

Berlin, den 20. Nov. 1980
5 Blatt
9. Exemplar

INFORMATION 545/80
über die Unterbindung feindlich-negativer Aktivitäten gegen die DDR

Durch das Ministerium für Staatssicherheit wurden Beweise erarbeitet, daß von feindlichen Einrichtungen und Personen in der BRD und Westberlin umfangreiche Aktivitäten durchgeführt wurden, um Personen mit feindlich-negativen und anderen gegen die sozialistische Staats- und Gesellschaftsordnung in der DDR gerichteten Verhaltensweisen zu formieren und zu aktivieren.
Unter Mißbrauch der Regelungen über den Besucherverkehr sowie unter Einbeziehung solcher Personen, wie

GRASS, Günter (53)
freiberuflicher Schriftsteller, Mitglied des Schriftstellerverbandes und des PEN-Zentrums der BRD

und

STRASSER, Johano (41)
Hochschullehrer und Mitherausgeber der antisozialistischen Literaturzeitschrift »L' 80«

beide wohnhaft: Westberlin, Niedstr. 13
sowie unter Mitwirkung von Robert HAVEMANN wurden Zusammenkünfte derartiger Personenkreise organisiert.

Im Rahmen dieser Zusammenkünfte erfolgten sowohl seitens der aus der BRD und Westberlin eingereisten feindlichen Kräfte als auch durch feindlich-negative Personen aus der DDR sogenannte Lesungen aus von ihnen verfaßten Schriften antisozialistischen Charakters. Darüber hinaus wurden dahingehende Forderungen gestellt, gemeinsame Anstrengungen zum »Erhalt der einheitlichen deutschen Kulturnation« sowie zur »Verteidigung des deutschen Bewußtseins« zu unternehmen.

Gleichzeitig wurde propagiert, daß die Ereignisse in der Volksrepublik Polen auch auf die DDR zu übertragen und die »in Polen erkämpften Erfolge als neues Bewußtsein auch für DDR-Bürger durchzusetzen seien«.
Zur Unterbindung dieser Aktivitäten sowie zur Aufklärung der von ihnen begangenen Straftaten wurden am 19. 11. 1980 durch das Ministerium für Staatssicherheit gegen die DDR-Bürger

MATTHIES, Frank-Wolf (29)
wh.: 1054 Berlin, Lottumstraße ##

und

RATHENOW, Lutz (28)
wh.: 1034 Berlin, ###,

die beide keinen Beruf erlernten, keine Arbeitsrechtsverhältnissse eingegangen sind und sich als freiberufliche Schriftsteller ausgeben, Ermittlungsverfahren mit Haft wegen ungesetzlicher Verbindungsaufnahme gemäß § 219 Absatz 2 Ziffer 2 StGB eingeleitet.[1]

Die bisherigen Untersuchungen bestätigten die dargelegten Bestrebungen. MATTHIES und RATHENOW, die in der Vergangenheit zu BIERMANN Verbindung unterhielten und gegenwärtig mit HAVEMANN in Kontakt stehen, wurden unter unmittelbarer Einflußnahme solcher feindlichen Kräfte aus Westberlin, wie des Leiters des zum Springer-Konzern gehörenden Ullstein-Verlages, ###, sowie der in diesem Verlag als Lektorin tätigen Krista-Maria SCHÄDLICH und des sich als freiberuflicher Schriftsteller ausgebenden Jürgen FUCHS langfristig als feindlich wirkende Stützpunkte in der DDR aufgebaut.
Beide wurden veranlaßt, Texte antisozialistischen Charakters zu verfassen, die nach entsprechender Bearbeitung durch die vorgenannten Personen in der antisozialistischen sogenannten Literaturzeitschrift »L 80« und anderen Publikationsorganen veröffentlicht wurden. Obwohl beide Personen, die lediglich in der Vergangenheit in der DDR als Jugendliche einige belanglose Gedichte und Kurzprosa in Zeitschriften veröffentlicht haben, als »Schriftsteller« auch für die BRD bedeutungslos und uninteressant sind, erfolgte durch den Rowohlt Verlag 1979 die Herausgabe eines »Gedichtbandes« von MATTHIES unter dem Titel »Morgen« und durch den Ullstein-Verlag 1980 die Veröffentlichung eines Buches von RATHENOW mit dem Titel »Mit dem Schlimmsten wurde schon gerechnet«. Die erforderlichen Genehmigungen dafür wurden von MATTHIES und RATHENOW nicht eingeholt. Weitere Veröffentlichungen wurden von ihnen gemeinsam mit den genannten Verlagseinrichtungen vorbereitet.

In den geführten Untersuchungen gegen MATTHIES und RATHENOW, die sich bisher im Interesse der Organisierung einer politischen Untergrundtätigkeit gegen ein Verlassen der DDR aussprachen, wurde bisher darüber hinaus nachgewiesen, daß MATTHIES maßgeblich und im Zusammenhang mit den Ereignissen in der Volksrepublik Polen verstärkt Zusammenkünfte des bezeichneten Personenkreises organisierte. Neben einer am 31. 10. 1980 in Anwesenheit von GRASS und STRASSER in seiner Wohnung geführten Zusammenkunft, an der ca. 35 Personen – darunter auch RATHENOW – teilnahmen, wurden von ihm weitere Zusammenkünfte für den 21. 11. 1980 sowie den 5. 12. 1980 vorbereitet.

Zu RATHENOW wurde festgestellt, daß er im Rahmen seiner Verbindungen zu FUCHS und zur ### zielstrebig Kontakte zu feindlich-negativen Personen in der DDR suchte und die Verbringung von diesen verfaßter Manuskripte nach Westberlin organisierte.
Während der Durchsuchung der Wohnungen von MATTHIES und RATHENOW wurde umfangreicher Schriftverkehr mit Verlagen und Publikationsorganen in der BRD, Westberlin, Österreich, der Schweiz und anderen kapitalistischen Staaten, Belegexemplare der von ihnen verfaßten Schriften sowie eine Vielzahl anderer, im nichtsozialistischen Ausland herausgegebener Bücher und Zeitschriften antisozialistischen Charakters beschlagnahmt.
Darüber hinaus wurden Visitenkarten von in der DDR akkreditierten Journalisten, Mitarbeitern der Ständigen Vertretung der BRD und umfangreiches Adressenmaterial sichergestellt, deren Auswertung noch nicht abgeschlossen ist.
Im Zusammenhang mit der Einleitung der Ermittlungsverfahren gegen MATTHIES und RATHENOW erfolgt auf der Grundlage der entsprechenden strafprozessualen und anderen Rechtsnormen die Zurückdrängung und Auflösung des feindlich-negativen Personenzusammenschlusses.
Die erforderlichen Maßnahmen zur Verhinderung einer erneuten Einreise der durch die dargelegten feindlichen Aktivitäten in Erscheinung getretenen Personen aus Westberlin und der BRD wurden eingeleitet.
Die Untersuchungen werden fortgesetzt.

(BStU, MfS, Z 3072, Bl. 1–5)

1 *Günter Grass:* Ich habe in jener Zeit Lesungen am Prenzlauer Berg gemacht und die, die mich eingeladen hatten, wussten, dass das natürlich auch mit einem gewissen Risiko behaftet war. Und sicher wusste auch Matthies, dass ein Treffen mit mir nicht unbeobachtet bleiben könnte. Das ist ja dann auch der Fall gewesen. Matthies ist später nach West-Berlin gekommen und hat längere Zeit mit seinem Kind und seiner Frau und noch einer Schwägerin bei mir oben im Atelier gewohnt. Ich habe ihn aufgenommen.
(Interview vom 16.4.2009)

Johano Strasser: Die Frage der Gefahr ist schwer zu beantworten. Es war ja so, dass diese Besuche dringend gewünscht waren, der Austausch gesucht wurde. Und die meisten der damals jungen Leute um Frank-Wolf Matthies herum waren längst über diese Ängste gegenüber dem System hinaus. Sie nahmen überhaupt keine Rücksicht mehr. Sie nahmen auch in diesen Diskussionen, wohl wissend, dass natürlich irgendein Spitzel dabei ist, überhaupt kein Blatt mehr vor den Mund. Wir, vom Westen her kommend, waren viel vorsichtiger als die, haben immer gedacht: Um Gottes Willen, nur nicht die Diskussion so weit führen, dass die hier Kopf und Kragen riskieren. Sie selbst haben aber überhaupt keine Rücksicht genommen.
(Interview vom 6.8.2009)

Lutz Rathenow: Der Abend mit Günter Grass und Johano Strasser in der Wohnung von Frank-Wolf Matthies war wirklich heiß, auch wenn Günter Grass ganz bewusst nur aus der auch in der DDR abonnierbaren rumänischdeutschen Zeitschrift »Neue Literatur« las – einen kurz zuvor dort erschienen Auszug aus »Kopfgeburten oder die Deutschen sterben aus«. Ich weiß nicht mehr, wer ursprünglich die Idee dazu gehabt hatte, womöglich die Lektorin Krista Maria Schädlich, die Matthies zu Rowohlt und mich zum Ullstein Verlag brachte. Lesekreise und politische Grüppchen gab es ja schon mehrere in Ost-Berlin, aber bei Matthies war einiges anders. Der begnadete, liebevolle – und mitunter auch rasch unausstehliche – Matthies (entdeckt von Franz Fühmann in »Sinn und Form« 1976) wollte nicht nur die literarische Emanzipation von allen staatlichen Vorgaben, er betrieb nebenher auch die Verflechtung zur politischen Opposition hin. Neben DDR-Autoren wie Adolf Endler,

Elke Erb oder Kurt Bartsch war auch Robert Havemann gelegentlicher Gast der Abende. Ich hatte zuvor schon Kontakte zu Johano Strasser und der Zeitschrift »L'76« (später »L'80«) und der von West-Berlin aus die DDR-Opposition unterstützende Schriftsteller und Freund Jürgen Fuchs wirkte bei der Vorbereitung ebenfalls mit. Eine sich emanzipierende literarisch-politische Opposition in Ost-Berlin und ihre ausgereisten und aus der Haft hinausfreiwilligten Freunde in West-Berlin formierten sich gerade gemeinsam. Und nun kam noch die Verbindung zu der von Grass und Heinrich Böll gegründete Zeitschrift »L' 76« hinzu, die osteuropäische und DDR-Dissidenten unterstütze und ihnen eine Plattform bot, abseits des Realsozialismus über gesellschaftliche Perspektiven nachzudenken. Die DDR-Oberen hassten nichts an Günter Grass so sehr (vielleicht neben seinem Theaterstück über den 17. Juni) wie seine Beteiligung an dieser Zeitschrift. Und nun sollte dort noch eine Ost-West-Debatte über die deutsche Kulturnation beginnen.

Der Abend kam nach der Lesung mit der Diskussion richtig in Fahrt. Wir mussten uns allerdings kurz fassen, denn unsere Besucher hatten ja bis Mitternacht die Grenzkontrolle nach West-Berlin wieder zu passieren. Günter Grass stellte für den Herbst 1980 die Frage aller Fragen und brachte die Situation brillant auf den Punkt: »Wie könnt ihr polnische Verhältnisse in der DDR erreichen und wie können wir Euch dabei unterstützen?« Ich war wie elektrisiert. Es ist bezeichnend, dass die Stasi-Akten das nur gedämpft schildern – als scheuten sie sich durch Wiederholung des brisanten Kernsatzes des Abends diesen noch im Nachhinein zur Wirkung zu verhelfen.

Der verbale Erweckungskuss von Grass wurde durch die Verhaftung von Matthies und mir am 19.11. betäubt. Der Abend war der Auslöser – das war in den Vernehmungen klar zu spüren – in den Akten eher nicht. Da ging es formal um die illegal im Westen erschienenen Bücher von uns. Nach zehn Tagen intensiver Verhöre und diverser Drohszenarien wurden Matthies und ich entlassen, Ende Februar 1981 der ebenfalls verhaftete Thomas Erwin. Unsere Verfahren wurden alle eingestellt. Da lebte Matthies mit Familie schon in West-Berlin, Grass und Strasser durften jahrelang nicht mehr in die DDR einreisen. Und ich hatte es am Prenzlauer Berg mit dem immer wichtigeren Gegenüber, Freundfeind, Vertrauten und Saboteur Sascha Anderson zu tun.

(Schreiben von Lutz Rathenow vom 13.1.2010)

Dokument 41

MINISTERRAT DER DEUTSCHEN DEMOKRATISCHEN REPUBLIK
Ministerium für Staatssicherheit

Geheim!
HA XX/7
Major Tischendorf
Bestätigt: Mittig

Berlin, den 18.11.1980
Tgb.-Nr.:
Tel. Tag 22812/22642
Nacht 22633

Fahndungsersuchen zur Einleitung einer Reisesperre

1.	Name	GRASS
2.	Vorname	Günter
3.	Geb.-Datum	16.10.1927
4.	Geburtsort	Danzig
5.	Staatsangeh.	Bürger von Berlin-West
6.	Beruf	Schriftsteller
7.	Wohnort	Berlin-West
	Straße	Niedstr. 13

(...)
Person ist in Abt. XII erfaßt für HA XX/7

Begründung des Ersuchens mit konkreten Ausführungen zur Beweislage:
Grass inspiriert feindlich-negative Kräfte in der DDR zu Aktivitäten gegen die sozialistische Staats- und Gesellschaftsordnung.

(BStU, MfS, HA XX 14233/92, Bl. 1)

»Einverstanden mit Einreise. Mielke«

Öffentliche Friedensaufrufe und stille Kulturdiplomatie (1981–1986)

Berliner Begegnung zur Friedensförderung in Ost-Berlin, Dezember 1981.
Oben: Podiumsdiskussion; unten: Günter Grass im Gespräch mit Christa Wolf.

1980 steht wieder eine Bundestagswahl an. Im Dezember des Vorjahres hat die Nato ihren berühmt gewordenen Doppelbeschluss gefasst. Sie verspricht Abrüstung, wenn der Warschauer Pakt auch abrüstet. Andernfalls droht sie mit massiver Aufrüstung. Für diesen Fall plant die Nato die Aufstellung von Marschflugkörpern und Mittelstreckenraketen vom Typ Pershing II. Sie rechnet damit, dass die Sowjetunion mit der Dislozierung von SS-20-Raketen antworten wird, diese neue Hochrüstung aber nicht bezahlen kann. Im Zweifel soll die Sowjetunion totgerüstet werden. Alle diese neuen Waffen haben mittlere Reichweite. Sie würden in der Bundesrepublik wie in der DDR aufgestellt. Das geteilte Deutschland wäre Abschussrampe und Schlachtfeld zugleich. In der Bundesrepublik bildet sich eine unabhängige Friedensbewegung, die unter anderem 1980 in die Gründung der Bundespartei Die Grünen mündet. Auch in der DDR entwickeln sich unabhängige Friedensinitiativen, die jedoch konsequent unterdrückt werden, weil nach dem Selbstverständnis der herrschenden Staatspartei SED die DDR ein Friedensstaat ist, in dem Regierung und Volk übereinstimmen; Kriegsgefahr gehe nur vom Westen aus.

In dieser Situation stürzt sich Grass wieder in den Wahlkampf für die SPD. Seine Standardwahlkampfrede hat er schon im Februar fertig.[1] Darin fordert er unter anderem auch den Abschluss eines Kulturabkommens zwischen den beiden deutschen Staaten. Über einen solchen Vertrag wird schon seit 1972 verhandelt. Die Biermann-Ausbürgerung, der Streit um den Status West-Berlins und der Status der Stiftung Preußischer Kulturbesitz erweisen sich jedoch als Stolpersteine auf dem Weg zu einer Vertragsunterzeichnung. Erst 1986 tritt das Abkommen in Kraft. Die DDR ist international längst anerkannt; beide deutsche Staaten sind seit 1973 Mitglieder der Vereinten Nationen.

Als Ausdruck der gewonnenen Souveränität und auf Druck Moskaus grenzt sich die DDR scharf von der Bundesrepublik ab. Sie vertritt die These einer eigenständigen sozialistischen deutschen Nation auf dem Boden der DDR, was besonders in der Kultur deutlich werden soll. Dieser These widerspricht Grass – wie schon oft zuvor – in seiner Wahlkampfrede. Er fordert ein Kulturabkommen, »das beiden Staaten den Fortbestand der Nation als Kulturnation sichert«[2]. Als Beleg dafür, dass Deutschland zwar politisch geteilt, aber die deutsche Kultur unteilbar sei, führt er die deutsch-deutschen Schriftstellergespräche in der zweiten Hälfte der siebziger Jahre an. Literatur habe »sich durch keine Mauer aus- oder einsperren lassen: Sie ist gesamtdeutsch geblieben«. Unter diesem »gesamtdeutschen Dach« ließe es sich leben: »in zwei deutschen Staaten einer Kulturnation«.[3] Im Mai 1979 ist auch die Erzählung »Das Treffen in Telgte« erschienen. Darin schildert Grass ein Schriftstellertreffen am Ende des Dreißigjährigen Krieges. Das Buch ist ein großer Erfolg und wird von der Kritik weniger kontrovers aufgenommen als Grass' frühere Arbeiten. Die meisten Rezensenten sehen im Treffen der Barockdichter literarisch verpackt eine Sitzung der Gruppe 47.

Ebenso lässt sich die Erzählung aber auch als Anspielung auf die deutsch-deutschen Schriftstellertreffen in Ost-Berlin lesen: »ein treff allmöglicher Poeten, sollt unsre sach einig machen, derweil das Vaterland zerrissen«.[4]

In der Wahlkampfrede meint Grass darüber hinaus, »daß sich die östliche und westliche Welt, trotz der bestehenden ideologischen Gegensätze, immer mehr angleichen«, »übermorgen« scheint ihm ein Bündnis zwischen dem sowjetischen Staatskapitalismus und dem amerikanischen Monopolkapitalismus möglich.[5]

Für die Partei- und Staatsführung der DDR sind dies untragbare Positionen, die die Stasi immer wieder als »feindlich« charakterisiert. Durch das Einreiseverbot vom November 1980 ist Grass ohnehin ausgesperrt. Da erhält er von Stephan Hermlin eine Einladung zu einem deutsch-deutschen Schriftstellertreffen der neuen Art nach Ost-Berlin. Hermlin ist Mitglied im Schriftstellerverband der DDR und in der Akademie der Künste der DDR, aber auch – gemeinsam mit Grass – Mitglied der West-Berliner Akademie der Künste. Er gehörte 1976 zu den Erstunterzeichnern der Protestresolution gegen die Ausbürgerung Wolf Biermanns, verfügt aber nach wie vor über besondere persönliche Beziehungen zu Erich Honecker. Hermlin plant für Dezember 1981 eine »Berliner Begegnung zur Friedensförderung« zwischen Schriftstellern aus Ost und West. Die Teilnehmer sollen öffentlich, vor laufenden Kameras und offenen Mikrofonen, über Aufrüstung und Kriegsgefahr diskutieren. Es geht ausdrücklich nicht um literarische Fragen, sondern um politische. Hermlins Einladung ist kein Alleingang. Die Tagung ist mit dem SED-Generalsekretär abgesprochen, die Politbüromitglieder Hermann Axen und Kurt Hager sind in die Vorbereitungen einbezogen. Doch hält sich Hermlin nicht an die Absprachen, wie die Stasi verärgert an das Politbüro zurückmeldet.[6] Er setzt sogar durch, dass ausgereiste DDR-Schriftsteller wie Jurek Becker und Thomas Brasch daran teilnehmen können. Die Frage, ob es sich um eine von der Staatsführung oder gar der Stasi gesteuerte Tagung zur Beeinflussung der westlichen Friedensbewegung handelt, greift daher zu kurz.[7]

Grass nimmt die Einladung an. Der Stasi sind die Hände gebunden, weil sie natürlich von der Absprache mit der Parteiführung weiß. Das Einreiseverbot wird vorübergehend aufgehoben. Auf der Tagung bleibt Grass bei seiner Linie: Er kritisiert Aufrüstung im Westen wie im Osten. Angst habe er vor den Pershing-II-Raketen der USA als auch vor den SS-20-Raketen der Sowjetunion. Die Stasi nimmt den Wortlaut seiner Redebeiträge zur Akte.[8] Friedensgespräche auf Schriftstellerebene soll es nun regelmäßig geben. 1982 lädt der westdeutsche Verband deutscher Schriftsteller (VS) auf neutralen Boden nach Den Haag in den Niederlanden ein. Auf dem Treffen werden, wenig ergiebig, bekannte Positionen ausgetauscht. Die West-Berliner Akademie der Künste lädt für April 1983 zu einer weiteren Begegnung ein.

Die deutsch-deutschen Beziehungen sind in dieser Zeit latent angespannt. Nur zwei Tage vor der ersten Berliner Begegnung hatte Bundeskanzler Helmut Schmidt Ende 1981 DDR-Staats- und Parteichef Erich Honecker nach zweimaliger Verschiebung besucht, trotz der Besetzung Afghanistans durch die Sowjetunion und trotz der Zuspitzung in Polen kurz vor der Ausrufung des Kriegsrechts. Im Frühjahr 1983 sagt Honecker auf Druck Moskaus einen Besuch in der Bundesrepublik ab. Helmut Kohl hatte kurz zuvor über ein Misstrauensvotum Helmut Schmidt als Kanzler abgelöst. In Jena zerschlägt die Stasi die »Friedensgemeinschaft«, eine autonome Friedensgruppe, und schiebt 40 Mitglieder zwangsweise in den Westen ab. Trotzdem kommt die »2. Berliner Begegnung« zustande. Die Stimmung ist gereizt. Hans Joachim Schädlich, Sarah Kirsch und Jürgen Fuchs sagen ihre Teilnahme ab.[9] Schädlich und Kirsch leben inzwischen im Westen. Jürgen Fuchs wurde nach seinem Protest gegen die Ausbürgerung Wolf Biermanns verhaftet und in den Westen abgeschoben. Am Ende der Tagung muss Grass feststellen, dass die Schriftsteller an ihre Grenzen gestoßen sind.[10] Eine Abrüstung oder auch nur Entspannung konnten sie nicht erreichen.

Aber das offiziell negative Grass-Bild scheint sich in der DDR etwas zu verändern, die ersten Publikationen von ihm werden auf den Weg gebracht. 1984 erscheint das »Treffen in Telgte« beim Reclam Verlag in Leipzig. Das Vorwort schreibt Stephan Hermlin. Und bei Volk und Welt in Ost-Berlin kommt die Novelle »Katz und Maus« heraus. Der Verlag ist für ausländische Literatur zuständig. Dies ist es ein gezielter Affront gegen Grass' These von der Einheit der deutschen Kulturnation.

Im Juni 1983 wird Grass zum Präsidenten der West-Berliner Akademie der Künste gewählt. Während seiner dreijährigen Amtszeit versucht er weiterhin, deutsch-deutsche Gemeinsamkeiten auszuloten und zu befördern. Wie in den Jahren zuvor wird er von der offiziellen DDR vorrangig als politischer Funktionsträger wahrgenommen und nicht als Schriftsteller. Auf den Friedenstreffen galt er als Sprachrohr sozialdemokratischer Positionen, wenn auch nicht mit einem Mandat versehen. Als Präsident der Akademie ist er jetzt offizieller Ansprechpartner. Die SED-Führung befürchtet diplomatische Verwicklungen. Was tun, wenn Grass, der immer noch mit einem Einreiseverbot belegt ist, die DDR besuchen will? Was tun, wenn Grass im Namen der West-Berliner Akademie der Künste Kontakt zur Akademie der Künste der DDR sucht? Für die DDR ist West-Berlin eine besondere politische Einheit und nicht Teil der Bundesrepublik. Soll sich also die Akademie der DDR herablassen auf gleichberechtigte Kontakte zur städtischen Akademie West-Berlins? SED-Chefideologe Kurt Hager bittet Stasi-Minister Erich Mielke um seine Meinung.[11] Alle Behörden werden angewiesen, sofort Meldung zu machen, falls Grass tatsächlich einreisen will. Als ein Besuchsantrag von Grass eingeht, schlägt die Stasi-Hauptabteilung XX vor, Grass abzuweisen. Diese Diensteinheit ist zuständig für die Bekämpfung der Opposition in Staat, Kirche, Parteien und Kultur, einschließlich des sogenannten Untergrunds. Es bestehe aus kulturpolitischer Sicht keine Notwendigkeit, die Einreise zu gestatten. Mielke sieht das anders. Er kritzelt handschriftlich die Einreisegenehmigung auf den Vermerk.[12] Die DDR kann aus diplomatischen Gründen Grass nicht ignorieren.

Zunächst macht Grass nur einen Betriebsausflug mit der West-Berliner Akademie nach Ost-Berlin, doch zeitgleich sucht er brieflich den Kontakt zur Akademie der DDR und schlägt Gespräche über eine Zusammenarbeit vor. Es dauert ein gutes halbes Jahr, bis im April 1984 ein Gespräch der Akademiepräsidenten Grass und Wekwerth zustande kommt. Manfred Wekwerth ist seit 1956 inoffizieller Kooperationspartner der Stasi, beruflich als Intendant des Brecht-Theaters »Berliner

Ensemble« tätig. Und er ist ein scharfer Grass-Kritiker. Durch dessen Drama »Die Plebejer proben den Aufstand« sieht er seinen Lehrmeister Bertolt Brecht verunglimpft.[13] Fast zwei Stunden verhandeln Grass und Wekwerth. Doch die Gegensätze lassen sich nicht überbrücken. Weder wird ein neuer Termin vereinbart, noch kommt es zu einer Zusammenarbeit der Akademien. Wekwerths Gesprächsprotokoll landet in der Stasi-Akte Grass.

Das Einreiseverbot gegen Grass hält die DDR offiziell aufrecht, doch wenn Grass Ost-Berlin besuchen will, wird es jeweils für den Besuchstag aufgehoben. Die Stasi beobachtet ihn wenn möglich auch in West-Berlin. Zu Stephan Hermlins 70. Geburtstag gibt es im April 1985 offizielle Feiern in Ost- und West-Berlin; Hermlin ist Mitglied beider Akademien. Von der Feier in der West-Berliner Akademie berichtet ein IM, dessen Namen die Grass-Akte nicht nennt. Er hört, dass Grass Hermlin lobt, weil dieser Menschen aus Ost und West zusammenbringe. Grass bleibt sich treu. Er will weiterhin deutsch-deutsche Brücken schlagen.

Aus verschiedenen Quellen erfährt die Stasi, dass Grass 1986 nicht wieder für das Amt des Akademiepräsidenten in West-Berlin kandidiert und ein Jahr ins Ausland gehen will.[14] Indien ist das Ziel seiner Wahl. Der DDR bleibt er trotzdem ganz nah, denn dort erscheint nun »Die Blechtrommel«. Und im bundesdeutschen Verband deutscher Schriftsteller (VS) engagiert sich Grass als Vorstandsmitglied (1987/88) weiterhin für einen Literaturaustausch zwischen Ost und West, wobei er besonderen Wert darauf legt, dass dies nicht nur auf Funktionärsebene geschieht. Er interpretiert das im Mai 1986 geschlossene deutsch-deutsche Kulturabkommen auf seine Weise und plädiert für direkte Kontakte auf regionaler Ebene. Zudem fordert er die Einbeziehung der ausgereisten DDR-Autoren.[15]

Anmerkungen

1 Orwells Jahrzehnt I. In: Grass: Werke, Bd. 12, S. 5–18, hier S. 18. Im Mai 1980 erscheint die Erzählung »Kopfgeburten oder Die Deutschen sterben aus«, die die Gedanken der Wahlkampfrede vielfach variiert.
2 Ebd. S. 18.
3 Ebd. S. 16.
4 Grass: Das Treffen in Telgte, S. 24.
5 Orwells Jahrzehnt I. In: Grass: Werke, Bd. 12, S. 5–18, hier S. 6 f.
6 Siehe Dokument 1.
7 Ulmer: Grass und die DDR, S. 66; Zimmermann: Günter Grass unter den Deutschen, S. 402.
8 Siehe Ergänzungsmaterial zu Dokument 1.
9 Siehe Ergänzungsmaterial zu Dokument 3.
10 Siehe Ergänzungsmaterial zu Dokument 5.
11 Siehe Dokument 8.
12 Siehe Dokument 12.
13 Siehe Kapitel 1.
14 Siehe Dokument 24.
15 Siehe Dokument 25.

Dokument 1

Ministerium für Staatssicherheit — 7. Dez. 1981
Streng geheim! — 5 Blatt
Um Rückgabe wird gebeten! — 10. Exemplar
[Verteiler handschriftlich]
1. Ax[en]
2. Hag[er]
3. Ragw[itz]
4. Mittig
5. HA XX, Ltr.
6. Wolf (HVA)
7. HA II, Ltr.
8. HA XVIII, Ltr.
9. AG Dok.
10. Abl.[age]

INFORMATION Nr. 631/81
über bekanntgewordene Aktivitäten gegnerischer Kräfte im Zusammenhang mit der für den Zeitraum vom 13. bis 15. Dezember 1981 geplanten »Berliner Begegnung« von Schriftstellern, Wissenschaftlern und Künstlern in der Hauptstadt der DDR, Berlin

Dem MfS vorliegenden Hinweisen zufolge aktivieren gegnerische Kräfte ihre Bemühungen, die vorgesehene »Berliner Begegnung« von Schriftstellern, Wissenschaftlern und Künstlern und den als Einlader in Erscheinung tretenden Schriftsteller Stephan HERMLIN herabzuwürdigen und gleichzeitig zur Diskreditierung der DDR und ihrer Friedenspolitik zu mißbrauchen.
Darüber hinaus versuchen diese Kräfte, Einfluß auf die Vorbereitung und Durchführung dieser Zusammenkunft zu erlangen.
Hermlin brachte weiter intern zum Ausdruck, daß er – entgegen den durch die Mitglieder des Politbüros des ZK der SED, Genossen Hermann Axen und Genossen Prof. Kurt Hager, während einer Zusammenkunft am 7. 12. 1981 mit Teilnehmern der »Berliner Begegnung« gegebenen Hinweisen – seine eigenen Vorstellungen über Inhalt und Ablauf der »Berliner Begegnung« verwirklichen wolle. Er, Hermlin, sei der Einlader und dürfe sich keinesfalls die einmalige Chance entgehen lassen, während dieser Zusammenkunft »bestimmte Dinge« zur Diskussion zu stellen, die in dem genannten Gespräch mit den Genossen Hermann Axen und Kurt Hager nicht gesagt wer-

den konnten. Er habe dieses Gespräch am 7.12.1981 als »Vergatterung« aufgefaßt. Die dort gegebenen Hinweise seien jedoch nicht bestimmend dafür, was während der »Berliner Begegnung« passiere.
Weiteren Äußerungen Hermlins zufolge beabsichtige er zu garantieren, daß die »Berliner Begegnung« nicht »linkslastig« werde. Aus diesem Grunde versuche er, neben den Schriftstellern Bernt Engelmann und Ingeborg Drewitz, den Westberliner Schriftsteller Günter Grass mit einem Diskussionsbeitrag für ein am 13.12.1981 vorgesehenes Podiumsgespräch zu gewinnen.
Aus gleichen Erwägungen habe er die Einladungen zur Teilnahme an der »Berliner Begegnung« an Havemann, Heym, Rolf Schneider, Jurek Becker und Thomas Brasch ausgesprochen, ohne die übrigen Teilnehmer an diesem Forum davon zu informieren.
Vorliegenden vertraulichen Informationen zufolge bekundet Havemann seit mehreren Tagen erhöhtes Interesse für die Teilnahme an der »Berliner Begegnung«. Aus diesem Grunde hatte er ### beauftragt, Hermlin persönlich aufzusuchen, um eine Einladung für ihn zu erlangen. Da jedoch nach diesem Gespräch bis zum 11. Dezember 1981 keine schriftliche Einladung bei Havemann einging, beauftragte er ### erneut, mit Hermlin in Kontakt zu treten.
(...)
Nach Vorstellungen von ### soll ein von ihm beauftragter Mitarbeiter mit HERMLIN die technische Seite der Fernsehübertragung absprechen, was von HERMLIN zugesagt wurde. Im Anschluß an die »Berliner Begegnung« wolle HERMLIN zu einer Pressekonferenz einladen.
Eingeladene Teilnehmer aus der BRD und Westberlin äußerten dagegen hinsichtlich der beabsichtigten uneingeschränkten Berichterstattung westlicher Massenmedien über die »Berliner Begegnung« Vorbehalte. So befürchten die Schriftsteller Bernt ENGELMANN sowie Günter GAUS, die ständige Anwesenheit von Korrespondenten könne das Zustandekommen einer sachlichen Atmosphäre verhindern. ENGELMANN stellte fest, daß sich einige Teilnehmer an der Zusammenkunft durch die Anwesenheit der Korrespondenten in ihrer Meinung zurückhalten würden, während »radikale Egozentriker, wie GRASS und Jurek BECKER« und andere »unerfreuliche Typen«, dadurch angeregt würden, »die ganze Zeit aus dem offenen Fenster« zu sprechen.
Stephan HERMLIN als Einlader zur »Berliner Begegnung« setzte seine Bemühungen fort, seine Rolle und Persönlichkeit im Zusammenhang mit dieser Zusammenkunft weiter öffentlich zu unterstreichen. Durch sein Auftreten in westlichen Funkmedien unterstützt er dabei teilweise deren Aktivitäten

im vorgenannten Sinne. U. a. äußerte HERMLIN am 26. November 1981 in einer Sendung des »Deutschlandfunks«, er schließe nicht aus, daß in der DDR ähnliche Friedensdemonstrationen wie in der BRD stattfinden würden. Die »Berliner Begegnung« solle u. a. dazu dienen, festzustellen, wer Maßnahmen zum Hochschrauben der Rüstungsspirale ergriffen habe und ob es nur Fehler auf der einen Seite oder auch auf der anderen Seite gäbe. Bezugnehmend auf die »Berliner Begegnung« brachte der in der DDR akkreditierte Korrespondent des ### nach einem Gespräch mit dem Westberliner Schriftsteller Grass sowie in Wiedergabe von Meinungen seiner Redaktion zum Ausdruck, daß der Zeitpunkt dieser Begegnung »sehr günstig« sei. Sie werde unter dem unmittelbaren Eindruck des Gespräches des Generalsekretärs des ZK der SED, Genossen Erich Honecker, mit Schmidt stattfinden. Nach ### Auffassung biete sich hier eine ideale Gelegenheit, Probleme zur Sprache zu bringen, die bei dem Gespräch des Genossen Honecker mit Schmidt zwar behandelt, aber nicht oder nur in verallgemeinerter Form veröffentlicht würden. Das seien u. a. solche Probleme wie die Verbesserung der menschlichen Beziehungen zwischen beiden deutschen Staaten, Reiseerleichterungen für DDR-Bürger in das westliche Ausland, Gewährleistung der Menschenrechte und anderes.
Auch die Frage der Auftritts- und Publikationsfreiheit für Havemann, der durch seine »Friedensvorschläge« besonders populär geworden sei, werde bei der »Berliner Begegnung« angesprochen. Die Tatsache, daß sich Havemanns Initiative bereits über 1000 Menschen angeschlossen hätten, sei Grund genug, dessen Vorschläge zu diskutieren.
Die Information ist wegen Quellengefährdung nur zur persönlichen Kenntnisnahme bestimmt.

Anlage zur Information Nr. 631/81
GRASS, Günter
geb. 16. 10. 1927 in Danzig
wh. 1000 Berlin 41, Niedstr. 13
Schriftsteller
Mitglied des PEN-Zentrums der BRD
Mitglied der Akademie der Künste Westberlin

Grass trat als Vertreter eines »demokratischen Sozialismus« wiederholt in der Vergangenheit öffentlich gegen die gesellschaftlichen Verhältnisse in der DDR und in den anderen sozialistischen Ländern auf. Er ist bestrebt, feindlich-negative Kräfte im Innern der DDR zu manipulieren und zu akti-

ven Handlungen gegen den realen Sozialismus aufzuwiegeln, wie das u. a. im Falle des ### u. a. geschehen ist.
Im Zusammenwirken mit diesen feindlichen Kräften unternimmt Grass Aktivitäten zur internationalen Diskriminierung der DDR und nutzt alle ihm gebotenen Möglichkeiten in den Massenmedien, die DDR anzugreifen und zu verleumden. (...)
Günter Grass unternimmt seit Jahren Versuche, Kontakte zu Kulturschaffenden der DDR, insbesondere zu Literaten aufzunehmen und auszubauen, um politisch-ideologische Diversion zu verbreiten und mittels feindlich beeinflußter Stützpunktpersonen im Innern der DDR Opposition zu initiieren und feindlich-negative Kräfte zu sammeln. Insbesondere verbreitet Grass die sozialdemokratische Variante des Weiterbestehens einer sogenannten einheitlichen deutschen Nation. (...)

Dr. phil. h. c. FRISCH, Max
geb. am 15. 5. 1911 in Zürich
wh.: 1. Schweiz, 8700 Küsnacht, ###
2. 1 Berlin 41, ###
3. seit Anfang 1981 New York / USA
Außerordentliches Mitglied der Akademie der Künste Westberlin
Ordentliches Mitglied der »Deutschen Akademie für Sprache und Dichtung« Darmstadt
Mitglied der »Amerikanischen Akademie für Kunst und Literatur«

FRISCH entstammt einem bürgerlichen Elternhaus. Er besitzt eine antifaschistische Grundhaltung und setzt sich in seinen literarischen Werken mit der Frage der Wiederholbarkeit des Faschismus in der bürgerlichen Gesellschaft auseinander.
Politisch-ideologisch steht FRISCH auf sozialdemokratischen Positionen und stimmt im wesentlichen mit den Auffassungen seines Freundes, des Westberliner Schriftstellers Günter GRASS, überein. So nahm FRISCH gemeinsam mit GRASS an Zusammenkünften mit oppositionellen Schriftstellern in der Hauptstadt der DDR teil. FRISCH ist Mitglied des »Schutzkomitees Freiheit und Sozialismus«, trat im Rahmen dieses Schutzkomitees jedoch nicht DDR-feindlich in Erscheinung.
1977 publizierte FRISCH in Westberlin Arbeiten, die politisch-ideologisch linksopportunistisch orientiert auf der Linie der »Sozialistischen Osteuropa-Kollektive« lagen. (...)

(BStU, MfS, ZAIG 3177, Bl. 1, 4, 13–15, 47, 50)

Grass fasste seine Position auf der »Berliner Begegnung« in sieben Thesen zusammen. In einer ergänzenden Wortmeldung wies er ausdrücklich darauf hin, dass er sich nicht nur von den Pershing-Raketen der USA bedroht fühle, sondern auch von den SS-20-Raketen der Sowjetunion. Grass' Redebeiträge sind im vollen Wortlaut in seiner Stasi-Akte dokumentiert. Später wurden sie auch in einer internen Publikation der Akademie der Künste der DDR veröffentlicht:

Meine Damen und Herren! Auch für mich, also jemand, der eigentlich nicht dazu neigt, sich von Weltuntergangsstimmungen tragen zu lassen, ist das Ende menschlicher Anwesenheiten auf dem Planeten Erde vorstellbar geworden. Keine Naturgewalten, wir bedrohen uns. Kein unwägbares Schicksal ist über uns verhängt, sondern ureigenes Machwerk. Auf vielfältige Weise sind wir Menschen bemüht, die Grundlagen unserer Existenz zu zerstören oder Voraussetzungen zu schaffen, die die Vernichtung der menschlichen Gesellschaft zur Folge haben werden, wenn wir zur grundsätzlichen Umkehr nicht fähig sind.

Gleich welcher angeblich menschenbeglückenden Ideologie wir anhängen, wir vergewaltigen die Natur. Wir beuten sie aus. Wir erschöpfen sie und ihre Reserven, obgleich wir nur Laune oder reich ausgestattetes Nebenprodukt der Natur sind und in Bescheidenheit auf Grund unserer Fähigkeiten, das wissen sollten.

Wir beuten aber nicht nur die Natur, wir beuten uns selber aus, wobei jede unserer Ideologien die ihr eigene Ausbeutungsmethode entwickelt hat. Wir sind nicht nur bis an die Zähne, sondern weit über den Horizont unseres eigenen Begreifens bewaffnet und mittlerweile als Sklaven eines falschen Fortschrittbegriffs fähig, uns selbst zu vernichten.

Von dieser letzten Bedrohung soll hier, ohne daß wir die anderen Bedrohungen aus dem Blick verlieren, die Rede sein, von der Gefahr eines dritten, alles vernichtenden Weltkrieges, von der zunehmenden Militarisierung des Denkens, von der Preisgabe der Vernunft.

Schriftsteller und Wissenschaftler sprechen aus ihrer Erfahrung, die nicht gering, sondern in der Regel vielschichtiger als die der Politiker ist.

Ich habe mich kurz in sieben Thesen gefaßt:

Erstens: Nach zwei Weltkriegen und dem wahrhaftig mörderischen Einsatz von Atombomben hatten sich die Großmächte entschlossen, trotz aller Gegensätze und Konflikte dem Frieden Vorrang zu geben. Dennoch sind es die Großmächte gewesen, die begrenzte Kriege ausgelöst, gefördert oder verlängert und so den Weltfrieden bis in die jüngste Zeit gefährdet haben. Vietnam und Afghanistan seien stellvertretend genannt für den seit drei Jahrzehnten anhaltenden konventionellen Krieg. Nikaragua und Polen stehen schrecklich auf der Tagesordnung. Unser Frieden ist ein Scheinfrieden.

Zweitens: Dieser Frieden zwischen den Großmächten und den ihnen jeweils verbündeten Militärblöcken beruhte die längste Zeit auf dem Prinzip der gegenseitigen Abschreckung, auf dem Gleichgewicht des Schreckens, weshalb immer schrecklichere Waffensysteme eingeführt wurden, um jeweils der anderen Seite die atomare Abschreckung glaubhaft zu machen, damit, so sagt man, der Weltfrieden erhalten bleibe.

Drittens: Dieses System der Friedenssicherung hat die Großmächte und ihre Verbündeten zum permanenten Rüstungswettlauf verleitet. Das mittlerweile angehäufte Rüstungspotential könnte die Menschheit mehrmals ausrotten.

Es droht, außer Kontrolle zu geraten. Es läßt sich nicht mehr zählen, also ins Gleichgewicht bringen. Es kann den Frieden nicht mehr durch Abschreckung sichern. Es hat sich um seine Funktion gebracht.

Viertens: Noch beharrt die Politik der Großmächte auf Vorrüstung und Nachrüstung, wenngleich sie immer dringlicher und gelegentlich sogar glaubwürdig von der Notwendigkeit weltweiter Abrüstung sprechen.

Dieses Verhalten der Politik beider Blocksysteme, insbesondere der jähe Wechsel von Drohgebärden und Friedensbeteuerungen, mutet genau besehen infantil an. Weil ständig überfordert, trumpfen sie auf. Weil bei ihnen zu Hause Krisen und Mißwirtschaft herrschen, sehen sie sich versucht, die Flucht nach vorn anzutreten. Ihre übermenschliche Kraft läßt ihre Bewegungen oft genug zum Zeugnis der Unmenschlichkeit geraten. Sie wollten geliebt werden und ernten zunehmend Haß oder Verachtung. Man fürchtet sie, und insgeheim fürchten sie auch sich.

Fünftens: Schon jetzt hat das Versagen der Politik und der Politiker beider Weltmächte katastrophale Auswirkungen. Über die Hälfte der Wissenschaftler arbeiten der Rüstung zu. Die Milliardenbeiträge für die weltweite Aufrüstung erlauben keine wirksame Hilfe für die notleidende Dritte Welt, denn mit der Rüstung wachsen einzig Armut, Elend und die Zahl der Verhungerten; jährlich 15 Millionen Menschen. Und die Angst wächst, denn wo mit nur noch vernünftelnden Reden die Vernunft außer Kraft gesetzt wird, ist das Ende menschlicher Existenz vorstellbar.

Sechstens: Nur noch Verweigerung und anhaltender Protest können eine Umkehr erzwingen. Notwendig ist es, daß die ständig wachsende Friedensbewegung ihre Entsprechung in Osteuropa findet. Vielleicht könnte es dieser so sich ausweitenden, spontanen und urdemokratischen Massenbewegung gelingen, die Politiker zur Vernunft zu bringen und den beiden Weltmächten ihre Verantwortung bewußt zu machen.

Siebentens und letztens: Aber auch den beiden deutschen Staaten fällt Verantwortung, ich meine besondere Verantwortung zu.

Zwei Weltkriege gingen von deutschem Boden aus. Noch heute tragen die Deutschen an dieser Schuld und ihren Folgen, deshalb sind die Politiker beider deutschen Staaten verpflichtet, den ihnen zugeordneten Großmächten kritisch mahnende Verbündete zu sein. Diese gesamtdeutsche Verantwortung für den Frieden sind wir uns und Europa schuldig. Wir sollten in Ost und West Schrittmacher der Abrüstung sein. Wir sollten mit den durch Abrüstung frei werdenden Mitteln den Staaten und Völkern der Dritten Welt helfen, Hunger und Armut zu besiegen. Diese deutsche Verpflichtung sollte unumstritten sein, denn Hunger ist Krieg.

Wortmeldung Günter Grass in der Diskussion:
Ich gehe davon aus, daß die hier Versammelten sich in gewissem Sinne freiberuflich zu Wort melden. Und wenn wir diese große Gefahr hier beim Namen nennen, sollte uns wohl deutlich geworden sein, daß diese Gefahr nicht mehr einseitig zu bemessen ist. Meine Angst konzentriert sich nicht nur auf Pershing-Raketen, vor denen habe ich auch Angst, aber ich habe auch vor SS-20-Raketen Angst, und die gibt es auch.

Ich glaube, wir sind hier nicht da, um Fliegenbeine zu zählen, ein Zählsystem zu machen, sondern wir haben zur Kenntnis zu nehmen, daß beiden Großmächte hier etwas aus dem Ruder gelaufen ist, außer Kontrolle zu geraten beginnt. Wenn wir nun anfangen, die wahnwitzigen Veröffentlichungen der Vereinigten Staaten zu zitieren und hier einseitig Ursache und Schuld bemessen, dann unterschlagen wir etwas, was wir wissen könnten, daß es auf sowjetischer Seite ähnliche Planungen und Dinge gibt, daß während der Zeit der Entspannung zum Beispiel eine Menge von SS-20-Raketenbasen aufgestellt worden sind und eine Bedrohung auch von sowjetischer Seite entstanden ist. (…)
(BStU, MfS, ZAIG 3177, Bl. 124–127)

Auf Grund dieser Äußerung fragte Konrad Wolf Grass, ob er meine, dass die Russen Krieg wollten? Grass' Klarstellung:
Konrad Wolf! Natürlich fühle ich mich nicht von den Russen bedroht. Ich glaube, ich kenne auch die Amerikaner als Volk zu gut, um sagen zu können, daß niemand sich von den Amerikanern bedroht fühlen muß, obgleich auf Grund der Beobachtungen, der Erfahrungen, die Sie gemacht haben, das Volk der Sowjetunion Kriege und Schrecken des Krieges viel direkter erlebt haben als die Amerikaner, es natürlich in den Vereinigen Staaten eine Mentalität gibt, die nahezu fahrlässig, besonders in der jetzigen Zeit, von Krieg und Kriegsmöglichkeiten plappert, zum Großteil aus Unkenntnis heraus.

Wovon ich mich aber bedroht fühle, das versuchte ich in meinen Thesen deutlich zu machen. Das sind beide Großmächte, die aus ihrer Überforderung heraus und aus ihrem Bedürfnis, nicht nur im eigenen Lande, sondern weltweit geliebt zu werden, Anstrengungen machen, die über ihr Vermögen gehen, zu Gesten ansetzen, die friedfertig gemeint sind, die ein Vokabular benutzen, das in diese Richtung zielt, und am Ende Aggressionen herauskommen.

(BStU, MfS, ZAIG 3177, Bl. 124–127)

Dokument 2

HA XX/AKG 1.6.1982

Information
zum Verlauf des als Nachfolgetreffen zur »Berliner Begegnung«
in der Zeit vom 24.5. bis 26.5.1982 in Den Haag/Niederlande
durchgeführten »Haager Treffen zur Weiterführung der Friedens-
initiative europäischer Schriftsteller«

Inoffiziell konnten nachfolgende op. bedeutsame Hinweise zum Vorgehen und Auftreten feindlicher Kräfte erarbeitet werden:
Die gegen die DDR gerichteten feindlichen Angriffe begannen sofort nach der Eröffnung des Haager Treffens mit dem ersten Diskussionsbeitrag, den der BRD-Schriftsteller Carl AMERY hielt. Amery war im Dezember 1981 Teilnehmer der »Berliner Begegnung«. So äußerte Amery u.a., daß er einen Brief an den Generalsekretär des ZK der SED und Vorsitzenden des Staatsrates der DDR, Erich Honecker, geschrieben hat. In diesem Brief habe er den Vorsitzenden des Staatsrates der DDR aufgefordert, die Verfolgung von Friedensfreunden zu unterbinden. Auf diesen Brief äußerte Amery weiter, habe er bis jetzt keine direkte Antwort erhalten. Die DDR-Schriftsteller dürften sich, wie in der Berliner Begegnung deutlich wurde, zusammenfinden, die jungen Leute in der DDR würden wegen gleicher Aktivitäten verfolgt.
Nach dem Diskussionsbeitrag von Amery wurde dem z.Z. sich mit einem gültigen langfristigen Visum der DDR in Westberlin lebenden Schriftsteller Jurek BECKER das Wort erteilt, der folgendes forderte: »Nichtübereinstimmung dort zu wagen, wo man jeweils lebt.« Auf beiden Seiten der Demarkationslinie gebe es »jenes verfluchte militärische Denken«, das Nicht-Denken sei.
Danach wurde dem DDR-Schriftsteller Günter de BRUYN das Wort erteilt. Der de Bruyn forderte u.a. in seinem Diskussionsbeitrag auf diesem Treffen eine Abkehr vom Block-Denken. Er äußerte weiter, daß seiner Auffassung zufolge über die prüfungslose Zurückweisung eines sowjetischen Moratoriums-Vorschlages durch die USA ebenso Empörung notwendig sei wie über die Behinderung der christlichen Friedensbewegung in der DDR. Die jungen Menschen, die sich in dieser christlichen Friedensbewegung in der DDR engagieren, seien nur gegen den Krieg und verstünden sich nicht als Kontrahenten des Staates. Der Versuch, sie zur Opposition zu machen, komme von den westlichen Medien und von ihrem eigenen Staat.

Das öffentliche Tragen des Symbols »Schwerter zu Pflugscharen« in der DDR zu verbieten, ist von besonderer Absurdität, weil dieses Symbol nicht nur eine christliche, sondern auch eine sozialistische Hoffnung beinhalte, äußerte de Bruyn.
Stefan HEYM brachte in seinem Diskussionsbeitrag zum Ausdruck, daß nach der Berliner Begegnung begriffen wurde, daß die sowjetischen Atomwaffen ebenso den Tod bringen wie die amerikanischen. Erstmalig ist in der DDR bekannt geworden, daß es Trägerraketen in der DDR gibt. Das Protokoll der Berliner Begegnung würde in der DDR als »Geheime Drucksache« behandelt. Viele junge Menschen hätten ganze Passagen dieses Protokolls auswendig gelernt. Nun gebe es eine Spaltung der Friedensbewegung in der DDR. Im Rahmen der offiziellen Friedensbewegung hätte es jetzt Schriftstellerlesungen gegeben. In Magdeburg z. B. mußten im Rahmen dieser Lesungen die Schriftsteller ihre Manuskripte den Behörden vorlegen. Die unabhängige Friedensbewegung in der DDR wachse trotzdem und komme von den Wurzeln, behauptete Heym. Die Kirche sei nicht ihr Anstifter, sondern gebe nur den Freiraum. Heym behauptete weiter: »Ein junger Mann des Stadtbezirks Friedrichshain hätte den Antrag auf eine Friedensdemonstration bei den Behörden der DDR gestellt. Nur deshalb sei er von der Polizei lange verhört und zum Staatsfeind Nr. 1 gestempelt worden.«
Stephan HERMLIN entgegnete, daß er Carl Amery und Stefan Heym entgegnen müsse, daß es in der DDR keine gespaltene Friedensbewegung gebe. Auch gebe es in der DDR nicht erst seit der »Berliner Begegnung« eine Friedensbewegung. Die Friedensbewegung der DDR besteht über 30 Jahre. Der Kampf gegen Atomwaffen beherrscht die Friedensbewegung der DDR seit ihrem Bestehen. Hermlin äußerte weiter, daß er es als anmaßend von Heym findet, zu behaupten, daß auf der Berliner Begegnung bekannt geworden sei, daß es in der DDR Trägerraketen gebe. Raketen könne jeder seit Jahren in der DDR bei den Militärparaden sehen. Das Entscheidende sei, daß es in der DDR keine Atomsprengköpfe gibt, wie auch Prof. Dr. Daniil Proektor aus der UdSSR, auf der Berliner Begegnung überzeugend darlegte.
Günter GRASS machte darauf den Zwischenruf, daß er den Diskussionsbeitrag vom Heym trotzdem für wichtig halte.
Nach entsprechendem Protest der DDR-Delegation, der man bis zu diesem Zeitpunkt trotz rechtzeitiger Wortmeldungen noch keine Diskussionsmöglichkeit eingeräumt hatte, wurde dem Präsidenten des Schriftstellerverbandes der DDR, Hermann KANT, das Wort erteilt. Kant hielt sich an seinen vorher festgelegten Diskussionsbeitrag und betonte die Haltung

der DDR zum sowjetischen Moratoriumsvorschlag. Auf die vorgenannten Provokationen ging Kant nicht ein.
Benito WOGATZKI sprach zur Frage, was hat der Friedensbewegung in Westeuropa einen solch starken Auftrieb gegeben und so viele Menschen unterschiedlicher Auffassungen zum Appell der Schriftsteller Europas zusammengeführt. Wogatzki zeigte deutlich, daß dies der NATO-Doppelbeschluß, der Beschluß über den Bau der Neutronenbombe sowie die Politik der Reagan-Regierung der USA ist. Danach setzte sich Wogatzki mit Heym auseinander und wies nach, daß dieser die Friedensbewegung spalten will.
Erik NEUTSCH setzte sich mit der These auseinander, die Gefahr gehe von beiden Seiten aus und betonte seine Übereinstimmung mit der Regierung der DDR.
Die Westberliner Schriftstellerin Ingeborg DREWITZ äußerte: »Wir alle tragen Verantwortung für die christliche Jugend in der DDR, die den Kriegsdienst ablehnt.« Sie forderte, eine Anlaufstelle zu schaffen, die alle Behinderungen der Friedensbewegung registriert und darüber mit den »Herrschenden« in den jeweiligen Ländern spricht.
Günter GRASS vertrat die Auffassung, daß die Friedensbewegung von unten Erfolg hat. Sie zwinge die Regierenden, über ein neues Konzept für NATO und Warschauer Pakt nachzudenken. Grass beantragte die Einrichtung eines Büros für die Unterstützung verfolgter Friedensfreunde. Gegen den Antrag von Grass intervenierte Hermann Kant, der die Auffassung vertrat, daß die Einrichtung eines solchen Büros die Gefahr der Spaltung der Friedensbewegung wesentlich erhöhe. Jurek Becker machte darauf den Zwischenruf, daß die DDR-Behörden die Friedensbewegung spalten. Hermann Kant entgegnete Becker, daß sich die Schriftsteller der DDR im Friedenskampf mit der Regierung identifizieren können. Eine Spaltung der Friedensbewegung in der DDR sei hier auf dieser Konferenz von Stefan Heym eingeführt worden. Nach diesem Diskussionsbeitrag äußerte Günter Grass, daß er seinen Antrag auf die »Einrichtung eines Büros für die Unterstützung verfolgter Friedensfreunde« zurückziehe.
Der türkische Schriftsteller ÖNGÖREN beantragte die Verabschiedung einer Protesterklärung gegen die Verhaftung von 5 Mitgliedern des türkischen Friedenskomitees. Grass ging sofort darauf ein und forderte, diesen Protest mit einem Protest gegen die Verhaftung von Schriftstellern der polnischen Friedensbewegung zu verbinden, was Stefan Heym unterstützte. Kant äußerte, daß ihm nicht bekannt sei, daß polnische Schriftsteller wegen ihres Eintretens für den Frieden verhaftet wurden, er frage sich, aus welchen Quellen Grass seine Informationen erziele.

Jurek Becker sprach sich für Günter Grass aus, in den Protest die polnischen Schriftsteller einzubeziehen.
Die Schriftsteller Bernt Engelmann, Ingeborg Drewitz, Dieter Lattmann und Günter Gaus sprachen sich für einen Protest gegen die Verhaftung der 5 türkischen Schriftsteller aus und waren der Ansicht, die Problematik der polnischen Schriftsteller in diesen Protest nicht einzubeziehen.
So sagte Günter Gaus u. a.: »Die Türkei und Polen seien keinesfalls gleichwertig. Deshalb sei er dafür, in diesen Protest die polnischen Schriftsteller nicht einzubeziehen, auch wenn er morgen durch die Bildzeitung der BRD auf Grund seiner Haltung Protest zu spüren bekommt.«
Martin Gregor Dellin (BRD) machte darauf den Vorschlag, die Anträge zu diesen Protestresolutionen auf dieser Konferenz nicht weiter zu behandeln, und der PEN der BRD und der Schriftstellerverband der BRD werden eine Resolution gegen die Verhaftung der türkischen Schriftsteller abfassen.
Stefan Heym forderte darauf, auf dieser Konferenz eine Resolution gegen die Atomwaffen in der DDR als auch in der BRD zu verabschieden.
Kant wies Heyms Forderung zurück.
Der sowjetische Schriftsteller Michailkow unterbreitete darauf den Vorschlag, eine Resolution zu verabschieden, in welcher die Abschaffung beider Militärblöcke zur gleichen Zeit gefordert wird.
Heym protestierte gegen den Vorschlag von Michailkow und bezeichnete ihn als eine Utopie, man müsse in beiden deutschen Staaten damit beginnen.
Unabhängig des Protestes von Heym wurde von den Teilnehmern dieses Treffens der Vorschlag Michailkows angenommen. Danach erklärte Heym, daß er seine Vorschläge, eine »Resolution gegen die Atomwaffen in der BRD als auch in der DDR« und seine Forderung, den Protest gegen die Inhaftierung der türkischen Schriftsteller mit denen der polnischen zu koppeln, zurückziehe.
Am Ende des Treffens sprach der Vorsitzende des bulgarischen Schriftstellerverbandes, Lewtschew, eine Einladung zum Friedenstreffen in Sofia in der Zeit vom 29. 9. bis 1. 10. 1982 aus, welche angenommen wurde.
Zum Auftreten weiterer operativ interessierender Personen und Sachverhalte wird noch weitere Information gefertigt.

(BStU, MfS, HA XX/AKG 7115, Bl. 83–87)

Dokument 3

Hauptabteilung XX	Berlin, 31. 3. 1983

Information
über die Vorbereitung der sogenannten zweiten Berliner Begegnung von Schriftstellern unter Schirmherrschaft der Akademie der Künste in Berlin-West

Am 22. und 23. 4. 1983 findet in der Akademie der Künste, 1000 Berlin-West 21, Hanseatenweg 10, ein als »2. Berliner Begegnung« bezeichnetes internationales Schriftstellertreffen statt. Als Initiator dieses Vorhabens wurde der Westberliner Schriftsteller

Günter Grass (55)
Mitglied der Akademie der Künste Westberlins
Mitherausgeber der antisozialistischen Zeitschrift »L 80«

bekannt.

Als Organisatoren treten neben GRASS die Mitglieder der Westberliner Akademie der Künste

Peter Härtling (49)
Schriftsteller
BRD

Prof. Walter Höllerer (60)
Schriftsteller und Literaturwissenschaftler
Westberlin

Uwe Johnson (48)
Schriftsteller
Westberlin, in England lebend

und

Stephan Hermlin (67)
Schriftsteller der DDR
Mitglied der Westberliner Akademie der Künste

in Erscheinung.

Es wurde bekannt, daß durch die genannten Organisatoren dieses Treffens Einladungen an 64 Personen, die bis auf wenige Ausnahmen Schriftsteller sind, verschickt wurden. (Anlage 1)

Es handelt sich dabei um

19 aus der DDR
4 aus der UdSSR
16 aus der BRD
5 aus der Schweiz
2 aus Österreich
2 aus Schweden
2 aus den USA
2 aus Großbritannien
1 aus der CSSR
1 aus der VR Polen
5 aus Westberlin

sowie 4 DDR-Schriftsteller, die sich mit langfristigem Visum außerhalb der DDR aufhalten, und einen ehemaligen ungarischen Bürger.

Unter den Eingeladenen befinden sich neben Günter GRASS solche Personen wie der ehemalige DDR-Bürger Jürgen Fuchs und der ehemalige ungarische Bürger György Konrad, von denen bekannt ist, daß sie seit längerer Zeit als Inspiratoren und Organisatoren feindlicher Aktivitäten gegen die DDR und andere sozialistischen Staaten wirken. Die Aktivitäten zur Einladung solcher Personen wie Fuchs und Konrad gingen eindeutig von Grass aus.

Stephan Hermlin, der sich ursprünglich gegen die Teilnahme von Fuchs und Konrad aussprechen wollte, beugte sich, wie intern bekannt wurde, bei einer Zusammenkunft der Organisatoren dieses Treffens am 5. 2. 1983 in Westberlin den Forderungen von Grass und stimmte deren Teilnahme zu.

Laut vorliegenden internen Hinweisen nehmen nachfolgend genannte Personen, die Einladungen erhielten, aus unterschiedlichen Gründen nicht teil und sagten ihr Erscheinen ab:

Helmut Sakowski	DDR
Erwin Strittmatter	DDR
Franz Fühmann	DDR
Jurek Becker	in Berlin-West lebend
Heinrich Böll	BRD
Ernst Jandl	Österreich
Doris Lessing	Großbritannien
Hans Mayer	BRD
Margarete Mitscherlich	BRD
Dorothee Sölle	BRD
Elias Canetti	Großbritannien

Weiter wurde bekannt, daß im Falle erneuter Absagen zwischen Grass und Hermlin Absprachen über eine Zusatzliste noch einzuladender Teilnehmer beabsichtigt sind. Beide einigten sich bereits auf zusätzliche Einladungen von

Hans Christoph Buch	Berlin-West
Klaus Stiller	Berlin-West
Heinrich Albertz	Berlin-West
Erich Fried	BRD

Zum Ablauf der sogenannten 2. Berliner Begegnung wurde bekannt:
Die Beratungen finden am 22.4.1983 von 10.00 bis 13.00 Uhr und von 15.00 bis 20.00 Uhr sowie am 23.4.1983 von 10.00 bis 13.00 Uhr in den Räumen der Westberliner Akademie der Künste statt. Zu Beginn sollen Kurzreferate über den »Stand der Friedensinitiativen in Ost und West« von

Dorothee Sölle (53)
BRD
Prof. für systematische Theologie am
Union Theological Seminary, New York/USA

Robert Jungk (69)
Österreich
Prof. für Zukunftsforschung an der Technischen Universität Berlin-West
Gründungsmitglied des ehemaligen »Schutzkomitees Freiheit
und Sozialismus«
in Berlin-West

Albrecht Schönherr (71)
DDR
Altbischof – ehemaliger Vorsitzender des Bundes
der evangelischen Kirchen in der DDR

gehalten werden.

Schwerpunkte der darauf folgenden Diskussion durch alle Teilnehmer sollen folgende Fragen sein:
- Wie wird die Bedrohung gesehen und erlebt?
- Wie stellen wir uns in der Praxis darauf ein?
- Wie sehen die konkreten Aufgabenstellungen im gegenwärtigen Moment aus?

Als Abschluß des Treffens soll am Abend des 23.4.1983 eine öffentliche Diskussionsveranstaltung durchgeführt werden. (Anlage 2)
Die Anwesenheit von Presse, Rundfunk und Fernsehen für alle Veranstaltungen dieses Schriftstellertreffens ist vorgesehen.
Zur Berichterstattung der DDR-Massenmedien wurde bisher festgelegt, daß die Leitung des Schriftstellerverbandes der DDR nach dem Treffen in Berlin-West eine Information an Presse, Rundfunk und Fernsehen der DDR gibt und deren Anwesenheit bei diesem Treffen vorerst nicht vorgesehen ist.
Hinsichtlich der Teilnahme von eingeladenen DDR-Schriftstellern an diesem Schriftstellertreffen wurden folgende Festlegungen getroffen:
– der Teilnahme aller eingeladenen DDR-Schriftsteller wurde zugestimmt;
– zur Gewährleistung des offensiven Auftretens der DDR-Teilnehmer im Sinne der Friedens- und Abrüstungsvorschläge der UdSSR, der DDR und der Prager Deklaration der sozialistischen Staatengemeinschaft wurde der Präsident des Schriftstellerverbandes der DDR, Hermann Kant, beauftragt, mit den DDR-Teilnehmern

Helmut Baierl
Volker Braun
Fritz-Rudolf Fries
Karl Mickel
Erik Neutsch
Eva Strittmatter und
Benito Wogatzki

individuelle Gespräche zu führen. Zur Führung der individuellen Gespräche mit Heiner Müller wurde der Kandidat des ZK der SED, Hans-Peter Minetti, und mit Rolf Schneider der 1. Bundessekretär des Kulturbundes der DDR, Karl-Heinz Schulmeister, beauftragt.
Für die individuellen Gespräche mit

Günter de Bruyn
Ulrich Plenzdorf und
Helga Schütz

sind zur Zeit noch keine Beauftragten festgelegt worden. Mit Stefan Heym wird nicht gesprochen.
– Hermann Kant wurde beauftragt, während der von ihm zu führenden individuellen Gespräche die Gesprächspartner aufzufordern, in Briefen an die Organisatoren des Treffens anzufragen, wer Jürgen Fuchs sei, da er als Schriftsteller nicht bekannt wäre. Mit dieser Anfrage soll der Protest gegen die Teilnahme von Jürgen Fuchs ausgedrückt werden, wobei jedem Teilnehmer die Entscheidung selbst überlassen wird, ob er einen Brief schreibt oder nicht.

Die Gesprächspartner sind darauf zu orientieren, in ihren Diskussionsbeiträgen während des Treffens jegliche Diffamierungen gegenüber der DDR, der UdSSR und anderen sozialistischen Ländern zurückzuweisen und bei massiven antisozialistischen Angriffen das Treffen zu verlassen.
– Zur Aktualisierung der Teilnehmerliste wurde Hermann Kant beauftragt, Gespräche mit Hermlin zu führen.
– Es wurde entschieden, daß der von Hermann Kant verfaßte Brief an die Organisatoren des Schriftstellertreffens, in dem er zu einigen Fragen der gegenwärtigen Etappe des Kampfes um die Friedenserhaltung Stellung nimmt, abgeschickt wird. (Anlage 3)
– Mit dem Ziel, zu verhindern, daß dieses Schriftstellertreffen das alleinige Friedenstreffen von Schriftstellern 1983 in Europa bleibt, wurde Hermann Kant beauftragt, dem Vorsitzenden des Verbandes der Schriftsteller in der IG Druck und Papier/BRD, Bernt Engelmann, vorzuschlagen, ein Friedenstreffen der Leitungen der Schriftstellerverbände europäischer Länder einzuberufen.
– Die Leitung des Schriftstellerverbandes der DDR wurde beauftragt, ihre Verbandsmitglieder schriftlich über die Teilnahme von DDR-Schriftstellern am Treffen in der Westberliner Akademie der Künste zu informieren.
Bezüglich der Abstimmung mit den Teilnehmern aus der UdSSR und anderen sozialistischen Staaten wurden der Leitung des Schriftstellerverbandes der DDR keine Entscheidungen übermittelt.
Eine Abstimmung mit den Freunden [UdSSR] ist auf Parteilinie erfolgt.

(BStU, MfS, HA XX ZMA 1818, Bl. 63–67)

Grass über das Ziel der Friedensgespräche:
Stephan Hermlin kam häufig nach West-Berlin. Er hat mich auch zu den Friedensgesprächen eingeladen, die erst in Ost-Berlin stattfanden und dann eine Entsprechung in der West-Berliner Akademie fanden. Wir waren beide – Hermlin wie auch ich – gegen diese Rüstung, »Nachrüstung« wie es damals hieß. Das habe ich auch aus der Akademie heraus zu unterstützen versucht.
(Interview vom 16.4.2009)

Grass gehörte zu den Organisatoren der »2. Berliner Begegnung«. Eingeladen waren auch Hans Joachim Schädlich, Jürgen Fuchs und Sarah Kirsch. Schädlich und Kirsch lebten inzwischen im Westen und sagten ihre Teil-

nahme ab. Die Begründungen erschienen in der »Frankfurter Rundschau« am 22. April 1983, dem Tag, an dem die »Begegnung« begann.

Mehrere Gründe, an der Begegnung nicht teilzunehmen
Aus der DDR stammende Schriftsteller wollen nicht über Frieden reden, solange Ost-Berlin die Friedensbewegung verfolgt

Schon bei der ersten »Berliner Begegnung« zwischen Schriftstellern aus Ost und West in Sachen Friedensbewegung vom Dezember 1981 in Ost-Berlin hat es nach der Erinnerung des Vorsitzenden des bundesdeutschen Schriftstellerverbandes Bernt Engelmann Bedenken gegeben, derartige Treffen könnten »als bloße Garnitur zur Verschönerung der seit dem Biermann-Protest ziemlich ramponierten DDR-Kulturlandschaft gesehen werden«. Die grundsätzliche Diskussion über derartige Zusammenkünfte unter bundesdeutschen Autoren hat sich anhand von Stil und Konzeption in der Vorbereitungsphase zur zweiten Berliner Begegnung in der Westberliner Akademie der Künste seit Wochen in bemerkenswertem Umfang intensiviert. Mehrere aus der DDR gekommene Schriftsteller teilen den Veranstaltern jetzt brieflich mit, warum sie nach Abschluß ihrer internen Überlegungen zu dem Ergebnis gekommen sind, an der am heutigen Freitag beginnenden Veranstaltung nicht teilnehmen zu können. Die Briefe haben folgenden Wortlaut:

Günter Grass, Peter Härtling, Stephan Hermlin, Walter Höllerer, Uwe Johnson und Karin Kiwus haben namens der Akademie der Künste Berlin (West) für den 22. und 23. April 1983 zu einer 2. Berliner Begegnung der Schriftsteller eingeladen, auf welcher über Frieden und Abrüstung diskutiert werden soll. »In einer Zeit der Kriegsandrohungen soll im Mittelpunkt unseres Treffens stehen, wie wir in Sprache und praktischem Widerstand über Barrikaden hinweg miteinander den Frieden erklären können«, heißt es.

Unter denen, die zu dem Treffen geladen haben, ist ein Vorstandsmitglied des Schriftstellerverbandes der DDR. Die Staatsorgane der DDR haben aber verschiedenen Schriftstellern seit Jahr und Tag den Krieg erklärt – und der DDR-Schriftstellerverband steht in diesem Krieg gegen Schriftsteller nicht untätig abseits. Dieser Krieg wurde und wird mit starken Waffen gegen schwache Kräfte geführt. Zu den Waffen des Staates DDR und seines Schriftstellerverbandes, die je nach verabredeter Kompetenz von dem einen oder dem anderen oder von beiden gegen einzelne Schriftsteller eingesetzt werden, zählen zum Beispiel: Hetze (Diskriminierung), Verleumdung, Bedrohung, Nötigung, Erpressung (alle diese Mittel – wie auch das Mittel der Freiheitsberaubung – sind übrigens laut Strafgesetzbuch der DDR strafbar). Andere Waffen gegen Schriftsteller sind: Publikationsverbot im In- und Ausland (wozu die Bundesrepublik Deutschland rechnet), Geldstrafen für die Übertretung des Publikationsverbots im Ausland, Verbot öffentlicher Lesungen, Verbot privater Lesungen, Geldstrafen für die Übertretung des Verbots privater Lesungen, willkürliche Einberufung zum Reservistendienst in der Nationalen Volksarmee, Ausschluß aus dem Schriftstellerverband. Die stärksten Waffen gegen Schriftsteller sind: Freiheitsberaubung, Entlassung aus der Staatsbürgerschaft, Verfrachtung über die Grenze.

Die unverblümt entschlossenen Staatsorgane der DDR und der verschämt hilfsbereite DDR-Schriftstellerverband wirken gegen verschiedene Schriftsteller auf unterschiedliche, aber zuverlässige Weise zusammen. Unter den 19 geladenen DDR-Schriftstellern, die ihren Wohnsitz in der DDR haben, befindet sich der Präsident des DDR-Schriftstellerverbandes und befinden sich sieben Vorstandsmitglieder des DDR-Schriftstellerverbandes sowie ein Mitglied eines Bezirksvorstandes. Es ist müßig, Beispiele für den Einsatz der Waffen gegen verschiedene Schriftsteller aufzuzählen. Der Kampf der DDR-Staatsorgane und des Schriftstellerverbandes der DDR gegen verschiedene Schriftsteller zieht sich unentwegt hin.

(Wir beschränken uns darauf, den Verlauf der Entwicklung bei einem von mehreren anzumerken: Dieser eine war seit dem 1. Juni 1976 Kandidat des Schriftstellerverbandes der DDR im Bezirksverband Berlin. Nach der Veröffentlichung eines Buches in der Bundesrepublik [1977], dessen Manuskript in der DDR abgelehnt worden war, eröffnete ein gewichtiges Staatsorgan den Kampf gegen ihn. Im Schriftstellerverband der DDR wurde Zuarbeit geleistet: Es teilte jemand öffentlich mit, der Inhalt des in der Bundesrepublik erschienenen Buches erfülle den Tatbestand der Staatsverleumdung – Staatsverleumdung stellt selbstverständlich eine Straftat gegen die staatliche Ordnung dar und kann mit Freiheitsstrafe belegt werden! Nicht minder öffentlich schrieb jemand es besorgt der Nachlässigkeit des Staatssicherheitsdienstes zu, daß ein Staatsfeind wie der Verfasser noch immer auf freiem Fuße sei. Schließlich wurde öffentlich gefragt, wann der Schriftstellerverband ihn endlich ausschließe. Auf diese und andere Art wurde der Autor genötigt, die DDR freiwillig zu verlassen. Seine Kandidatenschaft im Schriftstellerverband der DDR endete mit der Entlassung aus der DDR-Staatsbürgerschaft am 9. Dezember 1977.)

Es ist kaum noch glaubhaft zu leugnen, daß der psychologische und materielle Kampf, den die Staatsorgane der DDR und der DDR-Schriftstellerverband gegen verschiedene Schriftsteller geführt haben und führen (die »Planung und Lenkung kultureller Prozesse«), eine Art der Unterdrückung der Äußerungsfreiheit darstellt. Jeder Art der Unterdrückung der Äußerungsfreiheit entgegenzutreten ist eine Pflicht der Mitglieder des PEN. Einer derjenigen, die zu der 2. Berliner Begegnung eingeladen haben, ist nicht nur Vorstandsmitglied des DDR-Schriftstellerverbandes, sondern auch ein Internationaler Vizepräsident des PEN. Der Präsident des DDR-Schriftstellerverbandes, der zu den 19 geladenen DDR-Schriftstellern gehört, die ihren Wohnsitz in der DDR haben, ist Mitglied des PEN. Es ist derselbe Präsident des Schriftstellerverbandes der DDR, der über einen Schriftsteller, welcher gezwungen wurde, die DDR zu verlassen, den Satz geäußert hat: »Kommt Zeit, vergeht Unrat« (VIII. Schriftstellerkongreß der DDR).

Während die Staatsorgane der DDR und der DDR-Schriftstellerverband zu Hause gegen verschiedene Schriftsteller unentwegt »Maßnahmen ergreifen«, schickt sich der DDR-Schriftstellerverband an, vor der Haustür mit Schriftstellern aus aller Welt über Weltfrieden zu reden.

Aus dem gleichen Haus, aus welchem die DDR-Zeitschrift »Militärwesen« stammt, die 1977 einige Schriftsteller als »Feinde und Verräter des Sozialismus« bezeichnet hat, aus dem Ministerium für Nationale Verteidigung der DDR nämlich, kommen die folgenden Sätze; sie handeln von einem dritten Weltkrieg: »Bei allem Leid, das in diesem letzten und entscheidenden Konflikt zwischen Fortschritt und Reaktion über die Völker käme, vor allem in den kapitalistischen Ländern – es wäre von unserer Seite ein gerechter Krieg. Wir teilen die Auffassung also nicht, die selbst fortschrittliche Menschen in der Friedensbewegung vertreten, im Atomzeitalter sein ein gerechter Krieg nicht mehr möglich, und der Raketenkernwaffenkrieg wäre auch keine Fortsetzung der

Politik der kämpfenden Klassen mehr, sondern nur atomares Inferno, Weltuntergang.« (Heinz Hoffmann, Sozialistische Landesverteidigung, in: Aus Reden und Aufsätzen 1974 bis Juni 1978, Berlin, 1979, S. 221) Geschrieben hat diese Sätze der Minister für Nationale Verteidigung der DDR.

Anstatt mit der Hilfe westdeutscher Schriftsteller größeren Einfluß gewinnen zu wollen auf die westdeutsche Friedensbewegung – einerseits, um in der Bundesrepublik den Thesen sowjetischer Sicherheitspolitik Gewicht zu verschaffen, andererseits, um in der DDR die unabhängigen Friedensgruppen, die den gerechten Charakter sowjetischer Atomwaffen bestreiten, politisch zu neutralisieren –, könnte sich der DDR-Schriftstellerverband dem Frieden in der DDR widmen: durch den öffentlichen Widerstand gegen die systematische Verbreitung aberwitziger militärischer Gedanken; durch die öffentliche Unterstützung unabhängiger Friedensgruppen.

Es finden sich unter den Namen derer, die zu der 2. Berliner Begegnung geladen sind, die Namen einiger Autoren, welche aus der DDR stammen und aus der DDR-Staatsbürgerschaft entlassen wurden – einiger aus dem »Häuflein von Feinden und Verrätern des Sozialismus in der DDR« (wie die Zeitschrift »Militärwesen« des DDR-Verteidigungsministeriums sie genannt hat). Unter ihnen auch unsere Namen.

Ist der Krieg, den die Staatsorgane der DDR und der DDR-Schriftstellerverband diesen Schriftstellern erklärt haben, still zu Ende gegangen? Dürfen diese »Feinde und Verräter« in die DDR reisen und sie wieder verlassen – ungehindert? Dürfen sie in der DDR mit unabhängigen Friedensgruppen, die sich gegen die Atomwaffen in West und Ost aussprechen, zusammentreffen? Dürfen sie sich in Publikationsorganen der DDR gegen die Kriminalisierung der unabhängigen Friedensbewegung in der DDR äußern? Dürfen sie in DDR-Publikationsorganen Einspruch erheben gegen die Kriminalisierung von Schriftstellern, welche in der DDR leben oder welche die DDR verlassen haben? Einige sollen unversehens ein wenig mitreden dürfen über den Frieden; aber nur vor der Haustür, und nur über den Weltfrieden.

Die Verwundungen, die mancher zugefügt bekommen hat, der in den Krieg gegen Schriftsteller geriet und aus der Staatsbürgerschaft der DDR entlassen wurde, sind nach kürzerer oder längerer Zeit geheilt. Der Frieden ist diesen Schriftstellern von den DDR-Staatsorganen und vom

Schriftstellerverband der DDR nicht erklärt worden. So vermissen wir die Voraussetzungen für ein Friedens-Gespräch mit jenen, die kraft ihrer Funktion Verantwortung tragen für den herrschenden unfriedlichen Zustand. Diese Voraussetzungen müssen geschaffen werden von jenen, die kraft ihrer Funktion Macht besitzen, Schriftsteller in Bedrängnis zu bringen oder nicht.

Es gibt für uns einen zweiten Grund, nicht an der Berliner Begegnung der Schriftsteller teilzunehmen: Die Begegnung ist nicht offen für alle. Deshalb ziehen wir es vor, zu sprechen, wo jeder sprechen und jeder zuhören kann. Wir hören bereits sagen, die deutschen Schriftsteller sollten die Diskussion über den Frieden nicht ungebührlich belasten mit innerdeutschen Querelen. Es handelt sich aber bei genauer Betrachtung um Auseinandersetzungen von allgemeiner Bedeutung; die sogenannten innerdeutschen Probleme sind nur ihr spezieller Fall. Wir hören auch sagen, die Frage nach dem Frieden in einem Land sei eine »Einmischung in die inneren Angelegenheiten eines Landes und gefährde ernsthaft die Entspannung«. Für uns ist es umgekehrt: Es gibt keinen Fortschritt für den Frieden, wenn nicht nach dem Frieden in einem Land gefragt werden darf.

Im übrigen – wir sind keine Diplomaten und wollen uns nicht an die Regeln der Diplomatie halten. Wer Diplomat sein will, ohne es zu sein, soll sich an die Regeln der Diplomatie halten. Wir fürchten die Waffen aller Mächte, besonders die atomaren Waffen. Sollte die Wirklichkeit so beschaffen sein, daß Frieden nur durch das Gleichgewicht der Waffen, besonders der atomaren Waffen in Ost und West erhalten werden kann, so hoffen wir auf eine Lösung, die möglichst wenig Waffen verlangt.

Allen Teilnehmern der 2. Berliner Begegnung, die das Wort Frieden nicht als Tarnung benutzen für den Herrschaftsanspruch einer Partei oder eines Staates, erweisen wir unsere Achtung.

Hans Joachim Schädlich
Jürgen Fuchs

Karfreitag und Ostern sind in vielen Gegenden der Welt Menschen zusammengeströmt, um lebende Ketten um Munitionsdepots und Raketenbasen zu schlagen. In Regen, Hagel und Wind harrten sie tagelang aus, ihrer Forderung nach Abrüstung Ausdruck zu geben. Beruf und Stellung spielten keine Rolle. Wenn sich jetzt Schriftsteller zum 4. Mal zu einem Friedensgespräch in exklusiven Räumen treffen, es ein Tagegeld gibt, Presse und Fernsehen geladen sind, erinnert das an eine absurde Talkshow. Auch sind wieder Regisseure am Werk, die auf Ausgewogenheit achteten, als sie die Einladungsliste geschaffen haben. Etliche Namen sind ausgespart, um den Verbänden der DDR und anderer Länder des realexistierenden Sozialismus Peinlichkeit zu ersparen. Diesen Delegationen kann nicht zugemutet werden, daß sie auf einige abgeschobene oder der Landes verwiesene Kollegen treffen. Wosnessenski braucht um des Friedens willen Lew Kopelews Anblick nicht zu ertragen, Kant den nicht von Biermann. Alles in allem eine gut geplante Veranstaltung, von Funktionären so organisiert, daß sie ohne zu stören stattfinden kann. Nutzlos, elitär, ein Jahrmarkt der Eitelkeit, Verlogenheit gegenüber der verfolgten Friedensbewegung in der DDR.

Sarah Kirsch

(BStU, MfS, HA XX ZMA 1818, Bl. 117–120)

Dokument 4

Hauptabteilung XX/7 Berlin, 25. 4. 1983

Information
über den Verlauf des internationalen Schriftstellertreffens für den Frieden in der Westberliner Akademie der Künste am 22. / 23. 4. 1983

Am 22. 4. 1983, 10.00 Uhr wurde dieses Schriftstellertreffen in der Westberliner Akademie der Künste, 1000 Berlin 21, Hanseatenweg 10, eröffnet und am 23. 4. 1983, 14.30 Uhr beendet.
Anwesend waren 40 Schriftsteller aus sieben Staaten und Westberlin. Ein Abschlußdokument wurde nicht verabschiedet. Am 23. 4. 1983 von 20.00 bis 23.15 Uhr fand eine öffentliche Abschlußdiskussion statt, bei der ca. 600 bis 700 Personen anwesend waren.
Aus der DDR nahmen teil die Schriftsteller

Helmut Baierl
Günter de Bruyn
Fritz Rudolf Fries
Stefan Heym
Hermann Kant
Karl Mickel
Erik Neutsch
Ulrich Plenzdorf
Rolf Schneider
Helga Schütz
Benito Wogatzki

Nach der Eröffnung des Treffens durch den Westberliner Literaturwissenschaftler Prof. Walter Höllerer, der sich gegen die Aufstellung von Atomraketen auf BRD-Territorium aussprach, legten in 20-minütigen Grundsatzbeiträgen

Robert Jungk Österreich
Tschingis Aitmatow UdSSR
Heinrich Albertz Westberlin
(wegen Krankheit von Albertz wurde dessen Beitrag durch den Westberliner Pfarrer Volkmar Deile verlesen)
und Stephan Hermlin

ihre Auffassungen dar.
Die Reden von Tschingis Aitmatow und Stephan Hermlin gingen von der Friedenspolitik der sozialistischen Staaten aus. Hermlin wandte sich gegen

die Vermischung von Friedensbewegungen und sogenannten Menschenrechtsaktivitäten.
Robert Jungk forderte u. a. die Schaffung unabhängiger Friedensbewegungen in den sozialistischen Ländern.
In seinem Beitrag behauptete Heinrich Albertz, daß die Staatsoberhäupter beider deutscher Staaten einerseits vom Frieden reden und andererseits die Stärkung ihrer jeweiligen Armeen als das beste Mittel der Friedenssicherung bezeichnen.
Internen Informationen zufolge widerspiegelte dieses Treffen die sich durch den Konfrontationskurs des Imperialismus weiter verschärfende internationale Lage. Feindliche Kräfte, wie die Schriftsteller

Günter Grass	Westberlin
Robert Jungk	Österreich
Hans Christoph Buch	Westberlin
Peter Schneider	Westberlin
Stefan Heym	DDR
Rolf Schneider	DDR
Günter de Bruyn	DDR
Ulrich Plenzdorf	DDR
Helga Schütz	DDR
Günter Kunert	DDR, in der BRD lebend
György Konrad	Ungarische VR, in Westberlin lebend
Libuse Monikova	CSSR, in der BRD lebend

und andere benutzten dieses Treffen, um unter dem Deckmantel des Pazifismus und der Menschenrechte massive Angriffe gegen die Friedenspolitik und die sozialistische Staats- und Gesellschaftsordnung in der DDR, der UdSSR und den anderen Ländern der sozialistischen Gemeinschaft zu richten, die antisozialistischen Kräfte in den sozialistischen Staaten zu ermuntern und wie zum Beispiel Konrad zur Veränderung der sozialistischen Machtverhältnisse aufzufordern. Die feindlichen Angriffe erfolgten, wie intern eingeschätzt wurde, im einheitlichen und aufeinander abgestimmten Vorgehen.
Die progressiven Vertreter des Schriftstellerverbandes der DDR

Helmut Baierl
Hermann Kant
Karl Mickel
Erik Neutsch
Benito Wogatzki

mit Ausnahme der Abschlußdiskussion auch

Stephan Hermlin

und die anwesenden Vertreter des Schriftstellerverbandes der UdSSR erläuterten die Friedensinitiativen der DDR, der UdSSR und der anderen Staaten des Warschauer Vertrages, traten gegen die Versuche zur Spaltung der Friedensbewegung auf und wiesen offensiv die antisozialistischen Angriffe zurück.

Die Mitglieder der sowjetischen Delegation brachten nachdrücklich den Standpunkt der Sowjetunion zu den Fragen der Abrüstung, der Friedenserhaltung und der Friedenssicherung zum Ausdruck. Insbesondere verwiesen sie auf solche Tatsachen wie des freiwilligen Versprechens der Sowjetregierung, niemals als erste Kernwaffen einzusetzen und daß es keine Beispiele von Regierungen von NATO-Staaten gibt, die sich diesem Aufruf angeschlossen hätten.

Von den sowjetischen Teilnehmern wird das Ergebnis des Treffens als positiv eingeschätzt, weil es gelungen ist, entgegen den vielfältigen antisowjetischen Ausfällen der Westmedien, den Standpunkt der Sowjetunion und der anderen sozialistischen Ländern zu Friedensfragen deutlich zum Ausdruck zu bringen.

Die hinsichtlich des Friedenskampfes realistischen Kräfte aus der BRD, wie

Bernt Engelmann, Schriftsteller
Hans-Werner Richter, Schriftsteller, und
Alfred Mechtersheimer, ehemaliger Bundeswehroffizier

bemühten sich, wie intern eingeschätzt wird, in der Beratung am 23.4. 1983, das sachliche Gespräch im Interesse des Friedens zu suchen, waren jedoch in der Minderheit, äußerst zurückhaltend und verunsichert, wie das der Diskussionsbeitrag von Hans-Werner Richter offenbarte. Bernt Engelmann wandte sich gegen die Stationierung neuer USA-Raketen in der BRD und dagegen, die Einigung der Friedenskräfte mit Vorbedingungen zu belasten. Alfred Mechtersheimer warnte in seinem Diskussionsbeitrag vor der Gefahr der Entstehung antisowjetischer Tendenzen in der Friedensbewegung.

In den Diskussionsbeiträgen der genannten feindlichen Kräfte wurden folgende Angriffsrichtungen erkennbar:

In den Ansätzen vorhandene realistische Positionen des Westberliner Schriftstellers Günter Grass, wie die Erwähnung der sowjetischen Abrüstungsvorschläge und die Ablehnung der beabsichtigten Raketenstationierung in der BRD, wurden durch die antisozialistische und antisowjetische Stoßrichtung seines Gesamtauftretens überdeckt. Grass bestand darauf, die Menschenrechte und die Friedensbewegungen als untrennbare Einheit zu sehen und charakterisierte das Schriftstellertreffen in der Westberliner Akademie der Künste als eine »Lektion für die sowjetischen Vertreter«. Es sei unbegreiflich, wenn die sowjetischen Vertreter niemals die Verantwortung dafür übernehmen wollen, was unter Stalin in der UdSSR geschehen sei. Die sowjetischen Vertreter sollten sich laut Grass daran gewöhnen, etwas »strapaziert« zu werden. Günter Grass widersprach den Ausführungen von Tschingis Aitmatow, weil diese mit der offiziellen Politik der Sowjetunion konform gingen. Die Beispiele eines angeblichen Eingreifens der UdSSR in Ungarn, der CSSR, Afghanistan und Polen würden deutlich machen, daß die UdSSR aggressiv sei und die Menschenrechte nicht achte. Die Vorgänge in Jena bezeichnete Grass als Beispiel dafür, daß die Friedensbewegung in der DDR unterdrückt werde. Er befürwortete den Vorschlag von György Konrad, das nächste internationale Schriftstellertreffen in der Ungarischen Volksrepublik durchzuführen.

Der österreichische Schriftsteller Robert Jungk unterstützte die feindlichen Positionen von Grass und forderte die Bildung einer Kommission zur Untersuchung aller »Menschenrechtsfälle« in der UdSSR.

Der Westberliner Schriftsteller Hans Christoph Buch äußerte sich ### unter Berufung auf Veröffentlichungen von Feinden der UdSSR im kapitalistischen Ausland gegen die sozialistische Staats- und Gesellschaftsordnung in der UdSSR.

Ähnliche Positionen wie Grass vertrat auch der Westberliner Schriftsteller ###, der darüber hinaus diffamierende Angriffe gegen den Verteidigungsminister der DDR, Genossen Heinz Hoffmann, richtete.

Unter der Diskussionsleitung der Mitherausgeberin der antisozialistischen Zeitschrift »L' 80«, Carola Stern, deren Fragestellung vordergründig auf die Verbindung von Friedenskampf und sogenannter Menschenrechtsproblematik und auf die angebliche Unterdrückung der unabhängigen Friedensbewegung in den sozialistischen Ländern orientiert war, erhielten vor allem solche feindlichen Kräfte wie Grass, Heym, Konrad und Monikova das Wort.

Bei dieser Veranstaltung war der Regierende Bürgermeister von Westberlin, Richard von Weizsäcker, anwesend.

Grass brachte zum Ausdruck, das für ihn Faszinierende an dem Westberliner Schriftstellertreffen sei die enge Verbindung zwischen Friedenskampf und dem Kampf um die Menschenrechte gewesen, wie es anhand der Vorgänge in Jena anschaulich zum Ausdruck gekommen sei. Die Vertreter der Sowjetunion und der DDR sollten zuerst vor ihrer eigenen Tür kehren, bevor sie über die Notwendigkeit des Friedenskampfes in westlichen Ländern reden.

Stefan Heym unternahm den Versuch, einen angeblichen Widerspruch zwischen den Partei- und Staatsführungen der sozialistischen Länder und

der Friedensbewegung nachzuweisen. Die Sache des Friedens stimme hier nicht mit der Macht überein. Auch in der DDR müsse man die Möglichkeit erhalten, in einer anderen Weise für den Frieden zu sein, als die offizielle Politik es vorschreibe. Heym forderte außerdem zu Demonstrationen in der DDR auf, wenn hier Atomraketen aufgestellt werden sollten.
Auf die Ausführungen des sowjetischen Schriftstellers Tschingis Aitmatow, daß in der Sowjetunion die Sorge um den Frieden im täglichen Gespräch der Menschen ist, reagierten die bereits genannten Libuse Monikova und György Konrad mit ### Bemerkungen. Wo die Menschenrechte, wie angeblich in der Sowjetunion, täglich verletzt würden, könne es auch keinen Frieden geben. Konrad äußerte außerdem, daß die »demokratischen Friedensbewegung im Westen« und die »oppositionelle Friedensbewegung im Osten« sich zu einer »neuen, gemeinsamen Internationale« entwickeln.
Im Gegensatz zu seinem realistischen Auftreten während des Schriftstellertreffens stellte sich Stephan Hermlin in der öffentlichen Abschlußdiskussion auf die Seite pazifistischer Kräfte. Hermlin brachte zum Ausdruck, für ihn sei ein Bündnis Kommunisten – Pazifisten sehr wichtig. Die Parole »Schwerter zu Pflugscharen« bleibe für ihn eine gute Parole, »weil sie jüdisch und weil sie sozialistisch« sei. Man müsse jungen Christen in der DDR die Möglichkeit geben, auf ihre Weise für den Frieden zu sein. Den antisozialistischen Ausfällen der genannten Personen trat Hermlin nicht entgegen.
Die Atmosphäre während der öffentlichen Abschlußdiskussion war äußerst aggressiv und hetzerisch. Hermann Kant wurde von nicht bekannten dort anwesenden Zuhörern mit Worten wie: »###« beschimpft. Die Ausführungen von Tschingis Aitmatow wurden mit Zwischenrufen wie: »###« ständig unterbrochen. ###
Wie intern eingeschätzt wird, ist damit zu rechnen, daß das Protokoll dieses Treffens, in welchem alle antisozialistischen und antisowjetischen Angriffe enthalten sind, veröffentlicht und von gegnerischen Kräften zur Eskalierung der ideologischen Diversion und zu Ermunterung oppositioneller Kräfte in sozialistischen Staaten mißbraucht werden kann.
Progressive Kräfte fragen sich verwundert, weshalb zugelassen wurde, daß DDR-Bürger, die in Übereinstimmung mit feindlichen Kräften in NATO-Staaten die Friedenspolitik und die sozialistische Staats- und Gesellschaftsordnung in der DDR, der UdSSR und anderen sozialistischen Staaten verunglimpfen, in Westberlin auftreten konnten.
Bei allen Veranstaltungen dieses Schriftstellertreffens waren Vertreter der Massenmedien zugegen.

(BStU, MfS, HA XX ZMA 1818, Bl. 168–171, 174 f.)

Zweite Berliner Begegnung am 22./23. April 1983 in der West-Berliner Akademie der Künste am Hanseatenweg. Oben: Günter Grass und Uwe Johnson; unten: Libuše Moníková, Günter Grass, Walter Höllerer und Stephan Hermlin.

Günter Grass: Ich habe diese vier Referate aufmerksam gehört und fand im Referat von Jungk und im Referat von Heinrich Albertz zwei Ansätze zu Appellen, die sich an alle hier Versammelten richten. Jungks Appell zugunsten der mittlerweise Verfolgten und Diffamierten in beiden deutschen Staaten, und bei Albertz zum Schluß eine Reihe von Punkten, die ich gerne, wenn es geht, schriftlich vor mir hätte. Ich glaube, daß sie sich für die Versammlung hier eignen könnten. Der Erfolg dieses Treffens wird davon abhängen, ob wir in der Lage sind, trotz der verschiedenen Ideologien, trotz der bestehenden Gegensätze dennoch etwas Gemeinsames zu artikulieren, und dieses Gemeinsame wird – das liegt in der Natur der Sache – in beiden deutschen Staaten, in beiden Lagern etwas Unbequemes sein müssen. Wenn wir uns nur auf den geringsten Nenner einigen, machen wir uns lächerlich. (…)

Ich halte es für verhängnisvoll zu glauben, alles Schuldverhalten könne nur von der einen Weltmacht ausgehen. Kunerts Hinweis, daß Forschung in den Weltraum hinein von Anfang an militärische Planung gewesen ist, betrifft natürlich gleichermaßen die Sowjetunion wie die Vereinigten Staaten. Killersatelliten z.B. von der Sowjetunion sind jetzt schon in Umlauf.

Stephan Hermlin möchte ich in einer Sache widersprechen, so sehr ich ihm zustimme, daß wir vorsichtig sein und dafür sorgen sollten, daß das große Thema, die Gefährdung des Friedens, Oberhand behält. Ich glaube dennoch nicht, daß man Friedensbewegung und Menschenrechte voneinander trennen kann. Nur wenn man die Menschenrechte respektiert, läßt sich Friedensbewegung entwickeln. Wir erleben Verstöße gegen die Friedensbewegung nicht nur in der Bundesrepublik, sondern vehement auch in der DDR. Ich bitte darum, diesen Zusammenhang zu sehen. Vielen Dank.

(Zweite Berliner Begegnung. Den Frieden erklären. Protokolle des zweiten Berliner Schriftstellertreffens am 22./23. April 1983. Darmstadt/Neuwied 1983, S. 31–33)

Dokument 5

Abteilung XX/7 Frankfurt (O), 26.4.1983

Information 2758/83
Quelle: IM [unbenannt]
Internationale Begegnung von Schriftstellern 22.–23. April 1983 in Westberlin (2. Begegnung)
Zum Auftreten einzelner Schriftsteller bzw. Teilnehmer der 2. Begegnung
(...)

Günter GRASS
GRASS schien etwas abgeklärter als sonst, er gab sich den Anschein ganz echt um den Frieden besorgt zu sein und betonte mehrfach, offenbar auf den Beitrag von Konrad WOLF auf der 1. Begegnung bezogen, daß er sicher sei, die Russen wollen keinen Krieg. Dieser Äußerung folgte jedoch das ABER, und hier läßt GRASS keine echte Position erkennen. Es hatte den Anschein, als mißfalle ihm diese ganze 2. Begegnung, weil ihre Sinn- und Ziellosigkeit offensichtlich war. (...)

Es wurden einige Teilnehmer der 2. Begegnung genannt, es wurde versucht, eine Einordnung vorzunehmen, die subjektiv sein muß und nicht vollständig sein kann. Deutlich sollte werden, daß es sich bei den Anwesenden im Grunde um einen Flickenteppich handelte.
Das vorschwebende Ziel, einen Beitrag zur Friedenssicherung zu leisten, dürfte weit verfehlt worden sein, weil über alles mögliche andere gesprochen wurde und weil von westlicher Seite alles unternommen wurde, nicht den Ausgleich anzustreben, sondern kontroverse Standpunkte deutlich anzusteuern.
Wenn auch der eine oder andere Beitrag beeindruckte, so wurde deutlich, daß man von westlicher Seite nicht akzeptiert, daß man beim Kampf um Friedenssicherung in sozialistischen Ländern eine gemeinsame Sprache mit dem Staat hat und mit dem Staat konform gehen kann. Ebenso wird nicht anerkannt, daß es bedeutsame Friedensinitiativen gibt von Seiten sozialistischer Staaten, auf die der Westen nicht eingeht, woraus folgt, daß diese Initiativen zu unterstützen wären. Nicht anerkannt wird, daß die Bedrohungslüge absurd ist, die amerikanische Bedrohung sich aber im Schatten der Bedrohungslüge potenziert.
Da solche Probleme bestehen, ist es kompliziert zu verstehen, weshalb über alles mögliche, nicht aber über das Wichtigste gesprochen wurde.

Bemerkungen
Vom IM wurde auftragsgemäß berichtet. Die Berichterstattung ist nicht überprüft und stellt eine subjektive Wertung des IM dar.

Maßnahmen
Bericht zur operativen Auswertung abschriftlich an HA XX.

Hauptmann Hoffmann

(BStU, MfS, HA XX 1818, Bl. 264, 269 f.)

ADN-Information: Nur zur Information, Interne Dienstmeldung
dpa: Grass für neue Formen des Gesprächs
Berlin, 23. April 83 (dpa) – Bei der »2. Berliner Begegnung« von Schriftstellern aus Ost und West sind die Teilnehmer nach Ansicht von Günter Grass in den Diskussionen an die Grenzen ihrer Möglichkeiten gestoßen. Grass sagte am Sonnabend Nachmittag zum Abschluß der zweitägigen Gespräche in der West-Berliner Akademie der Künste, es sollten neue Formen gefunden werden. Auf eine Abschlußerklärung wurde verzichtet, nachdem sich deutlich abgezeichnet hatte, daß es dafür keine allgemeine Übereinstimmung geben würde. Für den Abend war noch eine öffentliche Diskussion angesetzt.

Für den kommenden Herbst ist ein erneutes Treffen in einem Gebiet der Bundesrepublik vorgesehen, in dem die Stationierung neuer amerikanischer Mittelstreckenraketen bei einem Scheitern der sowjetisch-amerikanischen Verhandlungen geplant ist. Dafür soll der Friedensforscher Alfred Mechtersheimer die Vorbereitungen übernehmen. Die rund 40 Schriftsteller und Wissenschaftler aus beiden deutschen Staaten sowie aus einigen anderen Ländern sprachen sich außerdem für eine weitere Begegnung im kommenden Jahr in Ungarn aus, wofür die Voraussetzungen geprüft werden sollen.

Grass machte in seinem Schlußwort deutlich, daß die Themen Friedensbewegung und Menschenrechte seiner Ansicht nach nicht voneinander getrennt werden können. Zu den teilweise sehr kontrovers geführten Diskussionen bemerkte er, man müsse den Regierungen »unsere Widersprüche« offen zeigen.

Unterschiedliche Positionen wurden deutlich formuliert.

Nach der »Berliner Begegnung zur Friedensförderung«, die im Dezember 1981 auf Initiative des DDR-Autors Stephan Hermlin in Ostberlin stattgefunden hatte, und dem »Haager Treffen« im vorigen Frühjahr war die Diskussion in der Akademie die dritte Veranstaltung in einem solchen Rahmen. Dabei wurden unterschiedliche Positionen zwischen Teilnehmern aus Ost und West noch deutlicher als bei den vorangegangenen Veranstaltungen, wobei die Differenzen nicht nur nach einem Ost-West-Schema auftraten.

Der österreichische Zukunftsforscher Robert Jungk, der die Anregung zu einem Treffen an einer Raketenbasis gegeben hatte, stieß bei Teilnehmern aus der Sowjetunion und auch einigen Autoren aus der DDR auf heftigen Widerspruch mit seiner Klage, daß sich in der Sowjetunion und in anderen östlichen Ländern eine autonome Friedensbewegung nicht entfalten könne. Am Schlußtag stellte er sogar die Frage, ob eine paritätische Kommission von Schriftstellern möglich wäre, um die Lage der autonomen Friedensgruppe in Moskau zu untersuchen. Hermlin appellierte daraufhin »ganz dringlich«, zum eigentlichen Thema zurückzufinden, da man die Sowjetunion nicht in den »Anklagezustand« zu versetzen habe.

Der in West-Berlin lebende Schriftsteller Peter Schneider bemängelte, daß bei diesem Treffen die Friedensbewegung unzureichend vertreten sei und sich »diese Veranstaltungsform erschöpft« habe. Mechtersheimer nannte die Begegnung dagegen ein »wichtiges Korrektiv« für die Friedensbewegung. Er ermunterte die Schriftsteller, sich bei den im Herbst in der Bundesrepublik geplanten Aktionen gegen die Stationierung neuer Raketen »konkret: auch physisch« einzusetzen. Grass äußerte die Hoffnung, daß Mechtersheimer und andere mit solchen Anregungen »uns aus Räumen herausführen könnten«.

++ma

(BStU, MfS, HA XX 1818, Bl. 121 f.)

Dokument 6

Hauptabteilung XX/7 Berlin, 4.5.1983

Ergänzende Information
zu den Ergebnissen des internationalen Schriftstellertreffens
am 22./23.4.1983 in der Westberliner Akademie der Künste

Aus vorliegenden operativen Hinweisen geht hervor, daß feindliche Kräfte innerhalb und außerhalb der DDR das am 22.4. und 23.4.1983 in der Westberliner Akademie der Künste stattgefundene internationale Schriftstellertreffen für den Frieden als Erfolg für die Durchsetzung ihrer antisozialistischen Interessen einschätzen.
Wie intern bekannt wurde, informierte der operativ bekannte Jürgen Fuchs, Westberlin, am 24.4.1983 ### darüber, daß das »Jenaer Beispiel« im Mittelpunkt des gesamten Schriftstellertreffens gestanden habe und das »entscheidende Friedensbeispiel« gewesen sei. Man könne einschätzen, daß die »Jenaer Aktion eine ganz große Bedeutung« hatte. Außerdem hätten die Menschenrechte als einer der wichtigsten Punkte auf der Tagesordnung gestanden. Fuchs lobte in diesem Zusammenhang das Auftreten von Stefan Heym, Günter de Bruyn, Ulrich Plenzdorf und Helga Schütz. ###
Der Vorsitzende des BRD-Schriftstellerverbandes, Bernt Engelmann, brachte zum Ausdruck, daß er seinen Diskussionsbeitrag am zweiten Tag des Schriftstellertreffens nur deshalb gehalten habe, weil der Konfrontationskurs von Grass deutlich geworden sei. Grass sei nach Meinung von Engelmann unberechenbar und politisch zwielichtig. Die Frage der Kopplung des Friedenskampfes mit den Menschenrechten bzw. der Systemreformierung in den sozialistischen Ländern seitens Grass sei zu erwarten gewesen. Engelmann habe die Absicht, im Winter 1983 ein ähnliches Schriftsteller-Friedenstreffen wie »Interlit« im Juni 1982 in Köln durchzuführen. Dies solle in Saarbrücken/BRD stattfinden. Engelmann hofft dabei auf die Unterstützung des dortigen sozialdemokratischen Oberbürgermeisters Oskar Lafontaine als Einlader. Lafontaine habe eine gute Plattform in SPD-Kreisen und in der Friedensbewegung der BRD.
Seitens feindlicher oppositioneller Kräfte in der DDR wurden die Äußerungen progressiver Schriftsteller der DDR auf dem Schriftstellertreffen in Westberlin zum Anlaß genommen, diese Schriftsteller der Lüge zu bezichtigen.
Die operativ bekannten

Michael Rost und
Roland Jahn, beide in Jena wohnhaft,

übergaben am 29.4.1983 dem Schriftstellerverband der DDR gleichlautende Briefe von

Eve und Frank Rub, wohnhaft in Jena,

an den Präsidenten des DDR-Schriftstellerverbandes, Hermann Kant, und den Schriftsteller Benito Wogatzki. In den Briefen wird Benito Wogatzki beschuldigt, mit seinen Äußerungen während des Westberliner Treffens über die Vorgänge in Jena die Unwahrheit gesagt zu haben. Wogatzki wird außerdem aufgefordert, seine angeblich unwahren Äußerungen richtigzustellen.

(BStU, MfS, HA XX ZMA 1818, Bl. 230f.)

Dokument 7

XX/7 5.6.83

MP [Berliner Morgenpost]

Günter Grass wurde Akademie-Präsident

Die Mitgliederversammlung der Berliner Akademie der Künste wählte gestern den Schriftsteller und Grafiker Günter Grass für die kommenden drei Jahre zum Präsidenten. Vizepräsident wurde der Bildhauer Rolf Szymanski. Grass wurde Nachfolger des im Januar gestorbenen Architekten Werner Düttmann.

[Handschriftlicher Vermerk am Zeitungsausschnitt: *Zur Akte*]

(BStU, MfS, ZAIG 3786, Bl. 139)

Dokument 8

XX/7/4349/83

IV

SOZIALISTISCHE EINHEITSPARTEI DEUTSCHLANDS

Zentralkomitee

HAUS DES ZENTRALKOMITEES AM MARX-ENGELS-PLATZ · 1020 BERLIN · RUF 202-0

MITGLIED DES POLITBÜROS
- Kurt Hager -

VME/ /
29. JULI 1983
VVS E74949/83
29.7.83

Minister für Staatssicherheit
Genossen Armeegeneral
Erich Mielke

Werter Genosse Mielke !

Vom Präsidenten unserer Akademie der Künste, Genossen Manfred Wekwerth, wird die Frage aufgeworfen, was mit Günter Grass geschehen soll, wenn er eine Einreise beantragt. Grass ist, wie Du weißt, wegen seiner bekannten Aktivitäten an der Grenze zurückgewiesen worden.

Grass wurde jedoch vor kurzem zum Präsidenten der Westberliner Akademie der Künste gewählt. Es ist also anzunehmen, daß er in dieser Eigenschaft Kontakt mit unserer Akademie sucht und möglicherweise auch Besuche von Ausstellungen usw. vornehmen möchte.

Ich wäre dafür, Anträgen von Grass von Fall zu Fall zuzustimmen, vor allen Dingen, wenn er einen offiziellen Besuch beim Präsidenten unserer Akademie der Künste, Genossen Wekwerth, vornehmen will.

Ich bitte um Deine Meinungsäußerung.

Mit sozialistischem Gruß
Kurt Hager
Kurt Hager

Berlin, 29. Juli 1983
1496/83

(BStU, MfS, ZAIG 3786, Bl. 140)

Dokument 9

Hauptabteilung XX Berlin, 4.8.1983

[Stellungnahme zum Schreiben von Kurt Hager an Erich Mielke
Zerrissenes Dokument, das nur teilweise wieder zusammengesetzt werden konnte]

(...) Im Zusammenhang mit seinen Aktivitäten als maßgeblicher Inspirator zur Formierung oppositioneller Kräfte in der DDR und der Durchführung organisierter Zusammenkünfte solcher Personenkreise in der Hauptstadt der DDR wurde gegen Grass im November 1980 eine Einreisesperre realisiert. Damit wurde eine wesentliche Einschränkung der feindlichen Wirksamkeit von Grass gegenüber oppositionellen Kräften in der DDR erreicht.
Mitte 1983 wurde Grass zum neuen Präsidenten der Westberliner Akademie der Künste gewählt. Es besteht die Möglichkeit, daß er in dieser Funktion Kontakt mit der Akademie der Künste der DDR aufnimmt und zwecks Durchführung von Absprachen oder dem Besuch von Ausstellungen in die DDR einreisen will.
Aufgrund dieser Situation werden folgende Maßnahmen vorgeschlagen:
1. Aufhebung der bestehenden Einreisesperre gegen Grass.
2. Durchführung von Kontroll- und Überwachungsmaßnahmen bei einer möglichen Einreise von Grass.
3. Grass durch die Akademie der Künste der DDR mitteilen zu lassen, daß er sich bei Einreisen in die DDR an die gesetzlichen Bestimmungen der DDR hält und die Einreisemöglichkeiten nicht zu [feindlichen] Aktivitäten mißbraucht.

[Zusatz]
(...) Es ist dabei nicht auszuschließen, daß Grass ständige Verzögerungen bei der Grenzpassage zum Anlaß nimmt, um unter Einschaltung westlicher Medien öffentlich feindlich gegen die DDR wirksam zu werden. Aus diesem Grunde ist eine Entscheidung von Fall zu Fall über die Gewährung der Einreise für Grass bei der Antragstellung im Büro der DDR in Westberlin nicht möglich.
Durch die einzuleitenden Kontroll- und Überwachungsmaßnahmen zu Grass bei seinen Aufenthalten in der DDR kann festgestellt werden, ob er sich an die bei der Einreise angegebenen Reiseziele hält oder ob er die Einreisemöglichkeiten zu feindlichen Aktivitäten gegen die DDR mißbraucht.

(BStU, MfS, ZAIG 3786, Bl. 141–143)

Dokument 10

Hauptabteilung XX
Leiter

Berlin, 16. 8. 1983
XX/7/ti-f

Hauptabteilung VI
Abteilung Fahndung
Leiter

Maßnahmen im Falle von Antragstellungen zur Einreise in die DDR im Büro für Besuchs- und Reiseangelegenheiten der DDR in Westberlin durch den Westberliner Schriftsteller Günter Grass

Sie werden gebeten im Falle der Antragstellung des Westberliner Schriftstellers

GRASS, Günter
geb. am 16. 10. 1927
Reisesperre-Nr. 344 542

zur Einreise in die DDR die Durchführung folgender Maßnahmen zu veranlassen:

1.) Bei Eingang eines Antrages zur Einreise in die DDR von Grass und vor Ablehnung der Einreiseerlaubnis umgehende Informierung der Hauptabteilung XX (Tel. 22812, OpD 20613) über den vorgesehenen Einreisetermin, das Reiseziel und die zur Einreise vorgesehene Grenzübergangsstelle.

2.) Falls nach einer durch den Leiter der Hauptabteilung XX zu treffenden Entscheidung die Einreise des Grass genehmigt wird, Übergabe des Genannten an die Hauptabteilung VIII.

Der Leiter der AG 17 ist vom Sachverhalt bereits informiert.

i. V. Generalmajor Kienberg

[Handschriftlich] Zu Akte Grass und Ltr. HA vorlegen!!

(BStU, MfS, ZAIG 3786, Bl. 148)

Dokument 11

Hauptabteilung XX/7 Berlin, 6.9.1983
Hinweis für den OpD

Bei Mitteilungen der HA VI/AGV über Antragstellungen zur Einreise in die DDR durch den Westberliner Schriftsteller

GRASS, Günter

Fahnd.-Nr. 34444 542

ist umgehend der Leiter der HA XX zwecks Entscheidung über die Genehmigung des Antrages zu informieren. Von der HA VI/AGV sind das vorgesehene Einreisedatum, das Reiseziel und der Reisegrund zu erfragen und dem Leiter der HA XX ebenfalls mitzuteilen.
Die Entscheidung des Leiters der HA X ist der HA VI/AGV zu übermitteln.
Danach ist über die vorgesehene Einreise des Grass und die dazu getroffene Entscheidung des Leiters der HA XX umgehend der Gen. Major Gampig bzw. Gen. Major Tischendorf, HA XX/7, in Kenntnis zu setzen.

Oberstleutnant Brosche, Leiter der Abteilung

(BStU, MfS, ZAIG 3786, Bl. 151)

Dokument 12

Hauptabteilung XX

Berlin, 8. Sept. 1983

Gen. Minister

V e r m e r k

Der

G r a s s , Günter
geb. am: 16. 10. 1927
wh.: Berlin-West, ###
Präsident der Westberliner Akademie der Künste

stellte am 8. 9. 1933 beim Büro für Besucher- und Reiseverkehr in Berlin-Charlottenburg den Antrag auf Einreise in die DDR.
Als Termin der Einreise wurde der 16. 9. 1983 beantragt. Ziel der Reise: Neuzelle, Eisenhüttenstadt und Berlin.
Die Einreise soll mit PKW ### erfolgen. Als Begleitung wurde die ### angegeben.
Es besteht aus kulturpolitischer Sicht keine Notwendigkeit, die Einreise zu gestatten.
Grass steht in Einreisesperre.
Es wird vorgeschlagen, die Einreisesperre bestehen zu lassen, die Einreise des Grass nicht zu gestatten und die Einreise der ###, ### zu genehmigen.

[Handschriftliche Entscheidung des Ministers]
Einverstanden mit Einreise
Zum Verhalten operative Erkenntnisse sammeln.
Wv. [Wiedervorlage]
Mielke
13. IX. 83

(BStU, MfS, ZAIG 3786, Bl. 153)

XX 17

Hauptabteilung XX   Berlin, 8. Sept. 1983

XX/UK/7339/83
XX/7/5024/83

BStU
000153

einverstanden mit Einreise

Mielke 13. IX. 83

V e r m e r k

Der

G r a s s , Günter
geb. am: 16. 10. 1927
wh.: Berlin-West, [redacted]
Präsident der Westberliner Akademie der Künste

stellte am 8. 9. 1983 beim Büro für Besucher- und Reiseverkehr in Berlin-Charlottenburg den Antrag auf Einreise in die DDR.
Als Termin der Einreise wurde der 16. 9. 1983 beantragt.
Ziel der Reise: Neuzelle, Eisenhüttenstadt und Berlin

Die Einreise soll mit PKW [redacted] erfolgen. Als Begeitung wurde die

[redacted]

angegeben.

Es besteht aus kulturpolitischer Sicht keine Notwendigkeit, die Einreise zu gestatten.

Grass steht in Einreisesperre.

Es wird vorgeschlagen, die Einreisesperre bestehen zu lassen, die Einreise des Grass nicht zu gestatten und die Einreise der [redacted], [redacted] zu genehmigen.

Dokument 13

Hauptabteilung XX
Leiter

Berlin, 13. 9. 1983
XX/7/IV/ga-lü

persönlich übergeben:
Hauptabteilung VI
Abteilung Fahndung
Leiter

Aussetzung einer Einreisesperre – Fahnd.-Nr. 344 542
Gemäß einer zentralen Entscheidung wurde dem Antrag des Westberliner Schriftstellers

GRASS, Günter, geb. am 16. 10. 1927
wh.: Berlin-West, Niedstr. 13
Präsident der Westberliner Akademie der Künste

beim Büro für Besucher- und Reiseverkehr in Berlin-Charlottenburg auf Einreise in die DDR am 16. 9. 1983 stattgegeben. Die Einreise soll mit PKW B - ### über die Güst. Sonnenallee erfolgen.
Grass reist in Begleitung der ###, geb. am ###, wh.: 1 Berlin ##. Als Reiseziel wurde von Grass die Hauptstadt der DDR, Berlin, Neuzelle und Eisenhüttenstadt angegeben.
Sie werden gebeten, für den 16. 9. 1983 die Einreisesperre gegen Grass auszusetzen, die Fahndung einzuleiten und bei der Einreise des Grass die Übergabe an die HA VIII zu veranlassen.

Generalmajor Kienberg

(BStU, MfS, ZAIG 3786, Bl. 159)

Dokument 14

MINISTERRAT DER DEUTSCHEN DEMOKRATISCHEN REPUBLIK
Ministerium für Staatssicherheit
2403/83 Berlin, 16.9.1983

Hauptabteilung: VIII/3/4
Sachbearbeiter: Gen. Meyer
Telefon: 66227

Beobachtungsbericht
zum Auftragsersuchen »344 542«
Für die Zeit vom 16.9.1983, 10.06 Uhr bis ...

10.06 Uhr wurde »344 542« nach Verlassen der GüSt Bahnhof Friedrichstraße in der Georgenstraße zur Beobachtung aufgenommen. Die zu beobachtende Person ging langsamen Schrittes auf eine Gruppe von ca. 10 Personen zu, die an der Einmündung Friedrichstraße/Ecke Georgenstraße stand und sich unterhielt. Eine ersichtliche Begrüßung fand nicht statt. Nach ca. einer Minute kam aus Richtung Einreise eine weibliche Person und ging auf die Gruppe zu. Sie hatte einen weißen Stoffumhängebeutel, einen Stockschirm sowie eine Kleinbildkamera bei sich. Diese Person erhält den Decknamen »Schale«. »344 542« ging ihr ein paar Schritte entgegen und unterhielt sich angeregt mit ihr. Dabei hielten sie sich etwas abseits von den anderen Personen auf. Nach ca. 2 Minuten gesellten sie sich zu den anderen Personen und beide unterhielten sich wechselseitig noch etwa 8 Minuten. Während dieser Zeit reisten weitere Personen einzeln und in Gruppen von 3 Personen ein, die sich ebenfalls zur Gruppe begaben. Die Gruppe als auch die nachfolgenden Personen wurden von der weiblichen Person mit der Kleinbildkamera fotografiert.

10.16 Uhr gingen alle 24 Personen langsamen Schrittes in kleineren Gruppen von 3 bis 4 Personen zur Weidendammer Brücke. Sie blieben für ca. 2 Minuten auf der Mitte der Brücke stehen, unterhielten sich und schauten in Richtung Albrechtstraße. Die weibliche Person fotografierte in Richtung S-Bahnbrücke Albrechtstraße. Anschließend schlenderten alle über Schiffbauerdamm zum Berliner Ensemble. Sie gingen weiter am Friedrichstadtpalast vorbei, durch die Grünanlagen am Hotel »Adria« und überquerten die Friedrichstraße in Höhe der Weidendammer Brücke; langsamen Schrittes gingen sie weiter über das Gelände der Augenklinik der

Charité Tucholskystraße zur Monbijoubrücke. Vor dem Bodemuseum blieben sie stehen und unterhielten sich, wobei »344 542« wortführend war. Die Gruppe ging langsam weiter vorbei am Pergamonmuseum, der Nationalgalerie, Neues Museum, Altes Museum, Berliner Dom, OdF Mahnmal, Staatsoper, Bebelplatz, Friedrichswerdersche Kirche, Marstallgebäude, Neptunbrunnen. An all diesen Sehenswürdigkeiten gab eine männliche Person aus der Gruppe Erklärungen. Danach begaben sich die zu beobachtenden Personen zum Fernsehturm und betraten die Räume der Berlin-Information im Fernsehturm. Sie schauten sich die Ausstellungsstücke, insbesondere das große Stadtmodell, an. Nach kurzer Zeit verließen alle Personen die Ausstellung und gingen in kleineren Gruppen zur Weltzeituhr auf dem Alexanderplatz. Hier schienen sie eine Absprache zu führen und lösten sich dann in mehrere kleinere Gruppen auf. »344 542«, 2 männliche Personen und eine weibliche Person betraten um 12.35 Uhr das Café »Polar«. Sie tranken Kaffee und Schnaps und aßen Kuchen.

13.12 Uhr verließ »344 542« das Café mit zwei weiteren Personen der Gruppe und begab sich in die »Suppenterrine« auf dem Alexanderplatz. Sie hielten offenbar nach freien Plätzen Ausschau und verließen nach kurzer Zeit die Gaststätte. Sie schlenderten weiter zu den Rathauspassagen. Am Imbißstand am Alextreff holte einer der Begleiter zwei Bier und »344 542« zwei Suppen. An einem Stehtisch verzehrten sie diese und kamen dabei gegen 13.23 Uhr mit einer männlichen Person ins Gespräch. Diese Person erhält den Decknamen »Affe«. Bei diesem, recht angeregtem Gespräch, schrieb »Affe« etwas auf einen Zettel (A6), den er dann »344 542« übergab.

13.38 Uhr verabschiedeten sich »344 542« und seine Begleiter von »Affe« durch ein kurzes Handzeichen und gingen langsam zur Buchhandlung »Das Gute Buch« auf dem Alexanderplatz. (»Affe« siehe V-Bericht) »344 542« kaufte hier ein Buch von Fritz Reuter und »Schach von Wuthenow« von Fontane und fragte den Filialleiter, wie denn das Geschäft so gehe.

13.52 Uhr verließ die zu beobachtende Person die Buchhandlung und ging zur Weltzeituhr. Hier geriet er mit einer weiblichen Person in ein intensives Gespräch. Sie erhält den Decknamen »Banane«. Nach ca. 7 Minuten, um 14.00 Uhr verabschiedete sich »Banane« mit Handschlag von »344 542« und traf dann mit zwei weiteren weiblichen Personen zusammen. Alle drei Personen schlenderten langsam zum Parkplatz auf dem Mittelstreifen Alexanderstraße und stiegen hier in einen Pkw Typ: Trabant, Farbe: weiß, poliz. Kennzeichen: ###. Sie fuhren in Richtung Stralauer Straße davon und wurden nicht weiter beobachtet. In der Zeit, in der sich »344 542« und »Banane« unterhielten, traf ein Teil der Gruppe an der Weltzeituhr zusammen.

14.20 Uhr schlenderte »344 542« in Begleitung dieses Teils der Gruppe über Grunerstraße, Jüdenstraße, Parochialstraße, Waisenstraße, Stralauer Straße, Jannowitzbrücke, Märkisches Ufer zum Köllnischen Park. Sie besichtigten ausgiebig den dortigen Bärenzwinger und begaben sich danach um 14.50 Uhr in das »Märkische Museum«. Nachdem sie kurz die Ausstellungen besichtigt hatten, verließen sie und »344 542« um 15.39 Uhr das Museum und hielten sich ca. 10 Minuten davor auf. Anschließend bummelten sie weiter über Wallstraße, Grünstraßenbrücke, dann das Spreeufer entlang zur alten Gertraudenbrücke. Nachdem alle die St. Gertraut ausgiebig betrachtet hatten, gingen sie weiter über Leipziger Straße, Wilhelm-Külz-Straße, Behrenstraße, Friedrichstraße zum S-Bahnhof Friedrichstraße. Ein Teil der Gruppe blieb auf dem Bahnhofsvorplatz stehen. »344 542« verabschiedete sich von der Gruppe und betrat dann um 16.56 Uhr die Ausreisehalle der Güst Friedrichstraße. Daraufhin wurde die Beobachtung an »344 542« beendet.

17.08 Uhr wurde »Schale« den Genossen der Hauptabteilung VI zur Dokumentation übergeben. Bei »Schale« handelt es sich um Name: ###, Vorname: ###, geboren am: ###, wohnhaft: 1000 Berlin ##.

(BStU, MfS, ZAIG 3786, Bl. 164–167)

Günter Grass: Die Akademie hat gelegentlich – sei es in West-Berlin, und damals eben auch in Ost-Berlin – Stadtbesichtigungen gemacht. Das Märkische Museum war uns interessant, da es dort Manuskripte von Fontane und sonstige Dokumente zur Kulturgeschichte gibt. Das haben wir uns einfach angesehen, mehr steckte gar nicht dahinter.

(Interview vom 16.4.2009)

Karin Kiwus, 1983 Sekretär der Abteilung Literatur der West-Berliner Akademie der Künste: Von der Beschattung durch die Stasi habe ich damals nichts bemerkt. Ich bin sowohl als Privatperson als auch mit der Akademie eigentlich immer – ich muss schon sagen: naiv oder unvorbe-

Mitglieder der West-Berliner Akademie der Künste während ihrer Exkursion nach Ost-Berlin im Hof des Märkischen Museums, 16. September 1983.

lastet – dahin gegangen, auch wenn ich Stephan Hermlin besucht habe. Oder ich war einmal mit Günter Grass bei Günter Kunert, als er noch in Ost-Berlin wohnte, weit im Nordosten der Stadt. Ich habe dabei selbst fotografiert, aber nichts von der Stasi bemerkt. Vielleicht wollte ich es auch nicht bemerken, ich weiß es nicht.

Beim Ausflug zum Märkischen Museum war fast die gesamte Belegschaft der Akademie, vielleicht 30, 35 Leute, dabei. Wir sind am Alten Museum vorbeigelaufen, an der Nikolaikirche, an dem Neptunbrunnen und irgendwo auch eingekehrt, eigentlich war es mehr Betriebsausflug als Besichtigung.

Wenn man seinen Passierschein beantragt hat, musste man ja immer diesen so genannten Zwangsumtausch machen, das heißt 25 D-Mark in 25 Mark der DDR umtauschen. Und für dieses Geld hat man entweder Bücher gekauft oder ist essen gegangen.

(Interview vom 7.9.2009)

Dokument 15

Abteilung XV Berlin, 6.10.1983

Gen. Schiller
Ablage Akte Grass
Major Tischendorf u. RL IV zur Kenntnisnahme!

B e r i c h t
zu Absichten der Westberliner Akademie der Künste, einen offiziellen Kontakt zur Akademie der Künste der DDR aufzunehmen

Zuverlässig wurde aus der Leitung der Akademie der Künste der DDR bekannt, daß die Westberliner Akademie der Künste Aktivitäten zur Aufnahme von offiziellen Kontakten zwischen beiden Akademien unmittelbar vorbereitet. Der im Juni 1983 neu gewählte Präsident der Westberliner Akademie, Günter Grass, hatte bereits mehrmals in der Öffentlichkeit sein Interesse an entsprechenden Verbindungen bekundet. Anläßlich der Eröffnung der Erich-Arendt-Ausstellung im Berliner Marstall am 22.9.1983 erschien der Präsidialsekretär der Westberliner Akademie, Dr. Manfred Schlösser, und übergab an den Generaldirektor der Akademie der Künste der DDR, Heinz S c h n a b e l, ein Schreiben von Günter G r a s s an den Präsidenten der Akademie der Künste der DDR, Prof. Dr. Manfred Wekwerth (siehe Anlage). In dem Schreiben wird Bezug genommen auf die Friedensresolution der DDR-Akademie und ein »gemeinsamer Gedankenaustausch« vorgeschlagen. Schlösser ließ erkennen, daß dies der eigentliche Zweck des Grass-Schreibens sei und er auch ohne den Anlaß der Ausstellungseröffnung an Genossen Schnabel herangetreten wäre. Schlösser berichtete, daß am 9.9.1983 [16.9.1983] Günter Grass gemeinsam mit den Mitarbeitern der Westberliner Akademie in die Hauptstadt der DDR einreiste und hier das Museum für Deutsche Geschichte [Märkische Museum] besuchte. Dieser Besuch im MFDG erfolgte mit dem Ziel, Erkenntnisse und Argumente für eine begründete Ablehnung des in Westberlin bis 1987 geplanten Deutschen Historischen Museums zu sammeln. Günter Grass zeigte sich während des Hauptstadt-Besuches außerordentlich befriedigt, daß er von DDR-Bürgern erkannt und um Autogramme gebeten wurde.
Die jetzt eingetretene Situation veranlaßt die Leitung der Akademie der Künste der DDR jederzeit mit einem plötzlichen Besuch von Günter Grass in der Akademie der Künste der DDR zu rechnen.

Anlage

AKADEMIE DER KÜNSTE
HANSEATENWEG 10, 1000 BERLIN 21,
DER PRÄSIDENT

An den Präsidenten der
Akademie der Künste der DDR
Herrn Prof. Dr. Manfred Wekwerth
Hermann-Matern-Str. 58–59
104 Berlin

16. September 1983

Sehr geehrter Herr Präsident,
für die Übermittlung Ihrer Friedensresolution »Die Zeit drängt ...« danke ich Ihnen.
Die Akademie der Künste Berlin hat bereits den beigefügten Aufruf vor zwei Jahren veröffentlicht und in Fortsetzung der von Stephan Hermlin angeregten ersten Berliner Begegnung von Schriftstellern aus Ost und West 1982 [1981] im Frühjahr dieses Jahres in unseren Räumen eine zweite Berliner Begegnung durchgeführt. Die Protokolle beider Begegnungen sind in der Bundesrepublik als Taschenbuch in großer Auflage erschienen. Ich sende Ihnen den Band vom zweiten Treffen zur Kenntnisnahme zu und würde mich freuen, wenn die Akademie der Künste der DDR angesichts der vielen Mitglieder Ihres Hauses, die daran teilnahmen, eine Veröffentlichung für die Bürger der DDR planen würde.
Ich stimme mit Ihnen überein, daß jeder seinen Einfluß auf seine Weise wahrnehmen sollte, die internationale Friedensbewegung zu stärken, um den Rüstungswettlauf zu stoppen. Ich werde auf unserer Mitgliederversammlung im Oktober den Beschluß der Abteilung Literatur erläutern und zugleich nachdrücklich um Unterstützung aller anderen Abteilungen bitten, sich im Dezember an einem erneuten Treffen in Heilbronn in unmittelbarer Nähe eines vorgesehenen Stationierungsortes für Raketen zu beteiligen. Von der dreitägigen Prominentenblockade in Mutlangen und der Beteiligung vieler Mitglieder unserer Akademie haben Sie sicherlich einiges Informative den Zeitungen entnommen.
Wir werden nicht nachlassen, in Wort und Tat für den unmittelbaren Frieden überall auf der Welt einzustehen und die Mächte in West wie Ost auf ihre hohe Verantwortung für eine bedingungslose Abrüstung aufmerksam zu machen.

Unsere beiden Akademien wären gut beraten, bei Gelegenheit zu einem gemeinsamen Gedankenaustausch nicht nur über Friedensfragen zusammenzukommen. Die Akademie der Künste wäre dazu bereit.

Mit freundlichen Grüßen
Günter Grass

BStU, MfS, ZAIG 3786, Bl. 187, 189f.)

Ein besonderes Ärgernis der DDR-Behörden: »Flüchtlingsgespräche« mit ausgereisten DDR-Schriftstellern im Literarischen Kolloquium in West-Berlin, 19. Februar 1984. V. r. n. l.: Manfred Wilke, Erich Loest, Günter Grass, Hannes Schwenger, Ingeborg Drewitz.

Dokument 16

Akademie der Künste der DDR Berlin, den 5. 4. 1984

Bericht

über ein Gespräch in der Westberliner Akademie der Künste am 4. 4. 1984

Das Treffen fand im Ergebnis von 2 Briefen unsererseits an die Westberliner Akademie im Zusammenhang mit der seinerzeit bevorstehenden Raketenstationierung in der Bundesrepublik statt. Konkret eingeladen zum o. g. Termin hatte der Präsident der Westberliner Akademie Günter Grass. Für den Besuch lag die Zustimmung von Genossen Hager vor. In der Kulturabteilung des ZK fand am 22. 3. ein ausführliches Gespräch zur Vorbereitung des Besuches statt. Grundlage für die Vorgespräche waren die 2 Antwortbriefe von Günter Grass mit dem von ihm inhaltlich angegebenen Gesprächsgegenstand: Kampf um den Frieden und andere interessierende Fragen. In dem Vorgespräch wurde vereinbart, die Zusammenkunft als ein erstes Informationsgespräch zu betrachten, keine Vereinbarungen abzuschließen, mögliche Auskünfte über die Arbeit unserer Akademie zu geben und den politischen Standpunkt von Grass zu aktuellen Fragen genauer zu erfahren.
Das Gespräch am 4. 4. 1984 fand von 15.00 bis 16.45 Uhr in der Westberliner Akademie statt. Teilnehmer: Günter Grass, Präsident der Westberliner Akademie; Rolf Szymanski, Vizepräsident der Westberliner Akademie; Koll. Merkert, Sekretär der Klasse für Bildende Kunst; seitens der Akademie der Künste der DDR Prof. Dr. Manfred Wekwerth, Präsident; Heinz Schnabel, Generaldirektor.
Entgegen allen Erwartungen beschränkte sich Grass bereits in seinen Begrüßungsworten auf Fragen allgemeiner Art hinsichtlich des Kampfes um den Frieden (Bezugspunkt war hier die Feststellung: Beide Akademien müssen alles für den Frieden tun wie es der Briefwechsel von 1983 ja besage). In einer kurzen Passage machte er Andeutungen über sein Auftreten in Heidelberg, das er jedoch nur als Fakt erwähnte. Nachstoßende Fragestellungen des Präsidenten, die Lage habe sich doch nach der Stationierung der Raketen geändert, beantwortete Grass nicht. Auch weitere Versuche unsererseits, z. B. seine Stellung zum gerade zu Ende gegangenen VS-Kongreß zu erfahren, beantwortete er lediglich mit der Feststellung: Es ging turbulent zu und es gab knappe Mehrheiten. Im Gespräch gestellten Fragen nach Meinungen über Westberlin, dessen politische Haltung und seine Position dazu wich er aus bzw. beantwortete er als ihm »nicht hinreichend bekannt«. Die Politik würde sowieso nur von Beamten gemacht.

Es war deutlich erkennbar, daß Grass kein übergreifendes politisches Gespräch wünschte. Selbst als während des Gesprächs die Ablehnung der korrespondierenden Mitgliedschaft von Robert Jungk erwähnt wurde, ging Grass nicht auf dessen politische Begründung zur Ablehnung ein, sondern äußerte lediglich sein Bedauern über die Ablehnung. Er betonte, Gespräche wären besser als Ablehnungen. Er bestätigte die Auffassung von Manfred Wekwerth, daß Jungk ja möglicherweise seine gegenteiligen politischen Haltungen an Ort und Stelle, also in unserer Akademie, hätte vortragen können. Grass bestätigte diesen Standpunkt und bedeutete, man solle Fragen immer dort stellen, wo sie hingehören.
Offensichtliches Hauptthema war für Grass, Möglichkeiten zur Zusammenarbeit beider Akademien zu eruieren bzw. über die Stellung und Wirkung unserer Akademie Kenntnisse zu erhalten. Erst als wir aufmerksam machten, daß auch diese Fragen doch wohl im politischen Umfeld jeder Akademie zu sehen seien, ging Grass nur insofern darauf ein, daß er die Tatsache bestätigte.
Alle 3 Gesprächspartner der Westberliner Akademie machten dann eine Reihe von Vorschlägen zur Zusammenarbeit:

- Austausch von Ausstellungen, die Werke der jeweiligen Mitglieder beinhalten;
- Treffen zwischen den Mitgliedern der Akademie;
- gemeinschaftliche Ausstellung zum Problem des Waldsterbens;
- Fortsetzungen der Möglichkeiten, gegenseitig die Archive zu nutzen;
- für 1987 (750-Jahr-Feier Berlins) evtl. Beteiligung unsererseits an einer Ausstellung zur Geschichte und Entwicklung der Westberliner Akademie.

Während wir die ja nie unterbrochene gegenseitige Benutzung der Archive bestätigten und dabei betonten, daß sie sich auf der Grundlage bekannter internationaler Regelungen vollziehen müsse, lehnten wir die anderen Vorstellungen ab. So wurde darauf verwiesen, daß wir, wenn überhaupt, erst dann darüber in ein verbindliches Gespräch eintreten können, wenn als politische Grundlage ein Kulturabkommen existiert und das auch Westberlin einschließt. Dazu würde ja verhandelt. Im übrigen gäbe es z. B. zur 750-Jahr-Feier Berlins Absprachen, die deutlich zum Ausdruck bringen, daß unsererseits keine Gemeinsamkeiten oder gemeinsame Veranstaltungen ins Auge gefaßt sind, bestenfalls könne es Abstimmungen vorwiegend terminlicher Art geben.
Wir wiesen darauf hin, wolle man von westlicher Seite wie im politischen so auch im kulturellen Rahmen Beziehungen vernünftiger Art, so müsse man von Realitäten ausgehen, die Interessen der anderen Seite berücksichtigen, und im Falle des Kulturaustausches betrachten wir den Abschluß

eines Kulturabkommens als Voraussetzung für jegliche Vereinbarung. Grass äußerte dazu, daß er leider keine Einflußmöglichkeiten sehe (seitens der Westberliner Akademie) hinsichtlich des Abschlusses des Kulturabkommens. Er betonte, darüber auch keine Kenntnis zu besitzen. In diesem Zusammenhang deutete er an, daß möglicherweise seitens der Künstler kein besonderes Interesse bestünde, denn es müsse wohl befürchtet werden, daß dann eine »Reglementierung durch Beamte« einsetze. Diese Leute brächten sowieso nicht das Richtige hinein und gegebenenfalls würden diese Leute Vereinbarungen abschließen, die »die notwendigen Freiheiten für einen Kulturaustausch« einschränken.
Wir wiederholten unseren Standpunkt und unterstrichen, daß er nicht nur Gültigkeit für das Verhalten unserer Akademie, sondern für den gesamten Kulturbereich habe. Auf unseren Hinweis, wenn er also ernsthaft geregelten Kulturaustausch befürwortet, möchte er, Grass, sich doch für vernünftige Regelungen, die den politischen Umständen entsprächen, in einem Kulturabkommen einsetzen. Darauf betonte Grass, daß er dazu kaum Möglichkeiten sehe, denn, obwohl im Statut der Westberliner Akademie festgelegt sei, daß z.B. für den Westberliner Senat Rat in Kulturfragen gegeben werden soll, würde dieser Rat nicht gefragt, im Gegenteil sogar boykottiert. Er bewies das mit den Bemühungen der Akademie, eine sinnvolle Verwendung des Gropius-Baus in Westberlin zu erreichen.
Wir betonten, daß wir uns in einer anderen Lage befänden, unser Rat würde gefragt, selbst beim Abschluß von Kulturarbeitsplänen seien wir berechtigt, Vorstellungen zu entwickeln bzw. Vorschläge zu machen.
Die Diskussion ging dann auf die Frage zu, wie denn eine Akademie wirken könne. Wir legten unseren Standpunkt dar, indem wir kurz wesentliche Gesichtspunkte der Arbeitsweise unserer Akademie darstellten (Veranstaltungen zum 35. Jahrestag der DDR, zur Frage Entwicklung und Festigung des Geschichtsbewußtseins, zur Forschungsarbeit Exil u. a.). Wir betonten, daß wir das Vorstellen der Kunst als Politikum sehen und deshalb unsererseits neben der Vermittlung künstlerischer Werte besonders die Diskussion über sie im Mittelpunkt stünde. Auch einige Strukturfragen unserer Akademie fanden Erwähnung. Diese Darlegungen wurden mit großem Interesse aufgenommen. Grass betonte, daß er vergleichbar ähnliche Auffassungen habe. Es war aber erkennbar, daß er sie offensichtlich nicht wie gewünscht durchzusetzen vermag.
Grass äußerte den Wunsch, mit ca. 40 bis 50 Westberliner Akademiemitgliedern am 7.5.1984 das Museum für Deutsche Geschichte zu besuchen. Nach seiner Meinung sei das eine Einrichtung, die nicht nur vorbildlich arbeite, sondern die man gesehen haben müsse, wenn man Geschichte

verstehen will. Er bat um Unterstützung für dieses Vorhaben. Wir sagten Prüfung zu.
Das Gespräch verlief in einer sachlichen und gelösten Atmosphäre. Wir hatten den Eindruck, daß Grass bewußt nur Fragen der Tätigkeit der Akademie in den Mittelpunkt gestellt hatte und bewußt keine übergreifende politische Diskussion wollte. Es war erkennbar, daß er offensichtlich von dem Grundsatz ausging, die Interessen der anderen Seite zu berücksichtigen. Mehrfach fiel von ihm die Bemerkung, daß es wichtig und notwendig sei, den Gedanken der Lernprozesse im Auge zu behalten.
Ein neuer Termin für ein Zusammentreffen wurde nicht vereinbart.

Manfred Wekwerth

(BStU, MfS, ZAIG 3786, Bl. 197–201)

Günter Grass: Mir war Manfred Wekwerth bekannt als früherer Regieassistent von Bertolt Brecht. Und mittlerweile war er in der Akademie federführend. Mir kam es darauf an, einen Kontakt zwischen den beiden Berliner Akademien herzustellen – in voller Kenntnis der Gegensätze und der Schwierigkeiten, wohl wissend, dass das lange dauern würde. Das ist ein Versuch gewesen, im kulturellen Bereich das zu praktizieren, was es seit Willy Brandt auch in der Deutschlandpolitik gab: mit der anderen Seite, auch wenn man ideologisch auseinanderdriftete, im Gespräch zu bleiben, das Gespräch zu suchen und Gemeinsamkeiten zu finden.

Ich schlug vor, und das stieß bei ihm auf Misstrauen und Ablehnung, dass man damit beginnen könnte, Ausstellungen, die in der West-Berliner Akademie waren, auch in Ost-Berlin zu zeigen und umgekehrt. Außerdem wollte ich, dass auch die Abteilungen untereinander ins Gespräch kommen könnten, sei es über Architekturprobleme oder bildende Künste, über Literatur und Musik. Wir hatten ja zu dem Zeitpunkt schon in der West-Berliner Akademie Mitglieder aus dem Osten. Zum Beispiel Stephan Hermlin und Christa Wolf gehörten dazu. Nur das führte zu nichts.

Mich überrascht es nicht, wenn ich jetzt höre, dass Wekwerth damals für den Staatssicherheitsdienst gearbeitet hat. Das könnte ein Grund gewesen sein, warum es zu keiner engeren Zusammenarbeit zwischen den Akademien gekommen ist.

(Interview vom 16.4.2009)

Dokument 17

ZAIG 2.5.1984

INFORMATION

über einen vorgesehenen Aufenthalt des Präsidenten der Akademie der Künste Berlin-West, Günter Grass, und weiterer Mitglieder dieser Akademie am 7.5.1984 in der Hauptstadt der DDR, Berlin

Vorliegenden operativen Hinweisen zufolge hat der Präsident der Akademie der Künste Berlin-West,

Grass, Günter
geb. am 16.10.1927 in Danzig
wh. 1000 Berlin-West 1, Niedstr. 13
Mitglied der SPD

eine für den 7.5.1984 vorgesehene Besuchsreise von ca. 40 bis 50 Mitgliedern der Akademie der Künste Berlin-West in die Hauptstadt der DDR, Berlin organisiert. Geplant ist ein Besuch des Museums für Deutsche Geschichte in der Hauptstadt der DDR. Die 40 bis 50 außer Grass namentlich nicht bekannten Angehörigen der Besuchergruppe sind Ordentliche Mitglieder der Akademie der Künste Berlin-West aus der BRD, anderen nichtsozialistischen Staaten und Berlin-West.

Es ist vorgesehen, daß diese Personen im Laufe des 7.5.1984 nicht geschlossen, sondern einzeln in die Hauptstadt der DDR einreisen. Als Treffpunkt wurde der Eingang des Museums für Deutsche Geschichte am 7.5.1984, 14.00 Uhr vereinbart.

Angeregt wurde dieser Besuch durch Grass während eines Gespräches des Präsidenten der Akademie der Künste der DDR, Prof. Manfred Wekwerth, und ihres Generaldirektors, Genossen Heinz Schnabl [Schnabel], mit Grass am 4.4.1984 in der Akademie der Künste Berlin-West. Seitens der Akademie der Künste der DDR wurde durch Grass Unterstützung erbeten. Nach Auffassung von Grass sei das Museum für Deutsche Geschichte eine vorbildliche Bildungsstätte, die man gesehen haben müsse. Die Akademie der Künste der DDR tritt hierbei nicht als Gastgeber auf. Durch sie wurde lediglich eine Führung durch das Museum für Deutsche Geschichte organisiert.

Durch die Hauptabteilung XX werden geeignete Maßnahmen zur operativen Kontrolle des Aufenthaltes von Grass durchgeführt. In Ihrem Verantwortungsbereich ist die Einleitung zweckmäßiger und geeigneter operativer Sicherungs-, Überwachungs- und Kontrollmaßnahmen vorzunehmen.

(BStU, MfS, ZAIG 3786, Bl. 203, 210)

Günter Grass: Wir sind ins Ost-Berliner Museum für Deutsche Geschichte gefahren, um uns zu informieren, wie in der DDR deutsche Geschichte dokumentiert wird. Viele Akademiemitglieder kamen ja aus Westdeutschland, und es waren auch sehr viele ausländische Mitglieder dabei. Für die war das von besonderem Interesse, und zu den Akademieprogrammen gehörten während der mehrtägigen Tagungen stets solche Ausflüge, meist in West-Berlin und in diesem Falle auch mal in Ost-Berlin. Dass das mit der Schaffung eines Deutschen Historischen Museums in West-Berlin oder eines Hauses der Geschichte im Zusammenhang gestanden haben soll, wundert mich, daran kann ich mich gar nicht erinnern.
(Interview vom 16.4.2009)

Dokument 18

Hauptabteilung XX
Leiter

Berlin, 2.5.1984
XX/7/ti-fr *7580*/84

Hauptabteilung VI
Abteilung Fahndung
Leiter

Aussetzung einer Einreisesperre

Sie werden gebeten, die durch unsere Diensteinheit bei Ihnen eingeleitete Einreisesperre gegen
Grass, Günter
geb. 16.10.1927
Fahndungs-Nr. 344542
für den 7.5.1984 auszusetzen, die Fahndung einzuleiten und das Fahndungsobjekt bei der Einreise an die Hauptabteilung VIII zu übergeben.
Die Hauptabteilung VIII ist mit der Übernahme des Objektes einverstanden.

Generalmajor Kienberg

(BStU, MfS, ZAIG 3786, Bl. 207)

Dokument 19

Hauptabteilung XX/7 Berlin, 4.5.1984

Vermerk

Ergänzend zur Information Nr. 334/84 vom 2.5.1984 über die beabsichtigte Einreise des Präsidenten der Akademie der Künste Berlin-West, Günter Grass, und weiteren 40 bis 50 Mitgliedern dieser Akademie am 7.5.1984 in die Hauptstadt der DDR, Berlin, wurden folgende weitere interne Feststellungen erarbeitet:
Zu den für die Einreise in die DDR-Hauptstadt vorgesehenen Mitgliedern der Akademie der Künste Berlin-West gehört

Beuys, Joseph
geb. am 12.5.1921 in Krefeld
wh. 4000 Düsseldorf-Oberkassel, ###
Bildhauer
erfaßt für HVA II

Durch den Sekretär der Akademie der Künste Berlin-West, Schlösser, wurde der DDR-Schriftsteller und Mitglied dieser Akademie, Stephan Hermlin, darauf aufmerksam gemacht, daß dem Beuys, Joseph von den zuständigen Organen der DDR die Einreise in die DDR nicht gestattet wird. Hermlin empfahl dem Schlösser, diese Frage über die Ständige Vertretung der BRD in der DDR zu klären.
Durchgeführte Überprüfungen haben ergeben, daß gegen Beuys durch die Hauptabteilung XX in Abstimmung mit der HVA II Einreisesperre verfügt wurde. Beuys gehört zu den Gründungsmitgliedern der »Grünen« in der BRD. Er ist den sogenannten Fundamentalisten innerhalb dieser Partei zuzurechnen, die auf rechten Positionen stehen und im Rahmen ihrer Aktivitäten zur Schaffung einer »blockübergreifenden Friedensbewegung« antisozialistische, gegen die Friedenspolitik der DDR gerichtete Aktionen organisieren. Beuys selbst hat sich ständig aktiv an solchen feindlichen Maßnahmen beteiligt.
Nach Konsultation mit der HVA II wird vorgeschlagen, die gegen Beuys bestehende Einreisesperre aufrechtzuerhalten.

(BStU, MfS, ZAIG 3786, Bl. 209)

Dokument 20

Hauptabteilung VIII — Berlin, 7. Mai 1984

Operatives Leitzentrum

An: HA XX/7

Operative Information 331/84

Ergebnis der auf Grundlage eines Auftragsersuchen der Hauptabteilung XX geführten operativen Beobachtung des Präsidenten der Akademie der Künste von Berlin (West), Grass, Günter, während seines Aufenthaltes am 7. 5. 1984 in der Hauptstadt der DDR, Berlin

Am 7. 5. 1984, 14.30 Uhr, reiste der Präsident der Akademie der Künste von Berlin (West)

Grass, Günter (56)
geboren am: 16. 10. 1927 in Danzig,
wohnhaft: 1000 Berlin 41, Niedstr. 13

in Begleitung des Einwohners von Berlin (West) ###, ###, geboren am: ###, wohnhaft: 1000 Berlin 21, ###
über die Güst Bahnhof Friedrichstraße in die Hauptstadt der DDR, Berlin, ein. Beide gingen auf der Friedrichstraße, Straße Unter den Linden zum Museum für deutsche Geschichte, wo sie 14.44 Uhr eintrafen.
Sie nahmen bis 16.49 Uhr an einer Führung teil. Anschließend verließen sie das Museum und verabschiedeten sich von ###, der mit dem Pkw Typ: Talbot, amtl. Kennzeichen: ### (Hannover) abfuhr. Grass ging mit den anderen vier Personen auf der Straße Unter den Linden zurück zur Friedrichstraße. 17.03 Uhr suchten sie die Buchhandlung im Bahnhof Friedrichstraße auf. Nachdem Grass das Buch »Geschichte des Alltags des deutschen Volkes« von J. Kuczynski gekauft hatte, verließen sie die Buchhandlung und gingen zur Güst Bahnhof Friedrichstraße, wo 17.28 Uhr ihre Ausreise nach Berlin (West) erfolgte.
(…)

Verteiler
Genossen Generalleutnant Neiber
Hauptabteilung XX, Leiter

(BStU, MfS, ZAIG 3786, Bl. 217, 219)

Dokument 21

Hauptabteilung XX/7 Berlin, 22.3.1985

Gn. Generallt. Mittig mündl. informiert

Information

Die leitende Mitarbeiterin der Westberliner Akademie der Künste, ###, hielt sich vom 10.–14.3.1985 anläßlich der Internationalen Buchmesse in Leipzig auf. Gegenüber einer zuverlässigen inoffiziellen Quelle brachte sie zum Ausdruck, daß die Westberliner Akademie in der Woche zwischen dem 15. und 20.4.1985 abends eine Festveranstaltung zum 70. Geburtstag von Stephan HERMLIN plant, auf der Günter GRASS, Hans MEYER [MAYER] und Klaus WAGENBACH als Redner auftreten bzw. Texte von HERMLIN lesen werden.
Im Auftrage der Akademie habe die ### den Auftrag zu klären, ob die Direktoren des Aufbau Verlages Berlin [Elmar FABER][1] und des Reclam Verlages Leipzig [Hans MARQUARDT] als Verleger HERMLINs in der DDR einer Einladung zur Teilnahme an dieser Veranstaltung in Westberlin zustimmen würden.
Rückfragen beim Stellv. Minister für Kultur, Genossen HÖPCKE, ergaben, daß er einer Teilnahme von DDR-Verlegern an der Akademie-Veranstaltung für HERMLIN in Westberlin zustimmen würde, wenn entsprechende Einladungen vorliegen.
Inoffiziell wurde bekennt, daß HERMLIN bereits seine Zusage zur Teilnahme an der Veranstaltung gegeben hat.

Verteiler
1. Ex. Leiter der HA XX
2. Ex. HA XX/AKG
3. Ex. HA XX/7
4. Ex. HA XX/7, IM-Akte

(BStU, MfS, 14233/92, Bl. 39)

---

1 *Elmar Faber:* Zur West-Berliner Akademie-Veranstaltung zum 70. Geburtstag von Stephan Hermlin bin ich nicht eingeladen worden und habe auch nicht an ihr teilgenommen.
(Schriftliche Mitteilung vom 8.12.2009)

Dokument 22

HA XX 20.4.1985

Information

zur Veranstaltung der Akademie der Künste Berlin-West zu Ehren des 70. Geburtstages des Schriftstellers Stephan HERMLIN am 17.4.1985

Am 17.4.1985 fand in der Zeit von 20.00 Uhr bis 22.00 Uhr in der Westberliner Akademie der Künste, 1000 Berlin, Hanseatenweg 10, eine Lesung aus dem literarischen Werk Stephan Hermlins unter dessen persönlicher Mitwirkung statt. Organisiert wurde die Veranstaltung durch den Sekretär der Abteilung Literatur der Akademie der Künste Berlin-West, der operativ bekannten Karin Kiwus.
Zu dieser Veranstaltung waren ca. 400 Personen erschienen. Es waren des weiteren Vertreter von Fernsehen und Rundfunk der BRD, Westberlins sowie zahlreicher Zeitungen und Fotoreporter anwesend, die von der inoffiziellen Quelle namentlich nicht identifiziert werden konnten.
Eröffnet wurde die Veranstaltung durch den Präsidenten der Akademie der Künste Berlin-West, Günter GRASS, der Hermlin als einen Schriftsteller würdigte, der sich immer dafür einsetzte, Menschen zusammenzubringen und *nicht* auseinander.
Danach sprach Hermlins Westberliner Verleger, der operativ bekannte Dr. Klaus WAGENBACH. Wagenbach würdigte in seinen Ausführungen Hermlins literarisches Werk sowie seine Persönlichkeit als Humanist und Antifaschist, ebenso Hermlins Bekenntnis als »Deutscher«, der sich für die Probleme in beiden deutschen Staaten verantwortlich fühlt und daher sich für das Gespräch, für die Verständigung einsetzt. Das sei ein Grund dafür, daß es zur »Berliner Begegnung« kam und daß man Hermlins Geburtstag in beiden deutschen Staaten feiert. Aus diesem Grunde müßten alle Hermlin dankbar sein. Wagenbach betonte in seiner Rede weiter Hermlins Engagement für junge Lyriker in den 60er Jahren in der DDR, er führte hier unter anderem folgende Namen an, für die sich Hermlin besonders einsetzte:

Wolf Biermann
Karl Mickel
Adolf Endler sowie
Peter Huchel.

Darüber hinaus hob Wagenbach Hermlins Parteinahme 1976 für Wolf Biermann hervor, gegen die Maßnahmen der DDR zu Biermann. Wagenbach ging weiter darauf ein, daß Hermlin durch seine Bemühungen um die »Berliner Begegnung« auch Angriffen ausgesetzt war und daß Herm-

lin auch Ermutigung brauche, diesen Weg der Begegnungen fortzusetzen, was erwartet wird. Die Rede Wagenbachs wurde durch IM auf Tonband mitgeschnitten und liegt im vollen Wortlaut vor.
Danach las Günter Grass aus Hermlins Buch »Abendlicht«. Anschließend las der Renegat Prof. Hans Meyer [Mayer] die Erzählung Hermlins »Hölderlin 1944«. Der in der BRD lebende operativ bekannte DDR-Schriftsteller Günter KUNERT las drei Gedichte Hermlins. Zum Schluß las Hermlin aus eigenen Arbeiten.
Die vorgetragenen Texte enthielten keine Provokationen gegen die DDR, die sozialistische Gesellschaftsordnung sowie Partei- und Staatsführung. Im Anschluß an diese Veranstaltung fand keine Diskussion statt. Die Veranstaltung verlief ohne Vorkommnisse und Provokationen.
Verteiler: 1. Ex. Leiter HA XX
2. Ex. HA XX/AKG
3./4. Ex. HA XX/7

(BStU, MfS, 14233-92, Bl. 23 f.)

Klaus Wagenbach (aus der Rede für Stephan Hermlin zum 70. Geburtstag in der Akademie der Künste): Günter Grass, ein »Flüchtling aus Danzig«, aber Bürger der Bundesrepublik seit ihrem Bestehen. Günter Kunert, der die Nazizeit nur mühsam überlebte, Bürger der DDR noch heute, aber seit einigen Jahren bei uns wohnend. Hans Mayer, Emigrant und Remigrant wie Du, lange Zeit Professor in Leipzig, heute in Tübingen. – Sie alle lesen Texte von Dir vor, darunter auch manche, die hier lange nicht gedruckt wurden. (…)

Für die Tätigkeit des »Zusammenbringens« müssen wir alle Stephan Hermlin dankbar sein: Von seiner Tätigkeit am Frankfurter Sender, wo er als einer der ersten nach dem Krieg für Franz Kafka warb, von den Übersetzungen Paul Eluards und Attila Józsefs bis zur öffentlichen Unterstützung der DDR-Lyriker der sechziger Jahre: Wolf Biermann, Karl Mickel, Adolf Endler. Von der Parteinahme für Peter Huchel bis zur berühmten Rede »In den Kämpfen dieser Zeit«. Von der Hilfe für junge Autoren über die Erklärung zur Ausbürgerung von Wolf Biermann bis zur Einberufung der »Berliner Begegnung zur Friedensförderung«.
(Aus: Wagenbach: Die Freiheit des Verlegers. Berlin 2010)

Dokument 23

HA XX 7.5.1985

Information

über interne Äußerungen des operativ bekannten Westberliner Schriftstellers und Präsidenten der Westberliner Akademie der Künste, Grass, Günter

In einem persönlichen Gespräch brachte der Westberliner Schriftsteller und Präsident der Akademie der Künste Westberlins, Günter GRASS, gegenüber einer zuverlässigen inoffiziellen Quelle seine Befriedigung darüber zum Ausdruck, daß im letzten Jahr zwei seiner literarischen Arbeiten durch Verlage der DDR publiziert wurden. Gleichzeitig wollte er von der Quelle wissen, ob die ihm bekanntgewordenen Gerüchte, wonach auch die Veröffentlichung eines Romanes von Grass bei DDR-Verlagen im Gespräch sei, stimmen.
Da die Quelle darauf keine verbindliche Antwort geben konnte, bemerkte Grass, daß ihm schon lange die Idee vorschwebe, den deutsch-deutschen Dialog auch zwischen Autoren und Verlegern zu forcieren. Er schlug in diesem Zusammenhang vor, eine Art öffentliche Podiumsdiskussion zu organisieren, zu der er drei Schriftsteller aus der BRD und drei Verleger aus der DDR einladen würde.
Da die Quelle den praktischen Nutzen für die Beteiligten an einer solchen Diskussion anzweifelte, ließ Grass dieses Thema fallen und stellte sein, nach wie vor vorhandenes, großes Interesse an einer öffentlichen Lesung in der DDR – möglichst in Berlin, Leipzig oder Dresden – in den Mittelpunkt. Er – Grass – komme allmählich zu der Auffassung, daß man in der DDR Angst vor ihm habe. Von verschiedenen Seiten wisse er, daß man ihm immer wieder seine Einmischung in die Politik verüble und ihn deshalb als unberechenbar charakterisiere. Dies treffe sowohl für die BRD als auch für die DDR zu. Er habe dies erst kürzlich wieder erlebt, als ihn der Leiter der Ständigen Vertretung der BRD in der DDR, Dr. Hans-Otto BRÄUTIGAM, wegen seiner »Einmischung« in die Verhandlungen zum Kulturabkommen zwischen beiden deutschen Staaten scharf kritisierte.
Mit spürbarer Erregung betonte Grass, daß der Vorwurf der Unberechenbarkeit nicht gerechtfertigt sei. Er sei diszipliniert genug, sich an getroffene Absprachen und Vereinbarungen zu halten und wollte dies speziell im Zusammenhang mit einer möglichen Lesung in der DDR verstanden wissen.
Er bat die Quelle, bei den zuständigen Staatsorganen der DDR, wobei er in erster Linie an den Stellvertreter des Ministers für Kultur, Genossen

HÖPCKE, dachte, nochmals den Wunsch von Grass zu einer Lesung in der DDR vorzutragen. Der Quelle war es nicht möglich, die konkrete Motivation von Grass für diesen Lesungs-Wunsch herauszuarbeiten. In Andeutungen verwies Grass darauf, daß eine solche Veranstaltung einerseits für das Zustandekommen eines Kulturabkommens zwischen beiden deutschen Staaten dienlich sei, zum anderen in Realisierung eines Kulturabkommens ein Auftreten von Grass in der DDR sowieso nicht ausgeklammert werden könnte.
Im Verlaufe des Gespräches bekundete Grass großes persönliches Interesse, die Insel Rügen kennenlernen zu wollen. Als Motivation nannte er die Tatsache, daß seine jetzige Frau von dort stamme (###) und ständig von dieser Landschaft schwärme. Der Hinweis der Quelle, daß Grass über das Reisebüro der DDR doch jederzeit einen Urlaubsaufenthalt auf Rügen buchen könne, sagte Grass nicht sonderlich zu. Ihm schwebe mehr ein privater Aufenthalt vor, der ihm ermöglicht, ungehindert die Insel zu durchwandern und auch mit Leuten in Kontakt zu kommen.
Quellenschutz ist unbedingt erforderlich.
Quelle: IMB »Hans« [Hans Marquardt]

Verteiler: 1. Ex. Leiter HA XX
2. Ex. HA XX/AKG
3. Ex. HA XX/7

(BStU, MfS, HA XX AKG 6176, Bl. 345 f.)

Günter Grass: Ich bin dem deutsch-deutschen Kulturabkommen gegenüber sehr kritisch gewesen. Als Präsident der Akademie der Künste habe ich dazu 1986 eine Veranstaltung organisiert, bei der auch der Ständige Vertreter der Bundesrepublik Hans Otto Bräutigam, der damals die Sachen mit verhandelt hat, zugegen war und das alles sehr gelobt hat. Ich hatte nichts gegen ein Kulturabkommen, aber die Art und Weise des geplanten Austauschs störte mich: Der Westen schickt ein Orchester gen Osten, und umgekehrt kommt der Thomanerchor zu Besuch. Da fehlte mir einfach der inhaltliche Austausch und die Möglichkeit, dass auch Leute, die nicht auf dem Podest stehen, miteinander ins Gespräch kommen. Zu einem offenen Künstleraustausch ist es dann ja auch nicht gekommen. Das war der kritische Punkt.
(Interview vom 15.11.2009)

Dokument 24

Grass kandidierte nicht mehr als Akademie-Präsident

Berlin (dpa [1. 6. 1986]): Der Schriftsteller Günter Grass hat aus, wie es heißt, persönlichen Gründen überraschend auf eine erneute Kandidatur als Präsident der Akademie der Künste verzichtet. Die Mitgliederversammlung wählte daraufhin am Sonnabend abend den Komponisten Giselher Klebe zu seinem Nachfolger. Grass hatte das Amt vor drei Jahren nach dem plötzlichen Tod des Architekten Werner Düttmann übernommen. Wie ergänzend bekannt wurde, will er ein Jahr ins Ausland gehen.

(BStU, MfS, AG XVII 3823, Bl. 57)

Dokument 25

Hauptabteilung XX/7

Berlin, 20.06.1988
Gefertigt: 4 Exemplare
2. Exemplar

Information
zum Treffen von Vertretern der Leitungen des Schriftstellerverbandes der DDR und des Verbandes Deutscher Schriftsteller in der IG Druck und Papier der BRD am 18./19.06.1988 in Petzow, Bezirk Potsdam

Auf der Grundlage einer zentralen Entscheidung fand am 18./19.06.1988 im Schriftsteller-Erholungsheim »Friedrich Wolf«, 1512 Petzow, Am Schwielowsee 87/93, ein Treffen von Vertretern der Leitungen des Schriftstellerverbandes (SV) der DDR und des Verbandes Deutscher Schriftsteller (VS) in der IG Druck und Papier der BRD statt.

Seitens des Schriftstellerverbandes der DDR nahmen teil:

– Hermann Kant	Präsident des Schriftstellerverbandes der DDR/Mitglied des ZK der SED
– Gerhard Holtz-Baumert	Vizepräsident des SV der DDR/ Mitglied des ZK der SED
– Rudi Strahl	Präsidiumsmitglied
– Volker Braun	Präsidiumsmitglied
– John Erpenbeck	Präsidiumsmitglied
– Gerhard Henniger	1. Sekretär des SV der DDR
– Karla Dyck	Sekretär des SV der DDR

Vom Verband Deutscher Schriftsteller in der IG Druck und Papier der BRD waren vertreten:

– Anna Jonas	Vorsitzende des VS der BRD
– Angela Baumann	stellvertretende Vorsitzende
– Günter Grass	Beisitzer
– Karlhans Frank	Beisitzer
– Klaus Birkenhauer	Beisitzer
– Ursula Polzer	Geschäftsführerin des VS

Nach einer kurzen Begrüßung aller Anwesenden durch Genossen Henniger sprach der Präsident des SV der DDR, Genosse Hermann Kant, einige einführende Worte. In ihnen hob er hervor, daß während dieses Treffens

vor allen Dingen über den Beitrag beider Schriftstellerverbände zur Unterstützung des Kampfes der Völker für Frieden und Abrüstung gesprochen werden sollte.
Günter Grass, der anschließend sprach, ignorierte die Worte von Kant vollständig. Er vertrat die Meinung, daß beide Verbände zuallererst über Probleme wie z. B. die »Rehabilitierung« des ehemaligen DDR-Bürgers Erich LOEST, der ein »Opfer des Stalinismus« sei, sprechen müsse. Er vertrat die Auffassung, daß diese »Rehabilitierung« von Loest im »Zeitalter von Glasnost und Perestroika« auf der Tagesordnung steht. In diesem Zusammenhang war auch die Delegierung von Loest als Vertreter des VS der BRD zum X. Schriftstellerkongreß der DDR einzuordnen, die Grass maßgeblich angeregt habe.
Diese einleitenden Worte von Grass stießen auf heftigen Widerspruch aller DDR-Teilnehmer. Gerhard Holtz-Baumert wies darauf hin, daß Loest nie behauptet hat, unschuldig im Gefängnis gewesen zu sein. Er führte weiter aus, daß Loest nach seiner Haftentlassung in der DDR als Schriftsteller arbeiten und leben konnte, es aber vorzog, in die BRD zu gehen und offen gegen den Sozialismus in der DDR aufzutreten. Darüber kann und wird der SV der DDR nicht hinwegschauen.
Grass antwortete darauf, daß er »Skatspieler« sei und gerne reize. Er wollte mit dieser Nominierung von Loest die »Toleranzgrenze« in der DDR abstecken. John Erpenbeck erwiderte darauf, daß er als Skatspieler aber auch wissen müsse, daß man nicht überreizen darf.
Grass führte dann aus, daß es seiner Meinung nach auch mit den Beziehungen zwischen »Kollegen« in beiden deutschen Staaten nicht gut bestellt ist. Als Beispiele führte er den Artikel im »Neuen Deutschland« zu Jürgen Fuchs und die Nichtgenehmigung der Einreise in die DDR von Anna Jonas an. Genosse Henniger äußerte dazu, daß diese von Grass angesprochenen Punkte schon Inhalt eines Gespräches zwischen ihm und Anna Jonas am 23. 03. 1988 in Berlin (West) waren, und die Position des SV der DDR ihm dazu bekannt sein dürfte. Genosse Henniger schloß daran die Frage an, warum die VS-Delegation immer wieder auf eine Diskussion über ehemalige DDR-Bürger hinaus will, und ob es nicht wichtigere Fragen in der Welt gebe als die Empfindlichkeit einzelner. Anna Jonas äußerte dazu, daß sie auch in diesen Fragen ihren Mitgliedern im VS gegenüber rechenschaftspflichtig sind, unter denen sich nicht wenige ehemalige DDR-Bürger befinden.
Im weiteren Verlauf des Gesprächs kam man auf praktische Schritte der Zusammenarbeit beider Schriftstellerverbände zu sprechen. Genosse Kant erneuerte seinen Vorschlag, den er bereits im Juli 1987 in Erlangen / BRD

gemacht hat, zur Vorbereitung eines Treffens von Vertretern der Schriftstellerverbände aller europäischen Länder, bei welchem über eine gemeinsame Initiative der Schriftsteller für Frieden und Abrüstung gesprochen werden soll.
Grass ging auf diesen Vorschlag vom Genossen Kant nur indirekt ein. Er äußerte, daß der VS der BRD bei der nächsten Tagung der Europäischen Schriftstellerunion, in welchem nur die Schriftstellerverbände aus den kapitalistischen Staaten Europas zusammengefasst sein, den Vorschlag machen wird, die sozialistischen Staaten in diesen aufzunehmen. Auf der Grundlage der Mitgliedschaft der DDR in dieser Europäischen Schriftstellerunion könne die DDR dann ihren Vorschlag nochmals unterbreiten. Als Initiative des SV der DDR und VS der BRD sehe er für den Vorschlag Kants keine reale Chance.
Im weiteren Gespräch wurde über die Möglichkeit eines Schriftstelleraustausches zwischen dem SV der DDR und dem VS der BRD gesprochen. Es wurde Übereinstimmung dahingehend erzielt, im Herbst 1988 und im Frühjahr 1989 je zwei Schriftsteller im jeweils anderen Land lesen zu lassen. Die Jonas warf in diese Debatte sofort die Frage ein, ob auch ehemalige DDR-Schriftsteller und solche, die mit einem längerfristigen Visum in der BRD oder Berlin (West) leben, mit einbezogen werden können. Sie denke da an solche Namen wie

- Günter Kunert
- Sarah Kirsch
- Helga Novak
- Thomas Brasch
- Jurek Becker

sowie andere, die ihre »Heimat« gerne einmal wiedersehen möchten. Genosse Kant antwortete auf diese Frage parteilich und sagte zu, über Lesungen von Kunert, Kirsch, Brasch und Becker in der DDR im Kollektiv der Leitung des SV der DDR zu beraten.
Genosse Kant griff im weiteren nochmals die Möglichkeit der Initiierung einer Schriftstellerinitiative für Frieden und Abrüstung durch beide Schriftstellerverbände auf, und unterbreitete den Vorschlag, daß er und Grass einen Fragenkomplex erarbeiten, in welchem der Prozeß der Abrüstung und der Kampf der Völker für Frieden und Völkerverständigung unterstützt wird. Dieser Fragenkomplex soll dann nach Fertigstellung unter Hinzuziehung weiterer bekannter Schriftsteller aus den KSZE-Unterzeichnerstaaten an alle Regierungen der Unterzeichnerstaaten der KSZE-Schlußakte von Helsinki übersandt werden. Die Antworten der Regierungen sollen dann veröffentlicht werden. Grass willigte in diesen Vorschlag von Kant ein, äu-

ßerte aber Skepsis darüber, ob man über den Inhalt der Fragen in nächster Zeit Einigung erzielen wird.
Im weiteren Gespräch wurde deutlich, daß der VS der BRD großes Interesse an der Ausweitung des »deutsch-deutschen« Schriftstelleraustausches hat. So äußerte die Jonas den Wunsch, den Austausch von Schriftstellern im Rahmen der Städtepartnerschaften zu erhöhen und Verbindungen zwischen den Landesverbänden des VS der BRD und Bezirksverbänden des SV der DDR herzustellen. Genosse Henniger bemerkte dazu, daß der Austausch im Rahmen der Städtepartnerschaft Sache der Städte ist und nicht der SV der DDR. In der Frage der Aufnahme der Verbindungen zwischen Landesverbänden des VS der BRD und Bezirksverbänden des SV der DDR erklärte Genosse Henniger, daß er sich zu dieser Frage erst mit den Bezirksverbänden beraten müsse. Verbindliche Festlegungen wurden dazu nicht getroffen.
Im weiteren sprach Genosse Kant über das bevorstehende Internationale Treffen für kernwaffenfreie Zonen, welches vom 20.–22.06.1988 in der Hauptstadt der DDR, Berlin, stattfindet. Er teilte mit, daß er neben dem Schriftsteller Stephan Hermlin Mitglied der DDR-Delegation ist und verwies auf die Bedeutung dieses Treffens. Er legte weiterhin dar, daß er während dieses Treffens am 21.06.1988 einen Diskussionsbeitrag halten wird und fragte, ob er im Namen der hier versammelten Vertreter beider Schriftstellerverbände die Sympathie für dieses Treffen ausdrücken kann. Grass gab zu verstehen, daß Sympathie für dieses Treffen bei ihm nicht vorliegt, da er von solchen Treffen nichts hält. Es entspann sich ein langer Disput, wobei sich die anderen Vertreter des VS der BRD der Meinung von Grass anschlossen, in der Grass versuchte zu erklären, daß der Sozialismus genau wie der Kapitalismus Schuld hat am Wettrüsten wie auch an der Umweltverschmutzung und dem Elend in der Welt. Gegen diese Behauptung von Grass richteten sich Beiträge von Volker Braun, Klaus Jarmatz, Kant und Holtz-Baumert. Letztendlich einigte man sich darauf, daß Kant auf diesem Internationalen Treffen für kernwaffenfreie Zonen in seinem Diskussionsbeitrag erwähnen wird, daß ein Treffen des SV der DDR und des VS der BRD stattgefunden hat und daß auf diesem Treffen Fragen besprochen wurden, die auch Inhalt des Internationalen Treffens für kernwaffenfreie Zonen sind.
Im weiteren Verlauf des Gespräches machte Grass den Vorschlag, eine Beratung beider Schriftstellerverbände über die »Bedeutung von Glasnost und Perestroika für die Welt« durchzuführen. Dieser wurde von Seiten des SV der DDR abgelehnt.

Im Verlauf des Treffens versuchte die stellvertretende Vorsitzende des VS der BRD Angela Baumann mehrmals »Menschenrechtsprobleme« in die Debatte einzuführen. So äußerte sie u.a., daß beide Schriftstellerverbände etwas für Familienzusammenführungen tun müßten. Diese Provokationsversuche der Baumann wurden neben der DDR-Delegation auch von Grass abgewiesen, der, wie er sagte, die Sachlichkeit des Treffens nicht zu stören beabsichtigt.
Zum Abschluß des Treffens wurde festgelegt, gegenseitig Publikationen der Schriftstellerverbände auszutauschen (DDR: »Mitteilungen«, BRD: »Feder«). Beide Seiten bedankten sich für das Gespräch und sicherten zu, weiter im Gespräch zu bleiben.

Im Ergebnis dieses Leitungstreffens wurde folgende Wertung getroffen.
1. Das Treffen wird als Erfolg gewertet, da nur auf der Grundlage einer ständigen Diskussion und des Darlegens von Standpunkten, seien sie auch völlig konträr, ein Prozeß der Vertrauensbildung vonstatten gehen kann, der letztendlich Basis für weitergehende Schritte ist.
2. Der SV der DDR hat es verstanden, die Friedenspolitik der sozialistischen Länder umfassend zu erläutern.
3. Dem VS der BRD konnte deutlich gemacht werden, daß auf Provokationen seinerseits entsprechend reagiert wird. Es hat sich gezeigt, daß der VS der BRD nicht an einer Belastung der Beziehungen zwischen beiden Verbänden interessiert ist.
4. Der VS der BRD ist nicht bereit, Probleme der Friedenssicherung und der Abrüstung in den Vordergrund der Beziehungen zwischen beiden Verbänden zu stellen.
5. Der VS der BRD weicht von seiner Linie, die rechts von der SPD liegt, und vor allem die Einbeziehung ehemaliger DDR-Schriftsteller beinhaltet, nicht ab.
6. Der Leitung des VS der BRD steht bis zur Wahl, welche auf dem Kongreß des VS der BRD vom 25.–27.11.1988 in Stuttgart stattfindet, unter »Erfolgszwang«, so daß vor allem auf propagandistisch verwertbare Effekte Wert gelegt wurde.
7. Die eigentliche »Persönlichkeit« im VS der BRD ist Günter Grass, der während des gesamten Treffens das Wort führte. Die anderen Leitungsmitglieder des VS der BRD stimmten Grass in seiner Argumentation nur zu. Besonders deutlich wurde da bei [xxx].
8. Die anwesenden Leitungsmitglieder hielten sich streng an »Disziplin«. Es gab keine von Grass abweichenden Meinungen, was auf eine gründliche Vorbereitung und Absprache schließen lässt.

9. Der VS der BRD zeigt großes Interesse an der Ausweitung von Kontakten zu Schriftstellern in der DDR und sucht ständig Möglichkeiten der Realisierung.

Es wurde keine gemeinsame Erklärung verabschiedet. Es ist vorgesehen, über das Stattfinden dieses Treffens eine Pressemitteilung zu veröffentlichen.

(BStU, MfS, HA XX/AKG 1493, Bl. 277–282)

Volker Braun hält die MfS-Darstellung für »einseitig und absichernd«. Er hält sein minimales Notat vom 18.6.1988 für »differenzierter als die einebnende Stasi-Prosa«. Es bezieht sich auf den Vorfall in einer Sitzungspause, als er mit Günter Grass durch den Garten ging und unmittelbar vor ihnen ein schwerer Ast niederfiel:

in petzow, treffen mit dem vorstand des vs:
der mächtige ast bei windstille
niederkrachend zu unsern füßen
wen sollte es treffen? lieber
grass, in den eigenen
reihen wüten wir heftiger.

Der Versuch, nach dem Treffen Lesungen der ausgereisten Autoren in der DDR durchzusetzen, scheiterte jedoch. Braun notierte ein halbes Jahr später:

22.11.88: mit gosse zu hermlin, uns seiner unterstützung versichernd für die einladung der rübergegangnen zu den zusammenkünften des [lyrik]aktivs. (das verbandssekretariat hatte gleich abgewinkt.) hilbig, brasch, sarah, bartsch-kurt, kunert, jentzsch. sie gehören dazu, wie die prenzlauer-berg-szene, und wie die ganz jungen. sie gehören dazu, weil es nur eine literatur gibt, einen großen widersprüchlichen text. die verwalter mögen selektieren, die produzenten müssen kompagnieren.

(Aus: Werktage 1. Arbeitsbuch 1977–1989. Frankfurt a.M. 2009, S. 890, 916 sowie Gespräch vom 26.1.2010)

»Grass und seine Ehefrau waren sauber und ordentlich gekleidet«

Die ersten Lesereisen (1987/1988)

2

21.04.88 Weimar
16.36 Uhr das Ehepaar Grass nach Verlassen der Weimarhalle

22.04.88 Erfurt
11.20 Uhr das Ehepaar Grass und die 50jährige weibliche Person auf dem Wenigemarkt

Observationsfotos der Staatssicherheit während der Lesereise für die Evangelische Akademie, Weimar und Erfurt im April 1988. (BStU, MfS, BV Erfurt Abt. XX S 415, Bl. 11)

Im März 1986 erscheint in der Bundesrepublik »Die Rättin«. Die Gefahr einer Selbstzerstörung der Menschheit ist das zentrale Thema des apokalyptischen Romans. Jahrelang hat Grass an dem Werk gearbeitet, öffentlich daraus gelesen; Vorabdrucke sind erschienen. Parallel dazu hat sich Grass in zahlreichen Reden und offenen Briefen gegen die Hochrüstung in West und Ost ausgesprochen, für eine verstärkte Solidarität mit den Armen dieser Welt engagiert und angesichts des anhaltenden Waldsterbens vor den Gefahren einer ökologischen Katastrophe gewarnt. Das Echo auf das Buch ist groß und überwiegend kritisch, es hagelt zum Teil bösartige Verrisse, während die Aufnahme im Ausland eher positiv ausfällt.

Im April des Jahres hält die SED ihren XI. Parteitag ab. Es ist der letzte ordentliche Parteitag, wie sich herausstellen wird. Als Gast kommt Michail Gorbatschow, der neue Generalsekretär des ZK der KPdSU. Gorbatschow hat in der Sowjetunion unter den Schlagworten Glasnost und Perestroika Reformen eingeleitet. In Polen ist schon 1983 das Kriegsrecht aufgehoben worden, und es beginnen wirtschaftliche Umgestaltungen, in Ungarn kündigen sich ebenfalls Reformen an. Nur in der DDR scheint sich nichts zu ändern. Die Staatspartei SED beherrscht das Land, pflegt aber, entgegen dem Rat Gorbatschows, Sonderbeziehungen zur Bundesrepublik. Wenige Wochen nach dem Parteitag tritt das deutsch-deutsche Kulturabkommen in Kraft. Und nur wenige Tage nach dem Parteitag explodiert das Atomkraftwerk Tschernobyl in der Ukraine. Grass' apokalyptische Visionen aus der »Rättin« scheinen Wirklichkeit zu werden.

Nach drei Jahren aufreibender Tätigkeit verzichtet er im Juni 1986 auf eine erneute Kandidatur als Präsident der Akademie der Künste West-Berlins. Die Stasi archiviert eine Meldung der Deutschen Presse Agentur. Ein Auswerter nimmt die entsprechende Zeitungsmeldung zu den Akten. Grass sucht Distanz zur Heimat und begibt sich mit seiner Frau zu einem mehrmonatigen Studienaufenthalt nach Kalkutta in Indien, worüber 1988 sein Buch »Zunge zeigen« erscheint. Eigentlich will Grass ein ganzes Jahr im Ausland bleiben, doch geschockt von den sozialen Verhältnissen in Indien kehrt er im Januar 1987 vorzeitig nach Deutschland zurück. Während seiner Abwesenheit ist »Die Blechtrommel« endlich auch in der DDR erschienen – 27 Jahre nach der Erstausgabe in der Bundesrepublik. Drei Jahre haben die Zensoren und Gutachter mit sich gerungen, ob und wann es an der Zeit sei, Grass' Hauptwerk herauszubringen. Sie erkennen an, dass der Roman inzwischen ein Klassiker der Weltliteratur ist. Grass wird nicht mehr nur als Antikommunist gesehen, sondern seine kritische Haltung zu innenpolitischen Vorgängen in der Bundesrepublik und sein Eintreten gegen die Hochrüstung werden gewürdigt. Die DDR-Offiziellen bemühen sich in dieser Zeit um eine »Koalition der Vernunft« und gehen auf westliche Intellektuelle zu, die zehn Jahre zuvor noch als Feinde galten.

Den Druckgenehmigungsantrag für »Die Blechtrommel« hatte der Berliner Verlag Volk und Welt schon 1983 gestellt, doch damals war die Zeit noch nicht reif. Selbst die Hauptverwaltung Verlage und Buchhandel im Ministerium für Kultur, die für die Erteilung von Druckgenehmigungen zuständige Zensurbehörde, traute sich keine entsprechende Entscheidung zu und wollte den Vorgang erst noch durch ihren Chef Klaus Höpcke weiter oben, also in der Kulturabteilung des SED-Zentralkomitees, »ventilieren« lassen.[1] Bis dahin lag der Titel auf Eis. Klar war nur, dass der Roman – wie die Novelle »Katz und Maus« – im Verlag Volk und Welt, dem Verlag für Auslandsliteratur, erscheinen sollte und nicht im Aufbau Verlag, der auf deutsche Literatur spezialisiert war, um Grass' Vorstellung von einer einheitlichen deutschen Kulturnation entgegenzutreten. Er sei, aus der Sicht der DDR-Regierung, Ausländer, lautete die Botschaft. Den Ausschlag für den Veröffentlichungszeitpunkt gibt schließlich ein taktisches Argument des Volk und Welt-Verlegers Jürgen Gruner: »Schließlich möchte ich noch darauf hinweisen, daß Grass im Jahr 1987 seinen 60. Geburtstag begeht. Da dieses Jubiläum in der Öffentlichkeit der BRD vermutlich relativ aufwendig begangen werden wird und wir keinen Grund sehen, Grass aus diesem Anlaß gleichfalls ein ›Geschenk‹ darzubringen, halten wir eine Herausgabe der ›Blechtrommel‹ im Jahr 1986 für sinnvoll.«[2] So geschieht es.

Damit verbunden darf Grass im Jahr darauf erstmals eine öffentliche Lesereise durch die DDR unternehmen. Er tritt Mitte Juni 1987 in Ost-Berlin, Leipzig, Dresden und wegen des großen Erfolges noch einmal in Ost-Berlin auf. Über diese Reise sind teilweise Stasi-Aufzeichnungen überliefert. In der Akte Grass gibt es vor allem Querverweise auf einer Karteikarte. Die DDR-Nachrichtenagentur ADN zitiert in einer internen Dienstmeldung, die nicht zur Veröffentlichung bestimmt ist, die französische Nachrichtenagentur AFP, wonach Grass den Abend im Ost-

Berliner Palast der Republik mit den Worten begonnen habe, dass er offensichtlich für die DDR kein Sicherheitsrisiko mehr sei.[3] Dies sieht man im Ministerium für Staatssicherheit ganz anders. Dort wird Grass sehr wohl als ein solches Sicherheitsrisiko betrachtet, weshalb alle seine Veranstaltungen mit Inoffiziellen Mitarbeitern besetzt werden, die dann berichten, dass Grass nicht nur jeglichen Dogmatismus ablehne, sondern auch an seiner These von der Einheit der deutschen Literatur festhalte. Grass habe die Gespräche nach den Lesungen dazu genutzt, seine »revisionistischen, antisozialistischen politischen Positionen« darzulegen. Außerdem habe er demonstrativ die Reformpolitik Gorbatschows gelobt und wiederholt Kontakt zu »operativ-relevanten«, also politisch missliebigen, Personen aufgenommen.[4] Doch die Stasi schreitet dabei nicht ein, sie registriert nur. Kurz vor dem Besuch Erich Honeckers in der Bundesrepublik im September 1987 und ein Jahr nach dem mühsam ausgehandelten Kulturabkommen mit der Bundesrepublik will man keinen literaturpolitischen Skandal.

Da die erste Lesereise ohne größere Konflikte über die Bühne geht, darf Grass im April 1988 zu einer weiteren Lesetour in die DDR aufbrechen, zu der diesmal die evangelische Kirche eingeladen hat. Das Einreiseverbot von November 1980 besteht zwar fort, doch es wird – wie üblich – für die Dauer des geplanten Besuchs aufgehoben. Die staatlichen Stellen hatten zuvor versucht, eine Rücknahme der Einladung an Grass bei der Leitung der evangelischen Kirche zu erreichen, doch ohne Erfolg. Man gelangt schließlich zu der Einschätzung, dass »eine durch die Nichtgewährung seiner Einreise zu erwartende politische Konfrontation im kulturellen und kirchlichen Bereich gegenwärtig nicht zweckmäßig« sei. Die Stasi erhält den Auftrag, das Schlimmste zu verhüten und Grass bei der Verbreitung seiner Ansichten einzuschränken. Außerdem sollen alle seine Schritte umfassend überwacht und dokumentiert werden, damit gegebenenfalls gegen »bekannt werdende feindlich-negative Vorhaben« vorbeugend eingeschritten werden kann.[5]

Die Stasi bringt vorab durch IM in Erfahrung, dass Grass aus der »Blechtrommel« und der »Rättin« lesen wird. Zur literarischen Orientierung werden an die Spitzel die Klappentexte beider Werke verteilt. Besonders fürchtet die Stasi, dass Grass im Anschluss an seine Lesungen mit den Zuhörern diskutiert. Denn im Jahr zuvor hatte er sich unmissverständlich für eine Demokratisierung der DDR und für die Verwirklichung der Menschenrechte in der DDR ausgesprochen. Und im Palast der Republik in Ost-Berlin hatte er der Moderatorin die Diskussionsleitung aus der Hand genommen, als diese die schriftlich eingereichten Fragen zensieren wollte.[6] Darum versucht die Stasi in diesem Jahr schon im Voraus, die Diskussionen des Publikums mit Grass zu lenken. Linientreue Zuhörer werden mit staatstragenden Fragen gespickt, »um dadurch zu erreichen, daß feindlich negative Kräfte als Teilnehmer weniger Zeit haben, provokatorische Fragen zu stellen«. Allerdings soll das möglichst so geschehen, dass »die Maßnahmen nicht erkannt werden«, weshalb man keine SED-Mitglieder für den Einsatz vorsieht, sondern »progressive Mitglieder / Funktionäre der CDU, kulturinteressierte Funktionäre von anderen Blockparteien« und Journalisten aus deren Zeitungen.[7]

Als Grass dann kommt, wird er auf Schritt und Tritt beschattet, egal ob er in Halle einen Stadtbummel unternimmt oder in Erfurt auf der Straße spontan angesprochen wird. Die Lesungen sind zumeist überfüllt und müssen in größere Räume verlegt werden. Die Besucher werden gefilmt und fotografiert. Von allen parkenden Autos in der Umgebung der Veranstaltungsorte listet die Stasi die Kennzeichen auf und gibt sie zur Überprüfung an die Zentrale weiter. Besucher der Lesungen bemerken zumeist nichts von der massiven Überwachung, befürchten sie aber und halten sich in den Diskussionen zurück.[8] Vielleicht ist das der Grund, dass die Stasi aus den Bezirken an die Zentrale Auswertungs- und Informationsgruppe des MfS, also der Stabsabteilung von Stasi-Minister Erich Mielke in Berlin, melden kann, dass es zu keinen Provokationen gekommen sei. Positiv wird noch vermerkt: »Grass und seine Ehefrau waren im Beobachtungszeitraum sauber und ordentlich gekleidet.«[9]

Die Informationen werden an die Staats- und Parteispitze weitergeleitet. Empfänger sind SED-Chefideologe Kurt Hager, der für Kirchenfragen zuständige ZK-Sekretär Werner Jarowinsky, Kulturminister Hans-Joachim Hoffmann, die Abteilungsleiterin Kultur im Zentralkomitee der SED, Ursula Ragwitz, der Staatssekretär für Kirchenfragen, Klaus Gysi, der Leiter der Arbeitsgruppe Kirchenfragen beim ZK der SED, Rudolf Bellmann, und der stellvertretende Stasi-Minister Rudi Mittig. Die Stasi muss allerdings eingestehen, dass sich die Lesungen zu Massenveranstaltungen entwickelt haben, obwohl sie nur im kirchlichen Rahmen und überwiegend mündlich angekündigt worden waren. Die Besucherzahlen, die nach Berlin gemeldet werden, sind nach unten korrigiert worden: Magdeburger Dom 700 Personen, St. Moritz-Kirche Halle 750 Personen, Augustiner-Kloster Erfurt 800 Personen, Stadtkirche Jena 750 Personen.[10] Augenzeugen erinnern sich an höhere Besucherzahlen.[11] Beschwichtigend setzt die Stasi an die Parteioberen hinzu, dass die Lesungen von Grass nur wenig Resonanz ausgelöst hätten und dass keine provokatorischen Fragen gestellt worden seien.

Grass liest aus der »Rättin« bewusst die Stellen, in denen auch die DDR vorkommt, und macht in der Diskussion aus seiner Position eines demokratischen Sozialisten keinen Hehl: »Das reichte aus. Da musste man gar nicht provozieren.«[12] Diese Positionen sind für die Stasi und die kriselnde DDR brisant. So sagt er in Magdeburg, dass Länder politisch teilbar seien, die Geschichte und Kultur jedoch nicht. In Halle begrüßt er Gorbatschows Reformpolitik und wünscht sich einen vergleichbaren Prozess der Umgestaltung auch in der DDR. Und in Erfurt macht sich Grass für ausgewanderte DDR-Schriftsteller stark.

Die Stasi befindet sich – wie das gesamte System – bereits in der Defensive. Nachdem drei Monate zuvor, im Januar 1988, die oppositionellen Demonstranten bei der traditionellen Gedenkveranstaltung für Rosa Luxemburg und Karl Liebknecht in Berlin zwar verhaftet, aber dann aus politischen Erwägungen nicht verurteilt, sondern mit Langzeitvisa in den Westen geschickt worden waren, ist man bei der politischen Geheimpolizei verunsichert. Mit riesigem Aufwand werden Informationen für die Parteiführung zusammengetragen, die dann aber anders als gewohnt entscheidet oder auch gar nicht entscheidet. Man scheut in der Staatsführung die große Konfrontation mit dem Westen, denn angesichts der zunehmenden wirtschaftlichen Probleme im Land und der fehlenden Unterstützung aus Moskau will man die Beziehungen zur Bundesrepublik nicht gefährden. Denn von dort kommen die überlebensnotwendigen Devisen. Die Stasi soll derweil die Dinge im Lande unter Kontrolle halten und ein Anwachsen der Opposition verhindern.

Anmerkungen

1 Barck / Lokatis: Fenster zur Welt, S. 283–286, hier S. 284.
2 BA DR-1, 2387a. Jürgen Gruner an Klaus Höpcke am 8.4.1984. Zitiert nach: Ulmer: Grass und die DDR, S. 78.
3 Siehe Dokument 3.
4 Siehe Dokument 2.
5 Siehe Dokument 4.
6 Siehe Kommentar von Dietrich Simon zu Dokument 3.
7 Siehe Dokument 6.
8 Siehe Kommentar von Friedrich Schorlemmer zu Dokument 9.
9 Siehe Dokument 10.
10 Siehe Dokument 13.
11 Siehe Kommentar von Hans-Jochen Tschiche zu Dokument 7 und von Gerhard Rein zu Dokument 11.
12 Interview vom 16.4.2009.

Dokument 1

MINISTERRAT DER DEUTSCHEN DEMOKRATISCHEN REPUBLIK
Ministerium für Staatssicherheit
Hauptabteilung XX, Leiter — Berlin, 2.6.1987

Bezirksverwaltung für Staatssicherheit
Abteilung XX, Leiter
Dresden
über Stellvertreter Operativ
Genossen Oberst Linke

[Handschriftlicher Vermerk]
ARD ist dabei – Betreuer muß hier gestellt werden! Anruf von OSL Tischendorf – evtl. »B« im Hotel

Aufenthalt des Westberliner Schriftstellers Günter GRASS in Dresden
Ergänzung zu unserem Schreiben vom 14.5.87, 9730/87

Mit Zustimmung durch zentrale Stelle veranstalten der Reclam Verlag Leipzig und der Verlag Volk und Welt Berlin in der Zeit zwischen dem 10. und 16.6.1987 Lesungen mit dem Westberliner Schriftsteller Günter GRASS in der DDR.
Am 15.6.1987 liest GRASS auf einer Gemeinschaftsveranstaltung des Verlages Volk und Welt und des Studentenklubs der Technischen Universität in Dresden aus seinen in der DDR erschienenen Arbeiten »Katz und Maus« und »Die Blechtrommel«. GRASS wird zu seinem Aufenthalt in Dresden von dem leitenden Lektor des Verlages Volk und Welt, Koll. Dietrich Simon, begleitet, der auch die Veranstaltung im Studentenenklub moderiert.
GRASS wird am 15.6.87 im Verlaufe des Nachmittags gemeinsam mit ### im eigenen Pkw »Mercedes«, grün, Kennzeichen ###, in Dresden anreisen. Nach der bisherigen Programmplanung sind für den Vormittag des 16.6.1987 Museumsbesuche in Dresden vorgesehen. Nach dem Mittag erfolgt die Rückreise von Grass nach Berlin.
Sie werden gebeten, für die Dauer des Aufenthaltes von GRASS in Dresden sowie in Vorbereitung und Durchführung der Veranstaltung im Studentenklub geeignete operative Kontroll- und Sicherungsmaßnahmen einzuleiten, um mögliche öffentlichkeitswirksame feindliche Aktivitäten im Zusammenhang mit GRASS vorbeugend zu unterbinden.
Notwendige Rücksprachen können durch den von Ihnen genannten Mitarbeiter mit Genossen Major Gütling, HA XX/7, Tel. 218 71, geführt werden.

Generalmajor Kienberg

(BStU, MfS, BV Dresden, Abt. 26, 6899, Bl. 2 f.)

Diskussion mit Günter Grass nach seiner Lesung im Dresdner Studentenkeller »Bärenzwinger«, 15. Juni 1987.

Pressekonferenz im Verlag Volk und Welt mit Verlagsleiter Jürgen Gruner zum Erscheinen der »Blechtrommel« in der DDR, Juni 1987.

Günter Grass: Meinen ersten Veröffentlichungen in der DDR sind lange Auseinandersetzungen vorausgegangen. Eigentlich wollte man »Die Blechtrommel« schon früher herausbringen, aber zunächst ist »Katz und Maus« veröffentlicht worden und durch Initiative von Stephan Hermlin »Das Treffen in Telgte« beim Reclam Verlag Leipzig. Und dann begann, was ich auch erst hinterher erfahren habe, ein Streit zwischen dem Aufbau Verlag und dem Verlag Volk und Welt: Wer darf »Die Blechtrommel« veröffentlichen? Und der Weisheit letzter Schluss war dann der: Da ich ja »Ausländer« sei, aus der Bundesrepublik, käme nicht der Aufbau Verlag in Frage, sondern der Verlag, der für ausländische Literatur zuständig ist, Volk und Welt.

Anschließend fand diese Lesereise statt, begleitet von dem damaligen Verleger Jürgen Gruner und dem zuständigen Lektoratsleiter Dietrich Simon. Die Reise fing in Ost-Berlin an und ging weiter nach Leipzig – mit Lesung im Gohliser Schlösschen und Diskussion tags darauf im Literaturinstitut mit den Studenten – und dann über Berlin nach Dresden und endete mit einer zweiten Lesung im Theater im Palast der Republik in Ost-Berlin, weil die erste Lesung so überfüllt war.

(Interview vom 16.4.2009)

Dietrich Simon: Grass hat in Dresden abends im überfüllten Studentenklub »Bärenzwinger« an den Brühlschen Terrassen vor mehr als 500 Menschen aus der »Blechtrommel« gelesen. Das NDR-Fernsehen hat diese Veranstaltung aufgezeichnet und Sequenzen daraus in den Film zum 60. Geburtstag von Grass eingebaut. Anschließend gab es viele Fragen an Grass, wobei es auch um Uwe Johnson und Reagans Auftritt zur Berliner Mauer ging. Es blieb aber alles ziemlich moderat.

Am Tag darauf hatte Grass eine Begegnung mit Hubertus Giebe, der von sich aus Illustrationen zur »Blechtrommel« angefertigt hatte, die auch im »Bärenzwinger« ausgestellt waren. Grass überzeugten die Arbeiten, weshalb gleich dort vor Ort verabredet wurde, dass wir eine große illustrierte Ausgabe bei Volk und Welt machen werden. Das aufwendig ausgestattete Werk in drei Bänden mit Schuber und ausklappbaren Graphiken ist dann allerdings erst vier Jahre später, also nach dem Ende der DDR erschienen, da es bei der Herstellung technische Probleme gab. Bei der Buchpremiere im Saal des Verlages Volk und Welt im Frühjahr 1991 nahm Grass dann vor der versammelten Presse eine scharfe Abrechnung des Umgangs der DDR mit ihm und seinem Werk vor. Besonders empörte ihn, dass er in der DDR als »ausländsicher Autor« behandelt worden ist.

(Interview vom 10.12.2009)

Elmar Faber (von 1983 bis 1992 Leiter des Aufbau Verlages und des Verlags Rütten & Loening): Hans Mayer holte Grass im Frühjahr 1961 nach Leipzig an die Universität, wo er ihn Gedichte und aus der »Blechtrommel« lesen lässt, eine Diskussion über das Buch entfacht und dann seine Überzeugung, dass das Buch unbedingt in der DDR erscheinen müsse, an die Verlagsleute weitergibt. Mayer sah in Grass von Anfang an einen der interessantesten Erzähler der westdeutschen Literatur überhaupt. Auf diesem Hintergrund versteht man die Bemühungen von Rütten & Loening und des Aufbau Verlages, für die Mayer als literarischer Mentor wirkte, um die DDR-Beheimatung des Autors in seinem Haus, ungeachtet der offiziellen frostigen Einschätzung von Grass' politischen Einlassungen. In der Kulturbehörde, der Hauptverwaltung Verlage und Buchhandel, wurde von Aufbau die Optionskarte für Grass eingesteckt und danach in regelmäßigen Einlassungen mit immer wieder erneuernden Gutachten die Inverlagnahme von Grass angemahnt.

Nach Grass' deutschem Trauerspiel »Die Plebejer proben den Aufstand«, holte man 1966 wieder die alten Einwände gegen »Die Blechtrommel« hervor: die angebliche Obszönität des Textes und dass dort von der Hauptfigur nicht nur die faschistischen Aufmärsche, sondern auch die kommunistischen »zertrommelt« würden, also – wie immer bei Grass – Antikommunismus im Spiel sei.

Irgendwann kam es dann nach den ständigen Beunruhigungen durch den Aufbau Verlag in der Kulturbehörde zu der Aussage, wenn man sich überhaupt mit Grass befassen sollte, dann gehöre er nicht in das literarische Flaggschiff der DDR, sondern als »ausländische« Literatur eher zu Volk und Welt oder in den immer noch halbprivaten Reclam-Verlag in Leipzig. Als schließlich in den achtziger Jahren »Katz und Maus« und »Die Blechtrommel« in der DDR erschienen, war das ein später Sieg für Grass, für Aufbau war es eine bittere Niederlage, für Volk und Welt aber keine wirkliche Leistung, sondern eine staatliche Zuordnung.

(Aus: Rede Elmar Fabers im Deutschen Literaturarchiv Marbach a. N. In: Deutsch-deutscher Literaturaustausch in den 70er Jahren. Wiesbaden 2006, S. 22 f.)

Dokument 2

HA XX AKG [VSH-Karteikarte] [1987 bis 1989]
GRASS, Günter, geb. am 16.10.1927

HA XX/7/Inf. vom 11.06.1987: Forum mit G. am 11.06.87 im Institut für Literatur Johannes-R.-Becher in Leipzig. In der Diskussion vertrat G. nach wie vor den Standpunkt, daß er gegen jeglichen Dogmatismus sei. Die Politik von Gorbatschow bei ihm große Hoffnungen wecke. Weiter verfocht er die These von der Einheit der deutschen Literatur. Die Diskussion verlief in einer sachlichen, nicht provokativen Atmosphäre.
HA XX/7/Inf. vom 18.06.1987: Aufenthalt des G. vom 10. bis 17.06.87 in der DDR, wo er u.a. aus seinen Romanen »Das Treffen in Teltge« [Telgte], »Die Blechtrommel« und »Die Rättin« las. Die Lesungen nutzte G. zur Darlegung seiner revisionistischen, antisozialistischen politischen Positionen.
BV Dresden, MB 6/87: G. trat in Dresden öffentlich auf und nahm Kontakt zu operativ-relevanten Personen auf. Nähere Angaben wurden nicht gemacht.
HA XX/7/Inf. vom 16.2.1988: G. wurde vom Leiter der Ev. Akademie Sachsen-Anhalt, Hans-Jochen TSCHICHE, und dem Leiter des Kunstdienstes der Thüringischen Landeskirche, Dr. Joachim LEHMANN, für die Zeit vom 18.–24.04.88 zu Lesungen nach Magdeburg, Halle und Jena eingeladen. G. protestierte öffentlich gegen die Maßnahmen der DDR zu KRAWCZYK u.a. Feinden. (ZMA 41)
ZOS, vom 22.04.1988: Lesung des G. am 21.04.88 in Erfurt und 22.04.88 in Jena, wobei keine provokativ-demonstrativen Aussagen getätigt wurden. (ZMA 41)
HA XX/7, vom 22.3.1989: Durchführung einer Lesereise 1988 auf Einladung der Kirche in Magdeburg, Halle und Jena. G. versteht nicht, daß ihn die »Kulturverantwortlichen« nach wie vor wie eine heiße Kartoffel behandeln.
HA XX/7, vom 6.6.1989: Geplanter Aufenthalt des G. vom 23.06. bis 30.06.89 im Bez. Rostock. G. will den Aufenthalt für touristische Ausflüge auf die Insel Rügen u. Hiddensee sowie Lesungen nutzen. (ZMA 41)
HA XX/7, vom 03.07.89: Lesung des G. am 28.06.89 in Putbus. In der anschließenden Diskussion nutzte G. jede Gelegenheit, um gesellschaftliche Praktiken in der DDR anzuzweifeln oder lächerlich zu machen. (ZMA 41)

(BStU, MfS, HA XX AKG-VSH, ZMA 41)

Dokument 3

ADN-Information
Nur zur Information, Interne Dienstmeldung 17.06.1987

afp: Grass wirbt in Ostberlin für Gorbatschows Reformkurs

Berlin (Ost), 17. Juni 87 (afp) – Der Schriftsteller Günter Grass hat am Dienstag abend in Ostberlin die Reformen des sowjetischen Parteichefs Michail Gorbatschow begrüßt, den er als »außergewöhnlichen Politiker« bewertete. Vor rund 500 zumeist jungen Zuhörern richtete Grass einen nachhaltigen Appell an die DDR-Bürger, den Reformkurs Gorbatschows zu unterstützen. »Es ist vonnöten, daß Gorbatschow eine breite Unterstützung des Volkes genießt«, anderenfalls sei zu befürchten, daß sich die kalten Krieger im Westen wie im Osten zusammentäten, um den »Phantasmen dieses Mannes« ein Ende zu setzen, der sie störe und der ihre Klischees bedrohe, meinte Grass unter starkem Applaus. Gorbatschow sei zugleich eine »Herausforderung für den Westen« und ein Heilmittel für den erstarrten Sozialismus des Ostens. Im Grunde sei das Phänomen Gorbatschow eine »echte Rehabilitierung des Prager Frühlings«, fuhr der Schriftsteller fort.
Zum ersten Mal seit 1961 war Günter Grass erlaubt worden, in der DDR öffentlich aus seinen Werken zu lesen. Er begann den Abend im Ostberliner Republikpalast mit den Worten: »Offensichtlich bin ich für die DDR kein Sicherheitsrisiko mehr«.

(BStU, MfS, HA XX 13776, Bl. 01)

Dietrich Simon: Grass war mit seiner Frau im Hotel »Stadt Berlin« am Alexanderplatz untergebracht. Dort trafen wir uns abends zur Vorbesprechung der beiden Lesungen in Dresden und Berlin. Mit dabei waren Jürgen Gruner, der Leiter des Verlags Volk und Welt, und Vera Oelschlegel als Intendantin des Theaters im Palast der Republik, wo die Berliner Veranstaltung stattfinden sollte. Sie erklärte, dass sie die Berliner Lesung moderieren werde. Ich war für Dresden zuständig. Dabei sagte sie uns, dass nach ihrer Meinung die Diskussion mit dem Publikum dramaturgisch gestaltet werden müsse, weshalb sie die Fragen auf Zettel schreiben und sich nach vorn reichen ließe und dann Themenkomplexe zusammenstelle. Wir ahnten natürlich, dass es ihr als Gattin des langjährigen Berliner SED-Parteichefs Konrad Naumann nicht nur um künstlerische Dramaturgie ging. Grass sprach zum Abschied einen Satz, der mir in Erinnerung geblieben ist: »Wir werden viel Vergnügen miteinander haben.«

Bei der nachfolgenden Veranstaltung in Ost-Berlin kam es dann tatsächlich zum Eklat mit Vera Oelschlegel. Grass ging ihre »Dramaturgie« fürchterlich auf die Nerven, und auch das Publikum war über die Selektion der Fragen empört und brachte das durch Zwischenrufe zum Ausdruck. Grass nahm ihr dann einfach die Zettel aus der Hand und beantwortete die Fragen in der Reihenfolge, wie sie gestellt worden waren. Dabei ging es unter anderem um die Niederschlagung des Prager Frühlings, was Grass verurteilte, und sein Verständnis von gesamtdeutscher Literatur. Als er sich für Reformen als entscheidenden Weg des gesellschaftlichen Wandels einsetzte, entgegnete sie ihm empört: »Herr Grass, Sie vertreten ja hier sozialdemokratische Positionen!« Das war für sie offenbar schlimmer, als wenn er konservative oder gar reaktionäre Ansichten vertreten hätte. Woraufhin Grass entgegnete: »Was soll ich als Sozialdemokrat anderes tun?« Wenig später wurde die Diskussion beendet.

Im Nachhinein gab es einen riesigen Krach. Der Verlag wurde von höchster Parteistelle angegriffen. Die Obrigkeit war unglaublich erregt, dass so etwas im Palast der Republik passieren konnte, dass Grass nicht unter Kontrolle zu halten war. Der Ständige Vertreter der Bundesrepublik in der DDR, Hans Otto Bräutigam, begriff, dass da etwas aus dem Ruder gelaufen war, und versuchte uns noch zu besänftigen, indem er mir sagte: »Wir haben mit Grass unsere Schwierigkeiten, nun haben Sie ihre Schwierigkeiten mit ihm.«

Nach diesem Abend ist Grass zu keiner Lesung mehr mit Volk und Welt in die DDR gekommen. Zur Internationalen Buchkunstausstellung in Leipzig, wo Graphiken von Grass ausgestellt wurden, sollte er 1989 noch einmal lesen, aber das wurde nicht genehmigt. Weitere Werke von Grass sind dann auch nicht mehr erschienen. Im Gespräch waren die »Hundejahre«, aber dazu wurde uns von der Parteiführung eine »Denkpause« verordnet, die bis zum Ende der DDR anhielt. Die »Rättin« und der »Butt« waren inhaltlich völlig undenkbar.

(Auskunft von Dietrich Simon vom 10.12.2009)

Dokument 4

ZAIG Febr. 88 [19. 2. 88]
Vorlage *Sperrmaterial*

Der Westberliner Schriftsteller
Grass, Günter
geb. am 16. 10. 1927
wohnhaft: 1000 Berlin-(West) 41, Niedstr. 13
Mitglied der SPD
wurde von der Evangelischen Akademie Sachsen-Anhalt und der Thüringischen Landeskirche für die Zeit vom 18. 04. – 24. 04. 1988 zu Lesungen aus seinen literarischen Arbeiten in die DDR eingeladen. Entsprechende Veranstaltungen sind in Magdeburg, Jena und im Bezirk Halle vorgesehen. Grass hat über diese Einladungen von sich aus den Leiter des Verlages Volk und Welt Berlin, Genossen Gruner (in diesem Verlag erscheinen die Bücher von Grass in der DDR), schriftlich in Kenntnis gesetzt.

Grass vertritt eine ablehnende Grundposition zum realen Sozialismus in der DDR. Im Zusammenhang mit den staatlichen Maßnahmen der DDR gegen Krawczyk und andere Feinde bezeichnete er am 27. 1. 88 gegenüber der BRD-Nachrichtenagentur »dpa« dieses Vorgehen als »ein übles Beispiel für eine gesamtdeutsche Praxis, mit dem jeweils politisch Andersdenkenden umzugehen«. Gegen Grass besteht Einreisesperre.

Aufgrund der Tatsache, daß eine Revidierung der erfolgten Einladung an Grass über die Leitung der evangelischen Kirche nicht erreicht werden kann, Grass ein international anerkannter Schriftsteller ist und eine durch die Nichtgewährung seiner Einreise zu erwartende politische Konfrontation im kulturellen und kirchlichen Bereich gegenwärtig nicht zweckmäßig ist, wird vorgeschlagen,

1. die Einreise des Grass zu gestatten und die gegen ihn verfügte Einreisesperre für die Dauer des vorgesehenen Aufenthaltes auszusetzen;
2. durch den Einsatz gesellschaftlicher Kräfte bei den vorgesehenen Lesungen des Grass eine mögliche, davon ausgehende feindliche Wirksamkeit zu unterbinden;
3. im Zusammenwirken mit den beteiligten Diensteinheiten politisch-operative Kontrollmaßnahmen über den Aufenthalt von Grass durchzuführen, um dessen Aktivitäten zu dokumentieren und bekanntwerdende feindlich-negative Vorhaben vorbeugend zu verhindern.

(BStU, MfS, ZAIG 24110, Bl. 97 f.)

Günter Grass: Die Lesereise von 1988 hat einen ziemlich langen Vorlauf gehabt. Sie ging auf eine Initiative aus Magdeburg zurück. Dort gibt es eine Evangelische Akademie um den Dom herum und einen Pfarrer namens Hans-Jochen Tschiche, der später auch zum Bündnis 90, den Grünen, gehörte. Er hat mich eingeladen. Das wurde zunächst abgelehnt, doch er ließ nicht locker. Das zog sich über ein Jahr hin, bis es dann doch genehmigt wurde. Inzwischen gab es schon mal eine Genehmigung für meine Frau einzureisen, aber nicht für mich. Schließlich bekamen wir die Genehmigung. Und es begann in Magdeburg, im Remter des Doms. Nach der Lesung gab es eine Diskussion mit dem Publikum, was sicher für den Staatssicherheitsdienst beunruhigend gewesen ist. Die Reise setzte sich fort über Halle, Erfurt, Jena, also vier Stationen insgesamt. Und bei den Diskussionen spielte das Ausreiseproblem eine große Rolle. Es gab damals sehr viele Leute, die zum Beispiel die Frage stellten: Freunde von uns haben einen Ausreiseantrag gestellt, und wir spielen auch mit dem Gedanken. Was raten Sie uns? Für mich eine sehr schwierige Frage. Ich hab gesagt: Das kann ich nicht beantworten. Aus meiner Einschätzung ist es in der Konsequenz so, dass viele Leute, die hier das Land verändern wollen, abreisen. Und der Veränderungswille wird dadurch geschwächt.

(Interview vom 16.4.2009)

Dokument 5

MINISTERRAT
DER DEUTSCHEN DEMOKRATISCHEN REPUBLIK
Ministerium für Staatssicherheit
Hauptabteilung XX
Leiter

Berlin, 16. 3. 1988
Tgb.-Nr. XX/7/IV 5490
dä-fr

BStU
000001

Bezirksverwaltung
für Staatssicherheit
Abteilung XX
Leiter

H a l l e

über 1. Stellvertreter
Genossen Oberst Schöppe

Politisch-operative Kontrolle der Aktivitäten des Westberliner Schriftstellers Günter GRASS während seines Aufenthaltes in der DDR vom 18. 4. bis 24. 4. 1988

Der Westberliner Schriftsteller

Günter GRASS
geb. am 16. 10. 1927 in Danzig
wh. 1000 Berlin (West) 41, [redacted]
Mitglied der SPD
Abt. XII: erfaßt für HA XX/7

wurde, wie Ihnen bereits bekannt, von der Evangelischen Akademie Sachsen-Anhalt und der Thüringischen Landeskirche für die Zeit vom 18. bis 24. 4. 1988 zu Lesungen aus seinen literarischen Arbeiten in die DDR eingeladen. Entsprechende Veranstaltungen sind in Magdeburg, Jena und im Bezirk Halle vorgesehen.
Grass vertritt eine ablehnende Grundposition zum realen Sozialismus in der DDR. Er wandte sich öffentlichkeitswirksam gegen die staatlichen Maßnahmen der DDR gegen Krawczyk und andere Feinde.

Zwecks Koordinierung erforderlicher politisch-operativer Maßnahmen zur Unterbindung feindlicher Aktivitäten im Zusammenhang mit dem Aufenthalt des Grass findet in der Hauptabteilung XX am 30. 3. 1988, 10.00 Uhr, im Zimmer 527 mit den beteiligten Diensteinheiten eine Beratung statt.
Es wird um die Teilnahme der Referatsleiter der Linien XX/4 und XX/7 Ihrer Diensteinheit gebeten.

i.V.
Paroch
Oberst

VD-5.2.-01.13 Ag 146/62/84 O

(BStU, MfS Halle, Abt. XX ZMA 3738, Bl. 1)

Dokument 6

Abt. XX/7 Halle 4.4.88

Vermerk
über Beratung bei der HA XX/7 am 30.3.88 zur politisch op. Kontrolle der Aktivitäten des Westberliner Schriftstellers Günter Grass während seines Aufenthaltes in der DDR vom 19.4. bis 24.4.88

Teilnehmer: Ltr. HA XX/7 Gen. OSL Tischendorf
Stellv. Ltr. HA XX/7 Gen. Major Gambich [Gampig]
RL XX/4/7 der Bezirke Magdeburg, Erfurt, Gera, Halle
Gen. Major Gülding [Gütling] RL HA XX/7

Durch den Ltr. der HA XX/7 wurde informiert, daß die politische Entscheidung getroffen wurde, die bestehende Einreisesperre zu Grass zeitweilig aufzuheben und die geplante Lesereise innerhalb kirchlicher Objekte zu genehmigen. Es wurde die Aufgabe formuliert, den Aufenthalt des Grass unter op. Kontrolle, einschließlich der Lesungen, zu halten und den Einsatz gesellschaftlicher Kräfte zu organisieren, um mögliche feindlich negative Handlungen, öffentlichkeitswirksame Provokationen weitestgehend einzuschränken bzw. vorbeugend zu verhindern. Durch die HA XX/7 wurden bei der HA VIII und in den zuständigen Abt. VIII der BV Beobachtungsmaßnahmen beantragt.
Zu Grass wurde informiert, daß
– er im Zusammenhang mit der Aberkennung der Staatsbürgerschaft der DDR bei Biermann Aktivitäten entwickelte zur Zusammenführung feindlich negativer Autoren, die derzeitig in NSW leben u.a. J. Becker, Schlesinger,
– er maßgeblich Einfluß nahm auf Schriftsteller wie Braun, daß diese die staatlichen Maßnahmen ablehnten,
– er aktives Mitglied der SPD ist und über feste Kontakte/Verbindungen zur Führungsgruppe der SPD besitzt und als Brandt Kanzler war für diesen an der Ausarbeitung von Dokumenten beteiligt war,
– er für eine gesamtdeutsche Kultur und Nation eintritt,
– er bei den Aktionen »Störenfried« und »Falke« op. in Erscheinung trat, indem er forderte, daß die DDR ihre Maßnahmen rückgängig macht.

Bei einer Lesereise im Juni 1987 sprach sich Grass für die Demokratisierung der DDR und für die Verwirklichung der Menschenrechte in der DDR aus seiner feindlich negativen Sicht aus.

Bei den geplanten Lesungen wird Grass aus

1. Die Blechtrommel, 1986 in der DDR erschienen (Klappentext siehe Anlage)
2. Die Rättin, wird 1988/89 in der DDR erscheinen (Klappentext siehe Anlage)

lesen.

Es soll in der Diskussion entsprechend der Orientierung der HA XX/7 versucht werden, vorbereitete Fragen durch geeignete Kräfte zu stellen, um dadurch zu erreichen, daß

1. feindlich negative Kräfte als Teilnehmer weniger Zeit haben, provokatorische Fragen zu stellen,
2. Grass auf und zu Problemen Stellung nimmt, die ein negativ feindliches Wirken einschränken.

Maßnahmen dürfen aber nicht erkannt werden.

Die Koordinierung übernimmt in der Durchführungsphase Gen. Schaub HA XX/4, der vor Ort bei den Aufenthalten in den Bezirken ist. Alle notwendigen Maßnahmen in Vorbereitung der Lesereise sind mit der HA XX/7, falls dieses erforderlich ist, abzustimmen. Fernschriftlich ist die HA XX/7 am folgenden Tag über Verlauf der Lesung zu informieren. Telefonische Vorinformation erfolgt über den Gen. der HA XX/4 an die Lagegruppe der HA XX.

Es ist damit zu rechnen, daß Journalisten des NSA den Grass begleiten. Bisher liegen keine Anträge vor. Falls diese aber gestellt werden, erfolgt die Genehmigung der Anträge. Durch DDR-Medien ist bisher keine Publikation über Grass vorgesehen.

Es werden in Vorbereitung und Durchführung der Aktivitäten des Grass im Bezirk Halle folgende Maßnahmen vorgeschlagen:

1. Erarbeitung einer Information über geplante Aktivitäten der Kirche mit Grass für die AKG, KD Halle, Abt. II.
2. Gewährleistung des abgestimmten IM-Einsatzes insbesondere Ref. 4, 7 und KD Halle.
3. Abstimmung des Einsatzes gesellschaftlicher Kräfte und deren Instruierung zum offensiven Einsatz; u. a. könnte geprüft werden
   - Journalisten des »Neuen Weges«
   - progressive Mitglieder/Funktionäre der CDU
   - kulturinteressierte Funktionäre von anderen Blockparteien
   - progressive Studenten der MLU Halle-Wittenberg aus festzulegenden Studienrichtungen
   - falls kein Auftrittsverbot in Kirchen für Gesellschaftswissenschaftler existiert, Gesellschaftswissenschaftler

– Mitarbeiter aus nachgeordneten Einrichtungen der Abteilung Kultur in Abstimmung mit dem Ratsmitglied des Rat des Bezirkes Halle Gen. Kuhbach

4. Abstimmung mit Abt. VIII und Übergabe der Fahndungsfotos.

Es liegen zentral keine Erkenntnisse hinsichtlich Kontaktverbindungen nach Halle vor.

Lt. Mayer

(BStU, MfS, BV Halle, Abt. XX ZMA 3738, Bl. 2–6)

Günter Grass: Es gab in Budapest 1985 ein internationales Kulturtreffen, das Nachfolgetreffen von Helsinki, und da die Delegationen nach dem englischen Alphabet angeordnet waren, saß die Abordnung der Bundesrepublik, zu der ich gehörte, direkt neben der der DDR, und da war Höpcke [Stellv. Minister für Kultur, Leiter der Hauptverwaltung Verlage und Buchhandel] dabei, und in einer Pause kam ich mit ihm ins Gespräch. Zu dem Zeitpunkt hatte ich Schwierigkeiten eine Einreise in die DDR zu bekommen und eben auch wegen der Veröffentlichung eines weiteren Buches von mir. Nun ging es aber nicht weiter. Ja, das hat Gründe, sagte Höpcke in Budapest. Sie sind ja derjenige, der Schädlich überredet hat, in den Westen zu gehen. Und dann habe ich ihm gesagt: »Also, hören Sie zu, die Voraussetzungen, was Schädlich betrifft oder was andere Autoren betrifft, dass sie weggehen, die schaffen Sie selbst in Ihrem Land, indem Sie bestimmte Sachen von den Leuten nicht veröffentlichen. Ein Autor will veröffentlichen.« Er hörte zu, und es gab eine gewisse Aufgeschlossenheit, auch mit Kant, der ebenfalls zu der Delegation gehörte, da ich einen Vorschlag gemacht hatte, für den auch die DDR stimmte, nämlich die Einrichtung eines Senders, der europaweit den Helsinki-Gedanken verbreitet, der die Zusammenarbeit von West und Ost fördert. Das mag am Ende mit dazu beigetragen haben, dass man mich schließlich doch in die DDR zu Lesungen reingelassen hat.

(Interview vom 15.11.2009)

Dokument 7

MfS ZAIG [vermutlich 20.4.1988]

Bezirk Magdeburg
Am 19.4.1988 fand in der Zeit von 19.30 bis 21.40 Uhr im Magdeburger Dom die erste von vier Lesungen in der DDR vom BRD-Schriftsteller Günter Grass vor ca. 700 Personen statt. Nach einer kurzen Vorstellung, die Pfarrer TSCHICHE aus Samswegen / Bezirk Magdeburg vornahm, las GRASS aus seinen Büchern »Die Blechtrommel«, »Die Rättin« und aus einem »Kalkuttagedicht«. Nach der Lesung gab es durch insgesamt fünf Personen Anfragen an GRASS. In bezug auf sein bisheriges literarisches Schaffen wurde ihm u.a. die Frage gestellt, wie »Der Butt« (Titelgestalt) die Entwicklung im »doppelten Deutschland« im Jahr 2000 beurteilen würde. GRASS äußerte dazu, daß Länder politisch teilbar seien. Die Geschichte und Kultur jedoch sei keineswegs teilbar.
Die durch politisch-operative Kontrollmaßnahmen festgestellten Übersiedlungsersuchenden traten in keiner Weise operativ relevant in Erscheinung. Des weiteren wurden mehrere Besucher festgestellt, die aus anderen Bezirken der DDR mit PKW anreisten. (Eine Dokumentierung von ca. 100 PKW erfolgte zum Zwecke der weiteren Auswertung). Korrespondenten westlicher Massenmedien wurden am Veranstaltungsort nicht festgestellt.
Ersten inoffiziellen Informationen zufolge blieb die Lesung unter den Erwartungen vieler Anwesender, die vor allem mehr Raum für Fragestellungen erwartet hatten.

(BStU, MfS ZAIG 24110, Bl. 256)

Die Evangelische Domgemeinde Magdeburg hatte in ihrem Monatsprogramm auf hektographierten Handzetteln zur Lesung mit Grass eingeladen:
APRIL 1988
SCHRIFTSTELLER-LESUNG: In der Veranstaltungsreihe der Evang. Akademie »Christen hören die Stimmen der Künstler unserer Zeit« liest im Rahmen einer Tagung zum Thema »Zigeuner in der DDR« der westdeutsche Schriftsteller Günther Grass aus seinen Werken: Dienstag, 19. April, 19.30 Uhr Dom-Remter. (…)
(Privatarchiv)

Hans-Jochen Tschiche: In der Evangelische Akademie in Magdeburg gab es Ende der achtziger Jahre Lesungen kritischer Autoren, wie etwa von Christa Wolf oder Stefan Heym. Das sollte uns verboten werden, da Literatur angeblich nichts mit der Kirche zu tun habe. Daher haben sich die Organisatoren den Reihentitel »Christen hören die Stimmen der Künstler unserer Zeit« ausgedacht und die Lesung von Günter Grass in Magdeburg formal in eine Tagung eingebunden, die damit eigentlich gar nichts zu tun hatte.

Nachdem eine erste Einladung von uns an Grass 1987 von den DDR-Behörden torpediert worden war, indem man nur seiner Frau ein Visum bewilligte, aber nicht ihm, konnte er 1988 unbehelligt einreisen. Im Kofferraum hatte er sogar reichlich Bücher dabei. Bei der Lesung war der Dom-Remter völlig überfüllt, viele mussten stehen, es waren bestimmt 1000 Personen da. Diese große Runde bot sich nicht für lange Diskussionen an. Es gab nur wenige Fragen aus dem Publikum. Zum eigentlichen Gespräch kam es hinterher bei uns im Pfarrhaus in Samswegen, wohin viele Interessierte mitkamen, wovon sich aber nichts in den Akten findet. Da wurde es dann auch politisch, und Grass erzählte von seinem Wahlkampf mit Willy Brandt und seinem Verständnis von demokratischem Sozialismus.

Ich bin im Zusammenhang mit den Veranstaltungen in Magdeburg, Halle und Erfurt – sowie zusätzlich noch in Jena – nicht behelligt worden. Ich galt ja ohnehin schon als Staatsfeind im Bezirk Magdeburg und habe weder Strafgelder für unerlaubte Lesungen bezahlt, noch bin ich irgendwelchen Vorladungen gefolgt. Wenn die Funktionäre etwas von mir wollten, mussten sie schon selbst kommen. Aber es kam niemand, zu dieser Zeit haben sie sich eher aufs äußere Beobachten verlegt.

(Interview vom 14.1.2010)

Dokument 8

Evangelische Kirche der Kirchenprovinz Sachsen
Evangelische Akademie Sachsen-Anhalt
Tel. 30165, Hegelstraße 18, Magdeburg, 3010

Liebe Freunde der Evangelischen Akademie!
Am 20. April 1988 kommt Günter Grass nach Halle und liest in der Stadtmission aus »Die Blechtrommel« und »Die Rättin.«
Wir beginnen um 20.00 Uhr in der Evangelischen Stadtmission, Weidenplan 5. Bitte laden Sie auch Ihre Freunde und Bekannten ein.

Mit freundlichen Grüßen – Ihre
Hans-Jochen Tschiche, Walter Martin Rehahn

(BStU, MfS, BV Halle, Abt. XX ZMA 3738, Bl. 7)

Dokument 9

Zentraler Operativstab Berlin, 21. 4. 1988
Abschrift des CFS 2996 der BV Halle
Lesung des Schriftstellers Günter Grass/BRD am 20. 4. 1988 im Rahmen der Veranstaltung der evangelischen Akademie Sachsen-Anhalt in Halle

Auf Einladung der evangelischen Akademie Sachsen-Anhalt trat im Rahmen der Veranstaltungsreihe der evangelischen Akademie »Christen hören die Stimmen der Künstler unserer Zeit« der Schriftsteller Günter Grass mit einer Lesung auf. Die Einladungen hierzu erfolgten teilweise durch mündliche Vorankündigungen in zurückliegenden Tagungen der evangelischen Akademie, durch schriftliche Einladungen sowie mündliche Propaganda.
Grass traf mit seinem Privat-Pkw aus Magdeburg kommend in Halle ein, unternahm einen kurzen Stadtbummel im Zentrum der Stadt, ohne öffentlichkeitswirksam zu werden.
Die Lesung selbst wurde kurzfristig auf Grund des hohen Zuspruchs in die katholische St. Moritz-Kirche Halle verlegt. An der Lesung nahmen ca. 750 Personen unterschiedlichen Alters, u. a. Mitglieder der bekannten feindlich-negativen Gruppierungen »Frauenfriedenskreis« Halle, Arbeits-

kreis »Christliche Mediziner in sozialer Verantwortung« und einzelne hinlänglich bekannte Exponenten der politischen Untergrundtätigkeit (Frank und Katrin EIGENFELD, Friedrich SCHORLEMMER) bzw. feindlich-negative Kunst- und Kulturschaffende (Ute LOHSE, Winfried VÖLLGER) teil.
Die Veranstaltung begann 20.00 Uhr (Wechsel des Veranstaltungsortes) und wurde durch den Bauingenieur ### [richtig: Pfarrer Walter Martin Rehahn] eröffnet. Nach einer kurzen Begrüßung las Grass aus seinen Büchern »Die Blechtrommel«, »Die Rättin« sowie aus dem Manuskript »Kalkutta-Gedicht« mit dem Arbeitstitel »Zunge zeigen«, wobei er die Hoffnung aussprach, daß auch dieses Werk in der DDR veröffentlicht werde.
In der sich anschließenden Diskussion kam es lediglich zu 3 Anfragen. Diese bezogen sich im wesentlichen inhaltlich auf seine schriftstellerische Tätigkeit, Probleme der Abrüstung in Ost und West und den politischen Kurs des Gen. Gorbatschow. Grass äußerte sich dazu, daß die Regierungen in Ost und West ihre Bürger zu Problemen der Rüstung im unklaren lassen. Die Menschen sollten mehr darüber nachdenken. Er sprach sich dafür aus, daß statt dessen in Ost und West radikal abgerüstet werden sollte. Grass begrüßte die Politik des Gen. Gorbatschow und brachte die Hoffnung zum Ausdruck, daß sich ein analoger Prozeß der Umgestaltung auch in der DDR vollziehen möge.
Gegen 21.00 Uhr wurde die Veranstaltung offiziell beendet. Grass verließ gegen 22.00 Uhr die Kirche und begab sich auf direktem Wege nach Halle-Reideburg, Kreispfarrstelle des katechetischen Dienstes. Hier traf wenig später der operativ bekannte SCHORLEMMER, Friedrich ein, der bereits in der Stadtmission organisatorische Fragen wahrgenommen hatte. [In Wirklichkeit fand das private Anschlusstreffen nicht in Reideburg, sondern im nahe gelegenen Büschdorf bei Pfarrer Walter Martin Rehahn statt.]
Die Anwesenheit von in der DDR akkreditierten Journalisten westlicher Massenmedien konnte nicht festgestellt werden. Entsprechend vorliegender Informationen hinterließ die Lesung und das Auftreten von Grass unter den Anwesenden, außer Beifallsbekundung bei seiner Darstellung der Politik des Genossen Gorbatschow, kaum Resonanz.
Die bekannten Exponenten der politischen Untergrundtätigkeit und feindlich-negativen Kunst- und Kulturschaffenden traten im Verlaufe der Veranstaltung nicht in Erscheinung. Sowohl beim Wechsel des Veranstaltungsortes als auch nach Abschluß der Veranstaltung wurden keine, die öffentliche Ordnung und Sicherheit beeinträchtigende Handlungen begangen.
BV Halle, 1. Stellv. des Leiters der BV, Oberst Schöppe

(BStU, MfS, ZAIG 24110, Bl. 257 f.)

Friedrich Schorlemmer: Es ist völlig undenkbar, dass am Abend nur 750 Zuhörer kamen. Denn über 300 waren schon im Raum der Stadtmission. Wir mussten das Gebäude mit Eisentoren verschließen, und draußen standen noch viele hundert Leute. Die ganze Straße war voll. Wir hatten wirklich Sorge, die drücken uns das Eisentor ein. Ich bin dann durch ein Eisentor über die Pfarrwohnung hintenrum raus, um mit den Leuten auf der Straße reden zu können. Ich sagte, nein, wir können niemand mehr reinlassen. Dann habe ich mit meinem Amtskollegen Walter Martin Rehahn überlegt: Wo können wir jetzt hingehen? Das hätte sonst auch Gewalt gegeben. Die Leute hatten eine solche Wut. Die waren von weither gekommen, um Grass zu erleben. Das war mit Mund-zu-Mund-Propaganda gelaufen.

Jedenfalls hat dann – hätte ich kaum für möglich gehalten – die größte Kirche, die Moritzkirche, die die Evangelischen ein paar Jahre zuvor den Katholischen überlassen hatten, dafür ihre Tore geöffnet. Das war nicht häufig, dass die Katholische Kirche für solche Dinge ihre Tore öffnete. Und dann haben wir eine große Laufprozession erlebt, denn als es hieß, die Veranstaltung wird verlegt, wir gehen in die Moritzkirche, sind die Leute regelrecht gerannt, um da rein zu kommen.

In der Moritzkirche herrschte eine angespannt-freudige Stimmung. Ich stand im Seitenschiff und bekam keinen Platz mehr. Das Hauptschiff war voll, die Seitenschiffe waren voll. [Nach den Erinnerungen von Walter Martin Rehahn waren 1000 bis 1200 Besucher in der Kirche.] Dieser Riesenraum hat dann wohl auch eine gewisse Hemmung ausgelöst, denn es wurden nach der Lesung nur drei Fragen gestellt – zwei davon habe ich gestellt. Es könnte sein, dass viele dachten, dass da viel Stasi dabei war, und besser nichts gesagt haben. Ich habe Grass etwas zu den ökologischen Herausforderungen gefragt. Ich hatte mit großem Interesse das im Westen ziemlich niedergemachte Buch »Die Rättin« gelesen. Denn Grass brachte die Gefahr, in der wir standen, literarisch auf den Punkt. Es hätte in Minuten hier alles kaputt sein können durch die Raketen der Russen, die SS-20, wie durch die Pershings der Amerikaner. Deutschland hätte der atomare Kriegsschauplatz sein können, wenn es zu einem Unfall oder einer Fehlinformation gekommen wäre. Das hat Grass deutlich benannt in seiner »Rättin«, und er hat in Halle daraus gelesen.

(Interview vom 8.9.2009)

Dokument 10

BV Erfurt, VIII/5 Erfurt, 22. 4. 1988
Major Erdmann, -29 59 erd-br 1680/88

XX/7
Berlin

Beobachtungsbericht

Grass, Günter, geb.: 16. 10. 27
1000 Berlin 41, Niedstr. 13
»Bolzen«, 2683/88

Die Beobachtung wurde Donnerstag, 21. 04. 88, 14.30 Uhr in Umpferstedt begonnen.
15.50 Uhr kam der PKW Typ: Mercedes Kombi, Farbe: grün, amtl. Kennz.: B – HD 535, auf der F 87 aus Richtung Apolda. Im PKW befanden sich Grass und seine Ehefrau. Sie fuhren weiter auf der F 7 nach Weimar.
16.05 Uhr parkten sie den PKW in der Schwanenstraße und betraten anschließend das Restaurant der Weimarhalle. Grass und seine Ehefrau setzten sich an einen Tisch und tranken Kaffee. Im Restaurant befanden sich zu diesem Zeitpunkt nur noch zwei Personen. Grass und seine Ehefrau verließen
16.36 Uhr das Restaurant, stiegen in den PKW und fuhren durch das Stadtgebiet und weiter auf der F 7 nach Erfurt. Sie parkten den PKW
17.03 Uhr in der Trommsdorffstraße und gingen über den Anger, durch die Leninstraße, die Augustinerstraße, zum Augustinerkloster. Dieses betraten sie
17.17 Uhr. Kurz vor Betreten des Augustinerklosters wurde Grass an der Ecke Leninstraße/Augustinerstraße von einer ca. 35jährigen männlichen Person angesprochen. Diese öffnete einen Aktenkoffer, entnahm einen Zettel, auf welchem Grass etwas notierte. Im Anschluß daran ging die männliche Person in die Clara-Zetkin-Straße und betrat das Wohnhaus Nr. 19. Bei dieser Person handelt es sich um ###. Grass, seine Ehefrau und eine ca. 55jährige männliche Person fuhren
17.55 Uhr mit dem PKW Typ: Wartburg 353, Farbe: gelb, pol. Kennz. ###, Halter: ###, vom Klostergelände und weiter in die Trommsdorffstraße. ### verließ den PKW und stieg in den PKW Mercedes. Anschließend fuhren sie gemeinsam in die Karthäuser Straße, parkten die PKW und betraten

18.10 Uhr das Wohnhaus Nr. 31. Grass, seine Ehefrau, die ca. 55jährige männliche und eine ca. 30jährige männliche sowie 30jährige weibliche Person verließen
19.13 Uhr das Wohnhaus. Grass und seine Ehefrau stiegen in den PKW Mercedes, die ca. 55jährige männliche Person in den PKW Wartburg, die männliche und weibliche Person stiegen in den PKW Typ: Trabant 601 Kombi, Farbe: weiß, pol. Kennz.: ###, Halter: ###, und gemeinsam fuhren sie durch das Stadtgebiet zum Augustinerkloster, wo sie
19.21 Uhr auf das Gelände des Augustinerklosters fuhren. Im Zeitraum von 18.00 Uhr bis 20.05 betraten ca. 850 Personen das Augustinerkloster. Diese waren im Alter von 25–50 Jahren. Insgesamt wurden nur 8 Punker festgestellt, die das Augustinerkloster betraten.[1] Ab
21.00 Uhr verließen vereinzelt Personen das Kloster. Von
21.53 Uhr bis 22.08 Uhr verließ der größte Teil der Personen das Kloster.
22.11 Uhr wurde im Kloster das Licht ausgeschaltet und das Eingangstor verschlossen.
22.30 Uhr wurde die operative Beobachtung nach Rücksprache mit der AE-DE unterbrochen.

Anmerkung:
Öffentlichkeitswirksamkeit wurde nicht festgestellt. Größere Ansammlungen vor Betreten bzw. nach Verlassen gab es nicht. Grass verblieb im Kloster (Unterkunftsobjekt).
Vom gesamten Personenkreis wurde beim Betreten bzw. Verlassen des Geländes des Augustinerklosters eine Video-Aufzeichnung angefertigt. Aufgrund der Lichtverhältnisse konnten nur bis 19.10 Uhr Personen fotografisch dokumentiert werden.
Während des Aufenthaltes des Ehepaares Grass im Restaurant der Weimarhalle ist ein Zusammentreffen mit dem Korrespondenten Rein, Gerhard, geb.: ###, Süddeutscher Rundfunk, Redakteur, ###, nicht auszuschließen, da sich dieser zum gleichen Zeitpunkt in der Weimarhalle aufhielt.

In der Umgebung des Augustinerklosters wurden folgene PKW festgestellt:
Leninstraße [es folgen 30 Autonummern],
Pergamentergasse [es folgen 25 Autonummern]
Michaelisstraße [es folgen 18 Autonummern]
Augustinerstraße [es folgen 14 Auto- und Motorradnummern]
Vordereingang Augustinerkloster [es folgen 16 Auto- und Motorradnummern]
Hintereingang Augustinerkloster [es folgen 30 Autonummern]

Frankestraße [es folgen 6 Autonummern]
Allerheiligenstraße [es folgen 20 Autonummern]
Kfz.-Feststellungen aus anderen Bezirken [es folgen 7 Autonummern]

XX/7 Erfurt, 23.4.1988

Fortsetzung zu BO »Bolzen«

Freitag, 22.04.88
Die Beobachtung wurde
08.00 Uhr am Augustinerkloster fortgesetzt. Grass, die Ehefrau sowie eine ca. 50jährige weibliche Person verließen
11.10 Uhr das Augustinerkloster und gingen durch die Augustinerstr. in die Große Arche. Hier betraten sie
11.46 Uhr den Waidspeicher und gingen über den Domplatz zum Dom. Grass, die Ehefrau und die 50jährige weibliche Person verließen
12.25 Uhr das Domgelände und gingen über den Domplatz durch die Marktstraße zum Fischmarkt. Auf diesem Weg machte die weibliche Person ausgiebige Erklärungen zu den baulichen Sehenswürdigkeiten. Hier wurde Grass von der ca. 30–35jährigen männlichen Person durch Handschlag begrüßt. Nach ca. 1 Minute trennte sich die männliche Person durch Handschlag von Grass und ging zu einer ca. 30jährigen weiblichen Person (vermutlich Ehefrau) und einem ca. 4jährigen Kind, die in der Nähe warteten. Bei dieser Person handelt es sich um den DDR-Schauspieler ### (Fernsehfilm »Offiziere«).
12.36 Uhr trafen Grass, seine Ehefrau und die 50jährige weibliche Person mit dem Fischer auf dem Fischmarkt zusammen. Nach ca. 1 Minute betraten sie gemeinsam die HOG »Gildehaus«. Diese verließen sie
13.40 Uhr. Gemeinsam gingen sie zurück zum Augustinerkloster und betraten
13.48 Uhr dieses. Grass und seine Ehefrau fuhren
13.53 Uhr mit dem PKW Mercedes vom Gelände des Klosters. Sie fuhren durch das Stadtgebiet von Erfurt und weiter auf der F 7 nach Weimar. In der Ortslage Weimar erkundigte er sich mehrmals nach dem Weg. Grass und seine Ehefrau fuhren in die Straße Graben und parkten
14.34 Uhr ihren PKW. Anschließend gingen sie in die Schillerstraße und betraten von
14.44 Uhr bis 14.57 Uhr W. Hoffmanns Buchhandlung. In dieser Buchhandlung kaufte sie 6 Taschenbücher von »Reclam« bzw. »bb«. Anschließend

gingen sie zum Frauenplan und verweilten ca. 2 Minuten vor dem Goethehaus. Danach betraten sie den Fachhandel für den A. u. V. des VEB Antik- und Gebrauchtwaren Gotha, Am Frauenplan 19.
15.12 Uhr verließen sie den Fachhandel und gingen durch die Frauentorstraße, über den Markt zum Platz der Demokratie. Hier kehrten sie um und gingen durch die Schillerstraße zum Theaterplatz, wo sie
15.25 Uhr die Kunsthalle Weimar betraten. In dieser ist eine Ausstellung über den Schriftsteller, Revolutionär und Dichter Georg Büchner zu sehen. Die Kunsthalle verließen sie
16.03 Uhr und gingen zum geparkten PKW in der Straße Graben. Sie stiegen in den PKW und fuhren durch das Stadtgebiet, weiter auf der F 7 Richtung Jena. Die Beobachtung wurde
16.28 Uhr in der Ortslage Frankendorf beendet.

Anmerkung:
Grass und seine Ehefrau waren im Beobachtungszeitraum sauber und ordentlich gekleidet. Grass ist starker Pfeifen- und Zigarrenraucher. Das Ehepaar Grass interessierte sich ausschließlich für kirchliche Einrichtungen sowie für Buchhandlungen und Antiquitätengeschäfte. Im Beobachtungszeitraum fuhr nur die Ehefrau den PKW. Bei ihren Fahrten in Erfurt und Weimar konnte eingeschätzt werden, daß beide über keine Ortskenntnisse verfügen. Sichtbare Kontrollhandlungen wurden nicht festgestellt.

Leiter der Abteilung
Oberstleutnant Eichentopf

Referatsleiter VIII/5
Major Erdmann

(BStU, MfS, BV Erfurt, Abt. XX S 415, Bl. 2–9)

---

1 *Günter Grass:* Die Punks wollten stören. Und die Veranstalter wollten sie von der Polizei rauswerfen lassen. Von der Volkspolizei! Das habe ich nicht zugelassen. Ich habe zeigen wollen, wie man einen Konflikt auch friedlich lösen kann, und mich direkt an die Punks gewandt: »Hört zu! In der ›Rättin‹ kommen auch Punks vor.« Da bekamen die Streit untereinander und wurden dann still. Später haben sie mehrheitlich die Kirche verlassen.
(Interview vom 15.11.2009)

Dokument 11

Zentraler Operativstab Berlin, 22. 4. 1988

Abschrift CFS 883

Information zur Lesung des Westberliner Schriftstellers Günter Grass am 21. 4. 1988 im Augustinerkloster Erfurt

Im Rahmen seiner Lesereise auf Einladung der evangelischen Akademie trat Grass am 21. 4. 1988, 19.30 Uhr, im Augustinerkloster Erfurt auf.
Aus Naumburg kommend, traf er gegen 17.00 Uhr in Erfurt ein. Bis zum Beginn der Lesung wurden keine relevanten Handlungen und Kontakte des genannten und dessen Ehefrau festgestellt.
Die Lesung war nicht öffentlich angekündigt worden und wurde von ca. 800 Personen besucht. Unter diesen Personen befanden sich vorwiegend intellektuelle Personenkreise in der Altersklasse von 25 bis 50 Jahren. Nach der Lesung des Grass aus den Werken »Die Blechtrommel« und »Die Rättin« wurde die Diskussion durchgeführt, bei der 20 Besucher zu Wort kamen. (...)
Die Antworten des Grass trugen zum Teil politisch-relevanten Charakter. (...)
Bezugnehmend auf die Friedens- und Abrüstungspolitik der sozialistischen Staaten begrüßte Grass die Haltung der Sowjetunion in der Abrüstungsfrage, die gegenüber dem Westen den ersten Schritt getan hätte. Er formulierte, daß man Gorbatschow unterstützen muß, der in seinem Tun und Handeln allen anderen Politikern voraus wäre. Gorbatschow sei eine Herausforderung für den Westen. Für ihn als kritisches SPD-Mitglied käme die Hoffnung aus der SU. Die Buchstaben BRD wären für ihn nur Abkürzungen für die Aussage »Bruch mit der Demokratie«.
In einem anderen Zusammenhang kritisierte Gross [Grass] das Baugeschehen und die Zerstörung historischer Stadtkerne in der BRD als auch in der DDR. Darüber hinaus lägen ihm Informationen vor, daß die DDR, aus Devisenmangel, eine alte historische Straße in Stralsund an die BRD verkaufen wolle. Er verband diese Aussage mit der Aufforderung, daß die DDR-Bürger keinen Ausverkauf zulassen sollten, auch wenn Devisen für die DDR nötig seien.
Bezugnehmend auf die in der BRD lebenden ehemaligen DDR-Schriftsteller formulierte Grass, daß deren literarische Produkte den Lesern in der DDR vorenthalten würden. Beispielhaft nannte er die Namen Uwe Johns [Johnson] und Erich Loest, wobei er hervorhob, daß Loest über 7 Jahre in der StVE Bautzen eingesessen hätte und man dieses »Unrecht« wiedergutmachen müßte. Grass trat für die Anerkennung der ehemaligen DDR-

Schriftsteller ein, weil diese es in der BRD besonders schwer hätten und weil nach seiner Meinung beide deutsche Staaten einen gemeinsamen Kulturbegriff hätten.
Zum Schluß seiner Ausführungen verwies Grass auf seine für den 22.4. 1988 in Jena geplante Lesung.
Während der gesamten Veranstaltung, die bis 21.50 Uhr andauerte, wurden keine provokativ-demonstrativen Aussagen getätigt. Feindlich-negative kirchliche Amtsträger und Personen, die im Sinne politischer Untergrundtätigkeit wirksam werden, traten nicht in Erscheinung.

BV Erfurt, Stellvertreter operativ, Gen. Hausburg, OSL

(BStU, MfS, ZAIG 24110, Bl. 264 f.)

Die Stasi entdeckte im Augustinerkloster in Erfurt keine westlichen Korrespondenten. Einer war aber doch dort: Gerhard Rein. Er berichtete von 1982 bis 1990 für den Süddeutschen Rundfunk aus der DDR. Aus seinem Bericht, den er noch am Abend im Hotel zu Papier brachte:

Rappelvoll. Mehr als tausend Menschen bestimmt. Auch dort ein Atheist zu Gast. Er sagt zu Beginn: »Ich bin als Atheist sehr glücklich, hier lesen zu können, in einer Kirche, von der so viel Revolutionäres für die ganze Welt ausging«. Günter Grass in Erfurt. Er liest aus der »Blechtrommel« und aus der »Rättin«. Ihm gegenüber, dem Kreuzgang zu, stehen zehn, fünfzehn Punker, die seine Lesung laut kommentieren. Grass stört das nicht. Als die Diskussion mit ihm beginnt, wendet sich Grass an die Punker: »Bisher habe ich vorgelesen, jetzt muss ich frei formulieren. Jetzt seid aber still.« Die Punker sind verdattert, hören noch ein wenig zu, leise, dann verlassen sie die Kirche, und einer ruft Grass im Hinausgehen zu: »Aber ein Anarchist bist Du nicht«. Damit haben sie ja recht. Grosses Gelächter, in das Grass auf der Kanzel einstimmt.

Diskutiert wird mit Günter Grass über das Neue Denken und über die große Hoffnung Gorbatschow. Über Umweltzerstörung hüben und drüben. Grass attackiert: Er habe gehört, dass die alte Pflasterstraße zwischen Stralsund und Greifswald Meter für Meter abgetragen und an Liebhaber in den Westen verkauft werden soll. Natürlich in D-Mark. Ein Skandal sei das, und die anwesende Presse solle dem doch nachgehen. Das sei ja schön und gut, meldet sich ein jüngerer Zuhörer auf der Empore, der Protest von Grass gegen solche Geschichten im Norden der DDR, aber hier, in Erfurt, in dieser alten Stadt, werde gerade eine zweibahnige Autobahn geplant und gebaut und weichen müsse dafür ein Teil der alten Innenstadt Erfurts. Schrecklich, antwortet Grass, »das ist das gesamtdeutsche Barbarentum«. Langanhaltender Beifall. Wieder einmal wird in der DDR die Funktion des Kirchen-Raumes als Gegenöffentlichkeit zur verordneten Harmonie eindrucksvoll unterstrichen. (Handschriftlicher Bericht vom 21.4.1988, Handarchiv Gerhard Rein)

Dokument 12

MfS ZAIG [vermutlich 23.4.1988]

Bezirk Gera
Im Rahmen seines Aufenthaltes in der DDR führte der BRD-Schriftsteller Günter GRASS am 22.4.1988 in der Zeit von 17.30–19.00 Uhr in der Stadtkirche Jena eine weitere Lesung durch. An der Veranstaltung nahmen ca. 750 Personen, darunter die Mehrzahl Jugendliche, Jungerwachsene und Studenten, teil. Die Lesung wurde durch Oberpfarrer ### nach einer kurzen Begrüßung des GRASS und seiner Ehefrau eröffnet. GRASS las entsprechend dem Programm aus seinen Werken »Die Rättin« und »Die Blechtrommel«. Neben der Lesung stellte GRASS 30 Illustrationen aus seinen Büchern »Die Rättin« und »Die Blechtrommel« sowie drei Selbstbildnisse vor. Die Ausstellung spielte eine untergeordnete Rolle.
In der anschließenden Diskussion erfolgten sechs Anfragen an GRASS. Diese bezogen sich im wesentlichen auf seine schriftstellerische Tätigkeit, zu Fragen der Abrüstung und seinen eigenen Positionen zum Friedensengagement. In seinen Antworten ging GRASS auf seine schriftstellerische Tätigkeit ein und nahm zu politisch aktuellen Faktoren Stellung. Er wiederholte Meinungsäußerungen, die er bereits in den vergangenen Veranstaltungen gebrauchte.
Darüber hinaus hob er hervor, daß er sich gemeinsam mit Jurek BECKER im Sinne der SPD am Wahlkampf in Schleswig-Holstein/BRD beteiligen werde.
Auf Anfrage, ob er bereit sei, die Aktion »Hoffnung für Nicaragua« durch die Spende eines Bildes zwecks späterer Versteigerung zu unterstützen, äußerte er sich positiv. GRASS verließ um 19.35 Uhr die Kirche und begab sich auf direktem Weg zum Unterkunftsobjekt nach Cospeda.
Es kann eingeschätzt werden, daß keine provokatorischen Fragen gestellt wurden und keine feindlich-negativen Kräfte in Erscheinung getreten sind. In der DDR akkreditierte Journalisten aus dem NSA wurden nicht festgestellt.
Über den Aufenthalt des GRASS in der DDR wird weiter berichtet.

(BStU, MfS, ZAIG 24110, Bl. 268 f.)

Dokument 13

HA XX Berlin, 27.4.1988

[Verteiler]

Stellv. Minister, Leiter der HA XX, Stellv. Leiter
der HA XX, ZAIG, BV/V, HA XX/AKG

[Handschriftlicher Vermerk zur Information der SED-Führung]

Inf. für
1 Hager
2 Jarowinsky
3 Hoffmann
4 Gysi
5 Bellmann
6 Ragwitz
bei Beachtung Hinweis Gen. Irmler

ZAIG 26.4.1988

Information 287/88

über den Aufenthalt des BRD-Schriftstellers GRASS, Günter
in mehreren Städten der DDR in der Zeit vom 18.–24.4.1988

In der Zeit vom 18.–24.4.1988 hielt sich auf Einladung der Evangelischen Akademie Sachsen-Anhalt (Provinzial-Pfarrer TSCHICHE, Hans Jochen / Samswegen / Magdeburg) und des Kunstdienstes der Evangelisch-Lutherischen Landeskirche in Thüringen (Oberpfarrer ### / Cospeda / Jena) der BRD-Schriftsteller Grass, Günter in mehreren Städten der DDR auf. Die Veranstaltungen standen unter dem Gesamtthema »Christen hören die Stimmen der Künstler unserer Zeit«. Zur Durchführung der Veranstaltungen lag die Zustimmung durch das Staatssekretariat für Kirchenfragen und des Ministeriums für Kultur der DDR vor.

GRASS las programmgemäß aus seinen bekannten Büchern »Die Rättin« und »Die Blechtrommel« im Domremter in Magdeburg vor 700 Personen, in der St. Moritzkirche in Halle vor 750 Personen, im Augustiner-Kloster in Erfurt vor 800 Personen und in der Stadtkirche in Jena vor 750 Personen. Neben den Lesungen stellte GRASS in Jena 30 Illustrationen sowie 3 Selbstbildnisse vor, die jedoch eine untergeordnete Rolle spielten.

Bei den Teilnehmern handelte es sich überwiegend um Jugendliche, Jungerwachsene und Studenten. Vereinzelt waren Kunst- und Kulturschaffende und kirchliche Amtsträger vertreten. Nach den Lesungen aus den beiden

Romanen erfolgten Anfragen, die sich überwiegend auf sein literarisches Wirken und Schaffen, auf seine Haltung zur Politik der weiteren Abrüstung und Rüstungsbegrenzung, auf seine Positionen und sein politisches Engagement in der BRD und auf seine Tätigkeit als Mitglied der SPD bezogen. Er wurde nach den Möglichkeiten befragt, die für Schriftsteller beider deutscher Staaten zur Einflußnahme auf ihre Regierungen, zur Friedenssicherung bestehen, und wie er die Politik der KPdSU einschätze.
In seinen Antworten wiederholte GRASS Meinungsäußerungen, die er bereits in den vorangegangenen Veranstaltungen gebrauchte. GRASS unterstellte undifferenziert den Staaten beider Gesellschaftssysteme die Schuld am Hunger in der Dritten Welt, an der Zerstörung der Umwelt und am Zerfall von Kulturdenkmälern. (...) GRASS verlangte dabei die Rehabilitierung des ehemaligen DDR-Schriftstellers Erich LOEST. Er hob hervor, dass er sich gemeinsam mit Jurek BECKER am Wahlkampf der SPD in Schleswig Holstein/BRD beteiligen werde. Auf Anfrage, ob er bereit sei, die Aktion »Hoffnung für Nikaragua« durch die Spende eines Bildes zwecks Versteigerung zu unterstützen, äußerte er sich positiv.
Die von GRASS vorgetragenen Auszüge aus den genannten Werken lösten insgesamt beim Publikum nur wenig Resonanz aus. Die Lesungen wurden lediglich zur Kenntnis genommen und mit Beifall bedacht, welcher nicht dem Inhalt, sondern dem Autor galt.
Es kann eingeschätzt werden, daß keine provokatorischen Fragen gestellt wurden. Die Veranstaltungen verliefen diszipliniert und ohne Vorkommnisse. Die Veranstaltungen beeinträchtigten nicht die öffentliche Ordnung und Sicherheit.
Der Einsatz der inoffiziellen Kräfte und der abgestimmte Einsatz der gesellschaftlichen Kräfte haben sich bewährt.
In Vorbereitung und Durchführung der Aktion wurden im Zusammenwirken mit der HA XX/4, HA XX/7, HA VIII und den beteiligten Diensteinheiten der Bezirksverwaltungen politisch-operative Sicherungs- und Kontrollmaßnahmen eingeleitet und realisiert.

[Handschriftliche Bemerkung]
Wenn sie von der Qualität
dieser Info waren – na DANKE!

(BStU, MfS, ZAIG 24110, Bl. 273–276)

Friedrich Schorlemmer: Was sie da aufgeschrieben haben, ist einfach dumm und substanzlos. Aber man muss dazu Folgendes sagen: Die waren dann auch ganz froh, wenn sie nach oben melden konnten, hier war nichts Besonderes. Es gibt andere Stasiakten, da wurde ordentlich übertrieben, um klarzumachen: Wir sind wichtig. Also in meinem Falle haben sie immer noch ein bisschen zugespitzt. Aber gleichzeitig gab es wohl eine Strategie, Dinge herunterzuspielen und Berlin zu melden, also vor allen Dingen diesem Kleinwildjäger da – wie hieß der … Mielke –, wir haben alles im Griff, hab keine Angst! Dazu sind sie doch da, dass es nicht zum 17. Juni kommt. Sie haben abgewiegelt, obwohl sie, denke ich, genau wussten, dass sie ihre Legitimation bei den Bürgern längst verloren hatten.

Nur muss man auch wissen, 1988 war das alles noch ziemlich vereist hier. Das brach erst im Sommer 1989, vor allen Dingen im Herbst 1989 wirklich auf. 1988, als Grass da war, war das noch eine Schweigezeit. Wir haben das ja erlebt. Wir haben dann ja acht Wochen später in Halle beim Kirchentag die 20 Thesen zur Demokratisierung vorgelegt und merkten da noch, selbst in der Kirche, wie groß die Angst war, dass wir hier so deutlich redeten und das Wahrheits- und Machtmonopol der SED prinzipiell in Frage stellten.

(Interview vom 8.9.2009)

»Tagsüber hat G. Strandgut und zerzauste Bäume gemalt«

Besuch auf Rügen und Hiddensee (1989)

Buchen hinter dem Gerhart-Hauptmann-Haus.
Lithographie von Günter Grass, Hiddensee 1989.

Mit Bedacht haben Ute und Günter Grass ihr Ferienhaus auf der dänischen Insel Møn gewählt. Bei guter Sicht kann man am Horizont die Insel Hiddensee erkennen. Grass' Frau Ute stammt von Hiddensee. Während der deutschen Teilung fühlen sie sich auf Møn ihrer Heimat nah, die sonst nur schwer zu erreichen ist.[1] Seit mehr als zehn Jahren ist Grass nicht auf Hiddensee gewesen und will die Insel mit seiner Frau gern wieder besuchen. Zudem möchte der evangelische Pfarrer in Putbus auf Rügen, Grass zu Veranstaltungen über Probleme der Dritten Welt und der Ökologie einladen. Grass befasst sich seit seiner Rückkehr aus Kalkutta intensiv mit beiden Problemen. Er zeichnet totes Holz, um das Waldsterben zu dokumentieren. Die Lithographien erscheinen 1990.

Die Stasi erfährt von Grass' Reiseplänen durch IMB »Hans«. IMB steht für Inoffizieller Mitarbeiter zur Bearbeitung von Personen, die im Verdacht der Feindtätigkeit stehen. Der Feind ist Grass. Hinter »Hans« verbirgt sich Hans Marquardt, der ehemalige Leiter des Reclam Verlags Leipzig.[2] Grass und Marquardt kennen sich seit langem. Bei Reclam Leipzig ist Grass' Erzählung »Das Treffen in Telgte« erschienen. Grass schätzt Marquardt, da er den Eindruck hat, dass dieser sich als Verleger für Franz Fühmann und andere Autoren engagiert hat. Marquardt verbringt seinen Lebensabend in Neuendorf auf Rügen. Gegenüber der Stasi regt er an, dass staatliche Stellen Grass einladen, um so einer kirchlichen Einladung zuvorzukommen.

Die politischen Rahmenbedingungen des geplanten Besuchs sind unübersichtlich. Im Januar 1989 versichert Staats- und Parteichef Erich Honecker, die Berliner Mauer werde in 50 und gegebenenfalls auch in 100 Jahren noch Bestand haben. Er sieht sich zu dieser Vorhersage genötigt, weil immer stärker angezweifelt wird, dass die Mauer noch zeitgemäß ist und überhaupt einen Sinn hat. Am 7. Mai fälscht die SED die Kommunalwahlen zu ihren Gunsten und provoziert damit öffentliche Proteste. Berliner Friedensgruppen veranstalten ab dem 7. Juni monatlich auf dem Berliner Alexanderplatz Protestaktionen gegen die Wahlmanipulationen. Die Stasi verhaftet regelmäßig Teilnehmer, doch die Aktionen gehen weiter. Auch international gerät die kommunistische Welt stärker in Bewegung. In Polen tagt seit seit Februar der »Runde Tisch«, an dem die Opposition Reformen erzwingt. Aus ihren Reihen wird im August der neue Regierungschef Tadeusz Mazowiecki gewählt. In der ČSSR wird der oppositionelle Schriftsteller Václav Havel im Februar zunächst wegen Aufwiegelung und Störung der öffentlichen Ordnung zu einer Gefängnisstrafe verurteilt, nach weltweiten Protesten muss er im Mai aber wieder aus der Haft entlassen werden. In China verlangen Studenten demokratische Umgestaltungen, doch ihre Protestbewegung wird Anfang Juni auf dem Platz des Himmlischen Friedens mit Panzern blutig niedergewalzt. Und während Grass auf Hiddensee weilt, öffnet Ungarn am 27. Juni die Grenze zu Österreich, was viele DDR-Urlauber zur Flucht in die Bundesrepublik nutzen.

Erbost ist Grass über »seine« West-Berliner Akademie der Künste, die sich weigert, eine öffentliche Lesung Salman Rushdies in ihren Räumen stattfinden zu lassen. Das iranische Staatsoberhaupt Ayatollah Khomeini hatte zur Tötung Rushdies wegen angeblicher Gotteslästerung in dessen Buch »Die Satanische Verse« aufgerufen. Die Akademie ist übervorsichtig und möchte einen Auftritt Rushdies nicht riskieren. Grass, der ehemalige Präsident, tritt aus Protest aus der Akademie aus.[3]

Vor diesem Hintergrund will die Stasi verhindern, dass der populäre Autor wieder im kritischen Kirchenumfeld auftritt und sich – wie im Vorjahr – die Lesungen dort zu Massenveranstaltungen auswachsen. Die Ablehnung eines Besuchsantrags von Grass kommt aus politischer Rücksichtnahme aber nicht in Frage, denn Erich Honecker hat kurz zuvor dem schleswig-holsteinischen Ministerpräsidenten Björn Engholm (SPD) eine engere Zusammenarbeit der Nordbezirke in Aussicht gestellt. Daher entwickelt die Stasi ein Gegenkonzept. Über Marquardt fädelt sie eine Einladung an Grass ein und kommt damit der Kirche zuvor. Auch einen Versuch des Verbandes bildender Künstler, Grass bei dieser Gelegenheit in Rostock im Rahmen der Städtepartnerschaft Bremen–Rostock lesen zu lassen, wird verhindert. Begründung: Städtepartnerschaften seien eine Angelegenheit des Außenministeriums, dies aber sei eine Einladungsreise des Kulturministeriums und stehe unter dessen Kontrolle. Diskussionen mit dem Publikum im Anschluss an Grass' Lesungen auf Hiddensee und in Putbus soll es möglichst nicht geben, und die Eintrittskarten zu den Lesungen will man in Abstimmung mit den örtlichen Behörden vorrangig an ausgewählte Personen vergeben.[4]

Das Ministerium für Staatssicherheit in Berlin entsendet einen Major, um den Einsatz gegen Grass im Bezirk Rostock zu koordinieren, und warnt die Bezirksverwaltung Rostock vor Grass, da dieser »die These von der Einheit der deutschen Kulturnation vertrete und sich aktiv für uneingeschränkte Menschrechte, Meinungs- und Informationsfreiheit einsetze«. Daher soll die Bearbeitung so ausgerichtet werden, dass bereits im Vorfeld »Vorhaben oder Aktivitäten oppositioneller Kräfte der DDR im Zusammenhang mit dem Aufenthalt von Grass aufgeklärt und unterbunden werden können«, wie es in der Amtsprache heißt.

Die Stasi-Operation läuft wieder unter dem Decknamen »Bolzen«. Bei Grass' Quartiergebern wird »Maßnahme A« eingeleitet, das heißt, die Telefone werden angezapft. Doch Grass soll von der Beschattung nichts bemerken. Man beschließt, »Bolzen« an die »lange Leine« zu nehmen und eher aus der Ferne zu beschatten. Neun Personen, die Grass möglicherweise besuchen wird, werden überwacht, zehn denkbare Anlaufstellen – Theater, Museen, Kirchen und Gaststätten – ausgekundschaftet, sechs Personenwagen, darunter der Saab von Grass und Marquardts VW Golf, werden überallhin verfolgt, und SED-Genossen, Schulleiter, Lehrer und Hausmeister setzt man schichtweise als Beobachter ein, so wie es das »politisch-operative Zusammenwirken« mit staatlichen Stellen laut Stasi-Reglement auch vorsieht. Sieben Tage lang wird das »Fahndungsobjekt« Grass lückenlos beschattet, von der Feststellung, dass er während der gesamten Grenzpassage »höflich und korrekt« auftrat, bis zu der Erkenntnis: »Am 26. und 27. 6.89 tagsüber hat G. Strandgut und alte bzw. vom Wetter zerzauste Bäume gemalt.«[5]

Die Stasi-Zuträger sind sich des desolaten Zustandes der DDR durchaus bewusst, weshalb alles unternommen wird, um dem prominenten Gast aus dem Westen eine möglichst intakte DDR vorzuführen. Sollte Grass etwa den Wunsch äußern, den restaurierten Dom in Greifswald zu besuchen, so soll er per Schiff direkt von Rügen nach Greifswald gebracht werden, damit er die »vergammelte« Altstadt von Stralsund nicht zu Gesicht bekommt.[6] Doch trotz der perfekten Vorbereitung entwickeln sich die Veranstaltungen mit Grass anders als gedacht. Als Professor Roland Opitz, der neue Direktor des Reclam Verlags Leipzig, nach der Lesung aus der »Blechtrommel« im Gerhart-Hauptmann-Haus auf Hiddensee eine Diskussion mit dem Publikum zu verhindern sucht, geht Grass dazwischen und besteht darauf, dass seine Zuhörer Fragen stellen können. Dabei kommt es dann sogar zu einer Kontroverse zwischen Marquardt und Opitz.[7] Ähnliches geschieht zwei Tage später in Putbus. Obwohl von den 350 Eintrittskarten für die abendliche Lesung im Theater nur 50 in den freien Verkauf gelangt und alle anderen über den Rat des Kreises und den Kulturbund an »politisch zuverlässige Personen« verteilt worden sind, nutzt Grass die »fast ausschließlich literatur- bzw. schaffensbezogenen Fragen«, um in der mühsam durchgesetzten Gesprächsrunde »die gesellschaftlichen Praktiken in der DDR anzuzweifeln oder lächerlich zu machen«, wie die Stasi feststellt, auch wenn insgesamt eingeschätzt wird, dass er »offene Angriffe gegen die DDR« vermieden habe. IMB »Hans«, alias Hans Marquardt, hätte die Diskussion gut gesteuert und zum richtigen Zeitpunkt beendet.[8]

Darüber hinaus horcht Marquardt »in einem persönlichen Gespräch« Grass systematisch aus.[9] Der Stasi scheint das lohnenswert, weil Grass Zugang zum SPD-Vorstand hat und sie auf diesem Umweg erfährt, was die Führung der großen Oppositionspartei denkt. Ende August 1987 hatten SPD und SED ein gemeinsames Papier veröffentlicht, in dem sie ihren Willen zur friedlichen Koexistenz auf der Basis zweier deutscher Staaten niederlegten. Die Bundesrepublik und die DDR sollten sich auf einen langen Zeitraum einrichten, in dem sie nebeneinander bestehen und miteinander auskommen müssten.[10] Allerdings erfährt IM »Hans« nur, dass im SPD-Vorstand »sachlich« über die Beziehungen der Partei zur DDR gesprochen worden sei, über Gemeinsames und Trennendes. Worin aber das Gemeinsame und das Trennende besteht, erfährt Marquardt nicht. Trotzdem findet sein Bericht Eingang in ein als »Streng geheim!« klassifiziertes Material für die Staats- und Parteispitze.[11] Empfänger sind die Politbüromitglieder Kurt Hager und Egon Krenz, die ZK-Abteilungsleiterin Ursula Ragwitz und der stellvertretende Minister für Staatssicherheit Generaloberst Rudi Mittig.

Obwohl alles perfekt scheint, die Stasi eine totale Überwachung des Grass-Besuchs durchsetzen kann, es sich um abgelegene Veranstaltungsorte handelt, mehrheitlich ausgewähltes Publikum anwesend ist und ein hochkarätiger IM die Gespräche lenkt, können die offensichtlichen Probleme der DDR im Jahre 1989 nicht ausgeblendet und kann keine Potemkinsche Scheinwelt vorgeführt werden, wie es noch beim Besuch von Bundeskanzler Helmut Schmidt acht Jahre zuvor im nahe gelegenen Güstrow der Fall war. Immerhin gelingt es der Stasi – anders als im Vorjahr –, die oppositionellen Kräfte aus dem Kirchenumfeld von Grass fern- und die Veranstaltungen relativ klein zu halten. Doch eine öffentliche Diskussion über die politischen Konflikte im Land lässt sich mit diesen Methoden nicht mehr aufhalten. Die nachgewiesene Fälschung der

Kommunalwahlen wenige Wochen zuvor und der zunehmende Druck der Ausreisewilligen führen im Spätsommer 1989 zu einer spürbaren Stärkung der Oppositionsbewegung in der DDR, die im September über das Neue Forum und andere Gruppen einen gesellschaftlichen Dialog und die Durchsetzung demokratischer Rechte einfordert. Im Oktober muss Erich Honecker zurücktreten. Sein Nachfolger Egon Krenz kann den Niedergang der SED-Herrschaft aber nicht stoppen. Massendemonstrationen im Oktober zwingen die Staatsmacht zum Nachgeben. Im November kommt es schließlich zum Rücktritt von SED-Parteiführung und Regierung sowie zur Öffnung der Mauer.

Eine weitere Lesung von Grass Ende November in Leipzig, diesmal wieder auf Einladung der evangelischen Kirche, kommt nicht mehr zustande.[12] Einen Monat später besetzen Bürgerrechtler die ersten Bezirksverwaltungen der Staatssicherheit, am 15. Januar 1990 wird das verhasste Ministerium in Ost-Berlin gestürmt. In der Akte des auf Günter Grass angesetzten Spitzels IM »Schäfer« alias Karlheinz Schädlich findet sich die Schlussnotiz des Führungsoffiziers: »Abbruch der Verbindung wegen Perspektivlosigkeit«.[13]

Anmerkungen

1 Gespräch mit Günter Grass am 22.9.1998 auf Hiddensee
2 Walther: Sicherungsbereich Literatur, S. 789–791
3 Zimmermann: Günter Grass unter den Deutschen, S. 473–477
4 Siehe Dokument 8
5 Siehe Dokument 12
6 Siehe Dokument 8
7 Interview vom 16.4.2009
8 Siehe Dokument 13
9 Siehe Dokument 16
10 Der Streit der Ideologien und die gemeinsame Sicherheit (Gemeinsames Papier von SPD und SED v. 27.08.1987). Informationsdienst der SPD Nr. 3, Bonn 1987
11 Siehe Dokument 16 und BStU, MfS, ZAIG 3786, Bl. 1–6
12 Dienstliche Einreise des Schriftstellers Günter Grass am 21. und 22. November 1989 nach Leipzig. BStU, MfS, HA XX/4 1333, Bl. 3
13 BStU, MfS ANS, AIM 15311/89, Bl. 1f.

Dokument 1

Hauptabteilung XX/7 Berlin, 22. März 1989

Information

zu Haltungen von Günter Grass, im Zusammenhang mit Lesereisen in der DDR

Im Zusammenhang mit der Vorbereitung der »Internationalen Buchkunstausstellung (iba) 1989« in Leipzig äußerte der BRD-Schriftsteller Günter GRASS gegenüber einer Quelle, daß er es merkwürdig findet, von den Verlagen und vielen Lesern in der DDR immer wieder gefragt und begehrt zu sein, während die »Kulturverantwortlichen« ihn nach wie vor wie eine heiße Kartoffel behandeln und einen großen Bogen um ihn machen.
Grass hob nochmals seine Lesereise auf Einladung der Kirche in Magdeburg, Halle und Jena 1988 hervor, schwärmte von der offenen und freimütigen Diskussion mit Kirchenvertretern und dem Publikum und brachte seine tiefe Enttäuschung darüber zum Ausdruck, daß ihm die Künstleragentur der DDR eine gemeinsame Lesereise mit dem Schlagzeuger »Bubi« [Baby] Sommer durch die DDR abgelehnt hat. Auch ein weiterer Versuch, mit Unterstützung der Akademie der Künste der DDR eine Veranstaltung im Berliner Ensemble zu organisieren, sei gescheitert. Er könne nicht verstehen, warum sich nicht wenigstens der Präsident der Akademie der Künste der DDR, Manfred Wekwerth, gegenüber ängstlichen Bürokraten durchsetzen könne, noch dazu, wo die Veranstaltung in seinem eigenen Theater stattfinden sollte. Grass lache sich scheckig, wenn ihm die Akademie anläßlich seines siebzigsten Geburtstages 1997 die korrespondierende Mitgliedschaft anbietet. Er könne schon heute sagen, wie er darauf reagieren würde. Von Vertretern aus der DDR höre er immer »meine Leute sagen ...« oder »meine Leute meinen ...«, wobei dezent auf Entscheidungen irgendwelcher Funktionäre hingewiesen werden soll. Grass könne bei solchen Bemerkungen jedes Mal aus der Haut fahren, denn nach seiner Auffassung seien wir alles Deutsche und sollten uns gefälligst auch so benehmen bzw. verhalten.
Trotz dieses z.T. unangenehmen persönlichen Ärgers und der »Kulturbürokratie« der DDR wolle Grass alles vermeiden, was zu neuen Konfrontationen führen könnte und alles tun, was das Verhältnis »zwischen den Deutschen« fördert. Er habe sich deshalb freudig bereit erklärt, einige eigene Grafiken für die Ausstellung »Doppelbegabungen«, die im Rahmen der Sonderausstellung »figura« zur iba 1989 in Leipzig gezeigt wird, zur Verfügung zu stellen. Ebenso werde er ein Angebot des Verlages Volk und

Welt Berlin zu einer Lesung im Rahmen der iba Anfang Juni 1989 in Leipzig wahrnehmen.
Nach seiner Kenntnis trage sich der Kulturbund gemeinsam mit dem Rat des Kreises Bergen mit dem Gedanken, ihn im Juni 1989 zu je einer Lesung nach Putbus (Theater) und Hiddensee (G. Hauptmann-Haus) einzuladen. Da ### [Ehefrau Ute Freunde in] Hiddensee habe, werde Grass eine Einladung auf die Insel Rügen – falls sie ausgesprochen wird – natürlich sofort annehmen.
Nach seiner Begegnung mit Kurt Masur 1987 in Leipzig schwebe Grass nach wie vor die Idee einer gemeinsamen Veranstaltung mit dem Gewandhausorchester und dem Thomaner- bzw. Kreuzchor vor. Er habe diese Idee Kurt Masur bereits 1988 in einem persönlichen Brief unterbreitet, jedoch noch keine Antwort darauf erhalten. (Da die Quelle weiß, daß Masur den Grass besonders mag, hält sie es nicht für abwegig, daß Masur auf die Idee von Grass eingeht.)
Von der Quelle auf die vom Reclam Verlag Leipzig in Gemeinschaft mit dem Luchterhand Verlag Darmstadt geplante »Friedensbibliothek« angesprochen, bemerkte Grass, daß er dieses Projekt von Anbeginn als »Hirngespinst« eingeschätzt und auch bezeichnet hat. Eine solche Publikationsreihe findet nach seiner Meinung in der BRD keinen Markt, auch wenn vielleicht einzelne Titel einen Verkaufserfolg erzielen könnten. Bei aller Hochachtung vor Walter Jens und Christa Wolf als geplanten Herausgebern und dem besten Willen, ihnen eine Gefälligkeit zu erweisen, sei der ökonomische Erfolg einer solchen Bibliothek äußerst zweifelhaft und deshalb das Projekt von vornherein ein totgeborenes Kind. Da Grass außerdem wisse, daß die Leitung des Ph. Reclam Verlages Stuttgart nach wie vor den Verkauf von Druckerzeugnissen des Reclam Verlages Leipzig [in der Bundesrepublik] ablehnen wird, habe er seine Bedenken gegen das Projekt »Friedensbibliothek« der Leitung des Luchterhand Verlages mitgeteilt.
Wie der Quelle bekannt ist, besteht beim evang. Pfarrer in Putbus und Umgebung starkes Interesse daran, Grass für eine Veranstaltung zur Problematik »dritte Welt« bzw. »Ökologie« zu gewinnen. Um derartige Veranstaltungen in der Regie der Kirche zu verhindern, sind die bereits erwähnten Aktivitäten des Kulturbundes in Putbus und Hiddensee in Erwägung gezogen.
Quelle: IMB »Hans« Major Gütling

(BStU, MfS, HA XX 12412, Bl. 169 f.)

Hans Marquardt (Mitte) bei der Eröffnung der Ausstellung mit graphischen Arbeiten von Günter Grass in der Orangerie Putbus auf Rügen, 25. Juni 1986.

Hauptinformationsquelle der Stasi im Zusammenhang mit der Lesereise im Sommer 1989 war IMB »Hans«, alias Hans Marquardt. Er war von 1961 bis 1986 Leiter des Reclam Verlags Leipzig. Günter Grass:

Ich wusste zu dem Zeitpunkt nicht, dass er für den Staatssicherheitsdienst arbeitet. Aber bei Marquardt war das zwiespältig. Er war ja als Reclam-Verleger ein ziemlich couragierter Mann, der sich nach meinem Wissen für seine Autoren sehr eingesetzt hat. Nein, ein Freund war er nicht. Das geht zu weit, aber jemand, den ich schätzte und den ich unter DDR-Verhältnissen für einen mutigen Verleger hielt. Dieses Bild hat sich dann erst später korrigiert, als wir alle mehr wussten.

(Interview vom 16.4.2009 und 15.11.2009)

Dokument 2

Bezirksverwaltung für
Staatssicherheit Rostock
Abteilung XX

Rostock, 12. Mai 1989

Ministerium für Staatssicherheit
Hauptabteilung XX/7
Berlin

G r a s s, Günter, Schriftsteller BRD
Inoffiziell wurde bekannt, daß durch Vermittlung von Dr. Marquardt, Hans, ehem. Direktor des Reclam Verlages, ###, für Juli 1989 im Theater Putbus/ Rg. für den BRD-Schriftsteller Grass eine Lesung vorbereitet worden ist. Eine weitere Lesung ist im Gerhart-Hauptmann-Museum auf Hiddensee geplant. In Verbindung mit diesen Lesungen wird gleichzeitig eine Ausstellung grafischer Arbeiten von Grass in der Orangerie Putbus als Leihgabe des ### gezeigt. Eine Überprüfung der Information über den Rat des Kreises Rügen, Abt. Kultur, bestätigte, daß Dr. Marquardt der Initiator der geplanten Aktivitäten ist.
Es wird um Kenntnisnahme und um Mitteilung gebeten, n welchem Maße es sich bei diesen Aktivitäten um eine zentral abgestimmte kulturpolitische Maßnahme handelt und wie diese geplanten Veranstaltungen politisch operativ einzuordnen sind bzw. welche politisch operativen Sicherheitserfordernisse sich daraus ableiten.

Leiter der Abteilung
Oberstltn. Klawun

(BStU, MfS, ZAIG 3786, Bl. 224)

Günter Grass: Ich habe erst später erfahren, dass Marquardt über die Reise 1988, die von der Evangelischen Kirche organisiert war, einen Bericht an den Staatssicherheitsdienst geschrieben und gesagt hat: »Warum haben wir das nicht gemacht, warum lassen wir die evangelische Kirche das machen?« Und daraufhin ist wahrscheinlich dann diese Reise genehmigt worden. Und so hat er mich eingeladen. Dazu gehörten eine Lesung und eine Ausstellung meiner Graphiken in Putbus.
(Interview vom 16.4.2009)

Dokument 3

MfS ZAIG 6. Juni 1989

Information 354/89
zum geplanten Aufenthalt des BRD-Schriftstellers Günter GRASS
vom 23. 6. bis 30. 6. 1989 im Bezirk Rostock

In Abstimmung mit zentraler Stelle und dem Rat des Kreises Rügen hält sich der BRD-Schriftsteller Günter Grass in der Zeit vom 23. 6. bis 30. 6. 1989 im Bezirk Rostock auf. Nach vorliegenden inoffiziellen Erkenntnissen wird Grass gemeinsam mit seiner Ehefrau am 23. 6. 1989 mit PKW, pol. Kennzeichen ### über die GÜST Selmsdorf / Bezirk Rostock in die DDR einreisen und in 2331 Neuendorf / Rügen Quartier nehmen.
Am 24. 6. 1989 wird Grass auf Einladung der stellv. Leiterin der Gerhart-Hauptmann-Gedenkstätte Kloster, ###, nach Hiddensee fahren und dort eine Lesung vor ca. 50 geladenen Gästen durchführen. Eine öffentliche Diskussion ist im Anschluß an diese Lesung nicht vorgesehen. Durch die Tatsache, daß ###, kann nicht ausgeschlossen werden, daß das Ehepaar Grass im Zusammenhang mit dem Hiddensee-Aufenthalt den persönlichen Kontakt zu ehemaligen Bekannten wieder aktiviert.
Am Vormittag des 25. 6. 89 wird in Putbus eine Ausstellung grafischer Arbeiten von Grass zu seinen Romanen »Die Blechtrommel«, »Der Butt« und »Die Rättin« eröffnet. Diese Arbeiten wurden im Mai / Juni 1989 im Rahmen der Sonderausstellung »figura« auf der »Internationalen Buchkunstausstellung« in Leipzig gezeigt.
Für den 26. und 27. 6. 89 plant Grass touristische Ausflüge auf der Insel Rügen sowie nach Stralsund und Usedom.
Am 28. 6. 1989, 19.30 Uhr liest Grass im Theater in Putbus aus seinen in der DDR veröffentlichten literarischen Arbeiten. Auch für diese Veranstaltung ist keine anschließende öffentliche Diskussion geplant. Die Einladungskarten für diese Veranstaltung werden in Abstimmung mit den örtlichen Organen gezielt an ausgewählte Personenkreise vergeben.
Für den 29. 6. 1989 ist die Abreise von Grass und ### von der Insel Rügen vorgesehen. Der Quelle liegen entgegen den Hinweisen der HA VI keine Erkenntnisse darüber vor, daß Grass im Anschluß an seinen Rügen-Aufenthalt in andere Bezirke der DDR reisen will.
Wie der Quelle bekennt wurde, bestand durch einige Vertreter ev. Kirchengemeinden auf Rügen die Absicht, Grass für zusätzliche Veranstaltungen in kirchlichen Einrichtungen zu gewinnen. Dieses Ansinnen wurde

durch Mitarbeiter des Kulturbundes Putbus, die für das Aufenthaltsprogramm von Grass die Verantwortung übernommen haben, abgelehnt. Da die jetzige Einladung von Grass über den Reclam Verlag Leipzig und das Ministerium für Kultur organisiert wird, sind Aktivitäten im kirchlichen Rahmen ausgeschlossen. Nach Einschätzung der Quelle ist sich Grass darüber bewußt, daß evtl. Eigenmächtigkeiten weitere von ihm angestrebte Aktivitäten in der DDR infrage stellen würden.
Wie Grass der Quelle in einem internen Gespräch mitteilte, habe der Ministerpräsident von Schleswig-Holstein, Engholm, mit dem Grass befreundet sei und für den er zahlreiche Wahlveranstaltungen organisiert bzw. durchgeführt habe, seine große Freude über das Zustandekommen der Veranstaltungen auf Rügen geäußert. Engholm habe bei seinen letzten Gesprächen mit dem Vorsitzenden des Staatsrates der DDR, Gen. Honecker, den Wunsch nach stärkerem kulturellen Austausch zwischen Schleswig-Holstein und den drei Nordbezirken der DDR vorgetragen. Er sehe in den jetzt stattfindenden Veranstaltungen mit Grass auf Rügen ein positives Reagieren der DDR auf seinen Wunsch und einen hoffnungsvollen Beginn der Zusammenarbeit auf kulturellem Gebiet.
Quelle: IMB »Hans«

Mj. Gütling

Für die politisch-operative Kontrolle des Grass während seines Aufenthaltes im Bezirk Rostock ist die HA XX/7 in Zusammenarbeit mit der BV Rostock verantwortlich.

(BStU, MfS ZAIG 3786, Bl. 238 f.)

Hans Marquardt berichtete der Stasi nicht nur über Grass, sondern auch über andere Autoren wie Günter Kunert, der 1976 zu den Erstunterzeichnern der Petition gegen die Ausbürgerung von Wolf Biermann gehörte, daraufhin aus der SED ausgeschlossen wurde und 1979 in die Bundesrepublik übersiedelte. Günter Kunert:
Gleich, nachdem ich in Itzehoe war, hat mich der Reclam-Verleger Marquardt besucht. Und der hat mich übrigens auch noch mal kurz vor dem Zusammenbruch der DDR besucht. Das habe ich alles in den Akten gefunden. Und er ist auch zu meinem Verlag nach München gefahren, dem Hanser Verlag, wahrscheinlich, um mal zu hören, wie da das Verhältnis zu mir ist oder mein Verhältnis zum Verlag.

Er kam auch nach dem Ende der DDR noch mal zu mir. Er rief mich an: »Ach, ich würde gern mit Ihnen sprechen. Also, hier gibt's so Gerüchte, und mein Enkel hier aus Rügen, der würde mich fahren.« Als er dann kam, entpuppte sich der Enkel als ein älterer Herr und ehemaliger Parteisekretär von Rügen. Und ich hatte mich vorbereitet. Aus meinen Stasi-Akten habe ich eine Seite kopiert. Da stand: »IM ›Hans‹ bringt Hermlin und Kunert zusammen und gibt Bericht über das, worüber sie reden.« Das habe ich ihm auf den Tisch gelegt. Er: »Ach, das ist alles Unsinn. Das ist doch alles Erfindung, nein, also, das ist doch … Also, auf Wiedersehen.« Das war's. Das war mein Abschied von Marquardt.
(Interview vom 15.9.2009)

Dokument 4

Hauptabteilung XX | 7.6.1989
Leiter | XX/7/IV/10497/89

Bezirksverwaltung für Staatssicherheit
1. Stellvertreter Genossen Oberst Amthor
Rostock

Aufenthalt des BRD-Schriftstellers Günter GRASS im Bezirk Rostock

Nach vorliegenden operativen Erkenntnissen hält sich der BRD-Schriftsteller

Grass, Günter
geb. 16.10.1927, in Danzig
wh. 2419 Behlendorf/BRD, Am Kanal 1

und ### mit Zustimmung durch zentrale Stelle, das Ministerium für Kultur und den Rat des Kreises Rügen vom 23.–30.6.1989 im Bezirk Rostock auf.
(...)
Grass besitzt seit Jahren Kontakte zu feindlichen und oppositionellen Personenkreisen aus der DDR, hat mehrfach an Zusammenkünften derartiger Personen in der DDR teilgenommen und dabei stets eine inspirierende, auf die Organisierung politischer Untergrundtätigkeit abzielende Rolle gespielt. Er propagiert die These von der »Einheit der deutschen Kulturnation« und anderen durch die SPD in ihrer »Ost- und Deutschlandpolitik« vertretene Theorien und setzt sich aktiv für uneingeschränkte Menschenrechte, Meinungs- und Informationsfreiheit ein.
Zur Gewährleistung der operativen Kontrolle des Grass während seines Aufenthaltes im Bezirk Rostock bitten wir Sie, die Einleitung geeigneter inoffizieller Maßnahmen durch die Abteilung XX und die KD Rügen sowie die Realisierung des beiliegenden Auftrages für die Abteilung VIII Ihrer Bezirksverwaltung zu veranlassen.
Für konkrete Absprachen bzw. zur Koordinierung der Maßnahmen kommt Genosse Major Gütling, HA XX/7, in Rostock zum Einsatz.

Generalleutnant Kienberg

(BStU, MfS, ZAIG 3786, Bl. 243 f.)

Dokument 5

Hauptabteilung XX/7 Berlin 15. Juni 1989

Vermerk

Ergänzend zu seinen Informationen vom 6. 6. 1989 teilte der IMB »Hans« am 15. 6. 1989 mit, daß GRASS, Günter und seine Ehefrau Ute am 23. 6. 1989 mit PKW über die GÜST Selmsdorf in den Bezirk Rostock einreist und in Neuendorf Quartier nimmt.
Wie der IM von Grass erfuhr, hat die ### von ### für den gleichen Zeitraum eine Einreise nach Hiddensee beantragt. ### und ### wollen den gemeinsamen Aufenthalt auf Hiddensee zu Treffen mit ehemaligen Schulfreundinnen und Bekannten nutzen. Außer der ### des Gerhart-Hauptmann-Hauses in Kloster – die mit ### gemeinsam zur Schule ging – sind dem IM keine weiteren ehemaligen Freundinnen von ### bekannt.
Zum Aufenthaltsprogramm von Grass gibt es zur ersten Information folgende Veränderung. Die Lesung im Gerhart-Hauptmann-Haus Kloster/Hiddensee findet nach neuesten Festlegungen erst am Montag, den 26. 6. 1989 statt. Grass und ### werden am Vormittag des 26. 6. 1989 nach Hiddensee fahren und von dort erst am Nachmittag des 27. 6. 1989 oder Vormittag des 28. 6. 1989 zurückkehren.
Die Termine für die Ausstellungseröffnung und die Lesung in Putbus bleiben unverändert. Ob Grass für den Zeitraum 24. oder 25. 6. 1989 noch spezielle touristische Wünsche hat, ist dem IM noch unbekannt.
Durch einen Telefonanruf von Grass wurde dem IM bekannt, daß Grass beabsichtigt im Anschluß an seinen Rügenaufenthalt noch 4–5 Tage nach Dresden zu fahren, um mit »###«, ### zusammenzutreffen und die Galerien in Dresden zu besuchen. Angeblich sei ihm zu letzterem während seines Dresden-Aufenthaltes im Jahre 1987 keine Zeit verblieben. Grass habe jetzt eine persönliche Einladung von der Dresdner Malerin ###, wisse aber nicht, ob sie für ihn ein gesondertes Visum für einen Dresden-Aufenthalt beantragt bzw. erhalten hat. Grass bat den IM deshalb, bei den örtlichen Organen auf Rügen die Möglichkeiten einer Visaverlängerung bzw. Aufenthaltserweiterung zu prüfen.
Der IM wird am 24. 6. 1989 über weitere Erkenntnisse zum Aufenthaltsprogramm von Grass informieren.

Major Gütling

(BStU, MfS, ZAIG 3786, Bl. 253)

Dokument 6

HA XX/7 Berlin, 19.6.89

Vermerk zum Ergebnis der Dienstreise nach Rostock am 14.6.89

Zur Absprache und Koordinierung der einzuleitenden oper. Maßnahmen zum op. Mat. »Bolzen« für die Zeit seines Aufenthaltes im Bezirk Rostock wurden am 14.6.89 in der BV Rostock Gespräche mit dem stellv. Leiter der Abt. XX, Gen. Wiesener, und dem Leiter der Abt. VII, Gen. ... geführt. Dabei wurden folgende Übereinkünfte erzielt:

1. Das an den Stellv. Operativ, Gen. Oberst Amthor, gerichtete Schreiben liegt der Abt. XX mit dem Auftrag vor, gemeinsam mit KD Rügen geeignete inoffizielle Kontrollmaßnahmen zu »Bolzen« einzuleiten.

2. Durch Gen. Wiesener wurde am 13.6.89 ein FS an die KD Rügen mit der Forderung nach Einleitung geeigneter oper. Kontrollmaßnahmen gesandt. Eine telef. Rücksprache des Gen. Wiesener mit dem Leiter der KD, Gen. Haase, am 14.6.89 ergab, daß der KD die Veranstaltungstermine mit »Bolzen« bekannt sind und mit IM und zuverlässigen offiziellen Kontakten Kontrollmaßnahmen (in erster Linie zu den Veranstaltungen) eingeleitet werden. Gen. Haase wurde auf mögliche Aktivitäten kirchlicher Kreise aus Putbus und Umgebung verwiesen. Durch Gen. Wiesener wurde der Einsatz eines MA der HA XX/7 am 28.6.89 avisiert. Gen. Haase erbat konkrete terminliche Abstimmung.

3. Gen. Wiesener wurde mit bisherigen Erkenntnissen zum Aufenthaltsprogramm von »Bolzen« (Inf. Nr. 54/89 v. 6.6.89) bekannt gemacht. Er wies darauf hin, daß seitens der Abt. XX inoffizielle Kräfte zur Kontrolle von »Bolzen« und zur Ermittlung des Bekannten- und Umgangskreises von »Bolzen« auf Hiddensee zum Einsatz kommen. Nach den der Abt. XX/Ref. 7 vorliegenden Hinweisen beabsichtigte der Bez.-Sekretär des VbK Rostock, Dietrich, im Rahmen der Städtepartnerschaft mit Bremen eine Kunstausstellung in der Rostocker Kunsthalle durchzuführen. In diesem Zusammenhang hat Dietrich beim Rat der Bezirkes oder der Stadt angefragt, ob nicht in diesem Zusammenhang die Anwesenheit von »Bolzen« zu einer Lesung in der Kunsthalle Rostock organisiert werden könne. Nach Rückfragen des Rates beim Ministerium für Kultur, die auf die Nichtzuständigkeit für Städtepartnerschaften und auf die notwendige Abstimmung mit dem MfAA verwiesen, wurde das Vorhaben von Dietrich zurückgewiesen. (...)

4. Über Gen. Wiesener realisierte Rückfragen bei der Abt. 26 der BV Rostock nach der Möglichkeit der Einleitung von Maßnahmen A beim Quartiergeber von »Bolzen« ergaben, daß sowohl die technischen Mög-

lichkeiten, als auch die Kapazitäten gegeben seien. Allerdings könne die Realisierung zum Einreisetermin (23.6.89) nicht garantiert werden. Gemeinsam mit Gen. Wiesener wurde sofort ein Auftrag für die Abt. 26 ausgefüllt, der durch Gen. Wiesener am Nachmittag des 14.6.89 persönlich der Abt. 26 übergeben wurde.

5. Absprache bei der Abt. VIII: Die Abt. übernimmt den Auftrag. Anhand der Inf-Nr. 354/89 wurden Details zum Aufenthaltsprogramm, zur Person »Bolzen« sowie zu dessen Verhaltensweisen bei bisherigen DDR-Aufenthalten mitgeteilt. Es wurde vereinbart:

- alle Ergänzungen oder Konkretisierungen zum Auftrag erfolgen unter dem Stichwort »Bolzen« an das OLZ der Abt. VIII, Tel. 2542.
- Konkretisiert werden muß die Einreise-GÜST, der Pkw, sowie Angaben zum Quartiergeber bzw. Aufenthaltsprogramm (vor allem mögliche Anlaufpunkte bzw. Personen im Bez. Rostock – dazu Koordinierung mit Rst. Abt. XX).
- die HA VI ist zu veranlassen, daß »Bolzen« bei Einreise an die Abt. VIII der BV zu übergeben ist.
- die HA XX/7 prüft bei der HA II, ob mit der Anwesenheit von Diplomaten oder Korrespondenten aus der BRD zu den Veranstaltungen von »Bolzen« zu rechnen ist.
- auf Grund der spezifischen Bedingungen auf Hiddensee wird sich die Abteilung VIII auf die Dokumentierung von Umgangs- und Kontaktpersonen konzentrieren, die vorrangig durch IM der KD Rügen, der Abt. XX und der HA XX/7 zu identifizieren sind.
- im Interesse der Gewährleistung der Konspiration wird »Bolzen« auf Rügen »an die lange Leine genommen«. Dokumentationen erfolgen nur zu Treffpartnern.
- Bei einer möglichen Einreise von »Bolzen« mit dem Zug sind spezifische, detaillierte Absprachen mit der HA VIII notwendig.
- Die Abt. Rostock VIII avisiert der HA VIII »Bolzen« mit der konkreten Fahrtstrecke. Eine direkte Übergabe an der Stadtgrenze Berlin ist nicht möglich.

Am 27.6.89 erfolgt eine telefonische Kontaktaufnahme mit der Abt. VIII, um eventl. notwendige Absprachen für den 27. o. 28.6.89 festzulegen.

Das OLZ der Abt. VI der BV Rostock wurde am 14.6.89 telefonisch vorab in Kenntnis gesetzt, daß »Bolzen« bei Einreise am 23.6. an die Abt. VIII zu übergeben ist.

Gütling

(BStU, MfS, ZAIG 3786, Bl. 256–259)

Dokument 7

HA XX/7 Berlin, den 20.6.89

Vermerk

Der IME »Ernst« teilte beim Treff am 13.6.89 auf Befragen mit, daß ihm keine konkreten Erkenntnisse über Veranstaltungen mit dem BRD-Schriftsteller Günter Grass Ende Juni 1989 auf Rügen vorliegen. Grass hat bis zum gegenwärtigen Zeitpunkt den Verlag Volk und Welt nicht über Veranstaltungen in der DDR informiert und auch keinen Besuch im Verlag angekündigt. Der Verlag oder der IM sieht deshalb keine Veranlassung, sich in die offensichtlich territorialen Aktivitäten auf Rügen »reinzuhängen«.
Aus einem Schreiben von Grass von ca. März 1989 ist dem IM bekannt, daß Grass an drei Projekten in der DDR besonderes Interesse hat:

1. einer Veranstaltung während der »iba 1989« in Leipzig, bei der er sich als »Doppelbegabung« vorstellen wolle; (dieses Veranstaltungsvorhaben, für das sich der IM engagieren wollte, wurde nach Konsultation und Abstimmung mit zentraler Stelle aus »Termingründen« abgesagt)
2. Lesungen auf der Insel Rügen, und
3. einem Aufenthalt in Dresden, bzw. im Erzgebirge, um »tote Bäume« zu malen (dies tue er z.Zt. in allen Gegenden und Ländern, in die er komme).

Außer für die eventl. »iba«-Veranstaltung hat sich der IM für keine der »Wünsche« von Grass verantwortlich gefühlt und Aktivitäten entwickelt. Außer den Verbindungen von Grass zu »###« ###, ### und ### sind dem IM keine weiteren Kontakte im Dresdener Raum bekannt.

[Major Peter Gütling]

(BStU, MfS, ZAIG 3786, Bl. 261 f.)

Dokument 8

HA XX/7 Berlin, 23. 6. 89

Vermerk

Zum Aufenthaltsprogramm von »Bolzen« teilte der IMB »Hans« am 22. 6. 89 folgendes mit:

Nach Äußerungen von »Bolzen« will er gemeinsam mit seiner Ehefrau am 23. 6. 89 gegen 16.00 Uhr bei seinen Quartiergebern auf der Insel Rügen eintreffen. Als Einreise-GÜST wurde von ihm nochmals Selmsdorf bestätigt. Für den 23. 6. 89 ist kein Programm vorgesehen.

Für den 24. 6. 89 sind touristische Aktivitäten auf der Insel Rügen geplant (Kap Arkona, Granitz, Stubbenkammer, Saßnitz). Eine Fahrt aufs Festland ist nicht vorgesehen.

Am 25. 6. 89 erfolgt um 11.00 Uhr die Ausstellungseröffnung in Putbus. Am Nachmittag wird das touristische Programm fortgesetzt oder – und das richtet sich nach den Wünschen von »Bolzen« – es erfolgt bereits die Überfahrt nach Hiddensee. Für die Überfahrt soll ein Boot der Gemeinde genutzt werden.

Am 26. 6. 89 findet die Lesung in der Gerh.-Hauptmann-Gedenkstätte wie geplant statt. Gastgeber ist ###, die »Bolzen« im Anschluß an die Veranstaltung in ihre Wohnung einlädt. Wie die ### gegenüber der Quelle zum Ausdruck brachte, habe sich der Veranstaltungstermin auf der Insel und darüber hinaus herumgesprochen und nach ihrer Einschätzung dazu geführt, daß sich eine ganze Anzahl von »Nischenleuten« auf der Insel eingefunden hätten, die möglicherweise große Erwartungshaltungen haben.

Hinsichtlich der geplanten Begegnungen von Frau Grass mit ehem. Schulfreundinnen hat die Quelle keine neuen Erkenntnisse erarbeiten können.

Zum gegenwärtigen Erkenntnisstand verbleibt »Bolzen« mit ### am 27. 6. 89 auf Hiddensee. Sollte »Bolzen« den Wunsch äußern, den restaurierten Dom in Greifswald besuchen zu wollen, würde die Quelle für den Vormittag des 28. 6. 89 eine Überfahrt von Rügen direkt nach Greifswald zu organisieren versuchen. Eine Fahrt mit dem Auto durch die »vergammelte« Altstadt von Stralsund möchte die Quelle vermeiden.

Für die Veranstaltung am Abend des 28. 6. 89 sind 50 Karten in den freien Verkauf gegangen. Die Anzahl 50 wurde mit dem Rat des Kreises vereinbart. Der restliche – wesentlich größere – Teil der Eintrittskarten wurde über den Rat des Kreises und den Kulturbund an ausgewählte Personenkreise verteilt. Im Anschluß an die Lesung signiert »Bolzen« ca. 30 Minuten von Gästen mitgebrachte Bücher.

Die Abreise von »Bolzen« ist für den Vormittag des 29.6.89 vorgesehen. Wie »Bolzen« gegenüber der Quelle zum Ausdruck brachte, wolle er am 29.6.89 nach Dresden weiterfahren, um einer Einladung der Malerin ###, wh. 8030 Dresden, ###, nachzukommen. Angeblich habe er bisher jedoch noch kein Visum für den Aufenthalt in Dresden und wolle versuchen, beim VPKA Rügen eine Verlängerung oder Erweiterung des Rügen-Visums für Dresden zu erhalten.
Wie der Quelle bekannt wurde, beabsichtigt der Direktor der Reclam Verlages Leipzig, Gen. Prof. R. Opitz, am 26.6.89 zur Veranstaltung von »Bolzen« nach Hiddensee zu kommen.

Maßnahmen:
Information an OLZ der Abt. VIII und Abt. XX der BV Rostock
erl. 23.6.89

Gütling

(BStU, MfS, ZAIG 3786, Bl. 263–265)

Günter Grass: Bei Marquardt lagen die Dinge wohl anders als bei einigen Autoren, die in ihrer Frühphase aus Überzeugung eine Zeit lang mit dem Staatssicherheitsdienst gearbeitet haben. Manche haben erst aus idealistischem Glauben, »wir müssen unseren Staat schützen«, mitgemacht und haben – womöglich sogar angestoßen durch die Tätigkeit, die sie freiwillig eingegangen sind – auf einmal gemerkt, was sie da unterstützen. Sie sind dadurch dann in eine oppositionelle Position gekommen. Sicher sind das Einzelfälle, aber die hat es gegeben. Das ist ja das Problem, dass die inneren Wandlungen der Beteiligten oft nicht zur Kenntnis genommen werden. Aber Marquardt hat offenbar bis 1989 für die Stasi gearbeitet, sogar noch als Rentner.
(Interview vom 15.11.2009)

Dokument 9

Hauptabteilung XX/7 Berlin, 23.6.1989

V e r m e r k für OpD der HA XX

Der BRD-Schriftsteller Günter G r a s s hält sich in der Zeit vom 23.6. bis 29.6.1989 im Bezirk Rostock/Rügen auf. Mit der BV Rostock, Abt. XX, der Abt. VIII sowie der KD Rügen wurden Maßnahmen zur operativen Kontrolle des Grass vereinbart.
Die Maßnahmen zur operativen Kontrolle des Grass laufen unter dem Decknamen »Bolzen«. Bei der HA VI befindet sich der Grass unter Nr. UCF 6969 in Fahndung. Mitteilungen der genannten Diensteinheiten zu »Bolzen« sind der Lagegruppe zu übermitteln und in den Lagefilm aufzunehmen.

Leiter der Abteilung
i. V. Oberstleutnant Gampig

(BStU, MfS, ZAIG 3786, Bl. 270)

Dokument 10

HA XX/7 24/6/89
Funkmeldung vom 24.6.89
entgegengenommen um 11.35 Uhr durch
Gen. Friedrich/Oltn.

O/Z/BV Rostock/VIII teilte mit: »Bolzen«
- Personen sind seit 10.30 unterwegs, waren in Bergen bei VP, danach in Richtung Saßnitz unterwegs
- Pkw ist mit 2 männl. und 2 weibl. Personen besetzt.

(BStU, MfS, ZAIG 3786, Bl. 271)

Dokument 11

MINISTERRAT DER DEUTSCHEN DEMOKRATISCHEN REPUBLIK
Ministerium für Staatssicherheit
Abteilung/Referat: VIII/6
Bezirksverwaltung: Rostock
Sachbearbeiter: Singer, Hptm.
Telefon: 25 69 Rostock, den 29. 6. 89

Hauptabteilung XX / 7
Gen. Gütling

Beobachtungsbericht VIII/6/2175/89

Betr. G r a s s, Günter, geb. am 16. 10. 1927 in Danzig
Wohnhaft 2419 Behlendorf, Am Kanal 01
Decknamen »Bolzen«, Reg.-Nr. des Auftragsersuchens 116/89
Für die Zeit vom 23. 06., 14.00 Uhr bis 29. 06. 1989, 12.20 Uhr

Die Beobachtung von G., Günter wurde am 23. 06. 1989, 14.00 Uhr in Wismar auf der P 105 begonnen. Durch eine Information der Abteilung VI war bekannt, daß G., Günter am 23. 06. 1989, 13.38 Uhr in Begleitung seiner Ehefrau, Name: Grass, Vorname: Ute, geb. am: ### in: ###, mit dem Pkw Typ: Saab 900, Farbe: dunkelblau, amt. Kennz.: ###, über die GÜST Selmsdorf in die DDR eingereist war.
14.27 Uhr passierten beide Personen mit dem Pkw den Kreuzungsbereich Karl-Marx-Straße / Wilhelm-Pieck-Allee in Richtung Kreisverkehr. Die Beobachtung wurde unterbrochen und 15.00 Uhr in Rostock-Schutow an der F 105 weitergeführt.
Einschätzung: Im Beobachtungszeitraum zeigte G., Günter ein selbstsicheres und selbstbewußtes Auftreten, ohne überheblich zu wirken. Unter den Besuchern seiner Galerie bzw. Lesungen genießt G., Günter scheinbar große Popularität. Es entstand der Eindruck, als wollten einige Gäste »nur« den Künstler, nicht seine Kunstwerke sehen bzw. hören.
Es war offensichtlich, daß die Familien Grass und Marquardt eine herzliche Freundschaft verbindet. G., Günter trat überwiegend gemeinsam mit Dr. M., Hans in Erscheinung, wobei es so schien, als gingen alle Unternehmungen von Dr. M., Hans aus. ###. (...)
Das Zusammentreffen mit ### war von Dr. M., Hans organisiert worden. ###. Man könnte davon ausgehen, daß der anschließende Gottesdienst in

Altenkirchen von den vier Personen sowie von ### und der männlichen Person nicht besucht worden ist und daß sie sich während dieser Zeit im Pfarramt (MTS-Straße 01) aufgehalten haben. Ansonsten hätte der Gottesdienst von ihnen vorzeitig verlassen werden müssen.
Eine mögliche Kontrollhandlung könnte das Aufsuchen des Grundstücks Gerdingstraße 24 gewesen sein. Der Widerspruch dieses Verhaltens stellt sich so dar: Die Personen hatten sich gegen 13.45 Uhr bereits im Bereich Kapaunenstraße aufgehalten, fuhren danach aber in die Gerdingstraße, um offensichtlich nach ihr zu fragen. – Da aber nicht das gesamte Gespräch gehört wurde, kann diese Aussage nicht ausdrücklich untermauert werden.
Es wird vermutet, daß sich G., Günter und G., Ute nach dem Verlieren am 29. 06. 1989, 09.45 Uhr, in der Ortschaft Garz bzw. südlich, in Richtung Zudar, aufgehalten haben.

Anhang zum B.-Bericht, Reg.-Nr. 116/89
23. 06. 1989: 14.40 Uhr wurden G., Günter und G., Ute in Wismar in der Lübschen Straße gesehen, als sie in Richtung Marienkirchplatz gingen.

Leiter der Abteilung VIII
Hauptmann Gerber

Leiter des Referates
Hauptmann Singer

(BStU, MfS, BV Rostock, Abt. VIII Nr. 1, Bd. 36, Bl. 9, 26 f.)

Dokument 12

BV Rostock
PKE Selmsdorf/Herrnburg

Selmsdorf, 26.6.1989

HA XX/7
Tischendorf

Fahndungsbericht zum Fahndungsobjekt UCF 6969 (Grass, Günter)

Das o.g. Fahndungsobjekt erschien am 23.6.1989 um 13.35 Uhr an der Güst zur Einreise.
Feststellungen zum Fahndungsobjekt: Die Einreise erfolgte mit Pkw, pol. Kennz. ###, dunkelblau. Halter des Pkw ist das Fahndungsobjekt. Mitreisende war die BRD-Bürgerin ###.
Als Reiseziel in der DDR wurde der Bürger Dr. Marquardt, Hans, 2331 Neuendorf, ###, angegeben. Außerdem wurde auf der Zählkarte eingetragen, daß der Bürger eine Vorlesung auf Hiddensee und in Putbus/Rügen [sic] durchführen will. Die Bürger wollen sich bis zum 30.6.1989 in der DDR aufhalten. Während der gesamten Grenzpassage traten die Bürger höflich und korrekt auf. Durch das GZA wurde nur eine kurze Befragung durchgeführt. Die Abfahrt von der Güst erfolgte um 13.38 Uhr. Es wurde noch der Parkplatz vor dem Intershop aufgesucht.

Leiter der PKE
Major Kröppelin

Fahnder
Oltn. Preuß

Erkenntnisse zum Aufenthalt von Günter GRASS im Bezirk Rostock

23.6.89. Einreise über GÜST Selmsdorf, Weiterfahrt nach Rügen/Neuendorf.
24.6.89. Fahrt nach Bergen/Anmeldung bei VPKA und Erweiterung des Visums ### nach Dresden. Danach touristisches Programm nach Saßnitz, Stubbenkammer, Arkona, Altenkirchen …
25.6.89. 11.00 Uhr Ausstellungseröffnung in der Orangerie in Putbus. 46 grafische Blätter von G. G. zur »Die Blechtrommel«, »Der Butt«, »Die Rättin« sowie zum Indienaufenthalt. Die Ausstellungseröffnung war stark besucht. Sie wurde von Dr. H. M. im Auftrage des Kulturbundes eröffnet (»Basisdemokratie« habe sie ermöglicht). Nach Einschätzung der KP keine operativen Vorkommnisse. Am Nachmittag ist G. mit ### nach Greifswald

gefahren (Besichtigung Dom) und zurück nach Schaprode. Von hier Überfahrt nach Hiddensee, wo er sich bis 28.6.89 aufgehalten hat, Unterkunft hatte er in einem kleinen Bungalow auf dem Gelände der G.-Hauptmann-Gedenkstätte; verantw. Frau ###.
26.6.89. 20.00 Uhr und 22.00 Uhr je eine einstündige Lesung aus »Die Blechtrommel« vor ca. 80 Gästen in der G.-Hauptmann-Gedenkstätte. Eingeleitet wurde 20.00 Uhr von. Prof. R. OPITZ, Direktor des Reclam-Verlages Leipzig. Nach Einschätzung der Quelle zu lang und mit übertriebenen Spitzfindigkeiten garniert, die Reaktionen von G. regelrecht provozierten. OPITZ sprach u. a. von der »schelmischen Diplomatie« von H. Ma., mit der er erreicht habe, G. auf die Insel zu holen, oder G. als bedeutenden Autor der BRD, den wir in der DDR brauchen und auf den wir nicht verzichten können. GRASS reagierte sofort mit der Bemerkung, daß er glaubt, für die DDR weder bedeutend, noch gefragt zu sein, sonst hätte man sich nicht so schwer mit Veröffentlichungen seiner Werke getan. Wenn OPITZ anderer Meinung sei, dann solle er doch für Nachauflagen oder neue Erstveröffentlichungen sorgen.
Im Anschluß an die Lesung wurden zwei Fragen zu literarischen Problemen, und eine zur Umweltproblematik gestellt. In seiner Antwort zur Umweltproblematik äußerte GRASS, daß die Landschaft auf Hiddensee natürlich nicht mehr so aussehe, wie bei seinem letzten Besuch vor mehr als 10 Jahren. Aber dies sei kein spezifisches Hiddensee- oder DDR-Problem, sondern dies treffe er in allen Ländern an, die er bereist. G. ging auf seinen Indienbesuch 1987/88 ein und bemerkte, daß die Bevölkerung nirgends so stark unter der Umweltzerstörung leide, wie in den Entwicklungsländern, speziell auch in Indien. Sein Eindruck sei, daß z. B. in Kalkutta nicht die Menschen das Straßenbild beherrschen, sondern die Ratten. Die Schuld für diese Entwicklung liege eindeutig bei den hochentwickelten Industrieländern, wobei er auch die sozialistischen Länder nicht davon freisprechen könne, nur unzureichende Hilfe und Unterstützung geleistet zu haben. GRASS betonte die gemeinsame Verantwortung aller Staaten bei der Eindämmung der Umweltzerstörung und schlußfolgerte daraus, daß dies ein breites und lohnenswertes Feld für den Ausbau der deutsch-deutschen Beziehung, das Miteinander im Interesse der Menschen sei. Wenn wir nicht bald etwas Gründliches tun, betonte G., werden wir bald »Kalkutta« vor der eigenen Haustür haben. Die Fragen zu literarischen Problemen wurden von G. sachlich beantwortet. (...)
Am 26. und 27.6.89 tagsüber hat G. Strandgut und alte bzw. vom Wetter zerzauste Bäume gemalt. Für den Abend des 27.6. hatte der Pfarrer ### Grass zu einem Besuch eingeladen. ###.

28.6.89. 13.00 Uhr Rückfahrt nach Rügen. 19.00 Uhr signieren, ab 19.30 Uhr Lesung im Stadttheater Putbus (siehe gesonderte Information).
29.6.89. 10.00 Uhr Abfahrt von Rügen über die F 96 über Berlin nach Dresden. In Dresden hat er den Besuch der Oper und einiger Museen vorgesehen. Darüber hinaus will sich GRASS mit dem Maler ### (und ###) auf dessen Grundstück in der Nähe von Dresden treffen.
Die Abfahrt von Dresden hat GRASS für den 3.7.89 geplant, da er am 4.7.89 bereits wieder andere Verpflichtungen in Behlendorf hat.
Quelle: IMB »Hans«

Mj. Gütling

(BStU, MfS, BV Rostock, Abt. VIII Nr. 1, Bd. 36, Bl. 272–275)

Günter Grass: Ich erinnere mich, dass bei der Veranstaltung im Hauptmann-Haus auf Hiddensee Marquardts Nachfolger beim Reclam Verlag, ein Herr Opitz, versucht hat, eine anschließende Diskussion nach meiner Lesung zu verhindern, was ich nicht zugelassen habe. Ich habe darauf bestanden, dass die Leute Fragen stellen können. Und im Verlauf der Diskussion gab es eine regelrechte Auseinandersetzung zwischen Marquardt und Opitz.
(Interview vom 16.4.2009)

Auch während seines Aufenthalts auf Hiddensee arbeitete Grass an seinem Lithographiezyklus »Totes Holz«:
Vom Sommer achtundachtzig bis in den Winter neunundachtzig hinein zeichnete ich, unterbrochen nur von den Tatsachenbehauptungen des Zeitgeschehens, totes Holz. (…) Anschaulich lagen Buchen, Kiefern, denen das Strammstehen vergangen war, Birken, um ihr Ansehen gebracht, vordatiert die Hinfälligkeit der Eichen. … Wer traut schon Fotos! Also zeichnete ich vor Ort: in einem dänischen Mischwald, im Oberharz, im Erzgebirge, gleich hinterm Haus, wo Wald nicht ansteht und das Nadelholz aufgegeben hat.

Alles so offensichtlich. Hast du noch Worte? Wo Deutschland an Deutschland grenzt, zeichnet sich die Wiedervereinigung als Kahlschlag ab.
(Aus: Günter Grass: Totes Holz. Ohne Paginierung)

Dokument 13

Hauptabteilung XX/7

Berlin, den 3.7.1989
gefertigt: 5 Exemplare
4. Exemplar

Information
Zur Veranstaltung mit dem BRD-Schriftsteller Günter Grass
am 28.6.1989 in Putbus

Am 28.6.1989 fand in der Zeit von 19.40 bis 21.20 Uhr im Theater in Putbus/Rügen vor ca. 350 Gästen die vom Kulturbund der DDR-Kreisleitung Rügen, der Pirckheimer Gesellschaft im Kulturbund und dem Reclam Verlag Leipzig organisierte Veranstaltung mit dem BRD-Autor Günter Grass statt.
Im Auftrag der Veranstalter begrüßte Dr. MARQUARDT Gast und Gäste. Er bezeichnete Grass als den bedeutendsten deutschen Erzähler und hob heraus, daß es heute zur Praxis gehört, daß sich Schriftsteller aus der DDR und der BRD im anderen deutschen Staat mit Lesungen und bei anderen Veranstaltungen zu Wort melden.
Im Anschluß daran las Grass das erste Kapitel aus seiner Erzählung »Das Treffen in Telgte« sowie das Kapitel »Die zweifache Wahrheit« aus seinem Roman »Der Butt«. Beide handeln von organisierten, in der Geschichte angesiedelten Treffen von Schriftstellern, die sich Gedanken um Frieden, das Wohl des einfachen Menschen und die Erhaltung der Nation machen. Fazit der zweiten Erzählung ist, daß man die reine Wahrheit nicht finden oder bestimmen kann, indem man andere Auffassungen verbietet oder vernichtet.
Nach Ende seiner Lesung (ca. 20.45 Uhr) erklärte Grass seine Bereitschaft, auf bestehende Fragen zu antworten. Von dieser Gelegenheit machten 11 Gäste Gebrauch. Obwohl die Fragen fast ausschließlich literatur- bzw. schaffensbezogen waren, nutzte Grass jede Möglichkeit, um gesellschaftliche Praktiken in der DDR anzuzweifeln oder lächerlich zu machen. Mehrfach wiederholt wurden von ihm die Hinweise über die unverständliche Zurückhaltung der DDR-Verlage bei der Publizierung seiner literarischen Arbeiten. Früher habe A. KURELLA Veröffentlichungen von Grass in der DDR verhindert, später Prof. Hager. Nach den drei bisher erschienenen Titeln herrsche zur Zeit wieder eine längere Denkpause. Er hoffe, daß die Romane »Hundejahre«, »Die Rättin« und »Der Butt« bald in der DDR erscheinen. Die Information, daß der Reclam Verlag Leipzig die Herausgabe seiner politischen Schriften (Reden) plant, halte er für ein Gerücht. Auch

seine derzeitige Arbeit zu einem Kupferstich von Albrecht Dürer, in der er sich über Realität und Utopie, Wirklichkeit und Wahrhaftigkeit auslasse, hätte er gern in einem DDR-Verlag veröffentlicht. Überhaupt wünsche er sich, daß, im Gegensatz zu Umkehrerscheinungen, ein Buch von ihm mal zuerst in der DDR und erst später in der BRD erscheint. Im Zusammenhang mit Fragen nach seiner Recherchearbeit und dem Wahrheitsgehalt seiner Bücher äußerte Grass, daß es mit Recherchen zur Geschichte äußerst kompliziert sei, da sie in der Regel nur von den Herrschenden und den Siegern geschrieben wurde. In unserem Jahrhundert sei es noch komplizierter, da die Geschichte laufend umgeschrieben werde. Es sei auch schwer, hinsichtlich der Wahrheit objektiv zu sein, da die Politiker in Ost und West nur eine Wahrheit gelten lassen und glauben machen wollen, daß sie die einzig richtige sei.
Zur Arbeit der Lehrer mit Literatur vertrat Grass die Auffassung, daß sie die Literatur als solche auf die Kinder und Jugendlichen wirken lassen und aufhören sollten, sie zu werten bzw. kommentiert an die Kinder weiterzugeben.
Auf die Frage nach seiner Wertung zu den Wahlerfolgen der Rechtsradikalen in der BRD und Berlin (West) erklärte Grass, daß diese Entwicklung beachtenswert, aber nicht beunruhigend sei. Obwohl Grass Ansätze zum Aufzeigen möglicher Ursachen für diese Entwicklung versuchte, konnte er es nicht unterlassen, seine Hoffnung darüber auszusprechen, daß in der DDR es nicht eine so große Ausländerfeindlichkeit gäbe, wie in der BRD oder Berlin (West). Ebenso konnte er sich nicht verkneifen, in diesem Zusammenhang auf die vielen Übersiedler oder von den Regierungen weggetriebenen Flüchtlinge aus den sozialistischen Staaten zu verweisen. Grass sprach den Regierenden in der BRD zwar ein großes Maß an Schuld an der Übersiedlungsproblematik zu (»Heim ins Reich-Politik« und Alleinvertretungsanspruch), richtete aber auch indirekt an die Regierungen der sozialistischen Staaten die Aufforderung, die Übersiedlungen drastisch einzuschränken, da sie zur Verschärfung der sozialen Konflikte und der Armut in der BRD beitragen.
Insgesamt muß man einschätzen, daß Grass in der Beantwortung der Fragen seine sozialdemokratischen Positionen vertreten hat, ohne dabei in der aus früheren Veranstaltungen bekannten Art, offene Angriffe gegen die DDR oder deren gesellschaftliche Realität vorzutragen.
Durch Dr. Marquardt wurde mehrfach mit parteilichen Positionen klärend in die Diskussion eingegriffen. Nach Einschätzung mehrerer Quellen beendete er das Frage-Antwort-Spiel zu einem günstigen und für die Anwesenden verständlichen Zeitpunkt. Wie Dr. Marquardt gegenüber einer Quelle

zum Ausdruck brachte, hatte er in Vorbereitung auf diese Veranstaltung einer Reihe von Genossen aus Bergen und Putbus konkrete Hinweise zu solchen Fragestellungen gegeben, die Grass gezwungen hätten, zu Problemen seines Staates und seiner kapitalistischen Gesellschaft Stellung zu nehmen. Er sei enttäuscht darüber, daß nur ein Genosse (Frage zu den Rechtsradikalen) diese Möglichkeit genutzt hat.
Nach Einschätzung der Quelle verlief die Veranstaltung trotz der Äußerungen von Grass ohne operativ-relevante Vorkommnisse bzw. Auswirkungen auf die Zuhörer. Von den meisten Teilnehmern wurde sie in erster Linie als eine gelungene literarische Veranstaltung gewertet. Die gleiche Wertung traf die Quelle zu den Veranstaltungen mit Grass am 26.6.1989 auf Hiddensee. Diese Einschätzung der Quelle ist deckungsgleich mit den Erkenntnissen und der Wertung der KD Rügen zu den Veranstaltungen.
Quelle: IMB »Hans«

(BStU, MfS, HA XX Nr. 12412, Bl. 115–117)

Günter Grass: Ich habe mich nie dafür ausgesprochen, dass man offiziell die Ausreisen einschränken soll. Die Behauptung in dem Stasi-Bericht bezieht sich vielleicht darauf, dass ich in der Diskussion, wenn ich aus dem Publikum gefragt wurde »Soll man ausreisen oder nicht«, geäußert habe, dass ich das nicht beurteilen könne, aber eins weiß: Wenn alle ausreisen, gibt's hier keine Opposition mehr. Vielleicht haben die das daraus abgeleitet.
(Interview vom 15.11.2009)

Dokument 14

HA XX/7 29.6.1989, 07.40 Uhr

Gen. Gütling aus Rostock meldet, daß der Aufenthalt des Schriftstellers Günter Grass im Bezirk Rostock bis zum 29.6.1989/07.00 Uhr ohne Störungen und ohne öffentlichkeitswirksame feindliche Aktivitäten beendet wurde. Grass reist am 29.6.1989 gegen 10.00 Uhr nach Dresden weiter, wo er bis zum 4.7.1989 bleiben will. Kontrollmaßnahmen sind eingeleitet.

OSL Gambig

(BStU, MfS, ZAIG 3786, Bl. 268)

Günter Grass: Nach den Lesungen auf Rügen und Hiddensee bin ich dann noch auf Einladung eines Malers aus Dresden zum Zeichnen ins Erzgebirge gefahren. Er hatte dort eine Hütte, die er uns zur Verfügung stellte. Da waren wir nach meinem Eindruck unbeobachtet. Aber die Leute aus dem Dorf erzählten uns, dass es zuvor eine Bürgeraktion gegeben hatte, bei der alle geschädigten Bäume gekennzeichnet worden waren. Die Stasi wäre dann gekommen und hat das alles wieder abgerissen. Aber das muss nicht unbedingt mit uns zu tun gehabt haben. Wir sind eine gute Woche dort gewesen und ich habe totes Holz gezeichnet.
(Interview vom 15.11.2009)

Dokument 15

Abt. VIII/6 Ou, den 03.07.89

Informationsbedarf

Operative Beobachtung 3/116/89

Deckname: »Bolzen«

Klarname: Grass, Günter

geb. am: 16.10.1927 in Danzig

wohnhaft 2419 Behlendorf, Am Kanal 1 (BRD)

Aufstellung über operative Verbindungen:

1. Grass, Ute (miteingereist), geb. am ###, in: ###.
2. Dr. Marquardt, Hans, geb: 1920, wohnhaft: Neuendorf bei ###, ### (Nebenwohnung), Hauptwohnung in Leipzig, Tätigkeit: Rentner – ehem. Verlagsdirektor von Reclam.

3.–10. ###

Anlaufsstellen:

1. Rügen, Neuendorf bei ###, ###
2. Rügen, Putbus, Orangerie u. Theater
3. Rügen, Bergen, VPKA
4. Rügen, Vitt bei Putgarten, Gastst. »Zum goldenen Anker«
5. Rügen, Altenkirchen, MTS-Straße 1 – Kirche/Pfarramt
6. Greifswald, Domstr. 54, Ev. Pfarramt – Dom St. Nicolai
7. Greifswald, Theodor-Pyl-Str., Museum
8. Greifswald, ###
9. Greifswald, Dom-St. Nicolai
10. Rügen, Insel Hiddensee – G.-Hauptmann-Gedenkstätte

Pkw:

1. Typ: Saab 900, Farbe: dunkelblau, amtl. Kennz: ###, Halter: Graß, Günther [sic]
2. Typ: VW Golf, Farbe: dunkelblau, pol. Kennz: UA-###, Halter: Marquardt, Hans
3. Typ: Wartburg 353 Tourist, Farbe: weiß, pol. Kennz: ###, Halter: ###, (Fahrer nicht identisch mit Halter)
4. Typ: Lada 2104, Farbe: beige-braun, pol. Kennz.: ###, Halter: ###
5. Typ: Peugeot, Farbe: weiß, pol. Kennz: ###, Halter: ###
6. Typ: VW Golf, Farbe: weiß, pol. Kennz.: ###, Halter: ###

Genutzte/geschaffene zeitweilige Stützpunkte:

1. Lauterbach, Getreidewirtschaft, Ulli Rossow
   - Gen. Röhn, v. d. Knesebeck
   - MfS bei Rossow
2. Putbus, E.-Weinert-OS

Direktor Gen. Kankel
   - Genn. u. Gen. Mittelstädt, Schmidt
   - K bei Direktor und Hausmeister
3. Putbus, S.-Allende-OS
   Direktor Genn. Zichert
   Nicht genutzt:
   - K bei Direktorin u. Hausmeister
   - bei Lehrern, Schulbuchkommission

Hinweise für nochmalige Beobachtung:
- Objekt pflegt Kontakte zu Künstlern und Künstlerkreisen
- Verbindung Dr. Marquardt, Hans fungierte offensichtlich als Initiator bzw. als Verbindungsmann zu diesen Kreisen
- Objekt tritt sehr selbstsicher und selbstbewußt auf – ist überwiegend mit Dr. Marquardt und Ehefrau Grass, Ute zusammen
- in Fahrzeugen saß Grass, Günter ständig auf Beifahrersitz
- Kontrollhandlungen wurden nicht festgestellt, können aber nicht ausgeschlossen werden

An der Beobachtung teilgenommen:

23. 06. 89	Genn. u. Gen. Mittelstädt	Lada beige	AHV 8 - 14
14.00–20.30 Uhr	Gen. Röhn / v. d. Knesebeck	Wbg. weiß	AIG 4 - 75
	Gen. Schmidt	Lada blau	AHE 0 - 19
24. 06. 89	Genn. u. Gen. Mittelstädt	Lada beige	AHV 8 - 14
07–21.30 Uhr	Gen. Röhn / v. d. Knesebeck	Wbg. weiß	AIG 4 - 75
	Gen. Schmidt	Lada blau	AHE 0 - 19
25. 06. 89	Genn. u. Gen. Mittelstädt	Lada beige	AHV 8 - 14
08.00–18.10 Uhr	Gen. Röhn / v. d. Knesebeck	Wbg. weiß	AIG 4 - 75
	Gen. Schmidt	Lada blau	AHE 0 - 19

14.30–18.10 Uhr	Gen. Singer	Wbg. gelb	AHA 5 - 35
26.06.89	Gen. Bohnsack, Heinrich	Lada 2105 weiß	AHT 8 - 31
08.00–19.45 Uhr	Gen. Hiller, Hahn	Wbg. weiß	APN 5 - 35
	Gen. Holst	Lada grün	IB 50 - 09
27.06.89	Gen. Bohnsack, Heinrich	Lada 2105 weiß	AHT 8 - 31
08.00–18.20 Uhr	Gen. Hiller, Hahn	Wbg. weiß	APN 5 - 35
	Gen. Holst	Lada grün	IB 50 - 09
28.06.89	Gen. Bohnsack, Heinrich	Lada 2105 weiß	AHT 8 - 31
07.45–19.15 Uhr	Gen. Hiller, Hahn	Wbg. weiß	APN 5 - 35
	Gen. Holst	Lada grün	IB 50 - 09
29.06.89	Gen. Bohnsack, Heinrich	Lada 2105 weiß	AHT 8 - 31
07.30–12.30 Uhr	Gen. Hiller, Hahn	Wbg. weiß	APN 5 - 35
	Gen. Holst	Lada grün	AD 31 - 19

(...)

Ultn. Mittelstädt

(BStU, MfS, BV Rostock, Abt. VIII Nr. 1, Bd. 36, Bl. 41–44)

Dokument 16

HA XX 04.07.1989

Information

zu derzeitigen politischen Haltungen des BRD-Schriftstellers

Günter Grass

Der BRD-Schriftsteller Günter Grass hielt sich in der Zeit vom 23. bis 29.06. 1989 im Bezirk Rostock auf. Wie Grass bei dieser Gelegenheit in einem persönlichen Gespräch gegenüber einer zuverlässigen Quelle zum Ausdruck brachte, unterhalte er nach wie vor enge persönliche Beziehungen zu den Führungsspitzen »seiner Partei« (SPD). Er gehöre zum Beratergremium des SPD-Vorstandes und zähle Willy Brandt, H.-J. Vogel, Oskar Lafontaine, Björn Engholm, Johannes Rau sowie die SPD-Vorsitzenden von Niedersachsen und Bremen zu seinen engsten Freunden. Wie Grass bemerkte, sei er bei der Berichterstattung von Vogel und Engholm über die Ergebnisse ihrer Gespräche mit dem Vorsitzenden des Staatsrates der DDR, Gen. Honecker, vor dem SPD-Parteivorstand zugegen gewesen. Nach seiner Einschätzung seien die Berichte sehr sachlich gewesen und hätten gemeinsame Erfolge, gemeinsam Machbares, aber auch Trennendes in den Mittelpunkt gerückt. Nach Auffassung von Grass seien die gemeinsamen Aktivitäten und Bemühungen von SED und SPD auf politischem und ökonomischem Gebiet schon sehr vielversprechend vorangeschritten. Unbefriedigend für ihn seien Aktivitäten im Sinne des »Ideologie-Papiers« und des kulturellen Austausches zwischen SED und SPD bzw. DDR und BRD.

Für die 1990 stattfindenden Landtagswahlen sei Grass in Schleswig-Holstein, aber möglicherweise auch in einigen anderen BRD-Ländern, als »Wahlredner« der SPD fest eingeplant. Er wolle 100 Veranstaltungen bestreiten und dabei alles in seiner Macht stehende tun, um der SPD wieder zu mehr Ansehen und zu Wahlsiegen zu verhelfen. Nach den letzten Wahlergebnissen in der BRD gehen der Vorstand und die Landesvorsitzenden in einer Analyse davon aus, daß es derzeit zwischen SPD und CDU/CSU in den meisten Ländern ein »patt« gibt. Um neue Wähler zu gewinnen oder wiederzugewinnen, sei nicht nur viel propagandistische Arbeit, sondern auch ein konkretes Programm nötig. Große Hoffnung setze die SPD-Führung auf Vereinbarungen zur dritten Null-Lösung, zu der – laut Grass – derzeit intensive Gespräche mit den USA im Gange seien. Innenpolitisch habe die SPD das Ziel, mit der Schaffung neuer Arbeitsplätze die unzumutbar hohe Arbeitslosigkeit und durch den Ausbau des sozialen Wohnungsbaus die Wohnungsnot in der BRD zu beseitigen. Die Lösung dieser, die breite Öffentlichkeit in der BRD beunruhigenden Probleme würde, nach Einschätzung von Grass und »seiner Freunde«, nicht nur der SPD Stimmenzuwachs bringen, sondern auch den Zulauf zu den Republikanern stoppen bzw. rückgängig machen. Die SPD verspreche sich mit einem solchen Programm vor allem den Teil der Erstwähler zu gewinnen, die jetzt aus Protest gegen die soziale Misere in der BRD bzw. Westberlin den Republikanern in die Arme gelaufen sind. Das Programm und die damit angestrebten Erfolge bei den Landtagswahlen seien – nach Grass – Grundlage für einen Sieg bei den nächsten Bundestagswahlen. Personell gebe es hinsichtlich eines möglichen SPD-Kanzlers noch keine eindeutigen Entscheidungen. Johannes Rau müßte die SPD-Bastion Nordrhein-Westfalen unbedingt halten und sichern. Da Rau diesem Land seinen Stempel aufgedrückt hat und alle auf ihn eingeschworen seien, wäre es unverzeihlich, Rau von diesem Platz zu nehmen und damit möglicherweise die Mehrheit in Nordrhein-Westfalen zu verlieren.

Engholm und einige andere Landesvorsitzende besäßen nicht das Profil für ein zentrales Amt. Der derzeit einzige Kandidat für das Kanzleramt sei Lafontaine, dem man jedoch aufgrund bestimmter Charaktereigenschaften nicht in Personalunion den Vorsitz der Partei überantworten könne. Die augenblicklich denkbare Variante wäre H.-J. Vogel als Parteivorsitzender und Lafontaine als Kanzler.

In Vorbereitung auf seine jetzige DDR-Reise habe Grass nach eigenen Angaben längere Gespräche mit H.-J. Vogel und Björn Engholm gehabt, in denen ihn beide über die für ihn wichtigen Detailfragen aus ihren jüngsten Gesprächen mit Gen. Honecker informiert hätten. Vogel habe Grass z. B. erzählt, daß er bei seinem DDR-Aufenthalt von Antragstellern auf Übersiedlung in der Hoffnung angesprochen wurde, von ihm Hilfe und Unterstützung für eine baldige Übersiedlung nach der BRD zu bekommen. Vogel habe diesen Leuten eindeutig erklärt, daß ihr Anliegen nicht in seine Kompetenz fällt und er ihnen nicht helfen könne. Wenn sie Probleme mit ihrem Staat und ihren Behörden hätten, sollten sie diese dort klären und nicht mit Außenstehenden. Grass fand dieses Argument gut und zweckmäßig und erklärte gegenüber der Quelle, daß er – sollte er bei seinem DDR-Aufenthalt in eine ähnliche Situation wie Vogel kommen – ebenso reagieren wolle.

Engholm habe Grass über seine Vorstellungen zur Aktivierung der kulturellen Beziehungen zwischen Schleswig-Holstein und den Nordbezirken der DDR informiert, die dieser auch Genossen Honecker vorgetragen habe. Ohne auf Details einzugehen, betonte Grass, daß die Vorstellungen von Engholm seine volle Zustimmung finden. Grass bemerkte, daß DDR und

BRD bei der kulturellen Erbepflege und speziell zu Umweltfragen – z. B. der Erhaltung kultureller Werte – enger zusammenarbeiten müßten. Er wisse, daß dies ungeheuere finanzielle Mittel verlange, noch dazu, daß derartige Werterhaltungsarbeiten aufgrund der Umweltverschmutzung immer mehr und immer dringlicher werden. Grass ist der Auffassung, daß es der DDR keineswegs schaden würde, wenn sie für größere Restaurierungs- oder Rekonstruktionsvorhaben finanzkräftige BRD-Leute als »Sponsoren« gewinnt. Er könnte sich z. B. vorstellen, daß es zwischen Esslingen – der reichsten Stadt der BRD – und Putbus zu einer Städtepartnerschaft kommt. Putbus hätte so viele Mittel zur Werterhaltung und Sanierung der Stadt nötig, die die DDR verständlicherweise nicht aufbringen, aber getrost den »millionenschweren Daimler-Benz-Bossen aus Esslingen« aus der Tasche ziehen könnte. Nach Meinung von Grass gebe es unter diesen Daimler-Benz-Bonzen einige, die auch ohne Bitten ansprechende Beträge spendieren würden.
Hinsichtlich der Entwicklung der deutsch-deutschen Beziehungen gab sich Grass sehr optimistisch. Kritisch äußerte sich Grass im Zusammenhang mit dem gestiegenen Reiseverkehr zwischen den beiden deutschen Staaten über die Gier der DDR-Bürger nach Westmark. Nach seiner Meinung sei es zum einen beschämend, wie die Reisenden aus der DDR in der BRD nach den 100,00 DM Schlange stehen, zum anderen werde es für die Gemeinden, Städte und Länder langsam ein Problem, für nichts und wieder nichts Hunderttausende von Mark zu verausgaben. Um beiden Widrigkeiten zu begegnen, könne sich Grass vorstellen, daß die BRD zusätzlich über den geplanten Warenaustausch von der DDR hochwertige Konsumgüter kauft und die DDR mit dem zusätzlich eingenommenen Geld in die Lage versetzt, ihren Bürgern vor Antritt einer BRD-Reise angemessene DM-Beträge zur Verfügung zu stellen.
Nochmals auf den Ausbau der kulturellen Beziehungen zwischen der DDR und der BRD bzw. zwischen Bezirken der DDR und Ländern der BRD eingehend, äußerte Grass, daß die DDR, nach seiner Auffassung, aus übergroßer Ängstlichkeit oder Unsicherheit noch zu viele mögliche Aktivitäten blockiere. Er selbst könne sich z. B. nicht vorstellen, warum es nicht möglich war, ihm eine Veranstaltung im Rahmen der Ausstellung »Doppelbegabungen« während der »Internationalen Buchkunstausstellung« im Mai/Juni 1989 in Leipzig zu ermöglichen. Die Absage vom Vorsteher des Börsenvereins und Direktor des Verlages Volk und Welt, Genossen Gruner, bezeichnete Grass als unzumutbar und ungehörig. Obwohl ein möglicher Veranstaltungstermin für Anfang Juni als für beide Seiten machbar ins Auge gefaßt war, habe Gruner in seinem – von Grass als offene Ab-

sage aufgefaßten – Brief formuliert, daß eine Veranstaltung nur Mitte Mai möglich wäre. Dieser Termin sei von Gruner unterbreitet worden, obwohl diesem exakt bekannt war, daß sich Grass zu diesem Zeitpunkt in den USA aufhält. Grass sieht in dieser Absage einer geplanten Veranstaltung einen Affront des Verlages Volk und Welt gegenüber seiner Person, eine Art Vertrauensbruch, der unter normalen Bedingungen zur Aufkündigung der Zusammenarbeit führe. Er sei deshalb am überlegen, ob er dem Verlag Volk und Welt die Rechte für seine dort erschienenen DDR-Veröffentlichungen (»Die Blechtrommel« und »Katz und Maus«) entzieht und diese einem anderen DDR-Verlag anbietet.

Ein zweites Beispiel für – laut Grass – »engstirniges« Verhalten von DDR-Behörden betreffe die Stadt Rostock. Rostock habe mit der Stadt Bremen eine Städtepartnerschaft. Grass hat während seines Aufenthaltes in Indien zahlreiche Grafiken geschaffen, von denen ein Großteil in der Ende 1988 im Luchterhand Verlag erschienenen Publikation »Zunge zeigen« Aufnahme gefunden hätte. Die Originale dieser Grafiken habe die sozialdemokratische Stadtverwaltung von Bremen käuflich erworben. Im Rahmen der Städtepartnerschaft wurden diese Grafiken vor kurzem durch Bremen der Stadt Rostock für eine Ausstellung in der Stadthalle angeboten. Rostock habe abgelehnt. Ohne sich für konkrete Hintergründe für diese Ablehnung zu interessieren, bezeichnete Grass die Haltung der Verantwortlichen der Stadt Rostock als eine bewußte Nichterfüllung bzw. Ignorierung der Vereinbarungen der Städtepartnerschaft. Die Grafiken enthielten keinerlei DDR-Bezüge oder Aussagen, an denen sich die DDR stoßen könnte. Also sei es – nach Grass' Auffassung wie bei der geplanten Leipziger Veranstaltung – in erster Linie der Name Grass, vor dem man Angst habe und vor dem man sich und die DDR-Bürger »abschotten« wolle. Grass forderte den Rostocker Bildhauer und Mitglied der Akademie der Künste der DDR, Jo Jastram, bei einer Begegnung am 26. 06. 1989 in Putbus auf, seinen Einfluß in Rostock und bei der zentralen Leitung des VbK der DDR zu nutzen, um der ängstlichen Zurückhaltung der Verantwortlichen in Rostock ein Ende zu machen und die Durchführung der Grafik-Ausstellung durchzusetzen. Für die SPD-Stadtverwaltung von Bremen sei es nach den Darlegungen von Grass wichtig, daß die im Rahmen der Städtepartnerschaft geplanten oder möglichen Aktivitäten erfolgreich realisiert werden, da diese von Mitgliedern und SPD-Wählern als Erfolge oder Mißerfolge genau registriert würden.

Grass ging in diesem Zusammenhang zum wiederholten Male auf seine Veranstaltungen mit dem Dresdener Schlagzeuger »Baby« Sommer in der BRD ein und betonte erneut, daß er kein Verständnis dafür habe, wieso

eine derartige Veranstaltung nicht auch in der DDR stattfinden könne. Grass gab an, daß sich ein stellvertretender Generaldirektor der Künstleragentur der DDR positiv zu den Veranstaltungen Grass/Sommer ausgesprochen und eine derartige in der DDR für machbar eingeschätzt habe. Nachdem der Sommer daraufhin mit dem »Berliner Ensemble« – zu dem er seit längerem Verbindung unterhält – Kontakt aufgenommen habe und anfänglich auch auf Zustimmung gestoßen sei, wäre die Veranstaltung letztendlich mit sehr fadenscheinigen Begründungen nicht zustande gekommen. Der Intendant des BE, Manfred Wekwerth, gehe Grass seitdem ständig aus dem Wege bzw. vermeide bei Zusammentreffen ein »Vieraugengespräch«.
Alle diese Beispiele – so Grass – würden ihn in seiner Auffassung bestärken, daß sein Name in der DDR nur im Zusammenhang mit ein paar publizierten Büchern geduldet wird, seine persönliche Anwesenheit jedoch weitgehend unerwünscht sei.
Wie Grass gegenüber der Quelle äußerte, unterhalte er nach wie vor enge Kontakte in die VR Polen und verfolge die derzeitige dortige Entwicklung mit großer Aufmerksamkeit, aber auch mit gewisser Sorge. Grass begrüße die Wiederbelebung von »Solidarnosc« als politische Kraft zur Durchsetzung einer breiten Demokratie. Der Kampf um die Legalität und die von Walesa und anderen Führern eingeschlagene Taktik habe jedoch zu einer Spaltung von »Solidarnosc« geführt. Ein Teil der Intellektuellen und einige »politische Hitzköpfe« hätten versucht, »Solidarnosc« zur Übernahme der gesamten Macht in Polen zu drängen. Dafür sei – nach Meinung von Grass – die Lage und Situation in Polen äußerst ungeeignet und deshalb auch der Zeitpunkt für einen Wechsel der Führungskraft verfrüht. Nach Einschätzung von Grass, seien die am »runden Tisch« von den »Solidarnosc«-Vertretern ausgehandelten Kompromisse richtig und zweckmäßig. »Solidarnosc« müsse – und das wahrscheinlich noch über eine längere Zeit – die Rolle der »Opposition« übernehmen und gemeinsam mit der PVAP und anderen politischen Kräften versuchen, die Wirtschaft des Landes wieder in Ordnung zu bringen. Erst, wenn sie sich als Organisation gestärkt und gefestigt hat, ein klares Programm besitzt und bei der Konsolidierung des Landes Erfolge aufweisen kann, könne »Solidarnosc« Führungsansprüche geltend machen. Ungeduld schade dieser Bewegung und dem Lande.

Über die bei seinem jetzigen Aufenthalt auf Rügen und Hiddensee gewonnenen Eindrücke äußerte Grass, daß – nach seinen Feststellungen – die DDR-Bürger offener und freier in ihren Meinungsäußerungen geworden seien. Man scheue sich nicht mehr, Fragen zu stellen oder auch konträre

Meinungen zu äußern. Für sich ganz persönlich als Schriftsteller habe er erneut bestätigt bekommen, daß das DDR-Publikum belesener, sachkundiger und wesentlich interessierter ist, als beispielsweise das Publikum in der BRD, welches arrogant und oft feindselig reagiert. Er bestreite deshalb gern Veranstaltungen in der DDR, werde allerdings aufgrund seiner Verpflichtungen in den Wahlvorbereitungen in der BRD auf absehbare Zeit darauf verzichten müssen.

Quelle: IMB »Hans« Major Gütling

(BStU, MfS, HA XX 12412, Bl. 110–114)

Günter Grass: Hans Marquardt war zur Zeit unseres Besuches auf Rügen im Juni '89 nach meiner Einschätzung ein verunsicherter Mann, was sicher auch mit seinem verlegerischen Ehrgeiz zu tun hatte; er nahm Anstoß an seinem Nachfolger Opitz im Reclam Verlag. Die Idee, daß er für den Staatssicherheitsdienst arbeiten würde, kam mir nicht ansatzweise, zumal er sich bei der Beurteilung der DDR-Verhältnisse durchaus differenziert und teilweise recht kritisch äußerte.

An das Gespräch im Einzelnen kann ich mich kaum erinnern. In der Stasi-Ausführung kommt mir das Alles zu ausführlich und wie vom Informanten, Marquardt, erweitert vor.

Im Sommer '89 war ich sicher, daß sich die Verhältnisse in der DDR intern verändern würden, aber an ein rasches Verschwinden des zweiten deutschen Staates war zu diesem Zeitpunkt nicht zu denken.

(Brief vom 22.12.2009)

Mauerdurchblick.
Lithographie von Günter Grass, 1995.

Anhang

Kurzbiographie Günter Grass

1927: Geburt am 16. Oktober in Danzig als Sohn einer Kaufmannsfamilie.

1933–1944: Besuch der Volksschule und des Gymnasiums in Danzig; Mitglied des Jungvolks und später der Hitlerjugend; Arbeitsdienst.

1945: In den letzten Kriegsmonaten eingezogen zur Waffen-SS; Verwundung, Lazarett, Kriegsgefangenschaft bis 1946.

1947: Praktikum als Steinmetz in Düsseldorf.

1948–1952: Studium an der Düsseldorfer Kunstakademie bei den Professoren Sepp Mages und Otto Pankok.

1953–1956: Umzug nach West-Berlin; Schüler des Bildhauers Karl Hartung an der Hochschule für Bildende Künste.

1955: Erste Lesung vor der »Gruppe 47«.

1956: Erste Veröffentlichung: »Die Vorzüge der Windhühner«, Gedichte und Graphiken; Umzug nach Paris; erste Ausstellung von Plastiken und Graphiken in Stuttgart.

1957: Uraufführung des Stückes »Hochwasser« an der Frankfurter Studentenbühne; Uraufführung des Balletts »Stoffreste« an den Städtischen Bühnen Essen; Ausstellung von Plastiken und Graphiken in West-Berlin.

1958: Verleihung des Preises der »Gruppe 47« für die Lesung aus dem Manuskript »Die Blechtrommel«.

1959: Erscheinen des Romans »Die Blechtrommel«; Uraufführung des Balletts »Fünf Köche« in Aix-les-Bains und Bonn. Der Bremer Literaturpreis wird von der Jury zuerkannt, doch vom Senat nicht verliehen.

1960: »Gleisdreieck«, Gedichte und Graphiken; Rückkehr von Paris nach Berlin.

1961: Das Stück »Die bösen Köche« wird in der Werkstatt des West-Berliner Schillertheaters uraufgeführt; Teilnahme am V. Schriftstellerkongress der DDR, Protest gegen den Mauerbau in Offenen Briefen an den DDR-Schriftstellerverband; Unterstützung für Willy Brandt im Wahlkampf der SPD; Erscheinen der Novelle »Katz und Maus« als zweiter Band der Danziger Trilogie.

1963: Roman »Hundejahre« als Abschluss der Danziger Trilogie; Berufung an die West-Berliner Akademie der Künste.

1966: »Die Plebejer proben den Aufstand«, ein deutsches Trauerspiel, Uraufführung am West-Berliner Schillertheater.

1967: »Ausgefragt«, Gedichte und Zeichnungen.

1968: »Briefe über die Grenze«. Dialog mit dem tschechischen Schriftsteller Pavel Kohout zum Thema Prager Frühling; Fontane-Preis (Kunstpreis Berlin).

1972: »Aus dem Tagebuch einer Schnecke«.

1973: »Mariazuehren«, Gedichte und Graphiken, mit Fotos von Maria Rama.
1974: »Liebe geprüft«, sieben Radierungen und Gedichte.
1974–1980: Deutsch-deutsche Autorentreffen in Ost-Berliner Privatwohnungen.
1976: »Mit Sophie in die Pilze gegangen«, Lithographien und Gedichte (Giorgio Upiglio, Mailand); Gründung der literarisch-politischen Zeitschrift »L' 76« mit Heinrich Böll und Carola Stern.
1977: »Der Butt«, Roman.
1978: »Denkzettel – Politische Reden und Aufsätze 1965–1976«; Stiftung des Alfred-Döblin-Preises (für unveröffentlichte Prosa).
1979: »Das Treffen in Telgte«, Erzählung. Volker Schlöndorff verfilmt »Die Blechtrommel«, Mitarbeit am Drehbuch; Auszeichnung mit der Goldenen Palme der Filmfestspiele von Cannes für den besten Film, im Jahr darauf Oscar in der Kategorie Bester fremdsprachiger Film.
1980: Roman »Kopfgeburten oder Die Deutschen sterben aus«; Fortsetzung der Zeitschrift »L' 76« unter dem Namen »L' 80« (bis 1988).
1981/1983: Aufruf zur Abrüstung in Ost und West auf den »Berliner Begegnungen zur Friedensförderung«.
1982: »Zeichnen und Schreiben«, Band 1 (Zeichnungen und Texte, 1954–1977); Mappe »Vatertag«, 22 Lithographien; Eintritt in die SPD.
1983: »Ach Butt, dein Märchen geht böse aus«, Gedichte und Radierungen; Präsident der West-Berliner Akademie der Künste (bis 1986).
1984: »Zeichnen und Schreiben«, Band 2 (Radierungen und Texte, 1972–1982). »Das Treffen in Telgte« und »Katz und Maus« erscheinen in der DDR.
1986: Roman »Die Rättin«; »In Kupfer, auf Stein«, Werkverzeichnis der Radierungen und Lithographien; »Die Blechtrommel« erscheint in der DDR; August 1986 bis Januar 1987 Aufenthalt in Kalkutta.
1987–1989: Lesereisen in der DDR.
1988: »Mit Sophie in die Pilze gegangen«, Gedichte und Lithographien; »Zunge zeigen« (Indien-Bericht); »Calcutta«, Mappe mit Radierungen.
1989: »Skizzenbuch«; »Zum Beispiel Calcutta« (Rede vor dem Club of Rome). Austritt aus der Akademie der Künste, weil diese aus Sicherheitsgründen eine Solidaritätsveranstaltung für Salman Rushdie verweigert hatte.
1990: »Totes Holz. Ein Nachruf«; »Kahlschlag in unseren Köpfen«, Lithographiemappe; Eintreten für eine deutsch-deutsche Konföderation und gegen eine schnelle Vereinigung.
1991: »Vier Jahrzehnte. Ein Werkstattbericht«.
1992: »Unkenrufe«, Erzählung.
1993: »Novemberland«, 13 Sonette. Aus Protest gegen die Asylrechtsverschärfung Austritt aus der SPD.
1995: »Ein weites Feld«, Roman über die deutsche Vereinigung.

1996: Auszeichnung mit dem Sonning-Preis, der höchsten kulturellen Auszeichnung Dänemarks; Hans-Fallada-Preis der Stadt Neumünster; Thomas-Mann-Preis der Stadt Lübeck.

1997: »Fundsachen für Nichtleser«, Aquarelle und Gedichte.

1998: Wiederaufnahme in die Berliner Akademie der Künste.

1999: »Auf einem anderen Blatt«, Zeichnungen; »Mein Jahrhundert« erscheint als Textausgabe und in einer großformatigen, mit Aquarellen des Autors illustrierten Ausgabe; Literaturpreis »Premio Principe de Asturias« in Oviedo; Nobelpreis für Literatur.

2001: »Mit Wasserfarben«, Aquarelle.

2002: »Im Krebsgang«, Novelle; »Gebrannte Erde«, Plastiken; Eröffnung des Lübecker »Günter Grass-Hauses«, das als Forum für Literatur und Bildende Kunst bestimmt ist.

2003: »Letzte Tänze«, Gedichte und Zeichnungen.

2004: »Lyrische Beute«, ausgewählte Gedichte und Zeichnungen; »Der Schatten. Hans Christian Andersens Märchen – gesehen von Günter Grass«; »Fünf Jahrzehnte. Ein Werkstattbericht«.

2005: Hans-Christian-Andersen-Preis der Stadt Odense.

2006: »Beim Häuten der Zwiebel«, ein Erinnerungsbuch; die späte Beschreibung seiner Zugehörigkeit zur Waffen-SS löst eine Kontroverse aus.

2007: »Dummer August«, Gedichte und Zeichnungen.

2008: »Die Box«, biographische Erzählung.

2009: »Unterwegs von Deutschland nach Deutschland – Tagebuch 1990«; Engagement im SPD-Wahlkampf in Ost-Deutschland.

2010: »Grimms Wörter«, Erzählung.

Abkürzungsverzeichnis und Glossar

A Arbeits- und Berichtsakte (ältere Kennzeichnung für den Teil II einer IM-Akte)
Abl Ablage
Abt. Abteilung
AdK Akademie der Künste
ADN Allgemeiner Deutscher Nachrichtendienst (Presseagentur der DDR)
AdW Akademie der Wissenschaften (der DDR)
AE Auftragsersuchen
AfNS Amt für Nationale Sicherheit (1989/90 Nachfolger des MfS)
AFP Agence France Press (französische Presseagentur)
AG Arbeitsgruppe
AGL Arbeitsgruppe des Leiters
AGMS archivierte GMS-Akte
AGV Antrags- und Genehmigungsverfahren (für Einreise)
AG XVII Antragsverfahren auf Einreise über Besucherbüros in West-Berlin (Passierscheine)
AIG Auswertungs- und Informationsgruppe einer Hauptabteilung, später AKG
AIM Archivierter IM-Vorgang oder IM-Vorlauf
AKG Auswertungs- und Kontrollgruppe (Stabsorgan des Leiters einer Bezirksverwaltung oder einer Hauptabteilung im MfS)
AKK archiviertes Material zu einer KK-erfassten Person
A-Maßnahme Abhören des Telefons
Antifaschistischer Schutzwall Berliner Mauer
ANS Amt für Nationale Sicherheit (1989/90 Nachfolger des MfS)
AOP Archivierter Operativer Vorgang
ARD Arbeitsgemeinschaft der öffentlich-rechtlichen Rundfunkanstalten der Bundesrepublik Deutschland
B-Maßnahme Abhören per Mikrofon
BE Berliner Ensemble (Brecht-Theater in Ost-Berlin)
Bez. Bezirk, Bezeichnung
BfBR Büro für Besuchs- und Reiseangelegenheiten
Bln Berlin
BO Beobachtungsobjekt
BRD Bundesrepublik Deutschland

BStU Bundesbeauftragte für die Unterlagen des Staatssicherheitsdienstes der ehemaligen DDR
BV Bezirksverwaltung (der Staatssicherheit)
BVfS Bezirksverwaltung für Staatssicherheit
CDU Christlich-Demokratische Union
CFS Chiffriertes Fernschreiben
ČSSR Tschechoslowakische Sozialistische Republik
CSU Christlich-Soziale Union
DDR Deutsche Demokratische Republik
DE Diensteinheit
dh diensthabender (Offizier)
DKP Deutsche Kommunistische Partei (SED-Ableger in der Bundesrepublik)
DM Deutsche Mark (West)
DSV Deutscher Schriftstellerverband, ab 1973 Schriftstellerverband der DDR (SV)
ER Einreise
erf. erfasst
erl. erlernt, erledigt
EV Ermittlungsverfahren
EVA Evangelische Akademie, Europäische Verlagsanstalt
F Fernverkehrsstraße
FDP Freie Demokratische Partei
FKP Französische Kommunistische Partei
FS Fernschreiben
Feindliches Zentrum, feindlicher Stützpunkt Oppositioneller in der DDR, den das MfS als Kontaktperson für andere Oppositionelle und Besucher aus dem Westen sieht
fortschrittlich ideologisch auf der Linie der SED
gef gefertigt
Gen. Genosse (SED-Mitglied)
Generallt. Generalleutnant
Genn. Genossin (SED-Mitglied)
gez. gezeichnet
GI Geheimer Informator, ab 1968 Bezeichnung IM
Gn. Genosse
GMS Gesellschaftlicher Mitarbeiter für Sicherheit
GÜST Grenzübergangsstelle
GZA Grenzzollamt
HA Hauptabteilung (des MfS)
HA II zuständig für Spionageabwehr

HA VI zuständig für Passkontrolle und Tourismus
HA VII zuständig für Polizei und Strafvollzug
HA VIII zuständig für Überwachung, Ermittlung, Festnahmen und Durchsuchungen
HA IX zuständig für strafrechtliche Ermittlungen (Untersuchungsorgan)
HA XVII zuständig für Besucherbüros der DDR in West-Berlin
HA XX Bekämpfung der Opposition in Staat, Kirche, Kultur, Parteien und im politischen Untergrund
HJ Hitlerjugend
Hptm Hauptmann
HPF Hauptabteilung Passkontrolle und Fahndung
HOG Gaststätte der staatlichen Handelsorgansiation
HV Hauptverwaltung
HVA Hauptverwaltung Aufklärung (im MfS zuständig für Auslandsspionage)
HW Hauptwohnung
iba Internationale Buchkunstausstellung
Ifo Information (Bericht an höhere Dienststellen)
IG Industriegewerkschaft
IKP Italienische Kommunistische Partei
IM Inoffizieller Mitarbeiter
IMB Inoffizieller Mitarbeiter zur Bearbeitung im Verdacht der Feindtätigkeit stehender Personen
IME Inoffizieller Mitarbeiter im besonderen Einsatz
IMK Inoffizieller Mitarbeiter zur Betreuung einer konspirativen Wohnung
IMS Inoffizieller Mitarbeiter zur Sicherung und Durchdringung eines Verantwortungsbereiches
IMV Inoffizieller Mitarbeiter Vorlauf
K Kontakt
KD Kreisdienststelle
KK-erfaßt Erfasst auf Kerblochkarte (nach best. Merkmalen wie z. B. Beruf)
Koll. Kollege
KP Kontaktperson, Kommunistische Partei
KPD Kommunistische Partei Deutschlands
KPdSU Kommunistische Partei der Sowjetunion
Kontrollhandlung Verhalten, um Beschatter abzuschütteln
KPS Kreisparteischule
KSZE Konferenz über Sicherheit und Zusammenarbeit in Europa
Ktns Kenntnis
KW Konspirative Wohnung (geheimer Treffpunkt von IM und Führungsoffizier)

LB Lagebericht
Ltn Leutnant
Ltr Leiter
M Mark der DDR
MA Mitarbeiter
MB Monatsbericht
MfAA Ministerium für Auswärtige Angelegenheiten (der DDR)
MfS Ministerium für Staatssicherheit
Mitarb. Mitarbeiter
MLU Martin-Luther-Universität Halle-Wittenberg
M-Maßnahme Post- und Paketkontrolle
MTS Maschinen-Traktoren-Station
NATO North Atlantic Treaty Organization, Nordatlantikpakt-Organisation
NDR Norddeutscher Rundfunk
Nrp. Neuruppin
NSA Nicht-sozialistisches Ausland
NSW Nicht-sozialistisches Wirtschaftsgebiet (westliches Ausland)
NW Nebenwohnung
Oberltn Oberleutnant
Obltn Oberleutnant
OdF Opfer des Faschismus
OG Operativgruppe (zuständig für den Einsatz Inoffizieller Mitarbeiter)
Oltn Oberleutnant
OLZ Operatives Lagezentrum
op. operativ
OpD Operativdienststelle
oper operativ
OPK Operative Personenkontrolle (Beschattung, Prüfung des Umfeldes)
Operationsgebiet Nicht-sozialistische Staaten
OS Oberschule
OSL Oberstleutnant
OV Operativer Vorgang
Pdm Potsdam
PEN Poets – Essayists –Novellists (internationale Schriftstellervereinigung für das freie Wort)
PKE Passkontrolleinheit an Grenzübergangsstellen (unterstand dem MfS)
Pkz Personenkennzahl (DDR-Identifizierungsnummer jedes Bürgers)
pol. polizeilich
polit. politisch
Politbüro Innerer Führungszirkel des ZK der SED (Parteivorstand)
poliz polizeilich

progressiv ideologisch auf der Linie der SED
PVAP Polnische Vereinigte Arbeiterpartei (kommunistische Regierungspartei in Polen)
Ref Referat, Teil einer Abteilung
RF Republikflucht
rep. flüchtig republikflüchtig (illegal ausgereist)
RIAS Rundfunk im amerikanischen Sektor, deutschsprachiger US-Sender in West-Berlin
RL Referatsleiter
Rst Rostock, Raststätte
SBZ Sowjetische Besatzungszone
SED Sozialistische Einheitspartei Deutschlands (Staatspartei der DDR)
SFB Sender Freies Berlin (in West-Berlin)
Solidarność Oppositionelle Gewerkschaft in Polen
Sonderabl. Ltr Sonderablage Literatur (Akten)
soz. sozialistisch
SPB Schwerpunktbereich (bedeutsamer Aufgabenbereich einer Diensteinheit)
SPD Sozialdemokratische Partei Deutschlands
Stasi Staatssicherheitsdienst
StGB Strafgesetzbuch
StVE Strafvollzugseinrichtung
SU Sowjetunion
SV Schriftstellerverband der DDR, bis 1973 DSV
UdSSR Union der Sozialistischen Sowjetrepubliken
UGÜ Ungesetzlicher Grenzübertritt
Ultn Unterleutnant
UNO United Nations Organisation, Organisation der Vereinten Nationen
USA United States of America, Vereinigte Staaten von Amerika
V Verwaltung
VAO Verfahrensaktenordnung (der DDR vom 4.11.1975)
VbK Verband bildender Künstler
VEB Volkseigener Betrieb
Verbindung Kontaktperson, Freund, Bekannter, Kollege usw.
VO Verbindungsoffizier des MfS, der mit anderen Dienststellen zusammenarbeitete (z.B. bei der Polizei oder in der Nationalen Volksarmee)
Vopo Volkspolizei, Volkspolizist
Vorg Vorgang
VP Volkspolizei
VPKA Volkspolizeikreisamt
VR Volksrepublik

VS Verband deutscher Schriftsteller
VSH Vorverdichtungs-, Such- und Hinweiskartei
VVO Vaterländischer Verdienstorden
WB West-Berlin
Wbg Wartburg (Automarke)
WD Westdeutschland
WDR Westdeutscher Rundfunk
wh wohnhaft
WM West-Mark
ZA Zentrale Ablage, Zentralarchiv
ZAIG Zentrale Auswertungs- und Informationsgruppe (Stab des Ministers)
ZDF Zweites Deutsches Fernsehen
Zentrale Stelle SED-Führung oder Minister für Staatssicherheit
ZK Zentralkomitee der SED
ZMA Zentrale Materialablage (Archiv)

Abbildungsnachweis

Archiv der Akademie der Künste, Berlin: S. 39 o. (Sammlung Maria Rama), 215 (AdK-W 3799)
Bildarchiv Preußischer Kulturbesitz: S. 99 (Signatur 50014828 / Bayerische Staatsbibliothek / Felicitas Timpe), 180 u. (Signatur 30012555 / Jochen Moll)
Bundesarchiv Koblenz: S. 20 (Bild 183-83255-0005, Fotograf: Sturm)
Bundesbeauftragte für die Unterlagen des Staatssicherheitsdienstes der ehemaligen DDR: S. 8, 72, 180 o., 222, 227, 258, 274
dpa – Picture Alliance: S. 69 o.
Paul Glaser: S. 235
Günter Grass / Steidl Verlag: Einband, S. 296, 335
Lutz Grünke: S. 304
Kiepenheuer-Bühnenvertrieb (Archiv): S. 69 u.
Karin Kiwus: S. 232
Toni Richter, Hans-Werner-Richter-Stiftung: S. 39 u.
Verlag Volk & Welt (Archiv): S. 266

Literaturverzeichnis

Barck, Simone und Siegfried Lokatis (Hg.): Fenster zur Welt. Eine Geschichte des DDR-Verlages Volk & Welt. Berlin: Links 2003.

Berbig, Roland u. a. (Hg.): In Sachen Biermann. Protokolle, Berichte und Briefe zu den Folgen einer Ausbürgerung. Berlin: Links 1994.

Berbig, Roland (Hg.): Stille Post. Inoffizielle Schriftstellerkontakte zwischen West und Ost. Von Christa Wolf über Günter Grass bis Wolf Biermann. Berlin: Links 2005.

Berliner Begegnung zur Friedensförderung. Protokolle des Schriftstellertreffens am 13./14. Dezember 1981. Der vollständige Text aller Beiträge aus Ost und West. Darmstadt u. Neuwied: Luchterhand 1982.

Blasberg, Marian: Der Dandy von Ost-Berlin. In: Zeitmagazin 31.12.2008, S. 14–21.

Braun, Matthias: Kulturinsel und Machtinstrument. Die Akademie der Künste, die Partei und die Staatssicherheit. Göttingen: Vandenhoeck & Ruprecht 2007.

Braun, Matthias: Es sind alles Geschichten aus meinem Leben. Göttingen: Vandenhoeck & Ruprecht 2010 (in Vorbereitung).

Braun, Volker: Werktage 1. Arbeitsbuch 1977–1989. Frankfurt a. M.: Suhrkamp 2009.

Bundesbeauftragte für die Unterlagen des Staatssicherheitsdienstes der ehemaligen Deutschen Demokratischen Republik (Hg.): Informations- und Dokumentationszentren. Ausstellungen und Gedenkstätten. Broschüre, Berlin o. J.

Dahne, Gerhard: Zur Problematik des Geschichtsbewusstseins im Werk von Günter Grass. Inauguraldissertation zur Erlangung des akademischen Grades Dr. phil. des wissenschaftlichen Rates der Ernst-Moritz-Arndt-Universität Greifswald. Greifswald: 1970.

Den Frieden erklären. Protokolle des zweiten Schriftstellertreffens am 22./23. April 1983. Der vollständige Text aller Beiträge aus Ost und West. Darmstadt u. Neuwied: Luchterhand 1983.

Deutscher Schriftstellerverband (Hg.): V. Deutscher Schriftstellerkongress vom 25. bis 27. Mai 1961. Referate und Diskussionsbeiträge. Berlin: 1962.

Gansel, Carsten (Hg.): Wenigstens in Kenntnis leben. Notate zum Werk Uwe Johnsons. Neubrandenburg: Steffen 1991.

Grass, Günter: Das Treffen in Telgte. Eine Erzählung. Darmstadt u. Neuwied: Luchterhand 1979.

Grass, Günter: Mein Jahrhundert. Göttingen: Steidl 1999.

Grass, Günter: Totes Holz. Ein Nachruf. Göttingen: Steidl 1990.

Grass, Günter: Werkausgabe. Hg. v. Daniela Hermes und Volker Neuhaus. Göttingen: Steidl 1997.

Grass, Günter: Werke. Göttinger Ausgabe. Hg. v. Daniela Hermes und Volker Neuhaus. Göttingen: Steidl 2007.

Grass, Günter und Pavel Kohout: Briefe über die Grenze. Versuch eines Ost-West-Dialogs. Hamburg: Wegner 1968.

Judt, Matthias (Hg.): DDR-Geschichte in Dokumenten. Beschlüsse, Berichte, interne Materialien und Alltagszeugnisse. Berlin: Links 1998.

Köpcke, Rolf: Die Verarbeitung der Wiedervereinigung Deutschlands im Wende- und Berlin-Roman »Ein weites Feld« (1995) von Günter Grass – Die Versuche der Einflussnahme des Ministeriums für Staatssicherheit (MfS) auf ihn. Dissertation an der Freien Universität Berlin. Berlin: 2002

Krug, Manfred: Abgehauen. Ein Mitschnitt und Ein Tagebuch. Düsseldorf: Econ 1996.

Müller-Enbergs, Helmut (Hg.): Inoffizielle Mitarbeiter des Ministeriums für Staatssicherheit. Teil 1: Richtlinien und Durchführungsbestimmungen. Berlin: Links 2001.

Müller-Enbergs, Helmut u. a. (Hg.): Wer war wer in der DDR? Ein Lexikon ostdeutscher Biographien. Berlin: Links 2010.

Richter, Toni: Die Gruppe 47 in Bildern und Texten. Köln: Kiepenheuer & Witsch 1997.

Schädlich, Hans Joachim: Die Sache mit B. In: Kursbuch Heft 109 (9/1992). S. 81–89. Berlin: Rowohlt 1992.

Schädlich, Hans Joachim (Hg.): Aktenkundig. Mit Beiträgen von Wolf Biermann, Jürgen Fuchs, Joachim Gauck, Lutz Rathenow, Vera Wollenberger u. a. Reinbek: Rowohlt 1992.

Schädlich, Hans Joachim: Der andere Blick. Aufsätze, Reden, Gespräche. Reinbek: Rowohlt 2005.

Schädlich, Susanne: Immer wieder Dezember. Der Westen, die Stasi, der Onkel und ich. München: Droemer 2009.

Ulmer, Konstantin: Grass und die DDR. Magisterarbeit Universität Leipzig 2010 (unveröffentlicht).

Wagenbach, Klaus: Die Freiheit des Verlegers. Erinnerungen, Festreden, Seitenhiebe. Berlin: Wagenbach 2010 (in Vorbereitung)

Wagenbach, Klaus, Winfried Stephan, Michael Krüger (Hg.): Vaterland, Muttersprache. Deutsche Schriftsteller und ihr Staat von 1945 bis heute. Ein Nachlesebuch für die Oberstufe. Berlin: Wagenbach 1979.

Walther, Joachim: Sicherungsbereich Literatur. Schriftsteller und Staatssicherheit in der Deutschen Demokratischen Republik. Berlin: Links 1996.

Zimmermann, Harro: Günter Grass unter den Deutschen. Chronik eines Verhältnisses. Göttingen: Steidl 2006.

Kommentiertes Personenregister

Kursiv gesetzte Seitenangaben verweisen auf eine Bildunterschrift. Günter Grass wurde wegen zu häufiger Nennung nicht mit ins Register aufgenommen.